FACULTÉ DE DROIT DE BORDEAUX

DE

L'ORGANISATION DU TRAVAIL

AU BAS-EMPIRE

D'APRÈS LE CODE THÉODOSIEN

EN DROIT ROMAIN

DES

ASSOCIATIONS PROFESSIONNELLES

D'APRÈS LA LOI DU 21 MARS 1884

EN DROIT FRANÇAIS

THÈSE POUR LE DOCTORAT

SOUTENUE DEVANT LA FACULTÉ DE DROIT DE BORDEAUX, LE 3 AVRIL 1895

PAR

J. GEORGET

Avocat à la Cour d'Appel

BLAYE
IMPRIMERIE ANDRÉ SIMON
10, COURS DU PORT, 10
1895

DE

L'ORGANISATION DU TRAVAIL AU BAS-EMPIRE

D'APRÈS LE CODE THÉODOSIEN

DES

ASSOCIATIONS PROFESSIONNELLES

D'APRÈS LA LOI DU 21 MARS 1884

FACULTÉ DE DROIT DE BORDEAUX

DE

L'ORGANISATION DU TRAVAIL

AU BAS-EMPIRE

D'APRÈS LE CODE THÉODOSIEN

EN DROIT ROMAIN

DES

ASSOCIATIONS PROFESSIONNELLES

D'APRÈS LA LOI DU 21 MARS 1884

EN DROIT FRANÇAIS

THÈSE POUR LE DOCTORAT

SOUTENUE DEVANT LA FACULTÉ DE DROIT DE BORDEAUX, LE 3 AVRIL 1895

PAR

J. GEORGET

Avocat à la Cour d'Appel

BLAYE

IMPRIMERIE ANDRÉ SIMON

10, COURS DU PORT, 10

1895

FACULTÉ DE DROIT DE BORDEAUX

MM. BAUDRY-LACANTINERIE, ✳, ❦ I., doyen, professeur de *Droit civil*.

RIBÉREAU, ❦ I., professeur de *Droit commercial*.

SAIGNAT, ❦ I., assesseur du doyen, professeur de *Droit civil*.

BARCKHAUSEN, ✳, ❦ I., professeur de *Droit administratif*.

DE LOYNES, ❦ I., professeur de *Droit civil*.

VIGNEAUX, ❦ I., professeur d'*Histoire du droit*.

LE COQ, ✳, ❦ I., professeur de *Procédure civile*.

LEVILLAIN, ❦ I., professeur de *Droit maritime*.

MARANDOUT, ❦ I., professeur de *Droit criminel*.

DESPAGNET, ❦ I., professeur de *Droit international public*, chargé du cours de *Droit international privé*.

MONNIER, ❦ I., professeur de *Droit romain*.

SAINT-MARC, ❦A., professeur d'*Économie politique* chargé du cours de *Législation industrielle*.

DUGUIT, ❦ A., professeur de *Droit constitutionnel et administratif*.

DE BOECK, ❦ A., professeur de *Droit romain*.

DIDIER, ❦ A., professeur-adjoint, chargé des cours de *Législation financière* et de *Législation coloniale*.

MM. SIGUIER, *secrétaire*.

PLATON, ❦ A., ancien élève de l'École des Hautes-Études, *sous-bibliothécaire*.

CHÉNEAUX, docteur en droit, *secrétaire-adjoint*.

COMMISSION DE LA THÈSE

MM. SAINT-MARC, professeur, *président*.

LEVILLAIN, professeur
MONNIER, professeur } *suffragants*.
DIDIER, professeur-adjoint

INDEX BIBLIOGRAPHIQUE

Bouché Leclercq : Manuel des Institutions romaines.

Daremberg et Saglio : Dictionnaire des Antiquités grecques et romaines. Voir au mot *collegium*. — Paris, 1889.

Drioux : Etude économique et juridique sur les Associations. — Paris, Rousseau, 1884.

Fournier : Les Collèges industriels dans l'Empire romain. — Paris, 1878.

Heinneccius : *De collegiis et corporibus opificum*, dans : *Opera omnia*. — Genève, 1715.

Mommsen : *De collegiis et sodaliciis Romanorum*. — Kiliæ, 1843. — Voir également : Histoire romaine, trad. Alexandre et Rœmische Forschungen.

Mommsen et Krueger : *Corpus juris civilis*, 1877.

De Savigny : Traité de droit romain, trad. Guenoux. — Paris, 1855.

Accarias : Précis de droit romain, 3ᵉ éd. — Paris, Cotillon, 1882.

Wallon : Histoire de l'esclavage dans l'antiquité.

Waddington : L'Édit de Dioclétien. — Paris, 1864.

C. F. : Le *Corpus Inscriptionum Latinarum*, de l'Académie de Berlin. — Le *Recueil d'inscription* d'Orelli ; le *Bulletin épigraphique* ; la *Revue épigraphique du Midi*.

A. de Boissieu : Inscriptions antiques de Lyon. — Lyon, 1846.

Rabanis : Recherches sur les Dendrophores. — Bordeaux, 1841.

Lange : Rœmische Alterthümer. — Berlin, 1876.

D. Serrigny : Droit public et administratif romain.

Ihne : Forschungen auf dem Gebiete der rom. Verfassungs geschichte.

Naudet : Des Changements apportés dans l'administration romaine. — Paris, 1817.

Huschke : Verfassung des Servius Tullius.

Delamarre : Traité de la Police, 2ᵉ éd. — Paris, 1722.

Drumann : Die Arbeiter und communisten in Griechenland und Rom.

GAUDENZI : Sui collegi degli artigiani in Roma, dans Archivio
    Giuridico, 1884.

DIRKSEN : Civilistische Abhandlungen. (Iuristiche Personen).

WILLEMS : Le Droit public romain, 5ᵉ éd. — Paris, 1884.

COHN : Zum Rœmischen Vereinsrecht. — Berlin 1873.

REYGASSE : Histoire des Associations. — Toulouse 1890.

MASSON : Les Corporations. Etude juridique et historique. —
    Paris, 1888.

HUMBERT : La Condition des ouvriers libres chez les Romains,
    dans : Recueil de l'Académie de législation, de Toulouse 1868.

LEVASSEUR : Histoire des Classes ouvrières.

DUREAU DE LA MALLE : Économie politique des Romains.

DROIT ROMAIN

L'ORGANISATION DU TRAVAIL
AU BAS-EMPIRE

INTRODUCTION

CHAPITRE PREMIER

Historique des Corporations d'Artisans à Rome.

I. — ORIGINE DES CORPORATIONS.

Les opinions les plus diverses ont été émises sur l'origine des corporations. C'est ainsi que certains commentateurs ont cru reconnaître dans les premiers *Collegia* romains, un souvenir des mœurs Sabines. D'autres attribuent aux Etrusques, l'honneur de cette institution. D'autres enfin, parmi lesquels Gaius[1], invoquent les traditions de la Grèce.

---

1. *Digeste de Coll. et Corp.*, loi 4, livre XLVII, titre XXII. — « On appelle *sodales*, dit Gaius, les membres d'un même collège ; les Grecs désignent celui-ci sous le nom d'*étaira* (hétairie). »

2

Cette diversité d'opinions fatigue l'esprit, plus qu'elle ne l'éclaire ; il devient très difficile, sinon impossible de fixer son choix et l'on se trouve dans la situation de ce voyageur qui, perdu au milieu d'une forêt, ne sait de quel côté diriger ses pas, pour retrouver son chemin. Aussi, après avoir fait de vains efforts pour concilier sur cette obscure question d'origine les interprétations les plus contradictoires, l'esprit, dégoûté de ce débordement de preuves et de citations, est-il tenté de condamner en bloc toutes ces théories et de les repousser sans plus d'examen.

Il y a cependant, dans ces différentes hypothèses, quelque part de vérité ; il est incontestable, en effet, que les Romains, comme d'autres peuples de l'Italie, ont reçu les éléments généraux de leur civilisation extérieure, de peuples étrangers. Mais il ne faut pas exagérer ces influences externes et, s'il est raisonnable d'admettre que certaines traditions d'ailleurs mal définies et à peu près inconnues ont pu donner aux mœurs de la nation romaine une direction, une orientation particulière, il faut reconnaître qu'elles n'ont pas sensiblement altéré, déformé le caractère national et qu'elles ont laissé au peuple Romain, avec son génie propre, toute son originalité.

C'est ce Génie propre, c'est cette originalité que les historiens nous paraissent avoir complètement méconnus, lorsqu'ils nous représentent les Collèges d'artisans romains comme une imitation plus ou moins ressemblante, comme une copie plus ou moins parfaite d'institutions analogues et pratiquées depuis déjà longtemps chez les nations voisines.

Non, le peuple romain n'a pas été un peuple purement imitateur; le peuple romain a été avant tout un peuple original.

Et s'il est possible, sur quelques points de détail, de constater une certaine analogie, la raison en est que, dans le monde ancien, les mêmes circonstances pouvaient, en se reproduisant, donner naissance aux mêmes institutions. C'est donc à tort, selon nous, que la plupart des auteurs ayant à découvrir l'origine des corporations romaines, se croient obligés de remonter bien haut dans l'histoire des peuples qui ont précédé la fondation de Rome ; ils dépensent ainsi en pure perte des trésors d'imagination et finissent toujours par se perdre dans les nuages du mythe.

Nous renonçons à suivre ces brillants esprits sur le terrain séduisant, sans doute, mais trop incertain de l'hypothèse ; nous n'entendons pas nous jeter après eux dans la discussion de pures légendes. Ayant à étudier une institution romaine, c'est sur le sol Romain lui-même que nous prétendons diriger nos recherches. Nous sommes convaincu, d'ailleurs, que l'on peut, sans beaucoup d'efforts, trouver dans les croyances des premiers romains, dans l'idée qu'ils se faisaient du travail, en un mot dans les circonstances sociales de cette époque, l'explication du phénomène que nous nous proposons d'étudier dans cet ouvrage et qui n'est, après tout, qu'une forme, qu'une manifestation de la loi générale, connue sous le nom de Loi de l'Association.

II. — LES CORPORATIONS D'ARTISANS SOUS LA ROYAUTÉ.

Denys d'Halicarnasse nous rapporte que Romulus, après avoir fondé la ville, interdit à ses soldats l'exercice du négoce ou de toute autre profession : Il pensait, nous dit cet historien, que le travail manuel, en même temps qu'il ruine la santé, avilit le caractère ; aussi, n'admettait-il pour les citoyens que deux genres d'occupation : les pénibles travaux des champs et les nobles entreprises de la guerre.

A une époque où l'industrie joue un si grand rôle dans notre organisation sociale, de pareilles idées nous apparaissent monstrueuses ; aussi, nous montrons-nous prodigues de protestations indignées contre une ignorance aussi complète des premiers principes de l'Économie politique. Nous n'avons qu'un tort cependant : c'est de vouloir imposer à un peuple enfant nos conceptions et nos théories modernes, oubliant ainsi que toutes les doctrines sont vaines, si l'on prétend leur donner une portée trop générale, que toutes les institutions sont bonnes au contraire, si elles sont en harmonie parfaite avec les mœurs d'un peuple, si elles sont la conséquence forcée, inévitable, d'un certain état social.

Or, quelle était la situation de Rome, aux premiers jours de son histoire ? Placés à leurs débuts au milieu de peuples indépendants, tels que les Volsques, les Eques, les Sabins, les Samnites, les Romains devaient faire tous leurs efforts pour triompher de ces puissances. Ils devaient se faire conquérants, s'ils voulaient

n'être pas conquis. Mais, pour que ce rêve de gloire
se réalisât, il fallait des hommes à l'âme fortement
trempée, endurcis aux fatigues, experts aux armes,
dévoués à leur patrie. Il était donc nécessaire que les
premiers chefs missent tous leurs soins à développer,
chez leurs sujets, le caractère national et à créer, par
des institutions militaires vigoureuses, cette race de
héros qui devaient marcher un jour à la conquête du
monde.

De là, ces institutions sévères, rigoureuses, inflexi-
bles, qui nous surprennent aujourd'hui, mais qui
étaient alors parfaitement justifiées par le milieu social
où elles se développaient.

Nous n'avons pas à analyser ici ces institutions primitives, nous n'avons pas à pénétrer au sein de la
société romaine et à la suivre dès ses débuts, dans
tous les détails de sa vie privée ou de sa vie publique ;
disons seulement qu'il y a dans le caractère de ce
peuple en formation, dans ses coutumes, dans ses
mœurs et dans sa conduite, une fermeté, une grandeur
vraiment admirable, et que l'on ne rencontre nulle
part dans l'histoire des autres peuples.

Après cela, on a raison de dire que le peuple romain
n'était pas un peuple industriel ; toute son activité se
portait, en effet, vers deux buts pratiques : l'agriculture et la guerre. L'agriculture, parce que les travaux
pénibles des champs, en même temps qu'ils assuraient
l'existence d'une nombreuse génération de soldats,
étaient comme une gymnastique salutaire qui aguer-
rissait le corps et le rendait capable de supporter, par
la suite, les plus grandes fatigues ; la guerre, enfin,
parce qu'elle devait assurer à Rome la domination sur

les nations voisines et l'enrichir des dépouilles de
l'ennemi.

Voilà, très exactement résumée, la situation de
Rome aux premiers jours de son histoire. Entourée
de peuples ennemis, elle ne songe qu'à les vaincre et
à les soumettre; pour arriver à ce but, elle s'applique
à faire vibrer dans les cœurs le sentiment de la Patrie
et à développer au sein de la nation les mâles vertus
guerrières. Quant à l'industrie, loin de favoriser son
développement, elle fait au contraire tous ses efforts
pour l'étouffer dès sa naissance, accablant de son mépris tous ceux qui se livrent aux travaux manuels ou
entreprennent de gagner leur vie dans des opérations
commerciales.

Cependant, les institutions, calculées dans l'origine
pour satisfaire aux besoins d'un état très restreint,
ne répondaient plus aux exigences nouvelles résultant
de l'extension du territoire et de l'augmentation graduelle de la population.

Des besoins inconnus jusqu'alors commençaient à
se faire sentir, et malgré le dédain superbe que les
Romains affichaient toujours pour le travail manuel,
l'apparition des travailleurs sur la scène sociale devenait chaque jour plus nécessaire. C'est pour satisfaire
à ces besoins nouveaux, c'est pour obéir aux nécessités pratiques de la vie que, de très bonne heure,
certains métiers s'organisèrent à Rome. Ces métiers,
qui fonctionnaient déjà à l'époque de Numa, étaient
d'ailleurs en très petit nombre. Plutarque nous en cite
sept ou huit : Les potiers, *figuli*, qui fabriquaient
aussi des statuettes et les recouvraient de vermillon
aux jours de fête; les ouvriers qui travaillaient le

bronze et l'or, *ærarii, aurifices* ; les trompettes, *tibi-cines,* indispensables aux cérémonies religieuses ; les charpentiers, *fabri tignarii;* les teinturiers, *tinctores;* les foulons, *fullones,* et les cordonniers, *sutores* [1].

Comme on le voit, la division du travail était encore très rudimentaire [2]; l'élan, toutefois, était donné ; l'in-dustrie avait survécu à la blessure profonde qu'elle avait reçue dès sa naissance ; elle n'avait plus qu'à attendre les progrès de la civilisation pour se dévelop-per et s'imposer enfin à un peuple qui refusait de lui faire une place honorable dans son organisation so-ciale.

En attendant ce jour heureux où l'industrie devait prendre son essor, les ouvriers trainaient à Rome une vie languissante.

Ecartés des services publics, exclus du service mili-taire, considérés enfin comme des êtres vils et sans importance, ils ne pouvaient que végéter au sein d'une société qui les tolérait parce qu'ils devenaient de plus en plus nécessaires, mais qui témoignait à leur égard la plus vive répugnance [3].

1. PLUTARQUE : *Vie de Numa,* 15.

2. On ne rencontre encore, à cette époque, ni boulangers, ni bou-chers ou autres métiers du même genre ; c'est qu'alors chaque famille trouvait dans son champ tout ce qui était nécessaire à son existence. La matrone romaine cuisait elle-même son pain et con-fectionnait le linge et les vêtements : « *Panem faciebant Quirites, mulierumque id opus erat olim, sicut etiam nunc in plurimis gen-tium.* » — PLINE : XVIII, 28.

3. « Rivaliser sur le terrain du travail avec les esclaves, dit M. Ihering, braver les préjugés régnants, c'était renoncer à son rang, à sa position, c'était se dégrader. » — IHERING : *Esprit du Droit Romain,* tome II, page 241.

Denys d'Halicarnasse nous apprend même qu'il était absolument interdit à un citoyen romain de se faire marchand ou artisan. — DENYS D'HALICARNASSE : IX, 25.)

Si seulement leur situation pécuniaire avait pu les
relever de leur situation sociale ! Mais les artisans
étaient pauvres et sans espoir d'arriver jamais à la
fortune : le commerce en effet était nul, ou à peu près ;
et comment eût-il pu être prospère, au milieu des
luttes incessantes du Forum ? A chaque instant, il
fallait fermer boutique et prendre les armes, pour
repousser les bandes de pillards qui incendiaient les
fermes et coupaient les moissons [1].

Telle fut, pendant les premiers siècles de Rome, la
triste condition des travailleurs. Quand on songe à
toutes les souffrances, à toutes les humiliations qu'il
leur fallait endurer, quand on a sous les yeux le
spectacle de leurs privations et de leurs misères, on
conçoit aisément que de très bonne heure, ils aient
éprouvé le besoin de se réunir et qu'ils aient demandé
à l'association, des forces qu'ils n'auraient jamais eues
isolément.

III

A quel moment précis de l'histoire romaine, cette
tendance vers l'association s'est-elle manifestée ? A
quelle époque s'est effectué ce groupement des travailleurs en corporations ? C'est là un point fort obscur
et sur lequel on a beaucoup discuté. S'il faut en croire
Plutarque, c'est à Numa que serait due l'organisation
des premiers collèges d'artisans. Ce roi aurait eu tout
à coup une idée géniale.

1. *In muris armati dispositi, et justitium in foro, tabernæque
clausæ. Tabernæ circa forum clausæ, justitiumque in foro sponte
cæptum prius quam indictum.* — TITE-LIVE : IV, 31, et IX, 7.

Pour mettre fin aux querelles qui divisaient sans cesse les Latins et les Sabins, pour opérer entre ces deux races une fusion complète, il aurait partagé son peuple en huit ou neuf corporations. Les corps de métiers seraient ainsi apparus aux yeux de ce prince, comme un instrument de concorde et de paix[1].

Un autre historien, Florus, professe une opinion différente. D'après lui, le véritable inventeur de notre institution serait Servius Tullius[2]. Toutes ces hypothèses nous paraissent bien invraisemblables. C'est qu'en effet, on ne crée pas des corporations comme on construit une maison ou comme on invente une machine.

Les corporations, comme nous le disions plus haut, sont la conséquence des mœurs d'un peuple, le résultat de son état social. Sans doute le législateur peut, par des lois favorables, encourager certaines tendances. Il peut donner une sanction légale aux usages pratiqués depuis quelque temps et déjà éprouvés par l'expérience ; encore une fois, il ne dépend pas de sa volonté de créer de toutes pièces une institution comme celle qui nous occupe. Si donc il est vrai, comme l'affirme Plutarque, que Numa ait partagé son peuple en corps de métiers, c'est apparemment que ces corps de métiers existaient avant lui, c'est qu'ils étaient déjà dans les mœurs de la nation romaine.

L'originalité de Numa consisterait seulement en ce qu'il fut assez habile pour encourager le développement de ces collèges et pour les employer ensuite au service de son gouvernement.

---

1. PLUTARQUE : *Vie de Numa*, 15.
2. FLORUS : *Histoire Romaine*, chapitres i et vi.

Mais laissons de côté ces discussions oiseuses. Que les corporations aient pris naissance sous Numa ou seulement sous Servius, il ne nous importe guère; ce qu'il y a de certain, et c'est là, pour nous, le seul point à retenir, c'est que, dès la plus haute antiquité, il y avait à Rome des *collegia opificum* ou corporations ouvrières.

Quel était maintenant le caractère de ces associations? Quel but se proposaient-elles? Avaient-elles quelque ressemblance lointaine avec les corporations du moyen âge ou nos syndicats actuels? Les auteurs gardent sur ce point le silence le plus absolu. Aussi en sommes-nous réduits, faute de documents, à des divinations plus ou moins exactes, à des explications vagues, à de simples conjectures.

Il est cependant une opinion assez généralement admise et que nous n'hésitons pas à rejeter, parce qu'elle nous paraît contraire à la vérité, contraire même à la simple vraisemblance. Cette opinion est celle qui nous représente les premiers collèges d'artisans, comme de pures confréries religieuses.

Que les associations ouvrières aient eu dès l'origine un caractère religieux, cela ne saurait être mis en doute; il suffit en effet de connaître le rôle considérable que la religion jouait dans l'antiquité, pour s'expliquer cet aspect, cette physionomie particulière des corporations. Mais de là à conclure que les premiers collèges d'artisans n'avaient d'autre préoccupation que celle d'adorer une divinité, il y a loin. Il est, en effet, impossible d'admettre que des ouvriers aient jamais pu se réunir, sans que la question de métier n'ait été aussitôt débattue, sans que les intérêts de la

profession commune n'aient immédiatement servi de
matière à de longues discussions. Ces discussions ne
sont point parvenues jusqu'à nous ; nous ne connaissons pas les aspirations de ces associations primitives;
nous croyons toutefois pouvoir affirmer qu'elles poursuivaient tout d'abord un but économique et qu'elles
cherchaient, par tous les moyens possibles, à faire
prospérer un art dont elles conservaient pieusement
les traditions.

Quoi qu'il en soit, les corporations se développèrent
assez rapidement sous la royauté ; elles devinrent
même assez nombreuses pour inspirer des craintes à
Tarquin le Superbe, qui, s'il faut en croire Denys
d'Halicarnasse, mit tous ses soins à les anéantir[1].

1. Denys d'Halicarnasse, livre IV, 43.

CHAPITRE II

Les Corporations d'Artisans sous la République.

Soixante ans après le renversement de la Royauté, la loi des Douze Tables sanctionna l'existence des corporations, en leur permettant de fixer elles-mêmes leurs statuts, pourvu qu'ils ne fussent pas contraires aux lois de l'Etat : « *Pactionem quam velint sibi ferre, dum ne quid ex publica lege corrumpant* [1] ».

Une législation si libérale eût pu rendre prospères les collèges d'ouvriers, après les guerres Puniques surtout, alors que la richesse générale, en favorisant le luxe, en développant des besoins nouveaux, semblait devoir donner un nouvel essor à l'industrie [2] ; malheureusement, ce mouvement fut contrarié par la concurrence terrible que les esclaves, exerçant tous les métiers pour le compte de leur maître, firent au travail libre.

---

1. *Digeste*, livre XLVII, titre xxii, loi 4.
2. Une grande révolution s'opéra dans les mœurs et dans l'industrie, quand les armées romaines se furent répandues hors de l'Italie. « Scipion l'ancien avait ouvert à la république le chemin de la puissance; Scipion Emilien lui ouvrit celui du luxe. Quand on n'eut plus à redouter Carthage et que la rivale de Rome eut disparu, on oublia la vertu pour se plonger dans le vice ; on n'y alla pas par degrés ; on s'y précipita tout d'un coup. L'ancienne discipline fut abandonnée, des mœurs nouvelles introduites ; la cité tout entière quitta les veilles pour le sommeil, les armes pour les plaisirs, les affaires pour l'oisiveté... La magnificence de l'Etat donna l'exemple du luxe aux particuliers. » — VELLEIUS PATER : II, 1. — Traduction de M. LEVASSEUR : *Histoire des classes ouvrières*, tome I, page 9.

« De quelque côté que se tournât l'homme libre en
quête de travail, partout il rencontrait le même ennemi héréditaire, l'esclave. Il le rencontrait dans la navigation, dans le commerce, dans l'organisation des
impôts, même dans les emplois inférieurs de l'administration de l'Etat ou de la commune[1]. »

L'homme libre devait nécessairement succomber,
dans cette lutte contre la concurrence de l'esclave.
L'emploi des esclaves était, en effet, beaucoup plus
avantageux que celui des ouvriers libres ; les ordres
du maître étaient toujours écoutés avec une docilité
extrême, car la mort aurait châtié un refus d'obéis-
sance ; de plus, la main-d'œuvre était très faible, car,
en paiement, le maître se bornait à donner la nourriture nécessaire pour empêcher de mourir de faim.

En employant ses capitaux à acheter des esclaves,
on faisait donc une opération très avantageuse ; aussi,
le nombre des esclaves devint-il en peu de temps considérable. Sénèque rapporte même que le Sénat
renonça à les distinguer des hommes libres par un
vêtement particulier, en songeant au danger qui eût
menacé l'Etat, si les esclaves s'étaient avisés de compter les citoyens.

Ainsi ruinés par la concurrence des esclaves, mé-

1. IHERING : *Esprit du Droit Romain*, tome II, pages 241 et suivantes. — « Cette concurrence des esclaves enlevait entièrement la
clientèle des citoyens riches, qui trouvaient ainsi, dans leurs propres serviteurs, les moyens de suffire à tous leurs besoins et à
toutes leurs fantaisies, et elle leur disputait avec avantage celle
des autres citoyens, grâce au bas prix de leurs services. Elle em-
pêcha toujours la classe des artisans libres de prospérer, et en la
mêlant sans cesse avec des hommes dégradés, elle l'avilit par ce
contact. »

prisés de tous, les artisans devinrent en quelque sorte les ennemis d'une société qui refusait de leur faire une place.

« Les collèges, composés de gens de métiers, se prêtèrent à tous les désordres qui affligèrent les derniers temps de la République. Soit qu'ils servissent parfois à déguiser des associations politiques, soit plutôt que la foule qui les composait fût toujours disposée à fournir aux tribuns turbulents l'appui de ses votes et de ses bras, ils devinrent justement suspects au Sénat[1]. »

En voyant, en effet, avec quelle extrême facilité les membres des corporations écoutent ceux qui les poussent à la révolte, on comprend que les Patriciens aient fait tous leurs efforts pour les réduire à l'impuissance.

Sous le consulat de L. Cœcilius Creticus et de Q. Martius Rex (68 ans avant J.-C.), ou sous celui de L. Julius et de C. Marcus (64 ans avant J.-C.), un sénatus-consulte supprima les collèges : « *Collegia sublata sunt, quæ adversus rempublicam videbantur esse[2]* ».

Ce sénatus-consulte, dont la date est incertaine, ordonnait la dissolution de certains collèges dont il est difficile de préciser le caractère. D'après Mommsen, les *collegia compitalitia*[3], c'est-à-dire les collèges de carrefours tomberaient seuls sous le coup de cette prohibition, les *collegia opifica* n'étant nullement

1. LEVASSEUR : *Histoire des classes ouvrières,* tome I, page 74.
2. ASC : *In Pis.,* 4, 8, *pro Corn.*
3. MOMMSEN : *De Coll.,* pages 73, 74.

visés par le sénatus-consulte ; le texte nous paraît
cependant avoir une portée plus générale : il n'établit, en effet, aucune distinction entre les différents
collèges, se bornant à interdire toutes les associations
dangereuses, c'est-à-dire toutes les associations politiques ou autres qui menacent le salut de l'Etat.

Quoi qu'il en soit, ce sénatus-consulte ne fut pas
longtemps en vigueur ; dès l'an 54, en effet, Clodius
faisait rétablir tous les collèges précédemment frappés
d'interdiction, et comme l'aide de ces corporations lui
paraissait insuffisant, il organisait, sous le nom de
collèges, de véritables armées, où il enrégimentait
tous ses partisans : « *Collegia non ea solum quæ sé-
natus sustulerat, restituta, sed innumerabilia quæ-
dam ex omni fœce urbis ac servitio constituta*[1] ».

C'était trop détourner les associations de leur but
véritable ; l'attitude des décuries de Clodius dans le
procès Milon le fit bien voir ; aussi le Sénat, effrayé,
s'empressa-t-il d'ordonner la dissolution de ces collèges révolutionnaires.

. Le sénatus-consulte dispose : « *Ut sodalitates decu-
riatique discederent ; lexque de iis ferretur, ut qui
non discessissent, ea pœna, quæ est de vi tenerentur*[2] ».

Bien que ces termes spéciaux ne paraissent viser
que les émeutiers et les meneurs de brigues électo-
rales, il est permis de croire que la décision du Sénat
frappait aussi les réunions d'artisans.

Ce que voulaient en effet les Patriciens, c'était avant
tout enlever à leurs adversaires les instruments de

1. CICÉRON : *In Pis.*, 9.
2. CICÉRON : *Ep. ad. Q. fratrem*, II, 3.

guerre qui faisaient leur puissance, et l'expérience leur avait trop bien montré ce que l'on pouvait attendre des collèges d'ouvriers, pour les laisser plus long-temps sous leur main.

Le sénatus-consulte de l'an 56 fut complété l'année suivante (55) sous le consulat de Crassus et de Pom-pée, par la loi *Licinia de Sodalitiis*[1] : cette loi visait toutes les associations révolutionnaires qui avaient pour but de recruter des partisans et d'altérer ainsi la sincérité du vote.

Voilà la troisième mesure sévère prise contre les associations et leurs dangers.

Quelle fut, sous cette législation de plus en plus rigoureuse, la situation exacte des collèges d'artisans? Furent-ils atteints dans leur généralité par les dispo-sitions prohibitives que nous venons de rapporter, ou continuèrent-ils à se former librement, suivant le droit qu'ils en avaient reçu de la loi des Douze Tables?

Il est difficile de répondre à cette question d'une façon précise, l'incertitude des textes pouvant donner lieu, sur ce point, aux interprétations les plus diver-ses. Nous croyons, toutefois, pouvoir poser en prin-cipe que les associations ouvrières ont joui, jusqu'à la fin de la République, d'une liberté absolue. Sans doute, quelques-unes de ces associations furent frap-pées d'interdiction par le Sénat, mais si elles furent dissoutes, ce n'est pas parce qu'elles étaient compo-

1. CICÉRON : *Pro Plancio*, 19, 46, 15, 36, 37, 47. — Cette loi, qui punissait la participation à une association formée pour corrompre les votes, spécifiait le cas qu'elle voulait atteindre : *Sequestrem esse, conscribere, largiri, decuriare.* — Voir ZUMPT, page 377.

sées d'ouvriers et en leur qualité de collèges d'artisans, mais parce qu'elles s'étaient montrées particulièrement dangereuses dans les derniers temps de la
République et qu'elles avaient ainsi, plus d'une fois,
mis en jeu l'existence même de l'Etat.

CHAPITRE III

Les Collèges d'Artisans sous l'Empire.

Lorsque l'Empire succéda à la République et confisqua à son profit toutes les libertés politiques, il ne pouvait guère respecter la liberté d'association ; les collèges, d'ailleurs, se montraient plus turbulents que jamais, et il devenait nécessaire de mettre fin à leurs agitations.

Aussi César s'empressa-t-il de prononcer une nouvelle dissolution, dirigée, s'il faut en croire Suétone, contre toutes les associations ; exception faite cependant des collèges consacrés par les lois ou par leur ancienneté : « *Cancta collegia præter antiquitus constituta*[1] ». Cette décision visait principalement les associations récentes, à qui la loi de Clodius avait permis de se constituer ; elle laissait subsister ces corporations remontant à l'origine de Rome ou à des temps qui avaient précédé les troubles civils, cause première de cette série de mesures restrictives.

A peine au pouvoir, Auguste s'émut à son tour : « *Plurimæ factiones titulo collegii novi ad nullius non facinoris coibant ; igitur collegia præter antiqua et legitima dissolvit*[2] ».

A partir de cette époque, la législation ne varia plus. Les Décemvirs avaient proclamé la liberté d'associa-

1. Suétone : *Divus Julius*, c. 42.
2. Suétone : *Div. Aug.*, c. 32.

tion, le principe inverse est consacré sous l'Empire.
Désormais, aucun collège ne peut valablement se former, s'il n'a reçu l'autorisation du Sénat ou de l'Empereur : « *In summa autem, nisi ex senatus-consulti
auctoritate, vel Cæsaris, collegium, vel quodcumque
tale corpus coierit, contra senatus-consulta et mandata et constitutiones collegium celebrat* » [1]. Les mots
collegium vel quodcumque tale corpus montrent la
généralité du principe, confirmée en outre par des
inscriptions relatives aux associations les plus diverses [2].

Toutefois, malgré ces dispositions rigoureuses, il ne
faudrait pas croire que toutes les associations aient
été frappées d'interdiction par les empereurs. Les
successeurs de César, forts de leur omnipotence, ne
suivaient à cet égard d'autre ligne de conduite, que
celle que leur dictaient les circonstances et les nécessités du moment, et à l'heure même où ils pronon-
çaient la dissolution de certains collèges qui semblaient devoir compromettre la sûreté de l'Etat, ils
autorisaient la création ou favorisaient le développement de certaines corporations nécessaires à l'économie de la cité.

C'est ainsi que Trajan, qui avait refusé à Pline
l'autorisation de former dans sa province un collège
de cent cinquante hommes, chargé d'éteindre les incendies, témoignait au contraire la plus grande solli-

---

1. *Digeste*, loi 3, parag. 1, livre XLVII, tit. XXII.
2. Corporations ouvrières : *Fabri; mensores frumenti publici.*
— Associations religieuses : *Dendrophori.* — Unions d'artisans :
Tibicines, symphoniaci, scabillarii. — ORELLI : 3140, 4235, 2385,
4075, 7421.

citude pour la corporation des boulangers de la ville[1].

Dès le deuxième siècle, la haine des Césars contre les associations ouvrières semble enfin s'apaiser. Adrien accorde des privilèges aux ouvriers de l'Annone et répartit ceux des bâtiments : maçons, arpenteurs, architectes, etc., en cohortes et en centuries[2].

Marc-Aurèle, tout en rappelant que les collèges fondés sans l'autorisation préalable n'ont pas d'existence légale, reconnaît aux associations régulièrement constituées le droit de recevoir des legs et, innovation très importante, le droit d'affranchir leurs esclaves[3].

Vers la même époque, la population servile subit une transformation qui exerça une influence considérable sur la situation des artisans. « Le nombre des esclaves avait considérablement diminué ; ils avaient cessé d'être un danger, la guerre n'amenait plus sur le marché cette foule de captifs à vil prix qui allaient autrefois grossir les familles des riches citoyens. Les naissances étaient devenues la principale source qui alimentait encore l'esclavage, et cette source même avait été appauvrie par les affranchissements que l'adoucissement des mœurs, le progrès des idées d'humanité, une générosité tardive et peu coûteuse avaient rendus très fréquents[4]. »

« La rareté et, par suite, la cherté des esclaves, rendirent leur travail plus coûteux; la classe libre,

---

1. AURELIUS VICTOR : *De Cæs.*, 13.
2. Ces ouvriers étaient placés sous les ordres d'un directeur général, sorte de chef du service des ponts et chaussées. — Voir LACOUR-GAYET : *Antonin le Pieux et son temps*, Paris, Thorin, 1888. — *Digeste*, loi 5, parag. 5, livre VI.
3. *Digeste*, loi 20, livre XXXIV, titre v.
4. LEVASSEUR : *Histoire des Classes ouvrières*, tome I.

dont les rangs étaient plus pressés à mesure que ceux
de la classe servile s'éclaircissaient, put à son tour lui
faire concurrence, et l'on vit des ingénus et des affranchis se mêler et se substituer aux esclaves jusque dans
la profession de gladiateur [1]. »

Les empereurs comprirent toute l'importance que
cette évolution allait donner au travail libre et, n'ayant
plus à redouter d'agitations séditieuses de la part de
réunions qui pouvaient désormais devenir prospères,
ils mirent tous leurs soins à en favoriser le développement.

Alexandre Sévère fut le premier empereur qui,
rompant avec les traditions du passé, se montra réellement favorable à l'industrie et aux associations
ouvrières.

Lampride nous raconte qu'il établit dans la ville de
très nombreuses fabriques.

Pour encourager le négoce, il accorda aux marchands les privilèges les plus étendus ; il créa enfin un
grand nombre de corporations, organisant en collèges
les marchands de légumes, les marchands de vin et
tous les métiers en général [2].

Malheureusement, Sévère ne se borna pas à créer
des corporations ; comprenant le rôle considérable
que cette institution pouvait jouer dans l'organisation
sociale, il prétendit la diriger et la mettre au service
de son gouvernement.

Les corps de métiers furent donc l'objet d'une

1. LEVASSEUR : *Histoire des Classes ouvrières*, tome I.
2. « *Corpora omnium constituit cinariorum, lupinariorum, caliga-
riorum et omninò omnium artium iisque ex sese defensores dedit et
jussit, qui ad quos judices pertinerent.* » — LAMPRIDE : *Al. Sér.*, c. 33.

réglementation minutieuse ; leurs attributions furent
nettement déterminées, leurs droits et leurs devoirs
établis d'une façon précise.

Ainsi, dans le but d'assurer la satisfaction des
besoins sociaux, l'empereur en était venu à exagérer
ses droits et à faire bon marché de la liberté individuelle. L'Etat se substituant à l'individu, telle est à
notre avis l'idée qui se dégage de la réforme de Sévère.
Cet empereur nous apparaît ainsi comme le véritable
fondateur de ce système politique que l'on désigne
aujourd'hui sous le nom de *Socialisme d'Etat*[1] et
qui a pour but, nous le savons, de faire disparaître
l'initiative personnelle pour la remplacer par l'initiative même de l'Etat.

Les successeurs de Sévère, quoique complètement
étrangers à ces vues, suivront cependant, à peu près,
la même politique. Dominés uniquement, comme nous
le verrons plus tard, par des préoccupations budgé-
taires, ils appliqueront, jusque dans ses dernières conséquences, le principe que nous venons de formuler,
et au Bas-Empire, la spontanéité de la formation de la
plupart des collèges, leur liberté d'action et l'indépendance de leurs membres ne seront plus que des
souvenirs.

1. Il serait original, en même temps qu'intéressant, de rechercher dans la réforme de Sévère, l'origine des doctrines sociales que
certains auteurs se plaisent à développer aujourd'hui. Nous nous
contentons d'indiquer l'idée, l'exiguité du cadre que nous nous
sommes tracé, ne nous permettant pas d'entrer dans de pareils
développements. -

CHAPITRE IV

Les Collèges d'Artisans au Bas-Empire.

A partir du quatrième siècle, l'Empire conserve à peine la force de vivre ; les empereurs cherchent alors à le régénérer par des règlements, par des ordres sans cesse renouvelés qui essaient de tout prévoir et qui ne réussissent qu'à accélérer la ruine du monde romain.

Les collèges d'artisans, accablés d'impôts très onéreux, dépendent de plus en plus de l'Etat, qui multiplie ses règlements et les fonctionnaires chargés d'en assurer l'exécution.

Cette tutelle, bienveillante à certains égards, avait paru légère dans les temps de prospérité ; mais dès les premiers symptômes de décomposition de l'Empire, les corporations sentirent de quel fardeau accablant on les avait chargé. Il eût fallu chercher le remède à cette situation, en répudiant un système qui avait déprimé, absorbé, supprimé l'individu, qui en avait fait un esclave de l'Etat ; il eût fallu favoriser, par tous les moyens possibles, l'initiative individuelle ; mais à une époque où le besoin d'argent se faisait de plus en plus vivement sentir, les empereurs ne songèrent qu'à battre monnaie. Loin donc de rechercher les mesures propres à assurer le relèvement de l'industrie, ils ne surent qu'en hâter la ruine, en exploitant, d'une façon effrénée, le monde des travailleurs.

Qu'arriva-t-il ? Les artisans découragés firent tous leurs efforts pour se soustraire à une condition devenue intolérable. Vers la fin du quatrième siècle, dans cette nouvelle période de troubles qui précéda la désorganisation de l'Empire d'Occident, les ruines et les désertions devinrent nombreuses. Les corporations, écrasées par l'impôt, réclamèrent à grands cris des mesures qui arrêtassent ce mouvement de dissolution ; l'Etat, dont les intérêts étaient sur ce point d'accord avec les leurs, fit droit à leurs sollicitations. Les édits impériaux interdirent donc aux membres des collèges, comme aux curiales, d'entrer dans l'armée ; la carrière ecclésiastique leur fut également interdite, ainsi que toutes celles qui jouissaient de l'exemption d'impôts et de charges personnelles.

Bien plus, il fut interdit aux artisans de quitter leur cité et leurs corporations, pour aller s'établir ailleurs. Le négociant et l'artisan se trouvèrent ainsi enchaînés à leur profession et à leur collège, comme le curial l'était à sa curie ou le colon à la terre qu'il cultivait.

Cependant, malgré toutes ces mesures savantes, les empereurs furent impuissants à rendre la vie à des corps inanimés ; ils avaient, en effet, commis une grande faute économique. Aveuglés par la nécessité de se procurer des ressources, ils n'avaient pas su comprendre que le travail, pour être fécond, a besoin d'une vie propre et indépendante ; ils n'avaient pas compris que l'intérêt personnel, qui pousse les travailleurs dans telle ou telle voie, est loin d'être toujours d'accord avec l'intérêt social, et que l'on ne peut impunément sacrifier l'un au profit de l'autre,

La ruine complète des corporations fut la conséquence de leurs maladroits efforts. Cette ruine, sans
doute, ne fut pas soudaine. Sous l'impulsion d'un
pouvoir fortement constitué, elles purent, quelque
temps encore, traîner une vie factice et languissante ;
mais quand le pouvoir central n'eut plus assez de
vigueur pour les défendre contre les ravages des
barbares, contre les révoltes des paysans, contre
l'indiscipline des armées, elles disparurent au milieu
de l'effondrement général de la société avec ce qui
avait été l'Empire Romain.

DE

L'ORGANISATION DU TRAVAIL

AU BAS-EMPIRE

D'APRÈS LE CODE THÉODOSIEN

⤙⇒⊏⊐⇐⤚

HISTOIRE INTERNE

DES COLLÈGES D'ARTISANS AU BAS-EMPIRE

———

CHAPITRE PREMIER

Après avoir ainsi, d'une façon rapide, parcouru
l'histoire externe des corporations ouvrières sous la
Royauté, sous la République et sous l'Empire, après
avoir montré à la suite de quelle évolution ces associations, libres d'abord, s'étaient transformées en collèges héréditaires et obligatoires, il nous reste à péné-

trer au sein même de ces collèges, à les regarder
vivre, à en étudier l'organisation et le développement.

Nous ne prétendons pas, cependant, faire de cette
histoire interne des corps de métiers, une étude complète et détaillée commençant aux origines de Rome
avec la naissance même des corporations, pour ne se
terminer qu'à leur mort ; une telle entreprise serait
d'ailleurs bien périlleuse, si l'on songe au peu de
renseignements que nous ont laissés les auteurs, si
l'on songe surtout aux contradictions et aux hypothèses sans nombre qui font la nuit la plus complète
sur la première période de l'histoire romaine.

Bien moindre est notre ambition, bien plus modeste
est notre plan ; ce que nous voulons simplement dans
cet ouvrage, c'est, nous plaçant à une époque déterminée et parfaitement connue de nous, embrasser
d'une façon aussi complète que possible l'organisation
industrielle de la nation romaine ; c'est étudier un
système savamment organisé, qui a pour but, avant
tout, de procurer à l'Empire les ressources dont il a
besoin pour se soutenir et qui ne réussit, par les
moyens qu'il emploie, qu'à tuer l'initiative individuelle, supprimant ainsi une des forces les plus vives
de l'humanité.

Le Code théodosien nous fournit, pour cette étude,
des documents très précis et nous permet d'approfondir
dans les détails ce vaste régime corporatif qui, durant
les derniers siècles de l'Empire, engloba une grande
partie des travailleurs romains.

C'est donc à cette source que nous puiserons tous
nos renseignements ; c'est d'après les constitutions
contenues dans ce code que nous essaierons d'appré-

cier, comme il convient, un système économique que
certains esprits rêvent de rétablir aujourd'hui.

————

Parmi les corporations que nous nous proposons
d'étudier dans cet ouvrage, il en est deux qui doivent
tout d'abord attirer notre attention et qui méritent de
complets développements : ce sont celles des naviculaires et des boulangers.

Ces deux corporations, sur lesquelles les chaînes
de la servitude s'étaient tout particulièrement appesan-
ties et qui constituaient au troisième siècle un des
rouages les plus importants de l'administration impériale, avaient pour mission spéciale de pourvoir à
l'approvisionnement de la capitale, autrement dit
d'assurer le service de l'annone.

Il n'entre pas dans le plan que nous nous sommes
tracé, de passer minutieusement en revue toutes les
mesures prises, toutes les institutions créées pour assurer la subsistance de Rome, de fournir, en un mot,
sur l'annone romaine, une étude complète et détaillée.
Toutefois, avant de suivre dans le détail l'histoire des
naviculaires, avant de pénétrer au sein de leurs collèges et d'en étudier le fonctionnement, il nous paraît
indispensable de présenter quelques observations rapides sur l'annone, sur son origine et sur la façon
dont ce service fut organisé aux différentes périodes
de l'histoire romaine. C'est là, croyons-nous, une
introduction nécessaire à toute étude sérieuse sur les
corporations qui nous occupent.

Organisation du service de l'Annone.

SON ORIGINE, SON DÉVELOPPEMENT

L'annone, dans son sens large, signifie l'ensemble des moyens organisés au Bas-Empire pour approvisionner les deux capitales, Rome et Constantinople.

L'annone était inconnue des premiers Romains. Pendant les deux cent quarante-quatre ans qu'ils furent gouvernés par des rois, leur état naissant fut renfermé dans des bornes si étroites, qu'en cultivant leurs propres champs, ils étaient assurés d'y trouver tout ce qui était nécessaire à leur existence ; aussi chercherait-on vainement, dans la législation de cette première période, des dispositions relatives au sujet qui nous occupe.

La nécessité d'assurer le service de l'annone et de pourvoir ainsi à l'approvisionnement de la capitale apparaît, pour la première fois, vers la fin de la République. A cette époque, en effet, un événement s'était accompli, événement considérable et qui, au point de vue économique, devait avoir des conséquences désastreuses : nous voulons parler du changement apporté au régime agricole, de la substitution de la grande à la petite propriété.

Toutes les terres, en effet, terres privées ou publiques, terres divisées ou réservées, étaient venues s'absorber et se perdre dans cette forme unique de propriété, les grands domaines (Latifundia).

« On ne s'en tint pas à cette réforme. A la grande

culture, qui avait déjà réduit d'une façon considérable le nombre des propriétaires fonciers, on préféra un autre mode, qui permît de réduire maintenant le nombre des travailleurs, qui exigeât par conséquent moins de dépenses, qui courût moins de chances de perte en cas d'invasion, qui donnât en un mot un produit net plus grand et plus sûr, et on crut le trouver dans le système des pâturages[1]. »

Les pâturages envahirent donc toutes les terres arables ; et ces plaines de l'Italie, si fertiles autrefois, et qui avaient jusqu'à cette heure assuré l'alimentation de la grande nation romaine, furent tout à coup transformées en déserts, traversés seulement par des troupeaux et leurs pasteurs.

Cependant, la population de Rome ne cessait de s'accroître et la misère grandissait avec la population ; cette plèbe, avilie par l'oisiveté, qui ne voulait pas travailler et qui d'ailleurs ne l'aurait pas pu, alors même qu'elle l'aurait voulu, car la concurrence du travail servile écrasait le travail libre, apparut tout à coup dangereuse et prête à la révolte, et « à une époque où les nobles comme fonctionnaires, les chevaliers comme publicains exploitaient les provinces, elle osa à son tour élever des prétentions, exigeant pour sa part, dans cette exploitation du monde au profit d'une cité, le morceau de pain qu'elle ne pouvait plus demander au travail[2] ».

Le Sénat comprit qu'il ne pouvait, sur ce point, entreprendre la lutte. Il dépendait du peuple ; sou-

1. WALLON : *Histoire de l'Esclavage dans l'antiquité*, t. II, p. 351.
2. WALLON : *Histoire de l'Esclavage dans l'antiquité*, t. II.

vent il avait à lui parler dans ses comices ou assemblées, et plusieurs expériences lui avaient appris combien il était difficile de lui faire entendre raison quand il avait faim : « *O quam difficile est verba facere ad ventrem qui auribus caret* », s'écriait un des plus sages sénateurs en l'une de ces circonstances.

La première concession que l'on se décida à faire au peuple, fut de faire vendre au-dessous du cours les blés importés d'Espagne et d'Afrique [1] ; mais ces mesures parurent bientôt insuffisantes, et, sous Clodius, les distributions devinrent gratuites pour les indigents.

A cette époque, deux cent mille citoyens environ avaient le droit d'y prendre part. Pendant la dictature de César, le nombre des *accipientes* atteignit le chiffre énorme de 320,000 [2]. C'était donc, à raison de cinq *modii* par tête et par mois, vingt millions de *modii* environ qu'il fallait se procurer chaque année.

De si fortes provisions ne pouvaient être tirées de l'Italie qui, nous le savons déjà, avait complètement abandonné la culture des céréales.

Les conquêtes de l'Afrique, de la Sardaigne et de la Sicile permirent aux Romains de venir s'approvisionner dans ces trois provinces qui prirent, dès lors, le nom de provinces frumentaires *(benignissimas Romœ nutrices, frumentaria subsidia Reipublicœ)*.

Ces provinces, exception faite de quelques terres privilégiées, devaient payer au Trésor, à titre d'impôt, le dixième de leur récolte. Les propriétaires, ainsi soumis à la dîme, devaient faire transporter leurs blés

---

1. Tite-Live : Livres XXX, 26 ; XXXI, 5 et 50 ; XXXIII, 42.
2. Suétone : *Vie de César*, 41.

jusqu'au port de mer où ils devaient être embarqués, ou tout au moins jusqu'à un cours d'eau navigable : *ad aquam*[1].

Chaque province devait, en outre, payer les frais de transport jusques à ses frontières ; le transport jusqu'à Rome étant ensuite à la charge de l'Etat.

Ainsi transformée en service public, l'annone exigea la création d'une flotte chargée d'effectuer ces transports. Pour atteindre ce but, l'Etat eut recours au système de l'adjudication. Les transports publics s'adjugèrent donc à Rome aux enchères et par les soins des questeurs ou des censeurs[2] ; mais, comme les simples particuliers ne pouvaient offrir des garanties suffisantes, l'Etat s'adressa de préférence aux publicains ou Compagnies fermières de l'impôt, qui, par leurs ressources et leurs relations, présentaient toute la sécurité désirable.

En compensation des charges qui pesaient sur eux et de la responsabilité qu'ils assumaient, les adjudicataires de transports publics jouissaient de certains privilèges de nature à exciter leur émulation ; c'est ainsi que les risques, en cas de naufrage, étaient à la charge de l'Etat[3] ; c'était encore l'Etat qui supportait les pertes, si un navire, durant sa traversée, avait été attaqué et pillé par des pirates[4].

Les naviculaires étaient dispensés du service militaire et de toutes autres charges publiques, la même

---

1. CICÉRON : *Verrines*, II, liv. III, 36.
2. VARRON : *De re rustica*, liv. II, præmium. — COLUMELLE : *De re rustica, præfatio*, ch. xx.
3. TITE-LIVE : Liv. XXIII, 49, 2.
4. *Ibid.*

exemption étant accordée à tout citoyen qui pouvait
mettre à la disposition de l'annone un navire jaugeant
au moins 50,000 *modii* ou plusieurs d'au moins 10,000
modii[1].

Cependant, il pouvait arriver que tous ces moyens
fussent insuffisants pour assurer le service de l'annone
et, qu'en certaines circonstances difficiles, les navires
vinssent à manquer. Pour faire face à ce danger possible, la République s'était réservée le droit de réqui-
sition sur tous les navires de mer de plus de 10,000
modii[2].

Auguste modifia profondément le régime de l'annone ; il commença par réglementer les distributions
gratuites, fixant à 200,000 le nombre des *percipientes*[3],
il érigea ensuite, en fonction permanente, la préfecture de l'annone qui n'avait été jusque-là qu'une charge
extraordinaire et temporaire[4] et, comme la population
devenait à Rome de plus en plus grossissante, il joignit aux trois anciennes provinces frumentaires la
province d'Egypte, qui dut fournir non pas le dixième,
mais le cinquième de sa récolte[5].

Les moyens de transport, eux-mêmes, ne tardèrent
pas à se modifier ; les empereurs ne voyaient pas d'un
œil favorable le système des adjudications ou des
réquisitions ; ces deux systèmes présentaient, en effet,
de très grands inconvénients ; les réquisitions don-

1. TITE-LIVE : Liv. XXIII, 48 et 49. — *Digeste*, liv. L, tit. v, loi 3.
2. CICÉRON : *Lettres à Atticus*, IV, 1. — PLUTARQUE : *Vie de Pom-
pée*, 70-71.
3. SUÉTONE : *Cæsar*, 41.
4. TACITE : *Annales*, I, 17. – HIRSCHFELD : *Annona*, pp. 27 et suiv.
5. AURÉLIUS VICTOR : *Epitome*, ch. 1, 6. — FLAVIUS JOSÈPHE :
Guerre des Juifs, II, 16, 4.

naient lieu à des abus de pouvoir qui mécontentaient les provinces. Quant aux transports adjugés, ils étaient particulièrement désastreux; les entrepreneurs vendaient très cher leurs services, et les bénéfices considérables qu'ils réalisaient, constituaient pour le Trésor une perte sérieuse.

Trajan, suivant en cela l'exemple de ses prédécesseurs, fit tous ses efforts pour se passer des Compagnies fermières; il fit appel aux simples particuliers, à l'initiative privée qu'il sut encourager par des immunités et des privilèges. Ses efforts furent couronnés de succès; il fallut même modérer l'empressement des provinciaux et déclarer que ceux-là seuls jouiraient de l'immunité, qui s'embarqueraient eux-mêmes et consacreraient la majeure partie de leur fortune aux transports et au commerce de l'annone[1]. Pour éviter les fraudes, on devait, chaque année, faire parvenir à l'empereur une liste indiquant le nom de tous les naviculaires, leurs ports d'attache et l'évaluation de leur fortune.

Malgré ces dispositions assez rigoureuses, les collèges de naviculaires se développèrent rapidement; c'est qu'à cette époque, ils constituaient des entreprises particulières, des associations volontaires et jouissaient de la plus grande liberté. C'est, enfin, qu'ils pouvaient assez facilement arriver à la fortune.

Malheureusement, leur prospérité fut de courte durée; avec les progrès du temps, ils perdirent leur liberté; ils se transformèrent en corporations assu-

---

1. PLINE: *Panégyrique de Trajan*, 29, 30 et 31, et *Digeste*, liv. XXVII, tit. I, loi 17, § 6, et liv. L, tit. VI, loi 5.

jetties au public ; ils devinrent, enfin, ces collèges officiels et perpétuels qui devaient jouer un si grand rôle
dans l'histoire du Bas-Empire et qui apparaissent,
pour la première fois, vers l'époque d'Antonin et de
Marc-Aurèle.

CHAPITRE II

Collèges des Naviculaires au Bas-Empire.

Les naviculaires, nous le savons déjà, étaient chargés de transporter à Ostie le blé et autres denrées qui leur étaient fournis par les provinces frumentaires ; les Romains avaient, dans ce but, organisé deux flottes : l'une pour l'Afrique, *classem Africanam ;* l'autre pour l'Egypte, *classem Alexandrinam.*

I. — COMMENT SE RECRUTAIENT LES NAVICULAIRES ?

Premier mode de recrutement. — Le mode de recrutement par excellence, et de beaucoup le plus fréquent, consistait dans l'*origo* (lien du sang). Cette disposition, si rigoureuse qu'elle paraisse, était dictée par la nécessité. La profession de naviculaire n'avait, en effet, rien de tentant : elle était très pénible et très périlleuse ; les empereurs ne pouvaient donc compter sur la bonne volonté, pour grossir les rangs d'une corporation qui donnait beaucoup de peine et pas ou peu de profits. Aussi, de nombreuses constitutions décident-elles que l'enfant d'un naviculaire ne sera pas libre d'exercer une profession selon son goût et ses aptitudes, mais qu'il sera, dès sa naissance, *obnosius collegio*, c'est-à-dire rivé pour toujours à la condition de son père et à sa corporation[1].

Deuxième mode de recrutement. — Mais ce n'est pas tout; ce bien, d'ailleurs irrévocable, qui attachait le naviculaire à sa corporation, eût été le plus souvent illusoire, si l'on avait laissé à ce dernier la libre disposition de ces biens. Les empereurs n'eurent garde de commettre pareille inconséquence. Un de leurs premiers soins fut au contraire d'affecter les biens du *collegiatus* au service de la corporation. Le fonds était ainsi grevé d'une sorte de servitude. Quiconque devenait, par la suite, propriétaire de *prædia navicularia*, pouvait être contraint, s'il n'aimait mieux délaisser ces *prædia*, d'exécuter les charges auxquelles ils étaient soumis, *subire functionem naviculariam*[2], et cela, sans qu'il y ait à considérer si l'acquisition avait eu lieu à titre onéreux ou à titre gratuit, par testament ou par acte entre vifs, sans qu'il y ait non plus à tenir compte du rang et de la situation sociale du nouveau propriétaire.

Et qui donc aurait osé se plaindre d'une pareille disposition, lorsque l'empereur lui-même se déclarait soumis aux mêmes règles ?

Troisième mode de recrutement. — Toutes ces mesures, d'ailleurs fort ingénieuses, étaient encore impuissantes à assurer d'une façon parfaite le recru-

---

1. « *Si navicularius originalis levamentarius fuerit, nihilo minus apud eosdem, apud quos et parentes ejus fuisse videntur, firmiter permanebit.* » — Code Théod., liv. XIII, tit. v, loi 1, année 314.

2. Code Théod., liv. XIII, tit. v, loi 35. — Code Théod., liv. XIII, tit. vi, lois 1, 2, 9, 10, 3.

tement des naviculaires et à maintenir toujours au
complet les cadres de leurs collèges : il fallait, en
effet, compter avec les accidents de mer, avec la
mort naturelle, et les naissances étaient loin d'être
assez nombreuses, pour pouvoir combler les vides.
Les empereurs eurent vite fait de résoudre la difficulté : ils mandèrent à tous les préfets du prétoire,
qu'ils eussent à faire un choix parmi les plus riches
citoyens. Pour leur rendre cette tâche plus aisée, ils
prirent soin de déterminer certaines catégories de
personnes qui présentaient toutes les garanties désirables et parmi lesquelles ils étaient assurés de recruter d'excellents naviculaires. Conformément à ces
instructions, les magistrats dressaient des listes suivant
l'ordre de leurs préférences ; ces listes passaient
ensuite sous les yeux de l'empereur qui en contrôlait
l'exactitude et confirmait les nominations. Après cela,
les malheureux élus n'avaient plus qu'à entrer dans
la corporation, et à mettre à son service toutes les ressources dont ils pouvaient disposer[1].

Voilà comment au cinquième siècle on devenait
batelier sans le vouloir.

Cette législation fut complétée quelques années
plus tard, par de nombreuses dispositions ayant pour
but de resserrer les liens qui unissaient les navicula-
res, de maintenir le *collegiatus* dans sa corporation,
de l'enfermer dans son collège comme dans une prison
d'où il lui était impossible de sortir. « Si quelque
naviculaire, ordonne l'empereur Constance, a par
subterfuge ou d'une façon quelconque obtenu l'im-

1. *Code Théod.*, liv. XIII, tit. v, loi 14.

munité des charges qui pèsent sur lui, il ne pourra pas en bénéficier ; ses ambitieuses intrigues ne lui serviront de rien[1] ».

A côté des mesures violentes, les empereurs employaient encore pour attacher le naviculaire à ses fonctions, les concessions de privilèges et d'immunités.

Ces privilèges étaient de deux sortes : 1° Privilèges honorifiques ; 2° privilèges matériels.

Parmi les distinctions purement honorifiques dont jouissaient les naviculaires, il faut citer en premier lieu l'ordre équestre à eux accordé par Constantin ; cette dignité leur fut confirmée plus tard par Valentinien Valens et Gratien qui permirent, en outre, à toutes les personnes de l'empire, d'entrer dans leurs corporations sans encourir aucune dérogeance[2].

Outre ces avantages d'ordre moral, les naviculaires jouissaient encore d'importantes immunités. Une constitution de l'an 334, adressée par Constance aux naviculaires d'Orient, nous en fait connaître les principales. « Dans l'intérêt de la ville, que sur l'ordre de Dieu nous avons gratifiée d'un nom éternel, nous vous accordons les privilèges suivants : Les naviculaires seront exempts de toutes fonctions et de tous services quelconques. En ce qui concerne les dignités civiques, ils seront libres de les refuser, évitant de cette façon les ennuis qui pourraient en être la conséquence ; ils seront donc exempts de l'administration de la tutelle, soit légitime, soit dative. Les lois *Julia* et *Papia*

---

1. *Code Théod.*, liv. XIII, tit. v, loi 3. — « *Si quis navicularius per obreptionem vel quacunque ratione immunitateur impetraverit, ad excusationem eum admitti nullo modo volumus.* »
2. *Code Théod.*, liv. XIII, tit. v, loi 16.

Poppea ne leur seront point applicables et, dans le cas même où il n'aurait pas d'enfants, le naviculaire pourra recueillir toute la succession de sa femme. Réciproquement, la femme d'un naviculaire pourra prétendre à la totalité de la succession de son mari. S'il est question de poursuivre un naviculaire et de lui intenter une action relative soit à un droit de propriété, soit à un droit de succession, soit à tout autre droit civil, les poursuites ne pourront être faites que devant les juges ordinaires de son domicile [1]. »

En matière d'impôts, les naviculaires jouissaient de la plus grande faveur : c'est ainsi qu'ils étaient exempts du chrysargire, des *collationes, oblationes, aurum coronarium* et de toutes autres contributions déguisées sous le nom de dons volontaires [2].

Ils ne pouvaient enfin être mis à la torture et étaient dispensés de tout service militaire [3].

Voilà l'ensemble des privilèges et prérogatives accordés à ces fonctionnaires de l'annone.

En témoignant à leur égard une si grande sollicitude, les empereurs n'étaient pas mus par une idée de bienfaisance ou par un sentiment de pure générosité. Sans doute, ils cherchaient, par ce moyen, à récompenser les naviculaires des services importants qu'ils

---

1. *Code Théod.*, liv. XIII, tit. v, loi 7, année 334.

2. D'après Godefroy, la tutelle testamentaire organisée par la loi des Douze Tables est comprise dans l'expression, *legitima tutela* employée par cette loi.

3. *Code Théod.*, liv. XIII, tit. v, lois 7 et 5, année 326.

Les naviculaires étaient également exempts des droits de douane : « *Solos navicularios a vectigali prœstatione immunes esse prœcipimus.* » Liv. XIII, tit. v, loi 23, année 393.

rendaient chaque jour, et à atténuer, dans la mesure
du possible, les lourdes charges qui pesaient sur eux ;
leur but véritable était cependant plus pratique.
Indifférents au fond, au bien-être de l'individu, ils
voulaient, avant tout, assurer le bon fonctionnement
d'un service indispensable à la sûreté de l'Etat.

Telle fut, en effet, la grande affaire, la préoccupation constante des empereurs romains. Pour réussir
dans leur entreprise, ils eurent recours aux moyens
les plus ingénieux : ils organisèrent de fond en
comble une vaste administration dont tous les services
furent minutieusement réglementés, et qui furent
soumis à une surveillance des plus rigoureuses. Tout
fut prévu dans les moindres détails, depuis le mode
de construction des navires, jusqu'aux plus petits
accidents qui pouvaient survenir en cours de voyage.
Les naviculaires furent ainsi transformés en véritables
machines qui n'avaient d'autre fonction que celle
d'obéir aveuglément à l'impulsion impériale.

II. — CONSTRUCTION DES NAVIRES CHARGÉS D'EFFECTUER LES TRANSPORTS PUBLICS.

Chaque province maritime était obligée de fournir
la matière première. La construction des vaisseaux
était ensuite à la charge des naviculaires, qui suppor-
taient également les frais d'entretien et de réparation :
ils recevaient, d'ailleurs, pour les couvrir de leurs
dépenses, une indemnité de cinquante *juga*. Cette
indemnité leur était due, chaque fois qu'ils avaient

effectué un transport de dix milliers de muids *(pro denum milium modiorum luitione)* [1].

Le mode de construction était lui-même nettement déterminé ; chaque navire devait avoir les dimensions voulues, la capacité ordinaire étant de cinquante mille boisseaux. Les magistrats devaient veiller à ce que les règlements fussent fidèlement observés ; tous les immeubles des pilotes ou patrons étaient d'ailleurs affectés à l'accomplissement de ces obligations : « *Qui scient, se de propriis periclitaturos esse fortunis, nisi in his præparandis débitæ capacitatis summam modumque servaverint* [2] ». Nous savons que, pour éviter toute fraude, l'empereur avait frappé ces immeubles d'inaliénabilité ; si donc il arrivait qu'un naviculaire ait vendu ses biens, dans le but de les soustraire aux charges qui pesaient sur eux, ces biens demeuraient grevés d'une sorte d'hypothèque entre les mains de l'acquéreur, qui devait alors ou déguerpir, ou contribuer au *muneri naviculario,* jusqu'à concurrence de son acquisition [3].

III. — NAVIGATION.

Les empereurs avaient réglementé avec un soin tout particulier le service de la navigation. Passons rapidement en revue les principaux de ces règlements.

Tout bâtiment de naviculaire, en quelque endroit qu'il se trouvât, devait pouvoir faire voile, sans em-

1. *Code Théod.,* liv. XIII, tit. v, loi 28, année 399.
2. *Code Théod.,* liv. XIII, tit. v, loi 28, année 399.
3. *Code Théod.,* liv. XIII, tit. vi, lois 1, 2.

pêchement de qui que ce soit; il était défendu sous
peine de mort aux garde-ports, receveurs des douanes,
décurions, juges ou à tous autres, d'imposer au pilote
un transport en dehors de ses obligations, et de le
mettre ainsi dans l'impossibilité d'accomplir régulièrement son service habituel[1].

En cours de voyage, tant à l'aller qu'au retour, les
naviculaires ne devaient subir aucune violence,
aucune concussion : ils devaient jouir enfin de la plus
grande sécurité; une amende de dix livres d'or était
la punition de toute personne qui aurait essayé de
leur susciter des ennuis[2].

Une fois parvenus à destination, c'est-à-dire au
port de la province où ils devaient charger, ils s'adres-
saient au receveur des greniers publics, pour lui
annoncer leur arrivée; ce fonctionnaire se transportait alors sur les lieux, et veillait à ce que la livraison
de l'annone fût effectuée le plus promptement possible. Le patron du vaisseau devait recevoir dans les
dix jours à partir de son arrivée, le rôle des marchandises qu'il avait reçues; c'était là, une sorte de lettre
de voiture qui mettait sa responsabilité à couvert et
qui lui permettait de poursuivre tranquillement sa
route. Si, par aventure, le navire avait besoin de faire
relâche dans une île ou dans un port, il n'avait qu'à
exhiber ses lettres d'expédition, il était sûr ainsi de
n'être pas inquiété par les magistrats.

Les magistrats avaient cependant le droit d'intervenir dans certaines circonstances limitativement
déterminées; il pouvait arriver, par exemple, que,

1. *Code Théod.*, liv. XIII, tit. v, lois 8, 9, 10.
2. *Ibid.*, loi 9.

sous un prétexte quelconque, le patron d'un de ces vaisseaux publics s'oubliât trop longtemps dans un port et qu'il compromît de cette façon la régularité du service qui lui était confié ; le magistrat devait alors lui faire toutes les observations nécessaires et le mettre dans l'obligation de reprendre la mer au plus vite. Si les juges manquaient à ce devoir, ils en étaient punis par la confiscation de leurs biens. Quant aux pilotes qui n'avaient pas obéi à des ordres légalement donnés, on les condamnait à la peine de la déportation[1].

Le temps que chaque vaisseau devait demeurer à son voyage était fixé suivant l'éloignement des lieux. Le terme le plus long était de deux ans, ainsi qu'il résulte d'une constitution adressée en l'an 392 par Valentinien et Théodose à Apodemius, préfet du prétoire : « Que tout naviculaire sache qu'il lui faut, dans un délai de deux ans, rapporter la reconnaissance du déchargement à lui confié[2]. » S'il passait ce terme, le pilote devait fournir des explications sur son retard, avec preuves à l'appui. Ce délai de deux ans parut trop long dans la suite ; il y eut des pilotes qui en abusèrent. Jugeant, en effet, que leurs bénéfices n'étaient pas assez considérables, ils se mirent à faire le commerce pour leur propre compte. Venaient-ils à apprendre que, dans un certain pays, le grain se vendait moyennant un prix très rémunérateur, ils s'y rendaient aussitôt, et livraient aux habitants les mar-

1. *Code Théod.*, liv. XIII, tit. v, loi 34, année 410.
2. *Code Théod.*, liv. XIII, tit. v, loi 21. — « *Unus quisque navicularius noverit, intra biennium aut securitatem suscepti oneris reportandam, aut periculorum approbandam esse fortunam.* » (Ann. 392).

chandises qu'ils avaient mission de porter à Rome ou
à Constantinople. Ils allaient ensuite effectuer à bon
compte un nouveau chargement qu'ils s'empressaient
alors de conduire à destination. Arcadius et Honorius
apprirent ce trafic et s'empressèrent d'y mettre un
terme, par une constitution de l'an 396 :

« Les naviculaires, nous dit-on, s'avisent de spéculer sur les marchandises qu'ils transportent; ils
abusent ainsi de la faveur que leur a accordé la législation constantinienne. Cette législation leur reconnaissait en effet un délai de deux ans, à partir de la
réception des marchandises pour représenter leur
lettre de voiture *(securitates)*. Nous voulons bien
maintenir ce délai avec cette petite addition, cependant, que les marchandises devront être fournies à
l'Etat dans l'année même où les naviculaires en auront
pris livraison, et que la remise des papiers, mention-
nant cette livraison, sera effectuée sous le même consulat. Quant au délai de deux ans, précédemment
accordé aux naviculaires pour la remise de leurs
papiers, nous ne le prescrivons pas d'une façon absolue, considérant que les tempêtes de l'hiver ou des
hasards malheureux peuvent le rendre nécessaire. Ce
que nous voulons seulement, c'est qu'il soit bien établi,
dans le courant de la première année, que les pilotes
ont fait tout leur devoir. C'est ce qu'il faut que tout le
monde sache. Il doit être porté à la connaissance de
tous que, régulièrement, la réception, le transport et
la livraison des marchandises doivent avoir lieu dans
la même année[1] ».

1. *Code Théod.*, liv. XIII, tit. v, loi 26, année 396.

L'année suivante, les mêmes empereurs, par une Constitution adressée au Sénat et au peuple, décidaient que le tiers de l'annone nécessaire à la ville devrait être désormais servi à l'Etat dans les premiers mois de l'année navigable. Ils prenaient en même temps des dispositions pour réorganiser le corps des naviculaires, ordonnant aux préfets du prétoire de rechercher avec soin tous les détenteurs de biens soumis aux *muneribus naviculariis* et de leur rappeler leurs obligations[1].

De même que les lois avaient fixé la durée du voyage, elles avaient indiqué la route à suivre. Les pilotes qui ne suivaient pas cet itinéraire, et qui allaient par des routes détournées décharger ailleurs une partie des grains destinés à la capitale, étaient punis de mort[2]. Cette peine parut, dans la suite, trop rigoureuse, et l'empereur Léon décida que tout naviculaire qui aurait diverti une partie des marchandises dont il avait le dépôt, serait seulement condamné à en restituer le quadruple.

Il pouvait se faire qu'un vaisseau chargé de marchandises d'Etat *(onus fiscale)* fût surpris par la tempête et fît naufrage. Le pilote devait alors se rendre promptement devant le magistrat le plus rapproché du lieu du sinistre, faire sa déclaration et l'affirmer véritable. Le juge informait et, pour se faire une opinion, soumettait la moitié de l'équipage à la

1. *Code Théod.*, liv. XIII, tit. v, loi 27, année 397.
2. *Code Théod.*, liv. XIII, tit. v, loi 33, année 409. — « *Qui fiscales species susceperit deportandas, si recta navigatione contempta, littora devia sectatus, eas avertendo distraxerit, capitali pœna plectetur.* »

torture. Ces mesures parurent par trop sévères à Gratien Valentinien et Théodose, qui, par une constitution de l'an 380, réduisirent à deux ou trois, le nombre des matelots que l'on pouvait tourmenter[1].

L'instruction terminée, elle était renvoyée au préfet du prétoire ou au préfet de la ville : toutes ces formalités devaient être accomplies dans l'année ou au plus tard dans le délai de deux ans, lorsque le lieu du naufrage était fort éloigné. Ce délai une fois expiré, le pilote ne pouvait plus prétendre à se justifier, il était responsable de toute la perte[2].

Pour soutenir toutes ces dépenses, tous ces frais de voyage, et pour encourager les pilotes à effectuer leurs transports avec exactitude, les empereurs, outre les privilèges que nous avons énumérés plus haut, leur permettaient encore de se réserver, à titre de déchet, les quatre centièmes de la cargaison. Ils avaient droit également à un salaire qui était réglé, selon la longueur du voyage ; c'est ainsi, que pour aller d'Alexandrie à Constantinople, on leur payait un sou d'or par chaque millier de muids qu'ils transportaient[3] ; ils étaient exempts enfin de tous droits de douane *(a vectigali præstatione immunes)*. Quiconque, juge, proconsul ou vicaire, préfet de la ville ou préfet

1. *Code Théod.*, liv. XIII, tit. IX, *de naufragiis*, loi I, année 372 et loi 2.

2. *Code Théod.*, liv. XIII, tit. IX, loi 2. — « *Addimus etiam, uti intra præfinitum tempus nulla fuerit delata querimonia, omnis posthac deplorationum aditus obstruatur.* »

3. *Code Théod.*, livre XIII, tit. V, loi 7, année 334. — L'empereur indique à la fin de sa constitution le but de ces privilèges et de ce salaire : « .... *ut his omnibus animati, et nihil pœne de suis facultatibus expendentes cura sua frequentent maritimos commeatus* ».

de l'annone, contrevenait à ces règlements, était condamné à payer une amende de dix livres d'or[1].

Il faut dire, en terminant, que les naviculaires étaient enrôlés de la façon la plus équitable ; une constitution adressée en l'an 334 par l'empereur Constance à Félix, préfet du prétoire, nous donne sur ce point des indications très précises : « Les naviculaires seront enrôlés de telle façon, que ce ne sera plus au hasard, mais d'après un ordre fixé une fois pour toutes, et religieusement observé, qu'ils devront à tour de rôle entreprendre les longs voyages et les courtes traversées ; il serait, en effet, souverainement injuste que les mêmes pilotes fussent toujours exposés aux périls que présentent les voyages lointains. Nous entendons mettre un terme à cet abus. Désormais, une même peine sera imposée à tous les membres de la corporation, et les transports distribués entre eux d'une façon égale[2] ».

Cependant, pour éviter certains accidents possibles et pour répondre à toute éventualité, une Compagnie de bateliers fut organisée, avec mission spéciale de pourvoir sans cesse aux nécessités du service.

Cette Compagnie se composait de soixante membres, choisis parmi les plus riches naviculaires et désignés par la corporation elle-même. Le préfet du prétoire devait, d'ailleurs, se livrer à une enquête sérieuse

---

1. *Nullam vim oportet navicularios sustinere delegatas species annonarias transferentes, nec concussiones perpeti nec aliquod genus incommodi, sed venientes ac remeantes omni securitate potiri; decem auri libras mulcta proponenda his, qui eos inquietare tentaverint.* — *Code Théod.*, liv. XIII, tit. v, loi 9, année 357.

2. *Code Théod.*, liv. XIII, tit. v, loi 6, année 334.

sur la solvabilité des membres élus ; après quoi il ratifiait, s'il y avait lieu, le vote de la corporation ou exigeait des nominations nouvelles[1].

Si, malgré toutes ces précautions, l'administration des transports publics était insuffisante à pourvoir aux approvisionnements nécessaires, les particuliers étaient obligés de fournir leurs propres vaisseaux ; il n'y avait aucune dignité, aucun privilège qui pussent affranchir de ce service, et si quelque armateur refusait de venir en aide à l'Etat, il se voyait infliger une amende de vingt livres d'or. On lui confisquait en même temps tous les navires qu'il pouvait posséder, et la navigation sur le Tibre lui était interdite pour toujours[2].

A côté de ces pilotes qui, nous le savons, effectuaient les voyages maritimes, il existait encore une communauté de bateliers connus sous le nom de caudicaires ou *nautæ Tiberis*[3]. Ces bateliers prenaient à Ostie le grain qu'ils transportaient ensuite au port de la ville de Rome. Dans le cas de nécessité, tous les propriétaires de navires devaient prêter leur concours à l'Etat.

Lorsque les vaisseaux chargés de grain étaient par-

1. *Code Théod.*, livre XIII, tit. v, loi 13, année 369.
2. *Code Théod.*, livre XIII, tit. vii. — *De navibus non excusandis.* « Cunctis per Ægyptum intimetur, viginti librarum auri mulctæ esse subdendos eos, qui naves suo nomine vel defensione a transvectionibus publicis excusare tentaverint. » Année 399. — Voir également loi 2, *eod. tit.*, année 406.
3. Loi unic. *Code Théod.* — *De naut. Tiber.* « Qui navem Tiberinam habere fuerit ostensus, onus reipublicæ necessariam agnoscat. Quæcunque igitur navigia in alveo Tiberinis inveniuntur, competentibus et solitis obsequiis mancipentur, ita ut nullius dignitas aut privilegium ab hoc officio vindicetur. » Année 364.

venus à destination, le patron du navire se rendait
chez le préfet de l'annone et lui communiquait sa
lettre de voiture. Ce magistrat devait alors se transporter sur le navire et vérifier la cargaison ; si les marchandises lui paraissaient en bon état, il en ordonnait le déchargement. Le vaisseau étant ainsi déchargé,
si la quantité et la qualité du grain se trouvaient conformes à la lettre de voiture, le magistrat en donnait
acte au pilote, qui était alors dégagé de toute responsabilité [1].

Si, au contraire, la fraude était manifeste, si le pilote
avait détourné une partie de son chargement, il était
condamné à la restituer au quadruple. Le produit de
cette condamnation devait être versé à la caisse de la
corporation : « *Solidos itaque quos sublimitas tua
eruere voluit ab his, qui in navicularios prædas ege-
runt, volumus naviculariorum commodis reservari* [2] ».

Il faut croire, cependant, que les magistrats chargés
de poursuivre les détournements et de faire respecter
la loi, ne se montraient pas toujours soucieux de leurs
devoirs, car, quelques années plus tard, en l'an 414,
les empereurs Honorius et Théodose jugèrent nécessaire de prendre des mesures spéciales pour éviter
tout concert frauduleux entre les pilotes et les magistrats de l'annone.

« Voulant remédier, disent ces empereurs, à la
fraude et à la corruption de la Préfecture de la Ville
et de la Préfecture de l'Annone, nous avons décidé,
dans notre mansuétude, que, si par aventure on vient

---

1. *Code Théod.*, liv. XIV, tit. xv, loi 2, année 366.
2. *Code Théod.*, liv. XIII, tit. v, loi 29, année 400,

à constater dans la cargaison un déchet supérieur aux centièmes habituels, la Préfecture urbaine, en présence de trois témoins pris parmi les Illustres, et du représentant de la Préfecture de l'annone, sera tenue d'évaluer, et cela dans un délai de cinq jours, à partir de l'arrivée du naviculaire dans le port, la valeur des marchandises disparues.

» Tout pilote convaincu d'avoir voulu frustrer le fisc sera conduit, sous bonne garde, dans la province d'Afrique pour s'y entendre condamner par devant le préfet de l'annone.

» Que, si le préfet de la Ville laisse passer le délai imparti par la loi, sans poursuivre le naviculaire, il devra payer à l'Etat la somme de cinq livres d'or. Ses bureaux *(apparitio præfecturæ)* devront eux-mêmes payer une amende de trois livres d'or. Quant au préfet de l'annone, il versera à la Caisse des largesses sacrées la somme de deux livres. Nous entendons que l'on procède aux enquêtes dont il s'agit, sans qu'il y ait lieu de tenir compte des jours de fête et de dévotion[1] ».

Bien entendu, le pilote pouvait se disculper et prouver sa bonne foi. La tempête avait pu le surprendre et, pour sauver la cargaison, il avait peut-être été obligé d'en sacrifier une partie en la jetant à la mer. S'il parvenait à fournir cette preuve, l'Etat supportait seul toute la perte[2].

Dans le cas où le pilote montrait que les marchandises lui avaient été volées, on ne le poursuivait pas

1. *Code Théod.*, liv. XIII, tit. v, loi 38, année 414.
2. *Code Théod.*, liv. XIII, tit. ix, loi 4, année 391.

judiciairement, mais il devait réparer le préjudice
causé à l'État par sa prétendue négligence[1].

Les vaisseaux, une fois déchargés, restaient au port
jusqu'à ce que leur tour revienne de faire voile vers
les provinces frumentaires.

Nous savons que les blés, destinés à l'approvisionnement de Rome, étaient débarqués à Ostie. Il y avait,
près de ce port, un certain nombre de greniers,
horrea portuensia, où l'on enfermait le grain. Une
partie de ce grain était vendue aux boulangers de la
ville.

Le surplus était ensuite conduit à Rome par les caudicaires et emmagasiné dans les greniers publics. Ces
greniers, établis sur le port, étaient au nombre de
deux cent soixante-trois. Durant le trajet, assez court
cependant, que les mariniers avaient à effectuer pour
conduire le grain du navire aux magasins généraux,
ils trouvaient souvent le moyen de faire disparaître
une partie de leur chargement ou de substituer aux
marchandises dont ils avaient la garde, des marchandises de qualité inférieure. Les empereurs Honorius
et Théodose furent avisés de ce désordre et s'empressèrent d'y remédier par une constitution de l'an 417 :

« Pour faire cesser la fraude que pratiquent certains caudicaires, et pour mettre un terme aux larcins
commis par les mesureurs, nous exigeons que ces
deux corps de métiers, réunis en Assemblée générale,
fassent élection d'un de leurs membres qui, durant
cinq ans, demeurera préposé à la garde du port et des
greniers publics.

1. *Code Théod.*, liv. XIII, tit. ix, loi 4, année 391.

« Toutes les fois qu'un convoi de grains sera expédié d'Ostie à Rome, le magistrat de cette ville devra en aviser le garde du port de Rome et lui faire parvenir secrètement l'échantillon des marchandises expédiées. Il sera, dès lors, impossible au voiturier de se livrer à des manœuvres frauduleuses et de substituer au grain de l'Etat du grain de qualité inférieure. Si, durant les cinq années prescrites, le garde plus haut désigné s'acquitte consciencieusement de ses fonctions, il sera élevé de plein droit, et sans qu'il soit besoin de nomination, à la dignité de comte de troisième ordre. Que si, au contraire, il est prévenu de prévarication, ses biens lui seront confisqués et il sera condamné à servir, dans la corporation des boulangers, avec l'emploi le plus modeste[1] ».

Ces grains, étant ainsi enfermés dans les greniers publics, les mariniers et les mesureurs[2], étaient chargés d'en régler la vente ou la distribution ; ils délivraient gratuitement aux boulangers la quantité qui leur était prescrite pour le pain des largesses. Quant au reste, ils le vendaient aux mêmes boulangers,

1. *Code Théod.*, liv. XIV, tit. IV, loi 9, année 417.
2. Les mariniers du Tibre en corps, et les mesureurs de grains, qui formaient aussi une communauté, étaient solidairement chargés, envers le public, de ces grains destinés pour les provisions de la ville de Rome ; chacune de ces communautés avait plusieurs chefs ou patrons, pour conduire leurs affaires communes, comme nous dirions aujourd'hui, les syndics ou jurés. Tous les ans, ils présentaient au magistrat l'un des patrons mariniers et l'un des patrons mesureurs, qu'ils élisaient conjointement pour recevoir le blé dans les greniers du port d'Ostie, le garder, le vendre aux boulangers ou le livrer pour être conduit à Rome ; ceux-ci se nommaient, pendant leur année d'exercice : *Patroni horreorum portuensium*, et, à la fin de l'année, ils rendaient compte de leur administration. — DELA-MARRE : *Traité de la Police*, t. II, p. 696.

moyennant un prix raisonnable et, d'ailleurs, fixé par
la loi. Ce blé devait être de bonne qualité, afin que
les Romains ne fussent pas réduits à manger de mauvais pain : « *Ne pessimus panis populi Romani usibus
ministretur, sola ducentena milia modiorum frumenti
integri atque intemerati juxta priscum morem mensores et caudicarii levioribus pretiis pistoribus venun-
dare cogantur*[1] ».

Il était expressément défendu à toutes personnes,
sans distinction de rang, de s'approprier, sous un prétexte quelconque, une partie des grains enfermés dans
les greniers publics, à moins, cependant, que l'on
puisse justifier d'une autorisation impériale : « *Nul-
lus penitus ex eo quod refertur in conditis vel in arca
continetur, ad quemlibet titulum usurpet, nisi forte
præsumundi facultatem sublimium potestatum jus-
sione*[2] ».

Il était interdit aux magistrats de vendre aux particuliers les blés qu'ils devaient fournir aux boulangers
ou aux autres personnes désignées par la loi. On crai-
gnait, en effet, que les provisions de la ville ne vinssent à manquer et que la famine ne se déclarât[3].

Dans le cas où elle était autorisée, la vente des blés
nationaux devait se faire suivant le mode indiqué
par la loi; c'est ainsi qu'on devait tout d'abord se
débarrasser du grain enfermé depuis longtemps dans

1. *Code Théod.*, liv. XIV, tit. xv, loi 1, année 364.
2. *Code Théod.*, liv. XIV, tit. xv, loi 4, année 398.
3. *Code Théod.*, liv. XIV, tit. xvi, loi 2 : « *Nulli, ne divinæ quidem domui nostræ, frumentum de horreis publicis pro annona
penitus præbeatur, sed integer canon mancipibus consignetur, annona in pane cocto domibus exhibenda.* » Année 416.

les magasins. Si le blé était tellement vieux que la panification s'en trouvât compromise, il fallait le mêler avec du blé nouveau afin, dit la loi, que le public n'ait pas à se plaindre et que le fisc n'éprouve aucun préjudice. « *Si forte vetustate species ita corrupta est, ut per semet errogari sine querela non possit, eidem ex nova portione misceatur, cujus adiectione corruptio velata damnum fisco non faciat.* [1] »

Pour que le grain se conservât sec le plus longtemps possible, on avait l'habitude de construire les greniers sur des lieux fort élevés, *horrea sublimia* [2]. Il était défendu de construire à côté de ces greniers. Tout bâtiment élevé à moins de cent pieds des magasins généraux devait être immédiatement démoli. Ces dispositions avaient pour but d'éviter les incendies [3].

Nous avons vu que les mariniers n'avaient pas pour unique fonction de transporter les grains de l'Etat, mais qu'ils étaient également chargés, avec les mesureurs, de le vendre ou de le distribuer gratuitement aux boulangers de la ville ; afin d'éviter toute collusion entre ces deux corps de métiers, il fut expressément défendu aux naviculaires, d'entrer dans la corporation des boulangers. Dans le cas où la succession d'un boulanger venait à écheoir à un marinier, celui-ci avait bien le droit de l'accepter et il était alors soumis

---

1. *Code Théod.*, liv. XI, titre xiv, loi 1, année 396.
2. Outre les greniers établis sur des lieux élevés, *horrea sublimia*, il y avait encore des greniers souterrains, *horrea defossa*, destinés à conserver le blé frais le plus longtemps possible.
3. *Code Théod.* liv. XV, tit. 1, loi 4, année 329, et la loi ajoute : « *Quod si quis ædificandi amore publica damna neglexerit, non solum quod construxit, sed omnes res ejus et quicquid in suo jure habuit, fisco adjudicari præcipimus.* »

aux *muneribus pistoribus* dans la mesure de son acquisition, mais il ne cessait, pour cela, de faire partie de la corporation des naviculaires, et continuait à être tenu de ses obligations. « *Quod si hereditatem amplectantur, necesse est successionis ratione pistorii muneris societatem eos suscipere, et ex propriis facultatibus onera navicularia sustinere*[1]. »

Il y avait donc, en réalité, deux patrimoines distincts : l'un affecté au service de la navigation et l'autre affecté au service de la boulangerie. La réunion dans les mêmes mains de ces deux patrimoines, ne pouvait, en aucun cas, les affranchir des charges spéciales qui pesaient sur eux.

1. *Code Théod.*, liv. XIII, tit. v, loi 2, année 315.

CHAPITRE III

De la Corporation des Boulangers au Bas-Empire.

Les anciens romains ne connaissaient pas l'art de fabriquer le pain. Aussi, durant de longues années, se contentèrent-ils de manger le blé tel qu'il était produit par la nature. Lorsque l'usage de moudre le grain se fut répandu à Rome, on commença à faire subir à cet aliment une certaine préparation. C'est ainsi, qu'avant chaque repas, les dames romaines délayaient de la farine dans un peu d'eau et confectionnaient une sorte de pâte, qu'elles faisaient cuire ensuite sur un gril ou sous la cendre.

Plus tard, les fours à cuire le pain furent inventés et, en l'an 583, les premières boulangeries faisaient leur apparition à Rome. A partir de cette époque, les établissements de ce genre prirent une très grande extension; il y en avait environ trois cent vingt sous Auguste et ce nombre devint, par la suite, beaucoup plus considérable[1].

Comme la fabrication du pain intéressait au plus haut degré l'ordre public, les empereurs apportèrent dans l'organisation de ce service, les soins les plus

1. PLINE : XVIII, ch. XI.

minutieux. De nombreuses précautions furent prises,
pour que le corps des boulangers demeurât toujours
au complet et, de même que les biens des naviculaires
étaient affectés à l'accomplissement des obligations
dont ils étaient tenus, le patrimoine des boulangers
fut grevé d'une sorte d'hypothèque qui garantissait
leurs engagements.

Voici, d'ailleurs, tel que nous le trouvons exposé
au Code théodosien, l'ensemble des mesures prises
par les empereurs, pour assurer le recrutement des
pistores, pour les maintenir dans leurs collèges, pour
leur permettre enfin de s'acquitter le plus exactement
possible, des fonctions dont ils étaient investis.

I. — RECRUTEMENT DES BOULANGERS.

Ce recrutement s'opérait de plusieurs façons :

1º *Par la naissance.* — « *Origo* ». — Le fils d'un
boulanger était, dès sa naissance, attaché à la profession de son père, *obnoxius collegio*, mais, comme
son jeune âge ne lui permettait pas encore de l'exercer,
la communauté était obligée d'entretenir quelqu'un à
sa place, jusqu'à ce qu'il eût accompli sa vingtième
année. A ce moment, le jeune homme devait payer
de sa personne « *paterni muneris necessitatem subire
cogantur*[1] ». Quand à celui qui avait exercé par
intérim la profession de boulanger, il devenait tout à
coup boulanger en titre ; il entrait définitivement dans
la corporation, ce qui est assez singulier, observe

---

1. *Code Théod.*, liv. XIV, titre III, loi 5, année 364.

Godefroy, puisque l'empêchement tiré de l'âge cessant d'exister, le remplaçant n'avait plus aucune raison d'être[1]. Cette disposition de la loi s'explique cependant par cette considération que les collèges dont il s'agit étaient absolument indispensables à la vie sociale, et que, par conséquent, les empereurs devaient user de tous les moyens pour en tenir les cadres toujours au complet.

2° *Par le mariage.* — Ce n'était pas seulement le fils d'un boulanger qui était ainsi tenu d'embrasser la profession de son père ; le gendre lui-même se voyait contraint d'entrer dans la corporation dont son beau-père faisait partie. « *Si quis pistoris filiam suo conjugio crediderit esse sociandam, pistrini consortio teneatur obnoxius*[2] ».

3° *Par la condamnation.* — A côté de ces boulangers d'origine, ou agréés au corps par suite de leur mariage, il y avait toute une catégorie de personnes que l'on condamnait au service des moulins, lorsqu'elles avaient commis certaines fautes légères. « *Quicunque coercitionem mereri ex caussis non gravibus videbuntur, in urbis Romæ pistrina dedantur*[3] ».

---

1. GODEFROY : T. III, p. 155. — « *Quod singulare est. Nempe substitutum alteri ob temporale ejus impedimentum, vel excusationem, impedimento cessante, non ideo cessare.* »

2. *Code Théod.*, liv. XIV, tit. III, loi 2, année 355.
Il était défendu aux boulangers de s'allier par mariage avec des comédiens ou des gladiateurs, à peine d'être fustigés, bannis, et leurs biens confisqués au profit de la communauté. Si quelqu'un des officiers ou magistrats de police avait facilité ces alliances, il était condamné à dix livres d'amende, pour chaque faute ainsi commise. — *Code Théod.*, liv. XIV, tit. III, loi 21, année 403.

3. *Code Théod.*, liv. IX, tit. XL, loi 4, année 316. — Voir également lois 5, 12, 17, *ibidem*.

Les individus ainsi condamnés étaient mis ensuite à la disposition du préfet de l'annone qui les distribuait *in ergastulis vel in pistrinis,* selon les besoins du service.

Ce moyen de recrutement, on le voit, était tout à fait commode ; il permettait, en effet, au corps des boulangers, d'avoir toujours sous la main un personnel assez nombreux pour répondre immédiatement aux nécessités ordinaires ou extraordinaires de la profession.

Pour rendre ce personnel plus considérable encore, les empereurs Valentinien et Valens, par une constitution de l'an 365, mandèrent aux juges d'Afrique, qu'ils eussent tous les cinq ans à envoyer à Rome, les différentes personnes condamnées, conformément à la loi, au service de la boulangerie. « *Omnibus lustris pistores ex officio, quod ei corpori constat addictum, ad urbem sacratissimam destinentur*[1] ».

Afin d'intimider les magistrats et pour éviter qu'ils ne prodiguent leurs faveurs, Valentinien et Valens déclarent que les juges qui ne se conformeront pas à ces prescriptions, se verront aussitôt mis aux lieu et place de ceux qu'ils auront voulu épargner : « *Quod si quis judicum statuto tempore personam, quæ est destinanda, non miserit, ipse profecto remanebit obnoxius functioni cui subtraxisse probatur obnoxium*[2] ». Cette décision parut dans la suite trop rigoureuse aux empereurs Valentinien Gratien et Théodose qui substituèrent à la peine corporelle, une peine

---

1. *Code Théod.,* liv. XIV, tit. III, loi 12, année 365.
2. *Ibid.*

purement pécuniaire. Tout magistrat convaincu de n'avoir pas fait son devoir, fut dès lors condamné à payer au fisc une amende de cinquante livres d'or[1]. Quand aux officiers ou fonctionnaires qui avaient contrevenu à la loi, ils se voyaient infliger une peine proportionnée à la faute qu'ils avaient commise[2].

4° *Par l'acquisition de « Fundi dotales. »* — Tout acquéreur, à un titre quelconque de *prædia pistorum corpori obnoxia,* devait coopérer aux charges publiques dont ces *prædia* étaient grevés[3].

II. — MOYENS EMPLOYÉS PAR LA LOI POUR MAINTENIR LES BOULANGERS DANS LEURS COLLÈGES.

Une fois entrés dans la corporation, les *pistores* ne pouvaient plus en sortir. La corporation elle-même était impuissante à relever l'un des membres de ses fonctions : « *In speculis erit officium sinceritatis tuæ, necui, qui semel pistorum corpori fuerit deputatus, abscedendi qualibet ratione copia facultasque tribua-*

---

1. *Code Théod.*, liv. XIV, tit. III, loi 17. — « *Judices Africanos laudabilis sinceritas tua hujus modi interminatione conterreat, ut, nisi tempore solito debitos histores venerabilis Romæ usibus dirigere curaverint, sciant, se ipsos quinquaginta argenti librarum officiumque eorum pari condemnatione mulctandum.* » Année 380.

2. *Code Théod.*, liv. XIV, tit. III, loi 12. — *In fine*, année 365.

3. En vertu de cette règle, tout affranchi qui avait reçu de son maître ou patron des libéralités par donation ou par testament, devait supporter les charges de la boulangerie : « *Libertini qui a dominis cujuscumque honoris aut meriti aliquid testamento vel donatione meruerunt, si aliquam pistrinis obnoxiam consecuti sunt, pistorum corpori copulentur.* »

*tur, etiamsi absolutionem ejus pistorum omnium labor
et assensus consensus convenisse videatur* [1]. »

Mais, si la corporation ne pouvait libérer un de ses
membres, était-il permis au moins de s'adresser à
l'empereur et d'obtenir de sa toute-puissance un res-
crit qui rende au suppliant sa liberté ? Non. Valentinien le défend expressément : « *Nulli liceat pistorum,
supplicatione delata, subterfugiendi muneris impe-
trare licentiam* [2]. »

Bien plus, il était interdit à tout boulanger, sous
peine de cinq livres d'amende envers le fisc, de solliciter l'exemption des charges qui pesaient sur lui :
« *Nec ulla eis supplicandi præstetur facultas ; qui
hujus modi sperare voluerit beneficia, quinque libras
auri fisco nostro inferre cogetur* [3]. »

Dans le cas où un magistrat aurait favorablement
accueilli une pareille demande, la dispense qu'il accordait était considérée comme non avenue, outre qu'il
devait encore payer au fisc une amende de deux
livres d'or [4].

Cette prohibition n'était cependant pas générale :
elle ne s'appliquait qu'aux boulangers d'origine ou
adjoints au corps par suite de leur mariage. Quant à
ces individus qui avaient été condamnés au *pistrinum*,

1. *Code Théod.*, liv. XIV, tit. III, loi 8, année 365.
. Il y avait cependant certaines circonstances où un boulanger
pouvait abandonner la corporation ; c'était lorsqu'il avait dissipé
tout son bien. Il était alors rejeté du corps comme un banquerou-
tier, et il n'y pouvait jamais rentrer, étant de l'intérêt public, ajoute
cette même loi, d'en user ainsi avec un sujet d'une aussi mauvaise
conduite. — *Code Théod.*, liv. IV, tit. III, loi 15, année 377.
2. *Code Théod.*, liv. XIV, tit. III, loi 6, année 364.
3. *Code Théod.*, liv. XIV, tit. III, loi 20, année 398.
4. *Ibid.*

ils pouvaient toujours recouvrer leur liberté, soit par
acte gracieux du prince, soit en certaines circonstances, par une concession expresse du magistrat.

L'autorité impériale ne s'arrêtait pas non plus devant
la religion chrétienne, pourtant si puissante au Bas-
Empire. C'est ainsi qu'un boulanger ne pouvait espérer s'affranchir de ses obligations en embrassant l'état
ecclésiastique : « *Hanc sanctione generaliter edici-
mus, nulli omnino ad ecclesias ob declinanda pistrina
licentiam pandi*[1]. » Cette défense était générale et
absolue. D'abord, à l'égard des personnes, car elle ne
permettait aucune exception ; ensuite, sous le rapport
du temps, car, à toute époque, le *pistor* fugitif pouvait être ramené à sa corporation : « *Quod si quis in-
gressus erit, amputato privilegio christianitatis sciat,
se omni tempore ad consortium pistorum et posse et
debere revocari*[2] ».

Le *pistor* ne pouvait enfin échapper à sa condition
en s'engageant dans les milices, en entrant dans les
décuries ou dans les autres corps privilégiés[3].

Il y avait, cependant, une circonstance où le boulanger pouvait briser la chaîne qui l'attachait à sa corporation et s'affranchir, par ce moyen, des lourdes
charges qui pesaient sur lui. C'était lorsqu'il avait pu
obtenir, de la faveur impériale, le titre de sénateur.
Cette dignité, à laquelle tous les *pistores* pouvaient
prétendre — et qui leur était accordée lorsque, à la
suite d'une longue vie de labeurs et de probité, ils

1. *Code Théod.*, liv. XIV, tit. III, loi II, année 365.
2. *Ibid.*
1. *Code Théod.*, liv. XIV, tit. III, loi XVIII, année 386.

s'étaient montrés dignes d'occuper ce glorieux poste — les rendait tout à coup capables de laisser là leur boutique et de prendre place au Sénat à côté des plus illustres personnages de l'Etat romain [1].

Il faut reconnaître, toutefois, que les empereurs ne se montraient pas prodigues de cette distinction et, qu'en tous les cas, ils la faisaient payer assez cher. Le *pistor* avait, en effet, à opter entre les deux partis suivants : ou bien accepter les honneurs qui lui étaient offerts, auquel cas il était contraint d'abandonner à sa corporation tous les biens qu'il possédait, ou bien demeurer boulanger, et alors il conservait le bénéfice de son travail [2].

L'histoire ne nous dit pas s'il y eut beaucoup de boulangers qui voulurent devenir sénateurs.

DU RÉGIME DES BIENS

DISTINCTION ENTRE LE PATRIMOINE DE LA CORPORATION ET LES BIENS PROPRES AUX BOULANGERS

Nous avons vu plus haut, en étudiant le régime des biens des naviculaires, que leur patrimoine était frappé d'obligations envers l'Etat et que tout acquéreur, à un

2. *Code Théod.*, liv. XIV, tit. III, loi 4, année 384.
2. *Ibid.*
Cette qualité de sénateur était le plus haut degré auquel un boulanger pouvait parvenir. Il était défendu d'en élever aucun dans la magistrature ou dans aucune autre des dignités qui pouvaient joindre à leur titre cette épithète : *Perfectissimatus.* — *Code Théod.*, *L'Unica codicitis. (De perfectissimatus dignitate).*

titre quelconque, de *prædia navicularia* devait, ou
délaisser ces *prædia* ou *subire naviculariam functionem*.

Tel est encore l'esprit des règlements, en ce qui
concerne les biens des boulangers. Ce que l'Etat veut
atteindre et retenir avant tout, c'est le fonds commercial, c'est ce fonds formé par les dotations reçues
fundi dotales, accru par les profits du négoce et les
subsides du Trésor public, et qui appartient moins à
l'homme, simple usufruitier, qu'à la corporation, pour
le bénéfice de laquelle il a été créé et dont il ne peut
être détaché.

Ce qui le prouve, c'est la distinction établie par la
loi elle-même entre les biens que les *pistores* possèdent comme simples particuliers et ceux qu'ils détiennent en qualité de boulangers. En ce qui concerne
les biens de la première catégorie, les boulangers peuvent en disposer librement durant leur vie. Quant
aux biens dits de fondation ou biens dotaux, ils ne
sauraient, par quelque moyen que ce soit, les séparer
du fonds dont ils forment partie intégrante. Le *pistor*
possède donc en réalité deux patrimoines distincts :
un qui lui appartient en propre et sur lequel il a des
droits très étendus, l'autre qui appartient à la corporation et sur lequel il n'a, à proprement parler, que
des droits de jouissance ; ces deux patrimoines sont
régis par des règles différentes, et il devient, dès lors,
très important de les distinguer.

I. — PATRIMOINE DE LA CORPORATION. — BIENS DE
FONDATION OU BIENS DOTAUX.

1° Ce sont ceux qui ont été originairement apportés au corps, lors de sa fondation : *Quæ in originem
adscripta corporis nomen et speciem nunc retentant*[1],
et qui étaient destinés à soutenir les boulangers dans
leur commerce, en même temps qu'à assurer le succès
de leur entreprise.

Pour bien comprendre cette disposition, il faut
savoir que lorsque Trajan organisa les boulangers en
corporation, il leur fournit tous les bâtiments nécessaires à leur industrie ainsi que le capital d'exploitation : esclaves, ânes, meules, fours, etc. A ces premières avances, l'Etat joignit ensuite une dotation en
immeubles. Ces immeubles étaient situés dans diverses
provinces et leurs revenus venaient grossir les ressources de la corporation. « *Fundis vel prædiis... quæ
eorum (pistorum) corpori solatia certa præbebant.* »

2° A ces biens, particulièrement désignés sous le
nom de biens dotaux, *fundi dotales,* il faut joindre
tous ceux qui ont été gagnés par les *pistores* dans
l'exercice de leur commerce[2].

3° Sont enfin considérés comme dotaux, tous les
biens qui proviennent de la succession d'un boulan-

1. *Code Théod.*, liv. XIV, tit. III, loi 13, année 369.
2. *Ibid.*

ger. « *Quæ de successione pistorum ad heredes eorum vel quos alios devoluta noscuntur*[1]. »

Ces différents biens, qui constituent dans leur ensemble le patrimoine de la corporation, demeurent, quoi qu'il advienne, affectés au service de la boulangerie. « *Pistorum corpori obnoxia, affectata.* » La loi va même jusqu'à les frapper d'inaliénabilité. Il nous paraît toutefois impossible, d'attacher à cette prohibition une portée absolue et, malgré certains textes difficiles à interpréter et qui sembleraient conduire à une conclusion contraire, nous n'hésitons pas à considérer comme valable l'aliénation consentie par un boulanger de tous ses biens dotaux, autres que les *prædia in originem pistorum corpori adscripta*.

Ce que la loi exige seulement, c'est que la vente ne soit pas fictive, c'est qu'elle n'ait pas pour but de frustrer l'Etat, en le dépouillant d'un gage qui lui appartient, en le privant d'un service qui lui est dû. De là, les nombreuses précautions prises par les empereurs et qui ont toutes pour but de rendre cette fraude impossible. C'est ainsi que le *pistor*, qui veut vendre ses biens, doit faire transcrire son acte d'aliénation au bureau du préfet de l'annone[2]. De cette façon, les droits de l'Etat demeurent intacts. Le boulanger continue, en effet, à exercer sa profession, puisque le lien qui l'attache à son état est irrévocable ; quant à l'acquéreur de *prædia pistoria,* il est contraint de supporter les charges de la boulangerie, jusqu'à concurrence de son acquisition.

1. *Code Théod.*, liv. XIV, tit. III, loi 13, année 369.
2. *Ibid.*

Tel est le système qui se dégage, à nos yeux, du Code théodosien et qui nous paraît ainsi en harmonie parfaite avec la législation relative aux naviculaires.

II. — BIENS PROPRES AUX BOULANGERS.

Ce sont ces biens qu'ils tiennent, non par héritage de la boulangerie, mais par la volonté et la générosité de simples particuliers, ou qu'ils ont acquis par mariage ou à tout autre titre. « *Quæ ad ipsos non hœreditario pistorum nomine, sed privatorum institutione, liberalitate, vel dote, vel quolibet titulo probantur esse transfusa*[1]. » A l'égard de ces biens, les boulangers jouissent d'une entière liberté ; mais, si ces biens particuliers se trouvent, à leur mort, dans leur succession, ils doivent être, comme les autres, compris sous le nom de biens dotaux, parce que la boulangerie doit avoir le bénéfice des valeurs qui sont demeurées, jusqu'au dernier jour, en la possession du boulanger. « *Quia pistrino proficere convenit, quod apud pistorem eo vivente permansit*[2]. »

1. *Code Théod.*, liv. XIV, tit. III, loi 13, année 369.
2. *Ibid.*

ROLE & FONCTIONNEMENT DE LA CORPORATION
DES BOULANGERS

Après avoir, de cette manière, établi le corps ou collège des boulangers, après avoir pris toutes les mesures pour affermir leur nombre et sauvegarder leur fortune, il ne s'agissait plus que de régler leur emploi, et c'est à quoi il fut encore pourvu par les constitutions.

Chaque *pistoria* avait à sa tête un maître boulanger ou patron. Ce patron, qui ne pouvait disposer de sa boutique, était seulement chargé d'en diriger l'exploitation ; il avait sous la main un nombreux personnel d'esclaves et d'ouvriers, en même temps qu'un matériel considérable : animaux, meules, fours, etc. Sa fonction consistait presque uniquement à exercer, à l'intérieur de la boulangerie, la surveillance la plus rigoureuse ; il veillait à ce que tout le monde s'acquittât de son devoir et répondait du capital d'exploitation, dont il avait la garde.

Tous les cinq ans, les patrons des diverses boulangeries se réunissaient devant le magistrat et procédaient à l'élection d'un prieur ou d'un président : « *Post quinquennii tempus emensum unus priore patronis pistorum otio et quiete donetur* [1]. »

Le *pistor,* ainsi désigné par ses confrères, administrait les biens de la corporation et soutenait ses intérêts ; il veillait à ce que les animaux, les meules, les fours et tous les autres instruments d'exploitation fussent entretenus en bon état ; il touchait les revenus

---

1. *Code Théod.*, liv. XIV, tit. III, loi 7, année 364.

des *fundi dotales* ; en un mot, il dirigeait toute l'entreprise. Lorsque son mandat était expiré, il devait rendre compte de son administration.

Nous avons vu, en traitant des naviculaires, que les blés des greniers publics étaient livrés aux divers boulangers de la ville et que les mesureurs, *mensores,* étaient chargés avec les mariniers d'effectuer les distributions. Ces distributions étaient de deux sortes :

1º Distributions gratuites ;

2º Vente du grain, moyennant un prix fixé par la loi.

1º *Distributions gratuites.* — Chaque boulanger recevait de l'Etat, sans bourse délier, une quantité de grain déterminée par le magistrat ; il devait ensuite représenter un certain nombre de pains, qu'il distribuait gratuitement sur les degrés, *gradus,* aux citoyens porteurs de jetons ou *tesseræ.*

2º *Vente du blé moyennant un prix fixé par la loi.* — En dehors de ce blé, destiné au pain des largesses, chaque boulanger achetait à l'administration le grain nécessaire à son industrie. Il était expressément interdit aux officiers de l'annone de livrer, à d'autres personnes qu'aux *pistores,* le blé des greniers publics. La maison de l'empereur, elle-même, tombait sous le coup de cette prohibition : « *Nulli ne divinæ quidem domui nostræ, frumentum de horreis publicis pro annona penitus præbeatur* [1]. »

Que si, dans leurs rapports avec les fonctionnaires des greniers, les boulangers s'étaient rendus coupa-

---

1. *Code Théod.,* liv. XIV, titre XVI, loi 2, année 416.

bles. de quelque fraude ; si, par exemple, ils avaient profité d'un défaut de surveillance pour divertir du grain, ils devaient, leur vol étant découvert, réparer le préjudice qu'ils avaient causé à l'Etat, outre qu'ils étaient encore soumis à des peines très rigoureuses [1].

Il arrivait aussi, quelquefois, que les officiers, *apparitores* [2], du Préfet de la ville ou du Préfet de l'annone, pour extorquer de l'argent aux boulangers, leur faisaient livrer des blés de mauvaise qualité et ne consentaient ensuite à les changer que moyennant une récompense. « Si jamais de pareilles concussions viennent à être découvertes, décide la loi, ceux qui les auront commises se verront eux-mêmes livrés aux boulangeries pour le reste de leurs jours : « *Quicunque illustris urbanæ sedis vel annonariæ potestatis apparitor clandestina fraude pistorem concusserit, accusatus atque convictus, perpetuis paneficii nexibus addicatur* [3]. »

Lorsque le *pistor* avait ainsi reçu le blé dont il avait besoin, il le faisait transporter dans ses propres greniers ou dans des chambres destinées à cet usage,

---

1. « *Quicquid ex horreis plectibili usurpatione præsumptum sit, id per pistores, in quos totius criminis confertur invidia, matura exactione reddatur ; ut, si quid in hac specie minus potuerit exsolvi, in quibuscunque speciebus, in ære vel plumbo seu qualibet alia solutione, pensetur, dummodo redintegratio totius summæ curetur.* » — Code Théod., liv. XIV, tit. III, loi 16, année 380.

2. Comme la livraison des blés qui appartenaient au public était faite aux boulangers par les mariniers du Tibre et les mesureurs, l'une et l'autre de ces professions étaient incompatibles, avec celle des boulangers. Cette disposition avait pour but d'éviter les fraudes et les abus que leur Société aurait pu faire naître. — *Code Théod.*, liv. XIII, tit. V, loi 2, année 315.

3. *Code Théod.*, livre XIV, tit. III, loi 22, année 417.

et qui étaient établies près de chaque *pistoria*. Cela fait, il n'avait plus qu'à le convertir en pain et à le vendre au public, moyennant un prix fixé par la loi.

Une fraude, assez souvent pratiquée par les boulangers, consistait dans l'opération suivante : Lorsqu'à la suite d'un événement quelconque, le prix du grain venait à hausser, les *pistores* livraient au commerce, moyennant un prix très rémunérateur, le blé qu'ils avaient eu à vil prix de l'Administration. Ils se rendaient ensuite aux greniers publics et effectuaient de nouveaux achats. La même opération, plusieurs fois renouvelée, était pour eux la source de profits considérables.

Un pareil trafic, on le devine, ne faisait pas l'affaire des empereurs ; il menaçait, en effet, l'institution de l'annone à laquelle ils avaient consacré tant de soins, et, avec cette institution, la sûreté même de l'Etat ; aussi, de nombreuses constitutions furent-elles rendues, pour interdire aux boulangers toute spéculation de ce genre. Les *pistores* ne purent désormais se livrer au commerce, et le prix du pain qu'ils fabriquaient fut lui-même soumis à un tarif qu'ils ne devaient enfreindre.

Ainsi courbés sous le fardeau des lois, des ordonnances, des instructions qui dirigeaient leurs moindres pas, les boulangers durent abandonner tout espoir de parvenir jamais à la fortune. Ils devinrent comme le rouage d'une vaste machine, instruments inconscients qui avaient pour mission unique d'obéir aveuglément à une volonté supérieure.

Toutes les mesures prises par le législateur ont, en effet, le même but : détruire, chez le *pistor*, tout sentiment d'individualité; rendre, de sa part, tout abus impossible, le mettre enfin dans l'obligation d'accomplir pour le mieux la fonction sociale qui lui était imposée.

C'est dans cette vue, et pour lui permettre de jouer convenablement son rôle, que la loi affranchit le boulanger de la tutelle, de la curatelle et de toutes autres charges qui auraient pu le distraire de son emploi; c'est encore pour cette même raison qu'il n'y avait, pour le *pistor,* aucun jour de repos, et que, dans les temps où les tribunaux étaient fermés aux particuliers, les seuls boulangers partageaient avec le fisc le privilège d'y être admis pour la décision de leurs affaires, la loi faisant entendre, par cette concurrence, que l'intérêt du public lui était aussi cher que celui du prince.

CHAPITRE IV

Des Porteurs de pain ou « Catabolenses ».

Les boulangers avaient à leur service un corps de porteurs de pain ou *catabolenses*. Cette corporation, entretenue par le public, transportait les grains des greniers de l'Etat, aux greniers ou chambres particulières des boulangers. C'était elle encore qui transportait, des boulangeries aux places publiques, le pain qui devait être distribué gratuitement à certains citoyens déterminés par la loi.

Ces porteurs ou *catabolenses* étaient ordinairement choisis parmi les affranchis et, à moins que les individus de cette condition ne fussent déjà engagés à quelque autre service des boulangeries, on les forçait d'entrer dans cette société jusqu'à ce que le nombre nécessaire pour le service public fût complet[1]. On exigeait, néanmoins, que les *catabolenses* eussent assez de bien pour répondre de leur fidélité ; c'est pourquoi il était défendu par les lois d'appeler quelqu'un à ces fonctions, qui n'eût de revenu au moins

---

1. Une fois entrés dans le corps des *catabolenses*, les membres n'en pouvaient plus sortir pour s'agréger à une autre corporation, sans s'exposer à être rappelés. « *Quin etiam, si qui ex his aliis se corporibus crediderent inserendos, his incunctanter abstracti, ei cui hac lege sociati sunt muneri deputentur.* » — *Dict.* liv. X.

trente livres d'argent en espèce, en maisons ou en
héritages [1].

[1]. « *Ex libertinis catabolensium corpori statuimus sociari eum,
cujus tota substantia triginta librarum argenti æstimatione colligitur. Idque pondus sive ipsum per se habet, seu in aliis quibuscunque
speciebus vel in ædificiis atque agris dictæ adscriptionis merita non
transit, jubemus ab inquietudine istius molestiæ segregari.* » — *Code
Théod.*, liv. XIV, tit. III, loi 9, année 365.

CHAPITRE V

Corporation des Bouchers-Charcutiers.

Les empereurs ne se contentaient pas de fournir au peuple de Rome le pain nécessaire à son existence, ils lui faisaient encore gratuitement des distributions de viandes de toute sorte. Pour assurer le fonctionnement de ce dernier service, ils établirent deux corps de métiers qu'ils organisèrent à l'imitation des naviculaires et des boulangers.

L'une de ces communautés eut d'abord pour fonction unique d'acheter des porcs et d'en débiter la chair. Les individus qui se livraient à ce commerce étaient appelés *suarii.*

La seconde corporation était chargée du même soin à l'égard des bœufs et autres bestiaux, et les membres qui la composaient recevaient le nom de *boarii vel pecuarii.* Ces deux communautés finirent plus tard par se confondre et, sous Honorius, elles ne formaient plus qu'un seul et même corps soumis à des règles identiques[1].

Nous venons de dire que les collèges des *suarii* et des *boarii* avaient reçu, dès l'origine, une organisation semblable à celle des naviculaires et des boulangers.

1. *Code Théod.*, liv. XIV, tit. IV, loi 10, année 419.

7

Voyons, en effet, quels règlements leur étaient applicables.

Et d'abord, comment se recrutaient les *suarii* ? Le Code théodosien nous indique deux modes de recrutement : 1° par l'*origo* ; 2° par la qualité d'héritier ou de successeur aux biens d'un marchand de porcs.

1° *L'Origo*. — Le fils d'un charcutier était, par sa naissance, assujetti à la condition de son père. Cette règle absolue, et qui ne comporte aucune exception, constitue le lien personnel dont nous avons parlé en traitant des naviculaires et des boulangers, et que nous rencontrerons à chaque pas, en étudiant les différentes corporations du Bas-Empire.

Du moins, en ce qui concerne les *suarii*, ce lien personnel était-il limité à leurs seuls enfants ou descendants. Le gendre d'un marchand de porcs échappait donc à l'obligation qui pesait sur le gendre d'un boulanger d'embrasser l'état de son beau-père et d'entrer dans sa corporation [1].

2° *Acquisition à un titre quelconque de « prœdia suariorum muneri obnoxia »*. — A côté du lien personnel, le lien réel. C'est là encore un principe général, absolu et qui domine toute la législation du Bas-Empire. Les biens que possèdent les marchands de porcs, comme ceux des naviculaires et des boulangers, sont grevés au profit de l'Etat d'une sorte d'hypothèque qui garantit leurs engagements ; l'aliénation consentie par un charcutier de ces *prœdia muneri obnoxia* ne saurait donc, en aucun cas, les affranchir

---

1. *Code Théod.*, liv. XIV, titre IV, lois 5, 6, 7 et suiv.

des charges réelles qui pèsent sur eux. Bien plus,
l'acquéreur, à un titre quelconque de ces biens corporatifs, se voit immédiatement agrégé au corps auquel
ils appartiennent et tenu d'en supporter les charges,
jusqu'à concurrence de son acquisition[1].

I. — COMMENT ON MAINTIENT LES MARCHANDS DE PORCS
DANS LEURS COLLÈGES.

Une fois entrés dans la corporation, les *suarii* ne
pouvaient guère en sortir. Aucune charge, aucune
dignité ne pouvaient en effet les affranchir du service
qu'ils devaient à l'Etat. « *Sed, sive honoribus evecti,*
sive quolibet versutiæ genere fugerunt, revocari eos
jubemus[2] ».

Les empereurs, eux-mêmes, s'étaient en quelque
sorte lié les mains en s'interdisant le droit de dégager
les *suarii* de leurs obligations. Une constitution de
l'empereur Julien déclare que si quelque charcutier a
été assez habile pour arracher au prince, des lettres
d'exemption, « *qui subripere potuerit* », il lui sera
complètement impossible de bénéficier d'une faveur
ainsi frauduleusement obtenue, outre que son audace
pourra, dans certains cas, lui coûter la vie. « *Sed et*
in eo quod de his ad se referri jubeat, ut in eos animad
vertat, qui ausi fuerint e suario corpore aut ad ho-
nores adspirare, aut principi aliter subrepere, dissi-

1. « *His vero qui prædia obnoxia corpori, vel ex empto, vel ex*
donato, vel ex quolibet titulo tenent, pro rata publicum munus
agnoscant, aut possessionibus cedant. » — *Code Théod.*, I, 8.
2. *Code Théod.*, loi 10, année 419.

mulata forte conditione sua. Quinimo sanctio in futurum adhuc acerbior, cum salutis periculum his minitetur, qui de cœtero tale quid ausi fuerint [1] ».

Les *suarii* pouvaient, cependant, dans certaines circonstances, et sous certaines conditions limitativement énumérées par la loi, briser la chaîne qui les rivait à leur profession et s'affranchir par ce moyen des lourds fardeaux dont ils étaient accablés.

Un marchand de porcs pouvait d'abord se soustraire à son emploi en faisant à la corporation l'abandon de tous ses biens et en lui présentant une personne capable de le remplacer : « *Itaque dinoscant, facultates proprias suariorum esse obnoxias muneri ; ac de duobus alterum eligant, aut retineant bona quæ suariæ functioni destricta sunt, ipsique suario teneantur obsequio, aut idoneos quos volunt, nominent, qui necessitati idem satisfaciant* [2] ».

La loi permettait encore aux *suarii* d'esquiver leur profession en entrant dans le clergé ; mais, dans ce cas encore, il leur fallait renoncer au profit de la corporation, à tous les biens qu'ils avaient pu acquérir, dans l'exercice de leur commerce : « *Eos etiam qui ad clericatus se privilegia contulerunt, aut agnoscere oportet propriam functionem, aut ei corpori, quod declinant, proprii patrimonii facere cessionem* [3] ».

---

1. *Code Théod.*, liv. XIV, tit. IV, loi I, année 334.
2. *Ibid.*
3. *Ibid.*, loi 8, année 408.

II. — ROLE ET FONCTIONNEMENT DE LA CORPORATION.

La première démarche que devaient faire les *suarii*, après leur établissement, était de se rendre dans cer-taines provinces pour y effectuer leurs achats ; ils étaient chargés de rassembler les bestiaux de tribut, en nature ou en argent et d'en faire la conduite jusqu'à la ville capitale. Pour leur rendre cette tâche plus facile, on les dispensait de toutes les charges onéreuses et publiques de la ville et de tous les autres emplois qui auraient pu les distraire de leur commerce. « *Ne sordidis unquam muneribus subiacerent*[1] ».

Les magistrats ou les juges des lieux avaient ordre de leur accorder toute la protection et tous les secours dont ils avaient besoin ; et, lorsqu'ils avaient à crain-dre quelques vols de bestiaux, sur les routes, aux environs de Rome, il était ordonné aux maîtres de postes de leur venir en aide et de leur fournir les chevaux nécessaires à l'accomplissement de leurs obligations. Après cela, c'était aux *suarii* de prendre toutes les mesures pour la sûreté des bestiaux qu'ils conduisaient. Que, s'il en était volé quelques-uns sur les chemins, lorsqu'ils étaient arrivés à cinquante stades de la ville, ils étaient déclarés responsables et devaient réparer le préjudice que leur négligence avait causé à l'Etat.

Les bestiaux, une fois parvenus à Rome, étaient vendus ou distribués, conformément aux prescriptions

---

1. *Code Théod.*, liv. XIV, tit. IV, loi 6, année 389.

des empereurs. C'est ainsi que les *suarii* devaient, durant cinq mois, débiter gratuitement la viande qu'ils avaient reçue des contribuables. Le vingtième de cette viande leur était réservé à titre de salaire. Outre cette indemnité, l'Etat leur accordait encore une gratification annuelle de dix-sept mille amphores de vin[1].

En dehors de ces distributions gratuites, les marchands de porcs se livraient aussi, pour leur compte particulier, au commerce de la boucherie. Mais, dans ce dernier cas, leur liberté était limitée par de nombreux règlements qu'ils étaient forcés de respecter, par des tarifs qu'ils ne pouvaient enfreindre et qui ne leur permettaient guère d'arriver à la fortune.

Lorsqu'un maître boucher comptait cinq ans d'exercice, il obtenait de plein droit le titre de comte. Cette distinction honorifique, qui lui était accordée en récompense de ses services, était aussi un moyen employé par les empereurs pour encourager le développement d'une profession indispensable à la sûreté de l'Etat.

Avec les *suarii*, nous avons terminé l'étude des corporations chargées d'assurer le service de l'annone. Comme nous venons de le voir, les artisans employés aux subsistances, sont placés sous la dépendance la plus absolue de l'Etat. Le Préfet de l'annone, le Préfet de la ville exercent sur eux une surveillance de tous les instants : leurs agissements sont rigoureu-

---

1. *Code Théod.* liv. XIV, tit. IV, loi 10, année 419.

sement contrôlés et la moindre infraction aux règlements, sévèrement punie. Leur situation est, cependant, jusqu'à un certain point tolérable, et si le Code
théodosien nous montre des naviculaires et des boulangers faisant tous leurs efforts pour abandonner
leurs corporations, nous savons que le plus grand
nombre de ces artisans demeurent fidèles à leur
poste, et jouissent même d'un bonheur relatif.

C'est qu'en effet, en compensation des lourdes
charges qui pesaient sur eux, les fonctionnaires de
l'annone bénéficiaient de privilèges assez importants.
Nous avons vu qu'ils étaient exempts de la milice,
qu'ils n'étaient soumis à aucune corvée, à aucune
redevance. Nous savons, en outre, que les naviculaires
avaient rang de chevaliers et échappaient à la torture.
Après cinq ans d'exercice, les principaux des marchands de porcs obtenaient le titre de comte, et une
loi de 364 nous montre que des boulangers étaient
quelquefois, au sortir de leur boutique, admis au Sénat
Romain.

Ces privilèges matériels, ces distinctions honorifiques atténuaient, dans une certaine mesure, les
tristesses de leur existence. Sans doute, ils accomplissaient une fonction pénible et périlleuse ; sans
doute encore, ils avaient peu d'espoir de s'enrichir par
leur travail ; ils conservaient du moins le sentiment
de leur dignité personnelle ; ils demeuraient, malgré
tout, des hommes libres et considérés ; ils n'étaient
pas avilis enfin par le contact de l'esclavage, comme
ces ouvriers des manufactures impériales, véritables
esclaves de l'atelier et à l'égard desquels on professait
le mépris le plus absolu.

A côté des collèges chargés de pourvoir à l'approvisionnement des deux capitales et soumis, en raison de leur importance, à une réglementation des plus minutieuses, se rangent tout naturellement un certain nombre de corporations affectées à un service public, et qui revêtent ainsi un caractère officiel. Parmi les plus importantes, il faut citer : les *calcis coctores* ou chaufourniers, les chauffeurs de bains, *mancipes thermarum,* les centonaires et les dendrophores. Ces diverses corporations n'ont pas joué dans l'histoire du travail Romain, un rôle bien considérable. Aussi, le Code théodosien se montre-t-il très sobre de renseignements à leur égard. Nous n'entrerons donc pas en ce qui les concerne, dans de longs développements. Nous nous bornerons simplement à définir leur emploi et à présenter, sur leur fonctionnement, quelques rapides observations.

CHAPITRE VI

Des Chaufourniers.

« DE CALCIS COCTORIBUS URBIS ROMÆ ET CONSTANTINOPOLITANÆ. »

Il fallait, pour la construction et l'entretien des édifices publics, aqueducs, murailles, etc. de la ville de Rome et de Constantinople, une quantité considérable de chaux. Comment se la procurer ? Les empereurs ne furent nullement embarrassés. Ils organisèrent, pour le fonctionnement de ce service, une corporation de *coctores calcis,* qui faisaient cuire la chaux, et un corps de *vecturarii* qui la transportaient à destination[1].

Les membres de cette corporation étaient exempts de toutes charges. Une constitution de Valentinien et Valens, adressée en l'an 364 à Symmaque, préfet de la ville, nous fait connaître les raisons de cette faveur : « *Quæcunque igitur extraordinarium prisca atque inveterata consuetudine hujusmodi sortis homines antea sunt adepti, nunc quoque ad leniendum opus, quod sustinent, publici muneris consequantur*[2]. »

1. *Code Théod.*, liv. XIV, tit. VI, loi 1.
2. *Code Théod., eod. lib. et tit.*, loi 2.

Le salaire des chaufourniers était fixé de la façon
suivante : Pour trois charrettes de chaux qu'ils fabriquaient, les *coctores calcis* recevaient une amphore de
vin[1]. Quant aux *vecturarii*, ils avaient droit également à une amphore de vin, toutes les fois qu'ils
avaient effectué un transport de deux mille neuf cents
livres de chaux. « *Coctoribus calcis per ternas vehes
singulæ amphoræ vini præbeantur, vecturariis vero
amphora per bina milia et nongenta pondo calcis*[2]. »

Ce salaire en nature était fourni par certaines propriétés anciennement affectées à cet usage. Outre la
gratification de vin, on fournissait encore aux *vecturarii* tous les bœufs nécessaires à leurs transports.
« *Vecturarios etiam ex quattuor regionibus trecentos
boves præcipimus dari*[3]. »

Les chaufourniers avaient à leur tête un chef ou
præpositus, placé lui-même sous l'autorité du Préfet
de la ville.

1. *Code Théod., eod. lib.*, loi 1.
2. *Code Théod.*, liv. XIV, tit. vi, loi 1.
3. *Code Théod., eod. lib.*

CHAPITRE VII

Des Chauffeurs de Bains.

Il y avait à Rome des établissements de bains publics entretenus et chauffés, en partie, aux dépens du Trésor public[1], et en partie aux dépens des provinces[2]. Ces établissements étaient nettoyés, entretenus, chauffés par les *mancipes thermarum*. Ces esclaves publics, comme toutes les personnes attachées à un service public, étaient exempts de toutes charges. Il semble même que les *mancipes thermarum* aient été mieux traités que leurs confrères attachés aux autres administrations. C'est, du moins, ce qui semble résulter de ce passage de Symmaque[3] : « *Totis viribus adjuvandi sunt communis patriæ (id est urbis Romæ) corporati, præcipue mancipes salinarum, qui exercent lavacra lignorum præbitione.* »

Cette citation nous montre, en outre, que les *mancipes thermarum* et les *mancipes salinarum*, appartenaient à une seule et même corporation.

1. *Code Just.*, I, 32. — *De Oper. publ.*
2. Un texte du Code théodosien nous parle, en effet, de bois destinés aux bains publics, et transportés à Rome par les naviculaires africains : « *Navicularios africanos, qui idonea publicis dispositionibus ac necessitatibus ligna convectant.* » — Loi 10, *De Navic.*
3. Symmach. : *In Auctario.* Epist. 19.

CHAPITRE VIII

Des Centonaires.

Centonarii. — Que faut-il entendre par ce mot *centonarii* ? Suivant M. de Boissieu, les centonaires étaient des artisans qui fabriquaient avec des morceaux de vieux drap de toute couleur, cousus ensemble, des étoffes grossières nommées centons[1]. « Les centons, dit-il, servaient de couvertures, de portières et de manteaux aux pauvres gens ». À l'appui de sa thèse, M. de Boissieu invoque un texte de Caton qui semble en effet la confirmer : « *Quoties, cuique tunicam aut sagum dabis, prius veterem accipito, unde centones fiant*[2] ». On fabriquait aussi des centons, ajoute le savant auteur, avec des peaux de bêtes fraîchement écorchées. « Ces deux espèces de centons étaient d'un grand usage dans les armées de terre et de mer ; on en recouvrait les machines de guerre et les ponts de vaisseaux ; les soldats mêmes, s'en faisaient des tuniques, qui arrêtaient les traits de l'ennemi. On en revêtait les chevaux de l'armée qui n'avaient ni garde-poitrails, ni fronteaux de fer. C'est de la bigarrure de cette étoffe composée de mille pièces diverses, habit

1. A. DE BOISSIEU : *Inscriptions antiques de Lyon.*
2. CATON : *R. R.*, liv. IX.

d'arlequin que portaient aussi les bouffons, qu'est venu le mot de centon, appliqué à des compositions poétiques formées de lambeaux pris çà et là dans les auteurs ».

Il est possible que le mot *centonarii* ait eu à Rome la signification indiquée par M. de Boissieu; il nous paraît toutefois impossible d'admettre que les nombreux textes qui mentionnent cette catégorie d'artisans, aient entendu signifier par cette expression, des fabricants de vieux habits ou de simples marchands de chiffons. Nous trouvons, en effet, dans la plupart des inscriptions qui nous sont parvenues, les *centonarii* alliés sans cesse aux charpentiers, aux menuisiers, aux serruriers et autres ouvriers employés à la construction des édifices [1]. Or cette alliance serait assez difficile à comprendre avec le sens indiqué par M. de Boissieu.

Suivant M. Rabanis [2], les *centonarii* seraient plutôt des sortes de maçons qui recouvraient les maisons en lattis ou petites plaques de bois posées en recouvrement comme les ardoises, et dont on use encore dans certaines localités, telles que dans le département du Doubs. Cette opinion, que partage également M. Vallon, nous paraît plus exacte que la première ; elle

1. GRUTER, 261, N° 4.

FAUSTINÆ AUGUSTÆ
Magistri. quinquennales. collegi. corp. fabrum
Ferrar. tignar. dendrophor. et centon. Lust. XXVII.

Collegium fabr. cent. navic. dendr.
Centuria centonar. dolabrar. scalarior.
ORELLI, N°ᵒˢ 4069, 4071.

2. RABANIS : *Recherches sur les Dendrophores*, p. 17, en note, Bordeaux 1841.

cadre, en effet, d'une façon parfaite, avec les inscriptions dont nous parlions tout à l'heure et qui toutes,
ou presque toutes, associent les centonaires avec les
autres ouvriers du bâtiment.

Quoi qu'il en soit de ces explications, il est une
chose bien certaine : c'est que les *centonarii* formaient
un collège spécial, dont il leur était absolument
impossible de sortir. C'est ce que nous enseigne le
Code théodosien, dans les deux textes qu'il consacre
à cette classe d'ouvriers : « *Ne quis ex centonarium
corpore subtrahere se possit ad curiam*[1] ». La même
constitution ajoute que, dans le cas où une désertion
viendrait à se produire dans le collège, la corporation
tout entière se verrait déclarée responsable, à moins
cependant, qu'elle n'ait immédiatement porté plainte
contre le fugitif : « *Poena eidem corpori proposita,
nisi illico de ejus abscessu querelam deposuerit*[2] ».

C'est là le fameux principe de solidarité que l'on
rencontre à chaque instant, dans les institutions du
Bas-Empire.

1. *Code Théod. : De centon. et dendroph.*, loi 1.
2. *Ibid.*

CHAPITRE IX

Des Dendrophores.

On a beaucoup discuté sur les dendrophores et les controverses, à cette heure, son encore loin d'être terminées. Des hommes d'une grande autorité, tels que Cujas et Saumaise[1], n'ont voulu voir dans les collèges de dendrophores, que de simples confréries religieuses : en effet, disent-ils, tous les textes qui traitent de cette catégorie de personnes s'étendent longuement sur le caractère religieux de leur corporation.

Il est certain, tout d'abord, que les dendrophores avaient des temples — comme beaucoup d'autres corporations ouvrières, d'ailleurs. — Ils possédaient même des terrains consacrés au culte, d'une grande étendue, car Honorius et Théodose prennent soin de mentionner les dendrophores, en ordonnant la confiscation des propriétés qui servaient encore d'asile à la religion païenne : « *Omnia loca quœ frediani, quœ dendrophori, quœ singula quœque nomina et professiones gentilitiœ tenuerunt, epholis (epulis) vel*

---

1. Suivant Godefroy, il y aurait, en réalité, deux corporations distinctes : un corps purement civil et, enfin, une confrérie religieuse. — V. GODEFROY, *ad. Code Théod.*, 1, 20, *de paganis.*, p. 326, col. 1, éd. Ritter.

8

sumptibus deputata, fas est, hoc errore submoto, compendia nostræ domus sublevare[1] ».

Les dendrophores étaient placés sous la protection de Sylvain, dieu des forêts ; plus tard, sous celle de Cybèle[2]. Ils portaient des branches d'arbres, dans certaines cérémonies religieuses : c'étaient là leurs insignes. On est donc certain, que les dendrophores avaient un caractère religieux très accentué. Mais de là à conclure, comme le font certains auteurs, qu'ils constituaient simplement un collège de prêtres, il y a loin. Quoiqu'il soit assez difficile de définir d'une façon précise le genre de travail de cette corporation, on peut croire, avec M. Rabanis[3], qu'elle était avant tout, une compagnie d'artisans chargés de la fourniture des bois, merrain et charbon, pour les services publics, la construction et la marine ; les dendrophores présenteraient ainsi un caractère officiel. On peut même ajouter avec M. de Boissieu[4], que nos corporations du moyen âge, à la fois industrielles et religieuses, donnent une idée assez exacte du double caractère du collège des dendrophores.

Les dendrophores, comme les centonaires, étaient attachés à perpétuité à leur collège, sans pouvoir jamais s'affranchir des fonctions dont ils étaient investis.

---

1. *Code Théod.*, livre XVI, tit. x, loi 20, année 415. — *De paganis sacrificiis et templis.*
2. GRUTER : P. 64, inscr. 7.
3. RABANIS : *Recherches sur les Dendrophores*, Bordeaux, 1841.
4. A. DE BOISSIEU : *Inscr. de Lyon*, p. 413.

LES « FABRI »

Outre ces différents corps énumérés au Code théodosien, il y avait, dans chaque ville un peu considérable, un corps officiel de *fabri*. Ces *fabri* appartenaient à des professions diverses, particulièrement
aux *tignarii*, aux *ferrarii*, aux *dendrophori*, aux *centonarii*. Il est assez difficile de déterminer complètement leurs obligations. On peut dire, cependant,
qu'elles étaient générales et particulières. « Comme
corps, ils étaient appelés dans les incendies, dans les
désastres publics, probablement aussi dans les fêtes
et les solennités religieuses et civiles qui exigeaient
un grand appareil. Comme individus, ils fournissaient, suivant leur industrie spéciale, les choses dont
l'Etat, les cités et l'armée elle-même, accidentellement, pouvaient avoir besoin. Je dis accidentellement,
par rapport à l'armée, car celle-ci avait son corps
permanent de *fabri* et de fournisseurs [1]. »

Les *fabri, ferrarii, tignarii,* etc. ne pouvaient,
d'aucune manière, s'affranchir de leur condition. Ils
étaient, comme tous les artisans, affectés à un service
public, soumis à des règlements très rigoureux. Les
décurions considéraient cependant le sort de ces *fabri*
comme moins misérable que le leur, puisqu'ils faisaient tous leurs efforts pour abandonner la curie et

1. A. DE BOISSIEU : *Inscr. de Lyon*, p. 411.

se réfugier au sein de leurs collèges. La loi dut même intervenir. « *Municipalis, qui ad fabrorum collegium, alia officia inclusurus, irrepsit, statui pristino reformetur* [1]. »

2. *Code Théod.*, 162, *De Decurion.*

MANUFACTURES IMPÉRIALES

CHAPITRE X

Des Fabricants d'armes. « De Fabricensibus ».

Il y avait quinze fabriques d'armes dans l'Empire d'Orient et dix-neuf ou vingt dans l'Empire d'Occident[1].

Les employés de ces fabriques formaient une sorte de corporation régie par des règlements beaucoup plus rigoureux encore que ceux des naviculaires et des

---

1. La *Notitia dignitatum* nous fait connaître les différentes manu-factures d'armes qui existaient tant en Orient qu'en Occident. Ce sont pour l'Empire d'Orient quinze fabriques : *1° Scutaria et armo-rum Damasci. — 2° Scutaria et armorum Antiochiæ.— 3° Clibanaria Antiochiæ. — 4° Scutaria et armamentaria Ædessæ. — 5° Hastaria Irenopolitana Ciliciæ. — 6° Clibanaria Cæsariæ Cappadociæ. — 7° Scutaria et armorum Nicomediæ. — 8° Clibanaria Nicomediæ. — 9° Scutaria et armorum Sardis Lydiæ. — 10° Scutaria et armorum Hadrianopoli Hæmimontis. — 11° Scutaria et armorum Martiono-poli. — 12° Thessalonicensis. — 13°Naissatensis. — 14° Ratiarensis. — 15° Horreomargensis.* (Voir *Notitia dignit. Or.*, p. 42.)

Pour l'Empire d'Occident, vingt fabriques : *Sirmium. — Acincum.*

meuniers-boulangers. C'est qu'en effet, on les considérait comme exerçant une profession dangereuse, qui intéressait au plus haut point l'ordre public, et qu'il fallait de toute nécessité soumettre à une surveillance spéciale. Le maître des offices, ou ministre de la police générale, fut désigné pour prendre la haute direction de cette entreprise.

Les seuls ateliers impériaux avaient le droit de fabriquer des armes. « *Nulli vero licebat hœc arma facere, nisi fabris, qui in certis imperii locis jussu principis ea fabricabant.* »

Il était expressément interdit aux directeurs de ces ateliers, de livrer au commerce les armes dont ils avaient le dépôt et de les vendre à de simples particuliers.

En cas de contravention, les armes trouvées chez les particuliers étaient saisies et confisquées sans indemnité. Le port d'armes était d'ailleurs défendu à toute personne, sans une permission du prince. « *Nulli prorsus, nobis insciis atque inconsultis, quorumlibet armorum movendorum copia tribuatur.* »

Les *fabricenses* étaient attachés aux différentes manufactures, suivant qu'ils savaient fabriquer des

---

— *Cornutum.* — *Lauriacum.* — *Salone* — *Concordia.* — *Verone.* — *Mantoue.* — *Crémone.* — *Pavie.* — *Lucques.* — *Strasbourg.* — *Mâcon.* — *Autun,* 2. — *Soissons.* — *Reims.* — *Trèves,* 2. — *Amiens.* La même *Notitia dignitatum* nous enseigne qu'on fabriquait des arcs et des flèches à Mâcon ; à Autun, des cuirasses ; à Reims, dés épées ; à Amiens, des épées et des boucliers ; à Soissons, des boucliers, des cuirasses et des balistes ; à Strasbourg, des armes de toute espèce ; à Trèves, des balistes dans un atelier et des boucliers dans un autre. Toutes ces manufactures étaient situées dans le Nord, non loin des légions qu'elles devaient approvisionner.

épées, des casques, des boucliers, des balistes, etc.[1]. Ils avaient à leur tête un intendant ou préposé, *procurator, præpositus,* qui, lui-même, était sous la dépendance du maître des offices. Quant au nombre des ouvriers, il variait suivant les besoins du service.

I. — COMMENT S'OPÉRAIT LE RECRUTEMENT DES « FABRICENSES ? »

Les *fabricenses* se recrutaient de plusieurs façons :

1° *Par la naissance.* — Le fils d'un fabricant d'armes se voyait obligé d'exercer la profession de son père. Quant au mariage d'un homme libre avec la fille d'un fabricant d'armes, il n'avait point pour effet de faire entrer le mari dans la corporation à laquelle appartenait sa femme; mais si un enfant venait à naître de cette union, il suivait la condition de sa mère[2]. Ce résultat se produisait sans qu'il y ait à considérer le rang et la situation du mari, sans qu'il y ait non plus

---

1. Chaque atelier recevait en compte un certain poids de matières brutes, dont l'emploi devait être justifié. Tous les ans, il devait rendre aux délégués de l'empereur une quantité déterminée d'objets manufacturés, en proportion du nombre de ses ouvriers. La division du travail était appliquée à l'intérieur de la fabrique. Chaque ouvrier avait sa tâche. C'est ainsi que, dans les fabriques d'armes de Constantinople, un homme était obligé, en trente jours, de couvrir de leurs ornements d'or et d'argent, six casques avec leurs mentonnières. — *Code Théod.,* liv. X, tit. XXII, loi 1, ann. 374.

2. *Code Théod.,* liv. X, titre XX, loi 15, année 425.
Cette hypothèse devait être, d'ailleurs, assez rare, car l'empereur Gratien avait interdit aux filles des ouvriers de prendre des maris hors de la fabrique. — *Code Théod.,* liv. X, tit. XX, loi 10, ann. 380.

à tenir compte de ce fait, que le mari appartenait lui-
même à telle ou telle corporation.

2° *Par l'enrôlement volontaire.* — Lorsque l'on a
parlé de la situation pitoyable des employés des manufactures, lorsque l'on a dit qu'ils étaient considérés
comme des êtres vils et assimilés aux esclaves, il peut
sembler étonnant de voir figurer parmi les modes de
recrutement, ce que nous appelons l'enrôlement
volontaire. Quels malheureux avaient donc le courage
de braver ainsi l'opinion publique ? Quelles créatures
se sentaient assez misérables, pour venir mendier un
emploi dans un atelier qui devait être, pour elles, un
enfer de toute la vie ?

C'étaient d'abord des esclaves ou des affranchis,
sans autres moyens d'existence que leur travail de
chaque jour ; c'étaient aussi des hommes libres[1], qui
consentaient à aliéner leur liberté, s'estimant encore
très heureux de gagner leur nourriture et d'échapper
en même temps aux lourdes charges qui les écrasaient
de toute part.

On peut se faire une idée des souffrances dans lesquelles se débattait la société du Bas-Empire, en
voyant les curiales eux-mêmes venir frapper à la porte
de l'atelier impérial et solliciter une place, bien pénible pourtant, à côté d'esclaves et d'affranchis. C'est
qu'en effet, la fonction de curiale était devenue intolérable à la fin de l'Empire, et ceux qui voulaient se
soustraire aux dures obligations qu'elle imposait, ne

---

1. C'est parmi ces hommes libres et parmi les affranchis qu'on
choisissait ordinairement les contre-maîtres et les intendants. —
Code Théod., liv. X, tit. xxii, loi 6, année 412.

reculaient devant aucun moyen ; ils entraient donc dans les manufactures impériales et renonçaient facilement au dangereux honneur de la curie.

Le nombre des curiales qui désertaient devint même si nombreux, que plusieurs constitutions furent rendues, pour mettre un terme à cette espèce de fraude. On exigea, désormais, de l'homme libre qui voulait entrer dans un atelier d'armes, un certificat constatant qu'il n'était ni fils, ni petit-fils de curiale[1].

Une fois entré dans la corporation, on y était enfermé comme dans une prison. Les règlements les plus sévères étaient pratiqués à l'intérieur de la fabrique. Les moindres infractions, la plus petite négligence étaient punies de peines cruelles et, en tous les cas, hors de proportion avec la faute commise. Bientôt même le principe de la responsabilité individuelle parut insuffisant aux empereurs : ils déclarèrent les armuriers solidairement responsables entre eux des fautes de leurs confrères et, dans quelques circonstances, on vit de nombreux ouvriers payer de leur corps ou de leur argent, la faute d'un seul[2].

On ne saurait vraiment imaginer un système plus ingénieux pour étouffer toute activité individuelle et pour arrêter, d'une façon complète, l'essor de l'industrie.

Quoi qu'il en soit, la vie dans les fabriques d'armes,

---

1. *Code Théod.*, liv. X, tit. xxii, loi 6, année 412. — « *Si quis consortium fabricensium crediderit eligendum, in ea urbe, qua natus est, vel in qua domicilium collocavit, his, quorum interest, convocatis primitus acta conficiat, sese doceat non avo, non patre curiali progenitum, nihil ordini civitatis debere....* »
2. *Code Just.*, livre XI, tit. ix, loi 5.

comme dans les autres manufactures, du reste, devint
de plus en plus difficile à supporter[1], et les artisans
firent tous leurs efforts pour se soustraire à une condition si malheureuse.

Les désertions se firent nombreuses, tellement nombreuses, que les empereurs, effrayés, prirent les
mesures les plus atroces pour arrêter ce mouvement
de dissolution. Ils ordonnèrent qu'à l'imitation des
jeunes soldats, on marquât au fer rouge le bras des
employés des manufactures. « *Stigmata, hoc est nota
publica, fabricensium brachiis, ad imitationem tiro-
num infligatur, ut hoc modo saltem possint latitantes
agnosci*[2]. » Et, comme le vêtement pouvait dissimuler
ce stigmate, on imagina, dans la suite, de leur imprimer sur la main le nom de l'empereur. « *Singulis
manibus eorum felici nomine pietatis nostrœ impresso
signari decernimus ut hujusmodi adnotatione mani-
festi sint omnibus*[3]. »

Enfin, pour enlever aux malheureux ouvriers tout
espoir de se soustraire aux recherches des officiers
impériaux, la loi condamnait ceux qui les cachaient,
ainsi que leurs enfants, à devenir ouvriers de la même
fabrique[4].

Comme compensation de toutes ces charges, les
fabricenses étaient dispensés de la milice; cette faveur

---

1. Une novelle de l'an 438 porte que les armuriers « doivent tellement être asservis à leur métier, qu'épuisés par le travail, ils
demeurent encore jusqu'au dernier soupir, eux et leur famille, dans
la profession qui les a vu naître. » — *Code Théod. : Novell.* liv. I,
loi 13, année 438.
2. *Code Théod.*, liv. X, tit. xxii, loi 4, année 388.
3. *Code Just.*, liv. XI, tit. xlii, loi 10.
4. *Code Just.*, liv. XI, tit. ix, loi 3, année 398.

était tout entière au profit de l'empereur qui, nous le savons, avait un besoin absolu de leurs services. Ils ne jouissaient, en réalité, que d'un seul privilège, et qui n'existait même que pour les chefs d'ateliers! Après avoir exercé cette charge pendant deux ans, ils sortaient de la manufacture et étaient exemptés de tout service public pendant le reste de leur vie[1].

1. *Code Just.*, liv. XI, tit. ix, loi 2, année 393, et *Code Théod.*, liv. X, tit. xxii, loi 3 : « *Primicerium fabricæ post biennium non solum vacatione, verum etiam honore donari, præcipimus ita, ut inter protectores adoraturus æternitatem nostram suo quisque tempore dirigatur.* » Année 390.

CHAPITRE XI

Mines.

Le mot mines avait, dans les lois romaines, le sens étendu que lui donne notre législation actuelle, et comprenait les trois espèces de substances minérales que nous distinguons sous les noms particuliers de mines proprement dites, minières et carrières.

Les mines étaient les unes privées, c'est-à-dire exploitées par des particuliers qui jouissaient, à cet égard, d'une liberté absolue : « *Secandorum marmorum ex quibuscunque metallis volentibus tribuimus facultatem, ita ut qui cœdere metallum atque ex eo facere quodcunque decreverint, etiam distrahendi habeant liberam potestatem*[1] ». La seule condition imposée aux particuliers qui voulaient entreprendre l'exploitation des mines, consistait dans le paiement annuel d'une redevance au Trésor public. « *Cuncti, qui per privatorum loca saxorum venam laboriosis effossionibus persequuntur, decimas fisco, decimas etiam domino repræsentent, cetero modo suis desideriis vindicando*[2]. »

---

1. *Code Théod.*, liv. X, tit. XIX, lois 1 et 2.
2. *Code Théod.*, liv. X, tit. XIX, lois 10, 8 et 11.

Cette redevance, on le voit, était fixée au dixième
des produits de la mine ; dans le cas où la mine appartenait à un tiers, l'exploitant devait également payer
à ce dernier une valeur égale au dixième des produits
de l'exploitation. Le surplus lui appartenait; il pouvait en disposer à son gré. « *Quicquid vero reliquum
fuerit, id juxta ejusdem legis tenorem exercentibus
cedat, habituris licentiam vendendi, donandi et, quo
voluntas suaverit, transferendi*[1]. »

· Les autres mines étaient considérées comme publiques et-exploitées, pour le compte de l'Etat, par une
corporation d'ouvriers, *metallarii,* qui étaient attachés, eux et leurs descendants, à leur profession, sans
pouvoir jamais l'abandonner. « *Metallarii qui, ea
regione deserta, ex qua videntur oriundi, ad exter-
nam mignarunt, indubitanter ad propriæ originis
stirpem laremque revocentur*[2]. »

Outre les *metallarii,* rivés par l'*origo* à leur profession, il y avait toute une catégorie d'individus que
l'on condamnait soit à temps, soit à perpétuité au
travail des mines et des salines[3].

Ces condamnés qui, d'ailleurs, n'étaient pas admis
dans les autres ateliers de l'Etat, étaient soumis aux
plus mauvais traitements. On les marquait au fer
rouge sur les bras et sur les jambes. Le visage seul
était respecté. Constantin nous donne de cette distinction, entre les membres et le visage, une raison plai-

---

1. *Code Théod.,* liv. X, tit. xix, loi 11.
2. *Code Théod.,* liv. X, tit. xix, lois 1, 5, 6, 9 et 15.
3. *Digeste,* liv. XLVIII, tit. xix, lois 1, 8, 4 et suiv. — ULPIEN : *De
officio proconsulis.*

sante : « La figure, dit-il, est faite à la ressemblance de la beauté céleste, et elle ne doit pas être souillée ». « *Facies quæ ad similitudinem pulchritudinis cælestis est figurata, minime maculetur* [1]. »

1. *Code Théod.*, liv. IX, tit. xL, loi 2, et *Code Just.*, loi 17, tit. *De poenis.*

CHAPITRE XII

Des Employés à la Pourpre et aux autres Ateliers impériaux.

MURILELUGI. — GYNÆCIARII. — MONETARII BASTAGARII.

I. — ATELIERS DE POURPRE.

Lampride[1] nous enseigne qu'Alexandre Sévère possédait des manufactures de pourpre, dont les produits n'étaient point exclusivement destinés à son usage, mais livrés au commerce et dont la gestion en Achaïe, Épire et Thessalie était confiée à un *procurator* spécial, appointé sur la cassette impériale : « *Purpuræ clarissimæ, non ad usum suum, sed ad matronarum signæ aut possent aut vellent.....* »

De même, nous est signalée, dès le règne de Dioclétien, l'existence de cette fameuse manufacture de Tyr, qui fabriquait la *blatta*[2], alors mise dans le commerce en cinq qualités différentes.

---

1. LAMPRIDE : *Al. Sév.*, 40, 6.
2. *Blatta*, étoffe de pourpre pure. On extrait la couleur de pourpre de deux genres de coquilles. La coquille en trompette, *bucinum*, *murex*, et le coquillage à pourpre, *purpura-pelagia*. Le *bucinum*

9

L'industrie privée comprit quels profits considérables elle pourrait réaliser en se livrant à la fabrication de ces étoffes de pourpre, universellement recherchées ; aussi, se mit-elle à faire concurrence aux manufactures impériales. Cette lutte entre les ateliers impériaux et l'industrie privée ne pouvait subsister au Bas-Empire ; elle était, en effet, en opposition absolue avec les principes économiques de cette époque. Dès l'an 383, les empereurs Gratien, Valentinien et Théodose érigèrent en monopole impérial la fabrication de la pourpre. La pourpre fut alors retirée de la circulation, et le port d'un vêtement de *blatta* fut désormais réservé à l'empereur[1]. La loi déclara même que tout particulier, qui empiéterait sur le privilège du prince, serait réputé coupable de haute trahison.

C'est ainsi que les empereurs du Bas-Empire comprenaient les intérêts de la nation romaine ; c'est de cette façon qu'ils s'appliquaient à favoriser le développement de la richesse publique.

Les personnes employées dans les ateliers impé-

---

fournissait, nous dit Pline, une couleur rouge, mais mauvais teint et d'un ton faux quand elle était employée seule. Le *pelagium*, au contraire, donnait une couleur rouge foncée, tirant même sur le noir. En combinant les deux couleurs naturelles du *bucinum* et du *pelagium*, on obtenait la pourpre véritable ; c'est avec cette pourpre, ainsi obtenue, que l'on confectionnait la *blatta*. — PLINE : IX, 125, 130, 131, 134.

1. *Code Théod.*, liv. X, tit. xx, loi 18. — Suivant Marquardt, il ne faudrait pas attacher à cette disposition, une portée trop absolue. D'après le savant auteur, le vêtement tout entier de *blatta* était seul interdit aux particuliers, « mais on portait, dit-il, couramment, des garnitures, des bandes tissées dans l'étoffe et des revers en pourpre vraie, et c'étaient les manufactures impériales qui fournissaient la laine propre à cet usage. »

riaux, à la fabrication de la pourpre, formaient plusieurs corporations, établies soit en Orient soit en Occident.

Les pêcheurs de poisson ou de coquillages servant à donner la couleur de la pourpre et appelés *murilelugi* ou *conchyleguli*, constituaient un collège distinct. Ils étaient, comme les employés des autres manufactures, attachés, rivés à leur profession. Leurs femmes, leurs enfants partageaient le même sort. S'il arrivait qu'un homme libre s'éprit de passion pour la fille d'un *murilegulus*, il ne pouvait l'épouser sans devenir aussitôt, lui-même, pêcheur de murex. « *Si quis uxorem conchylegulorum acceperit, sciat, conditioni eorumdem se esse nectendum* [1]. »

Les enfants nés du mariage de la fille d'un pêcheur, avec un mari exerçant une autre profession, suivaient la condition de leur mère. « *Hi, qui ex filiabus murilegulorum et alienæ originis patribus sunt vel fuerint procreati, jura maternæ conditionis agnoscant* [2]. »

A côté du lien personnel, c'est-à-dire à côté de l'*origo* communiquée par la naissance ou le mariage, on retrouve naturellement le lien réel. C'est ainsi que les acquéreurs, à un titre quelconque de biens appar-

---

1. *Code Théod.*, liv. X, tit. xx, loi 5, année 371.

Réciproquement, un pêcheur de murex ne pouvait épouser une femme libre ou la fille d'un colon, qu'en faisant partager sa propre servitude à sa femme et à sa postérité. — *Code Just.*, liv. XI, tit. vii, loi 7, année 380.

La femme libre avait cependant le droit de se séparer, et le maître pouvait réclamer sa colonne ; mais il ne fallait pas laisser passer certains délais.

2. *Code Théod.*, liv. X, tit. xx, loi 6.

tenant aux pêcheurs de murex, se voient obligés ou bien d'entrer dans la corporation et d'en supporter les charges ou bien de restituer à qui de droit les biens affectés au service de la pêcherie. Dans le cas où ils préféreraient garder les biens et entrer dans la corporation, la loi les avertit qu'ils seront sans doute, dans l'avenir, tenus des obligations ordinaires de la profession, mais que, de plus, on les obligera de payer au fisc tout ce que leurs vendeurs pouvaient antérieurement lui devoir[1].

Quand une fois on est pêcheur de murex, on demeure tel toute sa vie. Aucune faveur, aucune dignité ne peuvent porter atteinte à ce principe absolu. « *Murilelugi qui, relicto atque despecto propriæ conditionis officio, vetitis se insulis dignitatum et cingulis penitus denegatis munisse dicuntur, ad propriæ artis et originis vincula revocentur*[2]. » L'entrée dans l'Eglise ou dans les Ordres serait également impuissante à le délivrer de sa misérable condition. En quelque endroit qu'il se cache, on saura le poursuivre, et il sera ramené malgré tout *ad propriæ artis vincula*.

II. — GYNÆCEIA.

Outre les manufactures de pourpre, on trouve à Rome et dans les provinces, un certain nombre d'ateliers impériaux, *gynæceia*[3], où l'on se livre, pour le

1. *Code Theod,*, liv. X, tit. xx, loi 14, *in fine*, année 424.
2. *Code Théod.*, liv. X, tit. xx, loi 14, année 424.
3. La *Notitia dignitatum* nous apprend qu'il y avait en Gaule six gynécées appartenant à l'Etat: à Arles, à Lyon, à Reims, à Tournay,

compte de l'empereur, à diverses industries. Ici on utilise la teinture fournie par les pêcheurs de murex, on confectionne des étoffes de toute espèce : tentures, tapis, etc. Là, on fabrique pour le prince et la maison impériale, de merveilleux vêtements brodés de soie et d'or. Dans un autre atelier, on se livre à la confection des vêtements à l'usage de l'armée, etc., etc. Les personnes employées dans ces ateliers sont appelées, dans un sens générique, *gynœciarii,* mais elles y reçoivent une désignation spéciale, suivant qu'elles se livrent à tels ou tels travaux ; c'est ainsi que les ouvriers qui travaillent à la confection des vêtements de lin sont désignés sous le nom de *linteones, lintearii* ou *linifarii*[1].

III. — ATELIERS DES MONNAIES.

Quinze fabriques de monnaie fonctionnaient au Bas-Empire, dont trois en Gaule : à Arles, à Lyon, à Trèves. Les personnes employées dans ces ateliers étaient, comme les pêcheurs de pourpre et les autres employés des manufactures, rivées éternellement à leur condition. « *Monetarios in sua semper conditione*

à Trèves, à Metz, et deux autres dépendant plus particulièrement de l'empereur, sous l'autorité du comte du domaine privé, à Trèves et à *Antelœ ;* elle mentionne également une grande manufacture de tissus à Vienne, deux teintureries à Toulon et à Narbonne.

3. Tous les *gynœciarii* étaient attachés corps et biens à leurs corporations, sans pouvoir jamais s'en détacher. — *Code Théod.*, loi 16, « *De muril. et gynœc.*

Valentinien, par plusieurs constitutions, frappe de lourdes amendes, quiconque recèlera les *textrini*, les *gynœcei*, les *linteones,* etc.

oportet.[1] » Toutes les règles que nous avons énumérées dans les chapitres précédents, sont également applicables en ce qui concerne les *monetarii*. C'est ainsi, par exemple, que leurs filles ne pouvaient épouser un étranger et, réciproquement, une femme d'une autre condition ne pouvait épouser un monétaire, sans partager immédiatement son état[2].

IV. — « BASTAGARII. »

On rencontre, dans le Code théodosien et dans le Code Justinien, une quatrième classe de personnes incorporées : ce sont les *bastagarii*. Cette corporation, qui constituait une sorte d'administration des transports, était chargée de faire parvenir à destination, les bagages du fisc, ainsi que le produit des impôts, en argent ou en nature. En aucun cas, les *bastagarii* ne pouvaient se soustraire à leur condition. Il leur était interdit d'entrer dans les milices[3] et s'il arrivait qu'au mépris de cette loi, un tribun militaire en enrôlat quelques-uns, il se voyait contraint de payer au fisc une amende d'une livre d'or, par chaque enrôlement qu'il avait effectué.

Il y avait encore bien d'autres ateliers ou corporations, au service du prince. C'est ainsi, par exemple,

1. *Code Théod.*, liv. X, tit. xx, loi 1.
2. *Code Théod.*, liv. X, tit. xx, loi 10.
3. *Code Théod.*, liv. X, tit. xx. « *Eternam fiximus legem, ne unquam bastagariis militiam suam deserere liceat.* »

que nous trouvons mentionnés dans le recueil des
inscriptions de Gruter, des ateliers d'orfèvrerie, dans
lesquels on faisait des vases précieux, des broderies
d'or et d'argent, et des ornements divers, destinés à
l'empereur et à sa cour.

L'empereur, on le voit, n'avait jamais recours à
l'industrie privée ; il trouvait, en effet, dans ses ateliers, tous les objets nécessaires pour satisfaire son
luxe et subvenir à ses besoins. Bien plus, comme les
produits fabriqués dans ses ateliers étaient en quantité considérable, il vendait au public tous les objets
qui n'étaient pas indispensables à sa consommation
personnelle et à celle de sa cour. L'État se transfor-
mait ainsi en chef d'industrie, il se faisait producteur,
anéantissant, par une concurrence écrasante, le peu
de vie qui restait encore aux autres corporations.

CARACTÈRE DES MANUFACTURES IMPÉRIALES

Toutes ces manufactures, tous ces ateliers présentent le même caractère, et ce caractère, c'est l'asservissement, nous dirions presque l'esclavage. Que
voyons-nous, en effet, au sein de la manufacture
impériale ? Non pas des collèges dans l'antique sens
du mot, non pas des corporations véritables qui éla-
borent leurs statuts et discutent les intérêts de la profession commune, mais seulement des agglomérations

d'hommes et de femmes réunis dans un atelier et travaillant sous les ordres d'un chef.

Chaque travailleur joue, dans l'atelier, un rôle parfaitement défini par les règlements ; chaque ouvrier a sa fonction, dont rien au monde ne saurait l'affranchir. La loi va même jusqu'à déterminer, d'une façon précise, la quantité de travail qu'il doit fournir en un temps donné. C'est ainsi, nous l'avons vu, qu'un armurier est obligé, en trente jours, de couvrir de leurs ornements d'or et d'argent six casques avec leurs mentonnières. Tous les métiers sont régis par des prescriptions de ce genre.

L'intérêt personnel ne luit pas aux yeux de l'ouvrier des manufactures, pour l'encourager dans ses efforts et décupler son activité productrice. Son initiative est atrophiée, complètement anéantie. Il se meut dans l'atelier comme un cheval tourne sur le manège, cessant son travail quand on lui dit assez, et se remettant à la besogne lorsqu'on lui en donne le commandement.

Qu'il accomplisse sa tâche avec exactitude, nul ne lui en saura gré. Que si, au contraire, il s'écarte tant soit peu de ses devoirs, s'il commet la moindre négligence, la plus petite faute même involontaire, il est aussitôt cruellement châtié : « Si un teinturier brûle une étoffe ou si seulement il la tache, qu'il soit décapité », ordonne l'empereur ; et cette rigueur barbare, loin d'être un accident, se rencontre à chaque pas dans la législation du Bas-Empire. C'est ainsi que, pour éviter les désertions, on marque au fer rouge, comme autrefois nos galériens, le bras et la jambe des travailleurs ; c'est ainsi également qu'on les déclare solidaires les uns des autres, et qu'on n'hésite pas à faire payer à tous la faute d'un seul.

Les employés des manufactures, esclaves affranchis, hommes libres n'avaient pas la libre disposition de leurs biens, qui demeuraient, malgré tout, affectés aux charges de la profession. Ils n'avaient pas même la liberté du mariage. Ils ne pouvaient épouser une femme libre sans lui apporter, comme cadeau de noces, les obligations et les misères de leur existence. Si une fille d'ouvrier se mariait à un homme d'une autre profession, l'enfant qui pouvait naître de cette union était condamné à suivre la condition de sa mère, et cela sans qu'il y ait à tenir compte du rang et de la situation sociale du père. Les empereurs avaient même décidé que tout homme qui prendrait une femme dans la classe des pêcheurs de murex, se verrait lui-même obligé d'exercer cette profession. Avec de pareils règlements, les unions entre les ouvriers des manufactures et le reste de la société, devaient être bien rares. Ils vivaient donc isolés de leurs semblables, et cet isolement contribuait à rendre plus pénible encore une condition déjà bien désastreuse. La loi avait compris cet inconvénient ; elle avait même essayé d'y porter remède, mais ses efforts maladroits n'avaient réussi qu'à empirer la situation :

« Comme nous empêchons, dit Gratien, que les ouvriers des monnaies ne s'unissent à des femmes étrangères, nous défendons également aux filles de ces ouvriers de se marier hors de la fabrique. » C'est ainsi, fait justement observer M. Levasseur, que les mauvaises lois naissent les unes des autres.

Si seulement on avait accordé aux travailleurs des

ateliers impériaux quelque lueur d'espérance ; si on leur avait laissé entrevoir leur délivrance comme prix de leurs efforts, comme récompense de leurs services ! Mais non ; le cœur des princes, entièrement ouvert à l'égoïsme, ne l'était pas du tout à la pitié et à la justice.

L'ouvrier restait donc enfermé toute sa vie dans l'atelier comme dans une prison. « *Monetarios in sua semper durare conditione oportet,* » disait l'empereur Constantin, et la même obligation était imposée à tous les employés des manufactures.

Les *bastagarii* n'avaient même pas le droit de changer de prison et de passer dans un autre service public. Plus l'Empire allait agonisant, plus la loi devenait dure et insolente. « Il faut, dit une novelle de l'an 438, que les armuriers soient tellement asservis à leur métier, qu'épuisés par le travail, ils demeurent encore jusqu'au dernier souffle, eux et leur famille, dans la profession qui les a vu naître. »

Quels avantages offrait-on à ces travailleurs, pour atténuer leur pénible servitude ? On les dispensait du service militaire. Mais c'est parce que leur présence à l'atelier était indispensable et que, d'ailleurs, on les méprisait trop pour leur ouvrir les rangs de l'armée. La communauté bénéficiait encore des biens de ceux de ses membres qui mouraient sans héritier légitime ; mais, comme le fait remarquer M. Levasseur, cette donation, faite à tous, était une atteinte portée à la liberté de chacun.

Les empereurs n'accordèrent vraiment qu'une concession sérieuse, encore cette concession ne s'appliquait-elle qu'aux seuls chefs d'ateliers. Après avoir dirigé pendant deux ans une manufacture ou un atelier, le *procurator* recouvrait définitivement sa liberté ; il était, pour le reste de sa vie, dispensé de tout service public.

Telle est, à grands traits, la situation faite aux travailleurs dans les manufactures impériales. Quand on a sous les yeux le spectacle de leur misère ; quand on se rend compte du triste sort qui leur était réservé, on s'étonne qu'ils aient pu vivre si longtemps sous un pareil régime, et qu'ils ne se soient pas plus souvent révoltés contre une semblable tyrannie.

ORGANISATION

DES COLLÈGES LIBRES AU BAS-EMPIRE

CHAPITRE PREMIER

Des Corporations libres.

Après avoir constaté la condition malheureuse des ouvriers des manufactures impériales et des artisans employés aux subsistances ou autres services publics, après avoir étudié dans le détail cette législation compliquée qui avait pour résultat de détruire chez le travailleur tout esprit d'initiative et tout sentiment de liberté, il nous reste à étudier l'organisation et le fonctionnement d'une troisième classe de corps de métiers assez généralement désignés sous le nom de métiers libres.

Des métiers libres! Est-ce que vraiment il y aurait, à l'époque que nous étudions, des professions jouissant d'une entière liberté? Après avoir eu sous les yeux l'attristant tableau de classes ouvrières asservies, écrasées sous le despotisme impérial, aurions-nous enfin le spectacle réconfortant de corporations véritablement indépendantes, fixant elles-mêmes leurs statuts, discutant leurs intérêts, poursuivant enfin, en toute liberté, leur but économique? Il n'en est rien, malheureusement. La liberté, comme le dit fort justement M. Levasseur[1], n'existe nulle part dans la société romaine des derniers siècles. Chacun a sa chaîne qu'il ne peut briser. Le colon est attaché à sa terre, l'officier public à sa charge, le curiale à sa cité, le marchand à sa boutique, l'ouvrier à sa corporation. Nul n'a le droit de déserter son poste, de se soustraire à ses fonctions et de frustrer ainsi l'Etat du service que sa fortune, sa naissance ou son talent lui ont imposé.

Mais alors, s'il en est ainsi, pourquoi parler de métiers libres? Les auteurs désignent généralement sous ce nom, la grande masse des artisans romains, groupés en corporations et se livrant aux travaux les plus divers, suivant les besoins d'une société très civilisée. Voici une liste curieuse des différentes professions énumérées dans un tableau que l'empereur Constantin joint à une de ses constitutions.

Ce texte nous indique les architectes, les médecins, les peintres, les fabricants de statues, les marbriers, les fabricants de litières ou de coffres, les serruriers, les fabricants de quadriges, les ciseleurs sur pierre, les constructeurs *(structores)*, les sculpteurs de bois, les ouvriers en mosaïque, les doreurs, les crépisseurs, les ouvriers qui travaillent l'argent *(argentarii)*, les

1. Levasseur : *Les Classes ouvrières en France jusqu'à la Révolution*, t. I, p. 53.

brodeurs, les tourneurs, les ciseleurs sur bronze, les fondeurs et particulièrement les fondeurs de statues *(signarii)*, les constructeurs de machines *(fabricarii)*, les tailleurs (proprement, culottiers, faiseurs de braies, *bracharii*), les ouvriers en maroquin *(particarii)*, les niveleurs, les potiers, les orfèvres, les verriers, les plombiers, les miroitiers, les ouvriers en ivoire, les pelletiers, les foulons, les charpentiers, les sculpteurs, les peintres de murailles *(de albatores)*, les monnayeurs, les constructeurs de triges (chars attelés de trois chevaux), enfin, les batteurs de métaux.

M. Rabanis, dans l'excellent ouvrage qu'il a écrit sur les dendrophores, a merveilleusement dépeint le caractère original que présentent les corporations au Bas-Empire [1].

Les corporations, dit le savant auteur, « étaient toutes organisées sur le même plan, et ce plan, c'était celui de la capitale elle-même ; ainsi, les colonies, les cités avaient reproduit dans leur sein, l'organisation de l'ancienne Rome. La curie municipale représentait le Sénat, les *collegiati* représentaient la *plebs,* c'est-à-dire, les tribus urbaines ; les *possessores* représentaient les tribus rurales. Réciproquement, les collèges ou corporations s'étaient formées sur le plan des cités, et, dans chacune, c'était la fortune et l'ancienneté qui déterminaient les rangs. Ils avaient leurs

1, RABANIS : *Recherches sur les Dendrophores.* (Bordeaux 1841), pp. 50 et 51.

chefs, *syndici, magistri, quinquennales* et d'autres encore qui en étaient comme la curie, la portion aristo-
cratique. De plus, ils avaient leurs greffiers, *scribœ*,
leurs registres, leurs lieux d'assemblée, qui étaient
ordinairement des temples et des basiliques ; enfin,
ils se choisissaient des patrons, se cotisaient, soit pour
donner des fêtes et des spectacles, soit pour ériger
des monuments à leurs protecteurs et se comportaient
en toutes choses, comme des sociétés complètes et
indépendantes. »

Telle était, au troisième et au commencement du
quatrième siècle, la situation des collèges à Rome et
dans les provinces. Les corporations placées, il est
vrai, sous la tutelle de l'Etat, mais non encore complètement asservies, formaient comme autant de
petites cités se reliant merveilleusement, par leur
constitution, à l'admirable unité de l'administration
romaine. « *Quibus permissum est corpus habere collegii, societatis sive cujusque alterius eorum nomine,
proprium est, ad exemplum Reipublicœ, habere res
communes, arcam communem et actorem sive syndi-
cum, per quem tanquam in republica, quod commu-
niter agi fierique oporteat, agatur, fiat* [1]. »

Entrons, maintenant, dans les détails de cette organisation.

Chaque métier dans une ville, formait ordinairement
un collège spécial ; il arrivait cependant, que plusieurs
métiers du même genre se réunissaient entre eux. Les
inscriptions nous offrent de nombreux exemples de
ces groupements de métiers en un collège unique.

---

1. L. 1, § 1, *D. Quod cujuscumq.*, III, 4.

C'est ainsi, par exemple, qu'elles associent presque invariablement les *centonarii* et les *dendrophori* avec les *fabri ferrarii* et les *fabri tignarii*[1]. La loi elle-même encourageait cette tendance, et nous savons que dans certaines circonstances, elle ordonnait aux magistrats de fortifier les associations, en augmentant le nombre de leurs membres. « *Ad omnes judices litteras dare tuam convenit gravitatem ut in quibuscunque oppidis dendrophori fuerint, centonarium atque fabrorum annectantur, quoniam hoec corpora frequentia hominum multiplicari expedit*[2]. »

Quelquefois, cependant, le nombre des membres de la corporation était limité. Nous en avons un exemple incontestable, dans le collège des boulangers. Les membres de la corporation des boulangers, dit Paul, sont excusés de la charge de la tutelle, s'ils exercent leur métier par eux-mêmes. « *Sed non alios puto excusandos*, ajoute le jurisconsulte, *quam qui intra numerum constituti centenarium pistrinum exerceant*[3]. »

D'autres fois, le collège s'étendait au delà de la ville et comprenait tous les ouvriers, qui, exerçant des professions similaires, devaient être, en effet, réunis

1. GRUTER : 261, n° 4.

FAUSTINÆ AUGUSTÆ
Magistri. quinquennales. collegi. corp. fabrum
Ferrar. tignar. dendrophor. et centon. Lust. XXVII.

. . . .

Collegium fabr. cent. navic. dendr.
Centuria centonar. dolobrar. scalarior.
ORELLI : N°ˢ 4069, 4071.

2. *Code Théod.*, liv. XIV, tit. VIII, loi I, année 315.
3. 46, *D.*, XXVII, I. *Fragm. Vatic.*, 233, 234.

10

par la communauté de leurs intérêts. Comme exemple de ces vastes associations, nous pouvons citer les collèges de nautes qui existaient sur presque toutes les grandes rivières. Quelques mots, en passant, sur ces importantes corporations. — « On se tromperait étrangement, dit M. de Boissieu [1], si l'on voyait dans ces nautes, de simples bateliers, des mariniers empruntant leur nom à la pratique d'une profession manuelle. Les nautes étaient à la fois des fonctionnaires publics et des négociants. Comme fonctionnaires de l'État, ils remplaçaient, pour l'exploitation des fleuves et le service des vectigales, les flottes de la Méditerranée et de l'Adriatique ; c'est là ce qui fait leur supériorité sur toutes les autres corporations ; ce qui les relève, dans les provinces, presque à l'égal d'un ordre ; ce qui les place immédiatement à côté des décurions. Nous en trouvons la preuve, 1º dans une inscription qui les appelle *corpus splendidissimum,* qualification ordinairement réservée à la curie ; 2º dans le titre de *præfectus,* donné au chef ou au président de leur collège ; 3º enfin, dans les distinctions honorifiques qui leur étaient dues, et dont nous rencontrons un témoignage dans une inscription de l'amphithéâtre de Nismes, constatant que quarante places d'honneur étaient réservées aux nautes du Rhône et de la Saône. »

Fonctionnaires, dans leurs rapports avec l'administration, les nautes étaient en leur particulier, de véritables négociants, exploitant pour leur compte et en dehors du service de l'Etat, l'industrie des transports.

---

1. A. de Boissieu : *Inscriptions antiques de Lyon,* p. 387.

Ce double caractère nous permet ainsi de les com-
parer aux naviculaires dont nous avons longuement
parlé dans cet ouvrage, et qui, en même temps qu'ils
accomplissaient un service public, se livraient également pour leur propre compte au commerce du grain
ou autres marchandises.

Tous les nautes exerçant leur industrie sur le même
fleuve ou sur la même rivière étaient réunis dans un
même corps. Les inscriptions nous font connaître les
nautæ Ararici (nautes de la Saône), les *nautæ Rhodanici* (nautes du Rhône). Plusieurs textes mentionnent enfin une corporation puissante, *corpus splendidissimum,* comprenant les *nautæ Rhodanici et Ararici* et qui, dans l'opinion de M. de Boissieu, serait
absolument distincte des deux collèges précédemment
désignés. Voici d'ailleurs cette inscription :

Q. IVLIO. SEVERINO
SEQVANO..........
HONORIBVS IN
TER. SVOS. FUNCTO
PATRONO. SPLENDI
DISSIMI CORPORIS
N. RHODANICOR. ET
ARAR[1].

Des agents impériaux, nommés *præfecti classium,*
habilement répartis sur tous les points où la navigation pouvait se relier à un centre d'approvisionnements ou de rentrées de redevances en nature,
régularisaient le mouvement des transports et le
service des nautes. Le préfet de la flotte du Rhône

1. A. DE BOISSIEU : *Inscrip. de Lyon*, p. 390.

résidait, soit à Vienne, soit à Arles et celui de la flotte de la Saône se tenait à Chalon :

In provincia Gallia riparensi : Præfectus classis fluminis Rhodani Viennæ sive Arelati;

In provincia Lugdunensi prima : Præfectus classis araricæ Caballoduno.

Les collèges étaient donc parfois très étendus ; dans le cas cependant où ils tendaient à prendre des proportions trop considérables, ils se subdivisaient en décuries ou en centuries[1] ; c'est ainsi que les *fabri* d'Apulum étaient répartis en onze centuries. Ceux de Milan formaient, avec les *centonarii*, douze centuries, subdivisées elles-mêmes en décuries. Les centonaires, les dendrophores étaient également fractionnés en groupe du même genre : « *Centuria centonar. dolobrar. scalarior* ». On trouve même des décuries de *scabiliarii,* sortes de musiciens qui jouaient dans les cérémonies religieuses. Ces décuries et centuries qui comprenaient d'ailleurs un nombre indéterminé d'artisans, avaient à leur tête des décurions et centurions. « *Decurialis negotiator collegii pecuariorum*[2]. » Nous aurons plus tard à rechercher quelles étaient les fonctions de ces magistrats.

Chaque collège était placé sous la protection d'une divinité librement choisie, ou qui leur était imposée par le peuple. Les *mercatores* honoraient Mercure et étaient chargés de la garde de son temple ; les scribes célébraient leur culte particulier en même temps que les histrions, dans le temple de Minerve sur l'Aventin ;

1. Gruter : 477, n° 1. — V. Orelli : 4071.
2. *Mur.* 528, 2.

les dendrophores avaient choisi Sylvain, comme dieu protecteur[1]. On trouve dans les inscriptions, le collège des *centonarii*, considéré au point de vue religieux, et désigné sous le nom de *collegium fabrum Veneris* ou simplement de *collegium Veneris* et il devait en être de même, pour toutes les corporations ouvrières. Ce caractère religieux était même si remarquable chez certaines corporations, que, de nos jours on a beaucoup de peine à décider si l'on se trouve en présence de collèges de prêtres ou de collèges d'artisans.

« Les cérémonies religieuses étaient souvent suivies — soit en souvenir de quelque grand événement, soit à l'anniversaire de la naissance du patron — d'une réunion où les membres du collège s'asseyaient à la même table et apprenaient à s'aimer et à oublier leurs pénibles travaux dans la joie d'un festin. Ces fêtes intimes avaient un but moral et un caractère touchant de fraternité ; mais l'abus, qui les avait multipliées sous les moindres prétextes, en avait fait une occasion si fréquente de débauches, qu'un ancien se plaignait que les banquets des collèges dévorassent les récoltes[2] ».

Les corporations prenaient aussi leur part, aux grandes fêtes de l'Etat et de la cité. Il faut lire dans

---

1. Quelques collèges de dendrophores demeurèrent même à ce point attachés à leur antique culte, qu'ils s'attirèrent les rigueurs d'Honorius : « *Omnia loca quæ frediani, quæ dendrophori, quæ singula quæque nomina et professiones gentilitiæ tenuerunt, epholis (epulis) vel sumptibus deputata, fas est, hoc errore submoto, compendia nostræ domus sublevare* ». — *Code Théod.*, liv. XVI, tit. x, loi 20, année 415.

2. LEVASSEUR : *Histoire des Classes ouvrières*, p. 57.

les historiens, le luxe qu'elles se plaisaient à déployer dans de pareilles cérémonies. L'un d'entre eux nous apprend que lorsque les habitants d'Autun voulurent recevoir Constantin, qui venait visiter leur ville ravagée par les Bagaudes, ils étalèrent sur le chemin de l'empereur, les tentures, les bannières, les ornements des corporations et les statues de tous leurs dieux[1].

Les corporations attachaient enfin une grande importance à la célébration des cérémonies funèbres. C'était peut-être même, pour certaines d'entre elles, le but principal de l'association ; beaucoup de corporations ouvrières se constituaient en collèges funéraires. Ce genre d'association, qui avait pour but d'assurer aux membres défunts des funérailles convenables, était très répandu dans les classes inférieures et plusieurs inscriptions montrent que l'usage de ces collèges funéraires était pratiqué non seulement à Rome, mais encore dans les provinces. Voici une inscription très intéressante à ce point de vue : « *Julius Vitalis fabriciesis* (lire *fabricensis*) *leg (ionis) XX, V (alentis) V (ictricis) stipendicrum IX, annor. XXIX, natione belga, ex collegio fabricensium elatus h (ic) s (itus) e (st)*[2] ». — « Julius Vitalis, armurier de la vingtième légion, légion puissante, victorieuse, âgé de vingt-neuf ans, comptant neuf années de service, de nationalité belge, enseveli aux frais du collège des armuriers, repose ici ».

Pour subvenir aux dépenses du culte et aux frais occasionnés par les funérailles et les banquets, de

1. EUMEN. : *Gratiarum act.*, chap. VIII.
2. ORELLI : N°. 4079.

l'argent était nécessaire. La corporation se le procurait par les revenus de ses dotations et autres propriétés immobilières; elle se le procurait encore par les cotisations qu'elle exigeait de ses membres. A cette source de revenus, il faut enfin ajouter les biens des *collegiati* qui mouraient sans testament et sans héritier naturel[1]. L'Etat avait, en effet, renoncé aux droits qu'il avait sur leur héritage, et c'était la corporation qui bénéficiait de ce désistement. Ainsi, contributions, donations, héritages, telles étaient les trois sources qui fournissaient aux dépenses et qui, sous forme de rentes ou d'immeubles, formaient la richesse des collèges. Pour administrer ces fonds et discuter les nombreuses questions d'intérêt commun, il fallait nécessairement que ces sociétés fussent organisées; aussi, avaient-elles leurs assemblées et leurs magistrats.

« Les assemblées n'ont pas laissé de grands souvenirs dans l'histoire ; le monde se préoccupait peu des délibérations et des querelles journalières de ces petites sociétés. Les artisans, seuls, prenaient intérêt à ces discussions et y attachaient une grande importance. Rien de ce qui s'agitait dans ces petites sociétés, qui avaient leurs citoyens, leur culte, leurs impôts, leurs revenus, leurs fêtes, leurs assemblées, n'était indifférent pour les artisans dont elles étaient la véritable patrie. Les décrets rendus dans ces assemblées, étaient conservés dans les archives de la communauté et quelquefois gravés sur les monuments[2]. »

1. La communauté était encore propriétaire des édifices qui servaient à ses réunions. Il y avait même des corporations qui possédaient des salles de festin.... *Solarium tectum junctum in quo populi collegi S. S. epuletur.* — ORELLI : 2417.

2. LEVASSEUR : *Histoire des Classes ouvrières*, p. 61.

Nous venons de dire que les collèges avaient aussi leurs magistrats. Quels étaient ces magistrats ? Ils portaient des noms multiples : décurions, centurions, duumvirs, quatuorvirs[1], édiles, quinquennales, curateurs, procurateurs, questeurs, quelquefois même préfets[2] ou consuls[3]. Ces divers magistrats, dont nous allons essayer de déterminer les fonctions, étaient les hauts dignitaires du collège, ils formaient, ce que l'on peut appeler, avec M. Rabanis, la curie de la corporation. Au-dessous d'eux, on trouve des caissiers[4], des secrétaires[5], des greffiers[6], *scribæ* et une foule d'autres fonctionnaires moins importants.

1. ... *Collegi IIII ivir. quinq.* — ORELLI : 4138.
2. DOM VAISSETTE : *Hist. du Lang.*, t. I, Preuves, col. 2, n° 62.
3. *Ferrifabrorum consulibus, ibid.*
4. ORELLI : N° 4138.
5. GRUTER : 625, n° 9.
6. ... *Scribundo adfuerunt A. Aquilius Proculus. M. Cæcilius Publicius Fabianus. T. Hordeonius Secund. Valentinus T. Cæsius Bassianus.* — ORELLI : N° 4135.

CHAPITRE II

Des différents chefs du collège et de leurs attributions.

1° *Décurions*. — Le décurion est le chef de cette subdivision du collège que l'on appelle décurie. Une inscription nous apprend que le collège des *fabri*, de Lerici, près de Sarzane, avait à sa tête douze décurions[1]. Nous avons vu qu'à Apulum, les *fabri* étaient répartis en onze centuries ; ils avaient également des décurions. Il en était de même à Cetium, dans la Norique[2], de même encore à Salone, en Dalmatie[3], etc.

Quelles étaient maintenant les attributions de ce magistrat ? Les renseignements sur ce point nous font complètement défaut : aussi ne pouvons-nous apporter ici que des conjectures. Cependant, si l'on considère que le collège était de tous points constitué sur le modèle de la curie municipale, on peut, avec quelque vraisemblance, attribuer aux décurions des collèges, des fonctions analogues à celles dont étaient investis les décurions municipaux. Or, nous savons que la curie devait être consultée par les magistrats,

1. ORELLI : 4055.
2. *Corp. Berolin.*, III, 1082. —*Ibid.*, III, 5659.—*Ibid.*,V, 731 et 5869.
3. *Corp. Berolin.*, III, 2107, 1981, 2106, 2108.

relativement à tous les actes qui concernaient la gestion du domaine de la cité, l'emploi des capitaux et les travaux publics[1]. Elle était chargée surtout du contrôle des finances et approuvait les comptes, soit par une décision immédiate, soit après un examen préalable[2].

On devine, dès lors, quels pouvaient être les pouvoirs du décurion dans la corporation. Il devait s'occuper de la gestion du patrimoine de la communauté et de l'emploi des capitaux; il devait avoir, en un mot, dans ses attributions, tout ce qui concernait les comptes et les intérêts pécuniaires. Ses décisions portaient le nom de décrets. « *Pro salute domini nostri imperatoris Cæsaris Marci-Aureli Antonini Augusti, collegium fabrum œdem impendio suo restituit œre publice conlato, decreto decurionum[3].* »

2° *Duumviri.* — On rencontre dans les corporations, comme dans les municipes, des *duumviri.* Ces magistrats, dont il est impossible de préciser les fonctions[4], étaient renouvelés tous les cinq ans. Il y avait, cependant, des *duumviri* élus à perpétuité, mais ce n'était là que l'exception.

3° *Édiles.* — A côté des duumvirs, les textes mentionnent souvent les édiles. Certains auteurs désignent sous ce nom les magistrats chargés de veiller sur les

1. *Lex Jul. Gen.,* XCVIII, XCIX, C, XCVI. — *Lex Mal.,* LXII.
2. *Lex Mal.,* LXVII, LXVIII.
3. *Corp. Berolin.,* III, 5659.
4. Peut-être les duumvirs étaient-ils chargés de convoquer et de présider les assemblées tenues dans les temples ou basiliques. — ORELLI : 4057, 7194.

bâtiments, *templa* ou *scholæ*, dans lesquels les *corporati* tenaient généralement leurs assemblées [1].

4° *Quinquennales.* — Certaines inscriptions parlent encore de quinquennales. Quel rôle jouaient ces magistrats dans le collège ? Pour répondre à cette question, il faut de nouveau nous référer aux fonctions dont étaient investis dans la cité les magistrats du même nom. Les quinquennales étaient les magistrats les plus considérables de la cité. Apulée nous apprend même que l'on ne pouvait parvenir à ce titre qu'après avoir parcouru la filière des autres honneurs. « *Thiasus..... gradatim permensis honoribus, quinquennali magistratui fuerat destinatus.* »

Pour certains auteurs, le mot *quinquennalis* serait synonyme du mot *censor*. Ils prouvent, en effet, que l'on ne rencontre jamais dans les textes un même individu revêtu de ces deux dignités. Ils citent enfin une inscription, dans laquelle l'autorité du *quinquennalis* est expressément qualifié de censoriale : « P. LVCILIO..... DECVRIONI......... (p.) ONTIFICI IIVIRo CENSORIÆ POTESTATIS QVINQVENNALI, etc. [3]. »

Si ces explications sont vraies, nous avons à nous demander quelles étaient les fonctions du *censor* dans la cité. Or, nous lisons dans les textes, qu'une des attributions les plus importantes de ce magistrat consistait à dresser l'album des décurions. C'est lui encore qui, tous les cinq ans, procédait à la confection du cens. Le *censor* n'était nommé que tous les cinq ans,

1. *Corpus Berolin.*, III, 5678, 2ᵉ partie, 2, 623.
2. APULÉE : *Métamorph.*, liv. X, p. 344.
3. ORELLI : N° 3882,

et sa magistrature était annale[1]. Nous pouvons maintenant, par voie d'analogie, déterminer les pouvoirs
du *quinquennalis* dans la corporation. C'est lui qui
dressera l'album des décurions. Certains auteurs lui
reconnaissent encore d'autres pouvoirs. Le *quinquennalis* serait chargé, d'après eux, d'exercer une sorte
de surveillance et de contrôle à l'égard des admissions
qui peuvent avoir lieu dans le collège. Mais nous verrons tout à l'heure que ce droit de contrôle appartient
en réalité au curateur de la corporation[2].

5° *Curatores.* — La fonction de *curator* constituait
la magistrature la plus élevée de la cité. Aussi l'empereur s'était-il réservé le droit de nommer le *curator*.
Ce magistrat administrait le patrimoine de la cité,
plaçait les capitaux, poursuivait la délivrance des
legs, surveillait l'exécution des travaux publics[3]. Au
troisième siècle, il réunissait tous les pouvoirs entre
ses mains, sauf la juridiction. Le curateur de la corporation devait avoir des attributions semblables.
Nous avons dit, tout à l'heure, que le *curator* exerçait
un certain contrôle sur les admissions du collège.
C'est, en effet, ce que déclare le jurisconsulte Mar-

---

1. GRUTER : *Inscrip.*, p. 322, n° 8. — « *Anno quinquennalitatis
Petini Prisci.* »
2. Dans le *Collegium funeraticium*, dont l'inscription de Lanuvium nous donne les règlements et dont la constitution différait
peu de celle des collèges d'artisans, le *quinquennalis*, pendant la
durée de sa magistrature, était *immunis a Sigillis*. Le *sigillum* était
probablement une prestation périodique que chaque *collegiatus*
était forcé d'acquitter. La même inscription de Lanuvium nous
apprend que le *quinquennalis* prenait une part double dans les distributions faites à son collège. — MOMMSEN : *De Colleg.* — ORELLI :
2395.
3. Lois 3 et 9. — *Dig.*, liv. L, tit. VIII.

cien [1]. Après avoir posé en principe que les esclaves
ne peuvent être admis dans les *collegia tenuiorum*
qu'avec l'autorisation de leurs maîtres, il ajoute que
les curateurs de ces collèges doivent vérifier si l'esclave qui se présente à eux est ou non muni de cette
autorisation ; cette obligation est sanctionnée par une
amende de *centum aurei,* dont les curateurs sont
menacés. « .... *ne invito aut ignorante domino in collegium tenuiorum reciperent, et in futurum pœna
teneantur in singulos homines aureorum centum.* »

On rencontre, quelquefois, dans les inscriptions,
l'expression *principales collegii* [2]. C'est là un terme
vague et qui s'applique aussi bien aux magistrats de
la cité qu'à ceux de la corporation.

6° *Questeurs.* — Ce sont les caissiers et les comptables de la corporation.

7° *Magistri collegiorum* [3]. — Les *magistri collegiorum* étaient nommés à perpétuité ou seulement
pour une année. Ils s'occupaient de l'administration
intérieure de la corporation et veillaient à ce que les
statuts fussent observés [4]. Un texte d'Ulpien place
même le *magister universitatis* sur le même rang que
l'*actor* ou le *syndicus* de la cité, au point de vue des
actions à intenter au nom du collège [5].

1. 3, 2, *D., de Colleg.*, XLVII, 22.
2. *Corpus Berolin.*, III, 1082.
3. ORELLI : 2619. — GRUTER : 35, 5.
4. DIRKSEN : *Ueber die Zustand der Juristischen Personen*, p. 57,
dans les *Civilistische Abhandlungen*, t. II, p. 57.
5. *G. D.*, liv. XLVI, 8 : « *Actor a tutore datus omnimodo cavet :
actor civitatis nec ipse cavet, nec magister universitatis, nec curator
bonis consensu creditorum datus.* »

8° *Præfecti*[1]. — Plusieurs groupes de corporations ouvrières étaient placés sous l'autorité d'un préfet; cette dénomination de préfet est surtout en usage dans les *collegia fabrum* et, souvent aussi, la qualité de préfet de ces collèges se confond avec celle de patron. Ce qu'il y a de certain, c'est que le préfet est un fonctionnaire qui relève du pouvoir central. C'est lui qui soutient, dans le collège, les intérêts de l'empereur. Aussi, voyons-nous les gouverneurs de province apporter un soin minutieux dans la désignation des *præfecti collegiorum*. Ces fonctions sont généralement dévolues aux personnages les plus en vue du municipe. Ainsi, à Vienne, *l'indobona,* le préfet des *fabri* était en même temps décurion de la cité, questeur, édile et duumvir, *jure dicundo*[2]. La magistrature du préfet était presque toujours temporaire ; il pouvait se faire, cependant, qu'elle fût perpétuelle. Une inscription de Dyrrachium donne au préfet du collège des *fabri tignarii,* la qualité de *præfectus perpetuus*[3].

9° Citons encore les *rectores*[4] de certains corps de métiers, les *procuratores,* les *primates,* les *primicerii* et les *secundicerii*[5]. Ces dernières dénominations s'appliquaient surtout aux corporations officielles et aux manufactures impériales. Une constitution de

---

1. *Corp. Berolin.,* III, 611, 3438, 4557, 2026, 1494, 1495. — « *Le præfectus fabrum* existait dans un très grand nombre de villes d'Italie.
2. *Corpus Berolin.,* III, 4557.
3. *Corpus Berlin.,* III, 611.
4. *Ibid.,* II, 211, V, 7572.
5. *Fabretti, de Col. Trajan,* 2, 4, C. *Just.,* XII, 17, 11. — C. *Just.* XII, 41.

Valentinien, Théodose et Arcadius fixe à deux années
la durée de l'administration du *primicerius fabricæ*[1],
c'est-à-dire du chef des ouvriers armuriers, *fabricenses*,
et nous savons qu'à l'expiration de ce délai, le *primicerius* recouvrait pour toujours sa liberté absolue.

10° *Judices*[2]. — Nous avons dit plus haut, sans
nous y arrêter, qu'Alexandre Sévère avait imposé
aux corporations, une juridiction spéciale. Cette institution existe encore au Bas-Empire. C'est ce qui ressort
d'une constitution d'Anastase interdisant aux ouvriers
et aux marchands de décliner la juridiction des juges
à qui appartient le soin du métier : « *Ad quos earum
professionum seu negotiationum cura pertinet*[3] ».
Aucun privilège, aucune faveur ne peut les soustraire
à cette juridiction restreinte, on le voit, aux causes
relatives au métier ou à la profession.

11° *Defensores*. — Nous croyons que les *defensores*
donnés aux collèges par Alexandre Sévère étaient de
simples administrateurs et qu'ils se confondaient
même avec ces *actores* ou *syndici*, chargés de parler
au nom de la communauté et de la représenter dans
toutes les manifestations de sa vie civile. Un texte que
nous trouvons au Digeste, semble absolument confirmer cette opinion : « *Defensores quoque, quos Græci
syndicos appellant, et qui ad certam causam agendam
vel defendendam eliguntur, laborem personalis muneris adgrediuntur*[4] ».

1. *Code Théod.*, liv. X, tit. xxii, *de Fabricen.*, loi 3.
2. LAMPRIDE : *In Alex. Sév.* C. 33.
3. *Code Just.*, III, 13.
4. Loi 18, § 13. — *Dig.* liv. L, tit. iv.

I. — PATRONS DES CORPORATIONS.

Les collèges se plaçaient sous la protection de personnages puissants, *patroni,* de la même manière que les particuliers et à l'imitation des villes. Ici encore, le rapprochement que l'on peut établir entre les institutions municipales et l'organisation des collèges est d'un puissant secours. Le patronat des villes remonte à la plus haute antiquité. A l'époque où les *peregrini* étaient considérés comme hors la loi par les Romains, ils n'avaient d'autre moyen de se sauvegarder, qu'en se mettant sous la protection de citoyens romains. Des villes, des peuples entiers et, par suite, les autres *universitates* suivirent l'exemple des individus et se placèrent sous la clientèle de personnages puissants. Ceux-ci, fiers de la distinction dont ils étaient l'objet, usaient de toute leur influence auprès du gouvernement, en faveur de leurs protégés : ils les assistaient encore de leur concours lorsqu'ils devaient agir en justice. Leur autorité morale était très grande. Cicéron nous apprend que des luttes civiles purent s'apaiser grâce à leur simple intervention[1]. « Toutes les difficultés qui divisaient les habitants de Pompéi, furent soumises à leurs patrons, qui se prononcèrent sur les points litigieux ».

La cité désignait elle-même son protecteur[2], par le

---

1. *Pro Sylla*, XXI, *Cf.* — TACITE : *De causis corruptæ eloquentiæ,* III. — SUÉT. : *In Octavium,* 17.
2. Quelquefois, cependant, le Sénat accordant des droits municipaux à certaines cités, avait soin de leur désigner des patrons.

mode solennel de la *cooptatio*. C'est ainsi que les habitants de Capoue avaient choisi Cicéron pour patron de leur cité. Celui-ci raconte que la ville lui avait élevé une statue[1]; mais ce dont il paraît surtout très fier, c'est d'avoir été choisi pour patron unique de la cité. Les colonies et les municipes se plaçaient en effet presque toujours sous le patronage de plusieurs protecteurs.

Des relations de même nature existaient entre les patrons des collèges et les corporations qui les avaient choisis. Le patron faisait tous ses efforts pour améliorer la situation du collège. Il défendait en face du pouvoir central, les immunités accordées à la corporation. Une inscription[2] nous montre les *dendrophori* de Brescia, adressant des remercîments à leur patron qui, par ses soins, a obtenu confirmation de leurs privilèges. « Les patrons, dit M. Levasseur, étaient de véritables défenseurs de la cité ouvrière. Ils maintenaient ses droits et ses privilèges, ils la soutenaient auprès des magistrats de la ville, et ils récompensaient les artisans de leurs hommages par de fréquentes largesses : les statues et les temples élevés aux dieux, les sportules, les festins étaient les marques les plus ordinaires de leur générosité[3]. »

1. *In Pis.* XI. — Pline nous raconte également, comment il fut, dès sa jeunesse, choisi comme patron par *l'oppidum* de Tiferne, situé sur le Tibre, auprès d'une de ses propriétés. « Depuis lors, ajoute-t-il, les habitants de Tiferne fêtent toujours mon arrivée, s'affligent de mon départ se livrent à des réjouissances publiques toutes les fois qu'on m'élève à quelque honneur nouveau. Pour leur marquer ma reconnaissance, j'ai fait bâtir en ce lieu, un temple à mes dépens. — PLINE : *Epistol.* IV, 1.
2. *Corpus, Inscrip. latine.* — V, 4, 341.
3. LEVASSEUR : *Hist. des Classes ouvrières*, p. 64.

11

Les collèges avaient donc intérêt à choisir leurs défenseurs parmi les personnages les plus puissants et à en multiplier le nombre, afin de multiplier aussi les profits qu'ils retiraient de leur protection. Cette observation nous explique comment on trouve des sénateurs, parmi les patrons des bateliers du Tibre[1]; d'autres inscriptions nous montrent un *duumvir* de Vienne[2], curateur et patron des nautes du Rhône et de la Saône ; un prêtre[3], chevalier romain, fils et petit-fils de sénateur, curateur et patron des forgerons et des centonaires. A Aquinium[4], Cl. Pompéius Faustus, décurion de la colonie et *duumvir œdilitiœ potestatis,* conduit en promenade, à ses frais, le *collegium Fabrum* dont il était à la fois le préfet et le patron. Il serait facile de multiplier les exemples. Les femmes elles-mêmes figurent dans les inscriptions, comme protectrices des collèges[5].

Si les patrons sont fiers de protéger les collèges et de soutenir leurs intérêts, les collèges sont heureux de consacrer envers leurs protecteurs leurs sentiments de reconnaissance. Ils leur construisent des tombeaux, ils érigent des autels qu'ils vouent à leur mémoire, ils leur élèvent des statues[6], ils se proclament, enfin, leurs clients dévoués et respectueux.

1. Ch. v.
2. MÉNESTRIER : *Prép. à l'Hist. de Lyon,* p. 36.
3. ORELLI : 3761.
4. *Duxit collegium sumptibus suis in ambulativis* — *Corpus Berolin.,* III, 4138.
5. *Patronœ municip. et collegii fabrum.*—*Mur.,* 517, 3 ; voir 518, 2.
6. ORELLI : 4059.

II. — NOMINATION DES MAGISTRATS.

Comment étaient nommés les magistrats des corporations ? Nous pensons qu'en général ils étaient nommés à l'élection par les membres du collège. Tel était, du moins, à l'origine, le principe admis dans les cités. Les honneurs de la magistrature étaient déférés par le peuple du municipe réuni dans ses comices. Peu à peu, cette organisation fut modifiée. A l'époque des jurisconsultes, le droit de créer des magistrats, *jus creandi,* était dévolu à la curie municipale. Plus tard, le gouverneur de la province prit l'habitude d'assister à la séance de la curie et de désigner, *nominare,* le candidat qu'il désirait voir élu. Ainsi, le pouvoir central s'ingéra dans la vie municipale. Dans les collèges d'artisans, les décurions ne prirent pas l'importance qu'ils acquirent dans les villes. Aussi, croyons-nous que le droit de créer les magistrats a dû appartenir au collège, plus longtemps qu'il n'a appartenu dans les villes aux comices des citoyens.

Les *corporati* d'Alexandrie, au Bas-Empire, paraissent nommer eux-mêmes leurs chefs, *archi-gerontes, diocœtes.* Nous savons que les *pistores* désignaient leurs patrons ou chefs d'ateliers. Toutefois, il est vraisemblable de penser que ces nominations pouvaient toujours être cassées par l'autorité supérieure.

CHAPITRE III

Du Recrutement des Corporations de Métiers libres au Bas-Empire.

RECRUTEMENT DES CORPORATIONS LIBRES.

Les collèges d'artisans proprement dits se recrutent de plusieurs façons :

Premier mode de recrutement. — Par l'Origo. — C'est là, en effet, un principe fondamental et que l'on rencontre, au Bas-Empire, à tous les échelons de la vie sociale. Les nombreux textes du Code théodosien, qui ont rapport à notre matière, consacrent tous l'application de ce principe. Le *corporatus* ou *collegiatus* est irrévocablement lié à sa corporation par l'*origo*. Les charges corporatives passent du père au fils ; elles sont héréditaires. Et ce n'est pas seulement le père qui transmet ainsi à son enfant ses charges et ses obligations ; la mère elle-même a souvent le même pouvoir. C'est ainsi, par exemple, que les filles d'actrices naissent actrices elles-mêmes. « *Eas enim ad scenam de scenicis natas æquum est revocari, quas vulgarem vitam conversatione et moribus exercere et exercuisse constabit.* »

Nous avons vu, dans les précédents chapitres, que le gendre d'un naviculaire ou d'un boulanger entrait nécessairement dans la corporation de son beau-père. En est-il de même, en ce qui concerne le gendre d'un *collegiatus* ? Nous ne le croyons pas ; le gendre d'un *collegiatus* ou d'un *corporatus* garde, selon nous, sa condition première ; et pourquoi, en effet, en changerait-il? Ne serait-ce pas contraire à la théorie du Bas-Empire? Le principe est, nous le savons, que l'on doit demeurer toute sa vie dans la corporation où l'on a pris naissance. La loi, sans doute, déroge à ce principe à l'égard des naviculaires et des boulangers, mais c'est parce qu'il s'agit ici de collèges nécessaires à la subsistance publique, indispensables à l'existence même de l'Etat et qu'il est, dès lors, de la plus haute importance de tenir leurs cadres toujours au complet.

De même, à notre avis, la simple acquisition de biens appartenant à un *collegiatus,* ne saurait avoir pour résultat nécessaire, de faire entrer l'acquéreur dans la corporation de son vendeur. Aucun texte ne permet d'émettre une semblable affirmation. En vain, objecterait-on la loi 1 au Code théodosien : *De collegiatis*, qui déclare que l'on fera rentrer de force dans les corporations ceux qui se seront enfuis. — Cette disposition paraîtra toute naturelle, si l'on songe que chaque *collegiatus* était tenu de supporter sa part dans les charges imposées à la corporation, et que tous les membres du collège étaient solidairement responsables du paiement du *chrysargyre*. Il est évident, dans ces conditions, qu'en permettant à un *collegiatus* de détourner de la corporation une partie de ses biens, on aurait causé un grave préjudice à ses confrères, outre que le fisc aurait pu, dans certains cas, être lésé.

En vain, encore, arguerait-on de ce que l'acquéreur de *prædia navicularia aut pistoria,* était tenu de délaisser ces *prædia* ou d'en supporter les charges. Nous nous trouvons ici en face d'une exception admise dans un intérêt puissant d'ordre public. Cette exception, nous n'avons pas le droit, faute de textes, de la généraliser et de l'étendre à d'autres espèces.

Il est, enfin, impossible d'admettre que les empereurs aient jamais pu adopter une mesure qui aurait eu pour résultat de détourner de la circulation la majeure partie des biens et d'opérer ainsi, dans la société, une véritable révolution économique.

Les textes ne parlent pas davantage, en ce qui concerne nos collèges, du recrutement par voie de punition. Aussi, croyons-nous qu'une pareille disposition n'a jamais été légalement en vigueur à leur égard. Certains auteurs ont cependant soutenu le contraire. Ils invoquent une novelle de Majorien qui semble au premier abord donner au magistrat un droit de cette nature. Or, voici l'esprit de cette novelle : « L'empereur ordonne de rechercher et de réintégrer dans leur corps, tous les curiales qui ont abandonné leur condition depuis moins de trente ans : il déclare nuls les mariages contractés avec des femmes de condition inférieure. Quant aux enfants, les fils suivent la condition de leurs pères et les filles sont laissées au maître de l'esclave ou du fonds. Tous les fils, d'ailleurs, ne deviennent pas décurions. Ceux qui sont nés d'une colonne sont admis nécessairement dans la curie, mais ceux nés d'une esclave, sont inscrits dans un collège ». Ainsi, conformément à la novelle de Majorien, le fils d'un curiale et d'une femme esclave devra être

agrégé à une corporation. Mais quelle conclusion peut-
on tirer de ce texte ? Que l'incorporation dont il s'agit
est, en effet, prononcée à titre de châtiment? Pas le
moins du monde. L'empereur lui-même prend soin de
nous éclairer sur le véritable caractère de sa disposition. Il veut éviter, dit-il, que la noble classe des
curiales ne soit souillée par la présence, dans ce corps,
d'un enfant qui a dans les veines du sang d'esclave.
« *Ne materni sanguinis vilitate splendor ordinis pol-
luatur.* » Quoi qu'il en soit, et en admettant qu'il
s'agisse bien ici d'une véritable punition, on ne saurait conclure du cas particulier et spécialement prévu
par la loi, à la règle générale et absolue. Cette discussion est, d'ailleurs, dénuée d'intérêt, si l'on se souvient
que le magistrat était chargé par l'empereur de combler les vides du collège, et qu'il pouvait, par conséquent, s'il en avait le désir, recruter des *collegiati*
parmi les personnes qui lui paraissaient mériter une
légère punition. Mais, encore une fois, ce n'était pas
là un mode légal de recrutement.

Deuxième mode de recrutement. — Malgré les
prescriptions sévères des empereurs, malgré les rigueurs de la répression, il arrivait souvent qu'un
collège se dépeuplât. L'empereur révoquait alors
toutes les dispenses qui avaient pu être accordées par
ses prédécesseurs, « .... *ac si forte per sacram aucto-
ritatem cognoscitur aliqui liberatus, cessante bene-
ficio ad originem revertatur.* » Si cette mesure ne
suffisait pas, il ordonnait de combler les vides du
collège avec des personnes tirées d'autres collèges.
C'est ainsi que Constantin ordonnait aux magistrats

d'adjoindre les dendrophores aux collèges des centonaires et des autres ouvriers. « *Ad omnes judices
literas dare tuam convenit gravitatem, ut, in quibuscunque oppidis dendrophori fuerint, centonarium
atque fabrorum collegiis annectantur.* »

*Troisième mode de recrutement. — Admission vo-
lontaire.* — Ce mode de recrutement, qui était le seul
usité à l'époque classique, est-il encore en vigueur au
Bas-Empire? Nous n'hésitons pas, malgré le silence
des textes, à répondre par l'affirmative. Il est, en effet,
impossible d'admettre que les empereurs, qui se montraient si soucieux de garnir les cadres des collèges,
qui avaient recours, pour arriver à ce résultat, aux
moyens les plus arbitraires et les plus violents, aient
refusé d'ouvrir les rangs de la corporation aux travailleurs qui venaient spontanément lui proposer leurs
services. Nous allons même plus loin, et nous prétendons que les membres de chaque collège avaient le
droit de recevoir le candidat, sans autorisation préalable du gouverneur. Comment comprendrait-on,
sans cela, cette multitude de dispositions qui visent le
cas où des curiales se sont introduits dans les collèges,
et qui ont pour but de les réintégrer dans leur corps!

Une telle admission eût été assurément impossible,
si l'autorisation administrative avait été requise de
chaque postulant.

CHAPITRE IV

Comment l'Etat maintient les « Collegiati » dans leurs Collèges.

Ainsi, l'Etat avait réussi à faire entrer dans la corporation un très grand nombre de travailleurs. Mais cela ne suffisait pas. Il lui fallait maintenant les y maintenir. Il lui fallait veiller à ce que les *collegiati* ou *corporati* n'échappassent pas aux obligations et aux charges qui pesaient sur eux ; il lui fallait, en un mot, attacher le *collegiatus* à son collège, comme le curiale l'était à sa curie, le colon à sa terre, l'officier public à sa charge, etc., etc.

Pour réaliser ce but, les empereurs usèrent de différents moyens. Ils commencèrent par accorder aux collèges d'ouvriers quelques privilèges ou immunités, dont nous aurons à nous occuper plus bas. Mais ces prétendus avantages, qui étaient loin de compenser les lourdes charges dont ils étaient écrasés, ne réussissaient pas, on le devine, à inspirer aux artisans l'amour de leur profession. Fatigués de vivre sous un régime d'oppression et de misère, ils faisaient des efforts désespérés pour briser les liens qui les retenaient à leur corporation et pour se soustraire ainsi à une condition qui devenait chaque jour plus difficile à supporter. Les empereurs, alors, eurent recours à la

violence. Ils ordonnèrent aux magistrats de poursuivre les déserteurs, de les traquer dans leurs refuges
comme des bêtes fauves et de les ramener enfin à
leurs corporations[1].

« Les cités, écrivent Arcadius et Honorius, privées
de leurs corps de métiers, ont perdu leur antique
splendeur, car beaucoup de membres des corporations, abandonnant les villes et embrassant la vie des
champs, se sont réfugiés dans des endroits solitaires
et inaccessibles. Mais nous voulons, par notre autorité,
anéantir de pareils projets ; en quelque lieu que soient
découverts les fugitifs, nous ordonnons qu'ils soient
ramenés aussitôt à leurs postes, *ad officia sua,* sans
qu'on s'arrête devant aucun prétexte, *sine ullius nisu
exceptionis*[2]. »

On s'est souvent apitoyé sur la condition des populations rurales de l'Empire ; nous voyons, cependant,
que les habitants des villes ambitionnaient quelquefois
cette condition. Si l'on songe que, dans le même
temps, les colons à leur tour considéraient d'un œil
jaloux la situation du *collegiatus* dans sa corporation,
on comprendra l'état de décomposition où en était
arrivée la société romaine du Bas-Empire, état d'un
peuple qui n'a plus la force de souffrir ses maux et
qui se précipite à grands pas vers sa ruine.

Nous avons vu, en traitant des manufactures impé-

1. *Code Théod.,* liv. XII, tit. XIX, loi 1.
2. Quand un magistrat retrouvait un *collegiatus* fugitif, il avait
ordre de saisir non seulement sa personne, mais encore ses biens
et sa famille pour les livrer à la corporation. « *De retrahendis col-
legis vel collegiatis judices competentes dabunt operam.... cum
omnibus quæ eorum sunt.* » — *Code Théod.,* liv. XIV, tit. VII, loi 1,
année 397.

riales et des corporations affectées à un service public, comment, en présence des désertions chaque jour plus nombreuses, les empereurs avaient été conduits à édicter des mesures d'une rigueur odieuse, pour arrêter le mouvement de dissolution qui minait les collèges.

En ce qui concerne nos *corporati* ou *collegiati*, la loi se montrait sans doute un peu moins cruelle, un peu moins barbare. Elle ne les marquait pas d'un fer rouge et exerçait peut-être, à leur égard, une surveillance moins rigoureuse et moins active. Elle faisait, néanmoins, tous ses efforts pour river l'ouvrier à sa corporation, pour l'empêcher de déserter son poste, pour le mettre, enfin, dans l'impossibilité absolue de se soustraire à la fonction dont il était investi, dans l'intérêt même de l'Etat.

C'est ainsi que plusieurs constitutions refusent au *collegiatus* fugitif le droit d'invoquer la prescription de trente ou quarante ans. Si durant cet intervalle il a eu des enfants, ces enfants sont partagés entre le collège et le maître sur la terre duquel le déserteur s'est réfugié comme colon[1]. Dans le cas, au contraire, où un colon s'introduisait dans un collège, il était à l'abri des revendications de son maître après trente ou quarante ans, suivant que l'on se trouvait dans la même province ou dans une province différente. Pour justifier ces distinctions, les empereurs avaient toujours d'excellentes raisons à faire valoir. Les collèges, disaient-ils, étaient nécessaires à la vie sociale; il fallait donc, à tout prix, en remplir les cadres. Les

1. *Code Théod,,* liv. XII, tit. xix, loi 2.

principales *ordinum* étaient, d'ailleurs, responsables des fugitifs qu'ils laissaient s'échapper des collèges[1].

Les rangs de l'armée étaient également fermés au *collegiatus*. Si, malgré cette interdiction, les membres d'un collège se faisaient soldats, ils ne pouvaient jamais invoquer les privilèges accordés aux vétérans[2].

Lorsque l'Empire fut devenu chrétien, le refuge dans l'Eglise apparut aux artisans comme un excellent moyen de se soustraire à leur misérable condition. A ce moment, la plupart des *collegiati* se reconnaissaient tout à coup la vocation religieuse. Les empereurs ne furent pas longs à mettre un terme à cette espèce de fraude. En 445, une constitution de Valentinien III et de Théodose II ordonne de ramener à leur corporation tous les *corporati* entrés déjà dans les ordres mineurs[3]. Une novelle de l'an 452[4] se montre encore plus sévère : « Que nul *corporatus* de Rome ou des autres villes, que nul *collegiatus,* que nul *curiale* n'entre dans le clergé ni dans les monastères, que nul membre des corporations des villes ne soit élevé à la dignité de défenseur de la cité, sous peine de la confiscation de ses biens, qui seront appliqués au profit de la curie, s'il s'agit d'un *curiale,* de la corporation, s'il s'agit d'un *corporatus...* Ceux qui, dans les dix ans qui précèdent la date de la présente loi, ont été ordonnés diacres, devront fournir des remplaçants à leur corporation, sinon, ils seront réduits à leur ancienne condition. Quant aux ministres sacrés

1. *Code Théod.*, liv. XIV, tit. viii, loi 2.
2. *Code Théod.*, liv. VII, tit. xx, loi 12.
3. *Novelle Valentinien*, III, tit. xv.
4. *Novelle Valentinien*, III, tit. xxxiv, §§ 5 et 7.

d'un rang inférieur, ils devront être ramenés à leur première condition. Il n'en sera pas ainsi des évêques et des prêtres ; on ne leur appliquera que les lois anciennes concernant le patrimoine, c'est-à-dire que les prêtres et les évêques pourront se libérer complètement en abandonnant leurs biens. »

Si les dignités ecclésiastiques étaient impuissantes à affranchir du service des corporations, il en était de même des dignités de l'ordre civil. La qualité de *perfectissime* n'était pas compatible avec celle de membre d'une corporation[1]. Ceux-là, seuls, pouvaient prétendre à cette distinction, qui en avaient obtenu la concession formelle de la chancellerie impériale. « *Si abhorreant a conditione servili, vel fisco aut curiæ obnoxii non sint, vel si pistores non fuerint.* » Nous venons de voir, tout à l'heure, qu'un *corporatus* ne pouvait pas davantage être élevé à la dignité de *défensor civitatis*. Remarquons, enfin, que s'il n'était pas permis de se réfugier volontairement dans les corporations pour échapper aux charges de la curie, il était également interdit de se réfugier des corporations dans la curie[2].

Ainsi, comme on le voit, le *collegiatus* ne peut, d'aucune manière, s'affranchir du joug qui pèse sur lui. Il ne peut même pas compter sur les lettres

---

1. Loi unique : *Code Théod.*, liv. VI, tit. xxxvii. — Le *collegiatus* ne pouvait pas non plus être élevé à la dignité de sénateur. Nous avons vu, cependant, que le *prior patronus* de la corporation des boulangers pouvait obtenir ce titre, mais nous savons que, dans ce cas, il sortait de sa corporation à laquelle il devait faire abandon de tous ses biens.

2. *Code Théod.*, liv. XIV, tit. viii, loi 2. — Voir également liv. XIII, tit. v, lois 3 et 11, et liv. XIV, tit. iv, loi 8.

d'exemption qu'il a su arracher à la bienveillance
impériale, et le Code théodosien nous fournit de nombreux exemples de la facilité avec laquelle les empereurs savaient révoquer les dispenses accordées par
leurs prédécesseurs[1].

Cependant, malgré les efforts incessants des empereurs, malgré la dextérité de leurs combinaisons,
malgré, enfin, leurs lois inexorables hérissées de précautions et de rigueurs, les vides se faisaient chaque
jour plus nombreux dans les corporations. C'est
qu'en effet, la volonté du prince était impuissante à
rendre la vie à des corps inanimés. Le travail était
mort à Rome, la vie sociale avait disparu. L'Empire
cessait d'exister et les barbares allaient s'établir, presque sans résistance, sur les débris de la société
romaine.

1. *Code Théod.*, livre XIV, tit. VII, loi 2.

CHAPITRE V

Des Privilèges et Immunités accordés aux Membres des Corporations.

I

Callistrate nous enseigne que les *collegiati* pouvaient se faire dispenser de la tutelle ; mais, pour qu'ils puissent bénéficier de cette faveur, il fallait que le collège auquel ils appartenaient ait reçu de ce privilège une concession spéciale. « *Non omnia tamen corpora vel collegia vacationem tutelarum habent, quamvis muneribus municipalibus obstricta non sint ; nisi nominatim id privilegium eis indultum*[1]. »

Ce n'est pas tout, et un autre texte de Callistrate nous indique encore plusieurs conditions nécessaires pour qu'un *collegiatus* puisse être affranchi de la tutelle. « Ceux qui font partie d'un collège utile au public, comme les *fabri,* par exemple, jouissent de plusieurs immunités. C'est ainsi qu'ils peuvent se faire excuser de la tutelle des enfants étrangers à la corporation, à moins, cependant, que leur fortune ne soit assez considérable. On leur a accordé ce privilège, pour les engager et les forcer à soutenir les autres

---

1. *Dig.*, XXVII, 1, loi 17, §§ 2 et 3.

charges publiques. Les ordonnances le décident expressément ».

Ainsi, trois conditions sont requises pour que le *collegiatus* puisse prétendre à l'immunité dont il s'agit. Il faut, d'abord, que son collège ait reçu une concession spéciale du privilège ; il faut, en second lieu, que sa fortune personnelle ne lui permette pas de supporter cette charge ; il faut, enfin, que l'impubère soit étranger à sa corporation. Si l'une de ces trois conditions fait défaut, le *collegiatus* ne peut refuser la tutelle.

II. — SERVICE MILITAIRE.

Une novelle des empereurs Théodose II et Valentinien III décide que les *corporati* de la ville de Rome ne peuvent être astreints au service militaire[1]. Bien que cette disposition ne vise que les seuls artisans de la ville de Rome, on peut affirmer, sans crainte d'être taxé de témérité, qu'elle s'appliquait également aux *collegiati* des provinces. L'intérêt de l'Etat s'opposait, en effet, à ce que les uns comme les autres fussent distraits de leurs occupations. Les *collegiati* qui, au mépris de cette interdiction, s'engageaient dans les rangs de l'armée, ne pouvaient jamais invoquer les privilèges accordés aux vétérans. « *Illius quoque sanctionis oportet admoneri, ut, si quis decurionum, primipilariorum, collegiatorum, civilium apparitionum vel aliorum necessitatibus irretitus militiæ sacra-*

1. *Novelle, Théod.*, 26.

*menta durasset, defendi castrensium stipendiorum
excusatione non possit* [1]. »

Les *collegiati*, d'ailleurs, comme tous les autres
citoyens, étaient tenus de contribuer, au prorata de
leurs ressources, à la construction, à l'entretien et à
la réparation des murailles. « *Constructioni murorum
et comparationi transvectionique specierum universi
sine ullo privilegio coarctentur, ita ut in his duntaxat
titulis universi pro portione suœ possessionis et inga-
tionis ad hœc mœnia coarctentur* [2]. »

III. — EXEMPTION DES CHARGES MUNICIPALES.

Callistrate nous enseigne que l'immunité des charges municipales a été accordée aux artisans [3] : « L'immunité des charges municipales a été accordée à certains collèges et à certaines corporations auxquels le
jus cœundi a été concédé par une loi, c'est-à-dire à
ces collèges et à ces corporations où l'on est reçu à
cause de sa profession. Tel est le corps des *fabri* et
ceux qui ont la même origine, c'est-à-dire, qui ont été
institués pour exécuter les travaux nécessaires à l'utilité publique. »

Le même auteur ajoute : « Cette immunité n'appartient pas à tous les membres du collège indistinctement, mais seulement aux véritables ouvriers. Les
personnes d'un âge caduc et décrépit ne peuvent y

1. *Code Théod.*, liv. VII, tit. xx, loi 12.
2. *Code Théod.*, liv. XV, tit. 1, loi 49. — *Code Just.*, liv. VIII,
tit. xii, loi 12.
3. *D.*, 5, 12, L. 6 et 5, 12, L. 6.

prétendre. Quant à ceux dont les ressources se sont accrues et qui peuvent, par conséquent, supporter les charges de la cité, ils ne peuvent jouir des privilèges accordés aux seuls *tenuiores*. C'est ce qui a été décidé plusieurs fois. »

Ainsi, première restriction, l'immunité n'est accordée qu'aux véritables artisans. Callistrate, qui écrivait à l'époque de Caracalla, vise certainement ici les membres honoraires, assez nombreux à l'époque classique. Deuxième restriction, les vieillards, les infirmes, en un mot tous ceux qui ne peuvent payer de leur personne, ne peuvent bénéficier des avantages accordés par la loi aux seuls artisans valides. Enfin, ceux qui sont riches et qui peuvent, par conséquent, supporter les charges municipales sont dans l'impossibilité absolue de jouir de l'immunité réservée aux *tenuiores*.

En présence de ce texte, il nous paraît bien difficile de conclure à une véritable immunité. Si, en effet, les membres des collèges sont exempts des *munera*, c'est qu'ils n'ont pas une fortune suffisante pour subvenir aux charges de la cité ; c'est également que le collège, considéré dans sa collectivité, remplit une sorte de charge publique au moins aussi importante que celle dont il est dispensé par la loi. C'est ainsi que les ouvriers groupés en corporations, et particulièrement les ouvriers exerçant des professions sordides, comme les portefaix, *geruli*, les porteurs de litières, *lecticarii*, les centonaires, les dendrophores, etc., étaient, à tour de rôle, à la disposition des curiales de leur ville pour tous les travaux désignés sous le nom de *ministeria urbium, obsequia operæ*.

Remarquons, d'ailleurs, que les *immunes a mune-*
ribus publicis n'étaient dispensés que des charges personnelles et demeuraient soumis aux charges patrimo-
niales, telles que l'*hospitium publicum*, etc.[1].

L'immunité des charges municipales, pas plus que
l'exemption de la tutelle, n'était pas accordée à tous
les collèges indistinctement, mais seulement à ceux-là
qui en avaient reçu la concession formelle; il est vrai
que les empereurs ne se montraient pas avares de ce
privilège. C'est ainsi que, par une seule constitution,
Constantin déclara *immunes* les trente-deux corporations dont voici la liste[2] : « Les architectes, les médecins, les peintres, les fabricants de statues, les marbriers, les fabricants de litières ou de coffres, les
serruriers, les fabricants de quadriges, les ciseleurs
sur pierre, les constructeurs *(structores)*, les sculpteurs de bois, les ouvriers en mosaïque, les doreurs,
les crépisseurs, les ouvriers qui travaillent l'argent
(argentarii), les brodeurs, les tourneurs, les ciseleurs
sur bronze, les fondeurs et particulièrement les fondeurs de statues *(signarii)*, les constructeurs de machines *(fabricarii)*, les tailleurs (proprement culottiers, faiseurs de braies, *bracharii)*, les ouvriers en
maroquin *(particarii)*, les niveleurs, les potiers, les
orfèvres, les verriers, les plombiers, les miroitiers, les
ouvriers en ivoire, les pelletiers, les foulons, les charpentiers, les sculpteurs, les peintres de murailles
(dealbatores), les monnayeurs, les constructeurs de

---

1. *Code Just.*, liv. X, tit. XII, loi 3.—Il en était autrement, lorsque
le patrimoine était lui-même affecté au service d'une corporation.
— *Dig.*, 6, L. 6.

2. HOUDOY : *Droit municipal*, pp. 508 et suiv.

triges (chars attelés de trois chevaux), et, enfin, les batteurs de métaux. »

Les étudiants romains jouissaient eux-mêmes d'un privilège assez curieux. Après l'âge de vingt ans, les jeunes gens qui étaient venus à Rome pour y faire leurs études, étaient renvoyés à leur province d'origine par les soins des magistrats. Cette mesure avait pour but d'empêcher ces jeunes gens de se soustraire aux charges locales qui allaient peser sur eux. Il y avait, cependant, un moyen pour eux d'échapper à l'obligation du retour, c'était de s'engager dans les corporations de Rome. Dans ce cas, ils étaient tenus de demeurer à Rome et de remplir le service public qu'ils avaient choisi [1].

1. *Code Théod.*, liv. XIV, tit. IX, loi I.

CHAPITRE VI

Des Charges qui pesaient sur les Artisans au Bas-Empire.

————

DU CHRYSARGYRE

————

A côté des prétendus avantages accordés aux classes ouvrières par les empereurs, il y a les charges, bien réelles celles-là, qui écrasent les travailleurs et les mettent dans l'impossibilité absolue de parvenir jamais au bien-être et à la fortune. Citons, surtout, un impôt spécial appelé *chrysargyre*, qui pèse directement sur les industriels et qui paraît avoir soulevé, au Bas-Empire, de très vives réclamations. Quelques explications sont nécessaires sur ce point.

Caligula avait mis une taxe sur certaines professions : les portefaix, par exemple *(geruli)*, devaient payer, à titre d'impôt, la huitième partie de leurs salaires : « *Ex gerulorum diurnis quæstibus pars octava, ex capturis prostitutarum, quantum quæque uno concubitu mereret* [1]. » Alexandre Sévère, le grand organisateur des classes ouvrières, généralisa cette

————

1. SUÉTONE : *Calig.*, 40.

mesure et imposa tous les métiers. C'est de lui que
date véritablement l'impôt connu sous le nom d'*aurum
negotiatorum*, que son biographe Lampride appelle,
agréablement, un très bel impôt, *vectigal pulcherrimum*[1]. Le même historien nous enseigne que les produits de ce nouvel impôt furent affectés à l'entretien
et à la fondation de bains publics à l'usage du peuple.
« .... *ex eoque jussit thermas, et quas ipse fundaverat,
et superiores populi usibus exhiberi*[2]. »

Constantin, qui partageait à l'égard de l'*aurum negotiatorum* l'admiration de Lampride, donna à l'institution un caractère de généralité qu'elle n'avait pas eu
jusqu'alors. Les plus petits marchands des villes, les
prêteurs d'argent, les femmes publiques, et, s'il faut
en croire Evagre, les mendiants[3] eux-mêmes, tombè-
rent sous le coup de cette imposition. En même temps
qu'il augmentait la liste des contribuables, Constantin donnait à la perception de l'impôt sa forme
définitive. C'est ce qui explique, soit dit en passant,
que certains auteurs du Bas-Empire, tels que Zosime
et Libanius aient considéré ce prince comme le véritable inventeur de l'impôt sur le commerce et l'industrie.

Tous les artisans d'une même commune furent
désormais inscrits sur un registre matricule spécial[4]
et formèrent une corporation particulière[5]. Celle-ci

---

1. « *Bracteariorum, linteonum, vitreariorum, pellionum, plaus-
trariorum, argentariorum, aurificum et ceterarum artium vectigal
pulcherrimum instituit.* » — LAMPRIDE : *Alex. Sév.*, 24.
2. *Ibid.*, 24.
3. EVAGRE : *Hist. ecclés.*, III, 39.
4. *Code Théod.*, liv. XVI, tit. II, loi 15, § 1.
5. *Ibid.*, liv. XIII, tit. I, loi 17.

devait payer au fisc une contribution désignée sous les noms d'*aurum lustrale*[1], *oblatio auri argentique*[2], *functio auraria*[3], *pensitatio*[4], *negotiatorum collatio*[5], *chrysargyrum*[6]. La corporation elle-même nommait une commission de collecteurs responsables chargée de répartir l'impôt entre les différents *collegiati*[7]. Il est, d'ailleurs, impossible de déterminer, d'une façon précise, la quotité de cet impôt.

Le *chrysargyre*, qui ne devait se payer qu'une fois dans l'espace d'un lustre, était perçu, en réalité, tous les quatre ans, parce qu'on l'exigeait dès le commencement de la quatrième année.

QUELLES PERSONNES ÉTAIENT SOUMISES A CET IMPOT ?

Tous ceux qui possèdent un fonds de commerce ou un capital placé dans l'industrie doivent payer la contribution dont il s'agit. « *Qui pecuniam habent in conversatione.... qui pro mercimonio et substantiæ mercede ex rusticana plebe inter negotiatores sunt, sortem negotiationis agnoscant*[8]. »

La loi propose ensuite quelques exemples destinés à bien faire comprendre son esprit. Sont considérés comme commerçants, dit le Code théodosien, et par

---

1. *Code Théod.*, liv. XIII, tit. I, loi 17.
2. *Ibid.*, liv. XIII, tit. I, loi 8.
3. *Ibid.*, liv. XIII, tit. I, loi 13.
4. *Ibid.*, liv. VII, tit. XXI, loi 3.
5. *Ibid.*, liv. XIII, tit. I, loi 5, et tit. IV, loi 4.
6. ZOSIMUS : II, 38 (voir p. 301, note 1). — EVAGRIUS : *Hist. ecclés.*, III, 39.
7. *Code Théod.*, liv. XIII, tit. I, loi 17.
8. *Ibid.*, liv. XIII, tit. I, loi 10, année 374.

conséquent soumis au *chrysargyre*, toutes les personnes qui travaillent dans un atelier, qui tiennent boutique ou qui achètent des matières premières pour les vendre ensuite transformées. « .... *hi tantum ad auri argentique detineantur oblationem qui merces emendo atque vendendo commutantes, qui in exertitio tabernarum usuque versantur*[1]. »

Tous ceux, enfin, qui s'occupent de commerce, à quelque corporation qu'ils appartiennent, sont obligés de payer la contribution imposée aux commerçants. La loi n'admettait même pas d'exception en faveur des pêcheurs de murex ou *conchylioleguli* qui, cependant, travaillaient pour le compte de l'Etat. « *Omnes jam nunc studio negotiationis intenti, seu conchylioleguli, seu ex aliquobet corpore mercatores, ad pensitationem auri, quod negotiatoribus indicitur, compellantur*[2]. »

C'est ainsi que s'exprime la loi, et elle répète plusieurs fois qu'elle n'admet, à cet égard, aucun privilège, aucune faveur[3]. Bien plus, non contente de pousser le principe qu'elle proclame jusque dans ses dernières conséquences, elle en fait application à certaines catégories de personnes qui ne revêtent nullement le caractère commercial. Le peintre, par exemple, se voit imposé, sous prétexte qu'il possède une provision de couleurs qu'il vendra sous forme de tableaux[4]. Les mendiants, les prostituées[5], enfin, sont

1. *Code Théod.*, liv. XIII, tit. 1, loi 8, année 370.
2. *Ibid.*, liv. XIII, tit. 1, loi 9, année 372.
3. *Ibid.*, liv. XIII, tit. 1, loi 1, année 357, loi 16, année 399, loi 10.
4. *Ibid.*, liv. XIII, tit. 1, loi 4, année 374.
5. Buleng. : *De vect. pop. rom.*, p. 729.

dans l'obligation de payer patente, bien qu'il soit impossible, sans jouer sur les mots, de soutenir que ces gens-là exercent une véritable industrie.

Par un excès d'injustice, le *chrysargyre* frappait les biens des hommes entièrement étrangers à toute espèce de commerce et de métiers, des hommes vivant du produit de leurs terres. Cet abus fut enfin supprimé par l'empereur Julien [1].

Désormais, les fermiers ou cultivateurs furent exempts de l'impôt, à condition, toutefois, qu'ils se bornent à vendre les produits de leurs champs. « *Exceptis his duntaxat qui innocenti industria fructus domesticos suis possessionibus innatos simpliciter vendunt* [2]. »

La même exemption fut ensuite étendue aux ouvriers qui gagnaient leur pain de chaque jour, par le travail de leurs mains. « *Eos etiam qui manu victum rimantur aut tolerant (figulos videlicet aut fabros) alienos esse a præstationis molestia decernimus* [3]. »

Quelques rares immunités furent encore accordées par les empereurs, mais c'était aux naviculaires qui avaient la pénible fonction de transporter les blés du fisc, c'était aux *copiatæ* [4], corporation d'enterreurs, aux ecclésiastiques pour un petit commerce qui devait leur procurer l'existence, aux vétérans [5] pour une somme de cent folles, et enfin à quelques soldats qui

---

1. *Code Théod.*, liv. XIII, tit. 1, loi 4.
2. *Ibid.*, liv. XIII, tit. 1, loi 12.
3. *Ibid.*, liv. XIII, tit. 1, loi 10, année 374.
4. *Ibid.*, liv. XIII, tit. 1, loi 1, année 357.
5. GOD. PARATITL. — *Code Théod.*, liv. XIII, tit. 1, loi 14, ann. 385.

avaient reçu de cette immunité une concession spéciale [1].

Une imposition aussi lourde, ajoutée, d'ailleurs, aux autres charges qui pesaient sur les artisans, devait singulièrement gêner les transactions, et par cela même enrayer la production, aggravant ainsi la situation des ouvriers libres, déjà si précaire au Bas-Empire. Aussi, de sombres plaintes se font-elles entendre, plaintes inutiles, d'ailleurs, car l'Etat a besoin d'argent et ne peut se laisser émouvoir. Deux textes, que nous citons à la fin de ce chapitre, et qui émanent, l'un de Zosime, l'autre de Libanius, peuvent donner une idée de la désolation qui s'emparait du monde des travailleurs, quand approchait le jour où le *chrysargyre* allait devenir exigible :

« Constantin imposa un tribut d'or et d'argent à tous ceux qui faisaient le commerce dans le monde et même aux plus petits marchands des villes. Les misérables courtisanes n'étaient point exemptes de l'impôt. Au retour de la quatrième année, à l'approche du terme fatal, on voyait toutes les villes dans les larmes et la douleur. Quand l'époque était venue, les fouets et les tortures étaient employés contre ceux dont l'extrême pauvreté ne pouvait suffire à cette taxe injuste. Les mères vendaient leurs enfants, les pères prostituaient leurs filles, forcés de se procurer, par ce déplorable trafic, l'argent que venaient leur arracher les exacteurs du *chrysargyre* [2]. »

« Parlons, à présent, d'une vexation qui surpasse

1. *Code Théod.*, liv. XIII, tit. i, p. 2.
2. Zosime : II, p. 446.

toutes les autres. C'est l'impôt d'or et d'argent, impôt insupportable, qui fait frissonner tout le monde, quand la cinquième année approche. On l'a décoré d'un nom spécieux, qui donne l'idée d'une taxe commerciale. Mais, tandis que les négociants peuvent s'indemniser par de grandes spéculations, ceux à qui le travail de leurs mains fournit à peine de quoi vivre, sont écrasés par le fardeau. Le dernier des savetiers ne peut l'éviter. J'en ai vu qui, levant les mains au ciel et tenant leur tranchet, juraient qu'ils ne possédaient rien autre chose au monde. Mais leurs protestations ne ralentissaient point l'avidité des cruels qui les poursuivaient de leurs cris menaçants et qui semblaient tout prêts à les dévorer. C'est le temps où la servitude se multiplie, où les pères aliènent la liberté de leurs enfants, non pas pour s'enrichir du prix de cette vente, mais pour le remettre à leurs persécuteurs[1]. »

1. LIBANIUS : *Orat. contra Florent.*, p. 427. — Voir NAUDET : *Des changements opérés dans l'admin. rom. part.*, III, ch. VI, pp. 215 et suiv.

CHAPITRE VII

Condition économique des ouvriers au Bas-Empire.

Dès le début de cette période, la décadence générale de l'Empire avait amené la ruine de la classe moyenne et, par conséquent, celle des cités où dominaient les décurions. Le commerce et l'industrie se ressentaient profondément du désordre et de l'anarchie générale. La condition des artisans devint plus pénible à mesure que diminuait la richesse du pays.

« La corporation qui, dans les temps de prospérité, assure certains avantages à l'artisan, en protégeant sa personne et en lui garantissant en quelque sorte son travail, devient, dans les siècles de décadence, une gêne insupportable ; elle réduit les profits, en maintenant un nombre d'artisans supérieur aux besoins de l'industrie; elle retient l'homme malgré lui, et celui qui ne sentait pas sa chaîne, lorsque aucun motif ne le sollicitait à la secouer, gémit alors de la captivité et de la misère auxquelles il ne peut échapper. C'est ce que nous avons remarqué sous les empereurs; presque toutes les lois, qui font sentir à l'ouvrier sa servitude, appartiennent à l'histoire du quatrième siècle; c'est à cette époque que les boulangers, les bouchers et les naviculaires se voient irrévocablement attachés, corps et biens, à leur métier; que les membres des autres corporations sont ramenés de force à leur travail et que la condition de tous tend de plus en plus à se rapprocher de celle des esclaves employés dans les manufactures impériales [1]. »

Au commencement du règne de Dioclétien, l'Empire se trouvait dans une situation très critique. Les ennemis avaient laissé de tous côtés des traces de leurs irruptions. Les campagnes étaient désertées, les villes ruinées, les populations détruites. Au milieu de ce bouleversement général de la société, le commerce et l'industrie avaient presque complètement disparus. La production s'était ainsi subitement arrêtée, et le jour était proche où la nation n'allait plus pouvoir satisfaire à ses besoins. Qu'arriva-t-il ? Une violente crise économique se déclara; la rareté des produits engendra une cherté générale, et l'on vit le prix des marchandises, ainsi que la valeur des salaires, s'élever à un taux exorbitant.

C'est alors que Dioclétien, qui faisait tous ses efforts pour rétablir l'ordre matériel dans l'Empire et qui reconstituait le gouvernement sur des bases nouvelles, rendit cette fameuse ordonnance qui avait pour but de fixer le prix des marchandises et le salaire des ouvriers. L'édit, rendu en 301, au nom de Dioclétien, Maximien Constance et Galère, et adressé *ad provinciales*, fut promulgué dans les pays soumis à la domination de Dioclétien, c'est-à-dire en Grèce, en Asie mineure et en Egypte.

« Le prix des denrées, est-il déclaré dans le préam-

---

1. Levasseur : *Hist. des Classes ouvrières*, p. 81.

bule, négociées dans les marchés ou apportées jour-
nellement dans les villes, a tellement dépassé toutes
les bornes, que le désir effréné du gain n'est modéré
ni par l'abondance des récoltes, ni par l'affluence des
denrées. L'esprit de pillage accourt partout où le bien
public exige que nos armes soient dirigées, non seulement vers les villages et les villes, mais sur toutes les
routes, de sorte que les prix des subsistances parvien-
nent, non seulement au quadruple ou à l'octuple,
mais à un taux hors de toute mesure. Même, quelquefois, par l'accaparement d'une seule denrée, le soldat
a été privé de sa paie et de nos dons. Mus par ces
considérations, nous avons cru devoir fixer, pour tout
notre empire, des prix modérés qui, dans les années
de cherté, puissent contenir l'avarice dans de justes
bornes, et dont le tableau est joint à cet édit[1]. »

A ce préambule est joint, en effet, un tableau régu-
lateur du prix des denrées et des salaires, dont nous
donnons ici un aperçu abrégé en ce qui concerne,
d'une part, les denrées de consommation, et, d'autre
part, les salaires des artisans, ouvriers, artistes, etc. :

Le modius et demie (13 lit.) de sel est évalué à 100 deniers	=	10 f	»
La livre de chair de porc évaluée à 12 deniers	=	1	20
— de viande de bœuf —	8	—	=	0	80
— de chèvre et mouton —	8	—	=	0	80
— de lard excellent —	16	—	=	1	60
— de jambon 1re qualité —	20	—	=	2	»
— d'agneau et chevreau —	12	—	=	1	20
— de cochon de lait —	6	—	=	0	60
— de beurre —	16	—	=	1	60

1. *Inscription de Stratonicée*, traduction de M. DUREAU DE LA
MALLE : *Economie politique des Romains*, pp. 110 et suiv.

Le sextarius ou demi-litre d'huile à manger 12 deniers   =   1 f 20
—   —   — superfine   40   —   =   4   »
—   —   — d'olives   4   —   =   0   40
—   de vin d'Italie évalué de 8 à 30   —   =   0 f 60 à 3 f
—   de bière   — de 2 à 4   —   = 0 f 20 à 0 f 40
Le modius kastrensis[1] épeautre vanné évalué 100   —   =   10 f »
—   épeautre en grain.... 30   —   =   3   »
—   avoine............. 30   —   =   3   »
La paire de chaussures de paysan, sans clous........   12   »
—   —   de soldat   —   10   »
—   —   de patricien   —   15   »
—   —   de femme   —   6   »
Un bat de bardeau..................................   35   »
— d'âne.......................................   25   »
— de chameau..............................   35   »
Le bois de chêne de 14 coudées de long sur 68 doigts
de largeur carrée..........................   25   »
Le bois de frêne de 14 coudées de long sur 48 de largeur sur les côtés...........................   20   »

Pour les vins fins, il y avait un tarif spécial :

Le sextarius ou demi-litre de vin de Picenum..........   3 f »
—   —   — de Tibur.............   3   »
—   —   — de Sabine............   3   »
—   —   — d'Aminée............   3   »
—   —   — de Sorrente..........   3   »
—   —   — de Falerne...........   3   »
Le kastrensis modius de millet en farine.................   10   »
—   — en grain...................   5   »
—   de millet *panicum*.   70 deniers   =   8   »
—   de fèves de marais..   60   —   =   6   »
—   de lentilles   100   —   =   10   »
—   de pois   60   —   =   6   »
—   de haricots secs   100   —   =   10   »

1. *Modius kastrensis*, double du modius ordinaire. — DUREAU DE
LA MALLE : *Op. cit.*, pp. 114 et suivantes.

SALAIRES

Une journée de cultivateur de ferme...............		2 f	60
—	de maçon............................	5	»
—	de menuisier en bâtiment...............	5	»
—	de cuiseur de chaux...................	5	»
—	de marbrier	6	»
—	de fabricant de mosaïque..............	6	»
—	de forgeron..........................	5	»
—	de boulanger.........................	5	»
—	de chamelier et ânier.................	2	»
Par mois à un pédagogue et par chaque enfant......		5	»
—	maître de lecture....................	5	»
—	maître de calcul....................	7	60
—	maître de sténographie..............	7	60
—	maître d'écriture...................	5	»
—	maître de grammaire................	20	»
—	maître d'architecture...............	10	»
Gardien d'habits, par chaque baigneur.............		0	20
Garçon de bains — —		0	20

Remarquons, en outre, que ces ouvriers et artistes recevaient en sus leur nourriture.

Il est bon de faire observer qu'il ne s'agit pas ici d'un prix courant, mais d'un maximum établi pour un temps de crise. La peine de mort était infligée à quiconque ne se conformait pas à ce tarif. Mais le taux légal imposé par l'empereur était tellement en disproportion avec la valeur réelle des denrées ou des services, que personne ne consentit à l'observer. Lactance nous apprend que beaucoup de sang fut répandu en pure perte. Le pouvoir social, impuissant à faire respecter la loi, fut obligé de la rapporter. « *Idem*

quum variis iniquitatibus immensam faceret carita-
tem, legem pretiis rerum venalium statuere conatus
est. Tunc ob exigua et vilia multus sanguis effusus,
nec venale quicquam metu apparebat et caritas multo
deterius exarsit; donec lex necessitate ipsa, post mul-
torum exitium solveretur[1]. »

Ainsi échoua misérablement cet essai de despotisme.
La règle de la liberté des conventions reprit le dessus,
et bientôt, par un phénomène tout différent de celui
que nous venons de signaler, le prix des marchandises
et des salaires s'abaissa à un taux de beaucoup inférieur à celui fixé par Dioclétien.

Sous les règnes de Constantin, de Constance, de
Julien et de Valentinien, le prix moyen du blé est fixé
à un sou d'or les dix *modius* (15 francs 11 centimes
les 135 litres). Ce prix moyen est calculé sur un bon
nombre d'années, c'est ce que déclare Godefroy :
« *Eaque stata ferme et ordinaria hoc tempore estima-*
tio erat inter vilitatem et annonæ caritatem ». Or, il
suffit de jeter les yeux sur l'édit de Dioclétien, pour se
rendre compte de la diminution considérable sur-
venue dans le cours du blé depuis cette époque.
L'hectolitre de blé représente, en effet, sous Valentinien, un poids d'environ 67 grammes 50 centigrammes
d'argent, tandis que la même quantité d'épeautre était
évaluée, dans le tarif de Dioclétien, à 105 grammes
65 centigrammes. De même, en 363, la viande de porc
valait six folles (0 fr. 30 la livre), alors qu'elle était
évaluée 1 fr. 20 dans le tarif en question. Il serait
facile de multiplier les exemples.

1. LACTAN. : *De morte pers.,* VII, 9.

Comment expliquer cette révolution économique ? Symmaque, dans ses lettres, entreprend de nous en donner les raisons. Il indique que, de son temps, la puissance de l'or avait prodigieusement augmenté, et que les deniers se payaient moins cher, parce que le sou avait acquis, sur le marché, une plus grande valeur. « *Gratianus tantum pro solidis singulis collectariorum corpori statuit conferendum quantum æquitas illius temporis postulabat; sed paulatim, auri enormitate crescente, vis remedii divalis infracta est. Et, quum in venalium majore summa solidus censeatur, pretia minora penduntur* [1]. » C'est qu'alors, en effet, l'Empire n'était plus seulement miné par un mal intérieur. Les invasions et les pillages des barbares avaient commencé; chacun cachait, enfouissait ses trésors; les derniers vestiges de l'ancienne prospérité s'effaçaient, et cette disparition des métaux précieux anéantissant tout commerce qui n'avait pas pour objet les premières nécessités de la vie, fut le dernier coup porté à une industrie mourante.

En ce qui concerne le taux ordinaire des salaires, il est fort difficile à évaluer au Bas-Empire. Cependant, une loi de Théodose et Honorius, rendue en 409, peut servir à donner le taux moyen du prix de l'esclave, celui de son travail et la durée probable de sa vie [2]. M. Dureau de la Malle en conclut que son travail valait environ 1 franc par jour [3]. L'ouvrier libre, qui n'était ni nourri, ni entretenu, devait être mieux traité,

1. SYMMACH. : *Epistol.*, X, 42.
2. *Code Théod.*, liv. V, tit. v, loi 2.
3. DUREAU DE LA MALLE : *Economie politique des Romains*, t. I, pp. 149 et 154.

sans atteindre, cependant, le prix du tarif de Dioclétien, qui, nous le savons, était assez élevé.

M. Dureau de la Malle estime que le salaire de
l'ouvrier était probablement le quart de celui fixé par
l'édit. Ainsi, pour un *operarius rusticus,* il ne devait
pas dépasser o fr. 65; pour un menuisier, maçon,
forgeron, etc., 1 fr. 25; pour un berger, muletier et un
porteur d'eau nourris, o fr. 5o à o fr. 65 par jour.
Aussi, malgré le bas prix des denrées, la condition
générale de ces ouvriers devait-elle être assez misérable. Ajoutons, en terminant, qu'ils étaient écrasés
d'impôts et que le fisc se montrait absolument impi-
toyable à leur égard.

Au milieu de la misère et des désordres qui agi-
taient l'Empire, les artisans disparurent, comme
avaient déjà disparu l'argent et l'industrie. Les paysans eux-mêmes abandonnèrent leurs champs et, réunis sous le nom de *Bagaudes,* en bandes nombreuses,
ils ravagèrent les moissons, pillèrent les villages,
attaquèrent les villes et accélérèrent, par leurs exac-
tions, la ruine du monde romain, qui allait bientôt
succomber sous l'invasion des barbares.

CONCLUSION

———

Nous avons vu, en parcourant l'histoire externe des corporations ouvrières, comment les premiers empereurs, tout en respectant les communautés dont l'institution remontait aux premiers âges de Rome, avaient interdit la création de nouveaux collèges, ou plutôt avaient subordonné l'établissement de quelque corporation que ce fût, à l'autorisation expresse de l'empereur ou de son mandataire. « *In summa autem nisi ex S.-C. auctoritate, vel Cæsaris, collegium vel quodcumque tale corpus coierit, contra S.-C. et mandata, et constitutiones collegium celebrat*[1] ».

Tel était à cette époque le droit public, telle était la loi dont nous avons essayé de définir l'esprit et dont les bénéfices étaient, d'ailleurs, tantôt étendus, tantôt restreints, suivant les temps, les lieux, les circonstances et le caractère des empereurs.

Durant les deux premiers siècles de l'Empire, le collège, autorisé comme nous venons de le dire, formait dans l'Etat une petite société *sui generis,* rédigeant elle-même ses statuts, ayant à sa tête des magistrats nommés à l'élection, jouissant, enfin, d'une indépendance presque absolue : « *His autem potesta-*

———

1. Loi 3, § 1. — *Digeste*, liv. XLVII, tit. xxii.

*tem facit lex pactionem quam velint sibi ferre, dum
ne quid ex publica lege corrumpant* [1] ».

Le respect du droit public était la seule limite imposée à cette liberté, limite qui permettait de dissoudre les collèges quand l'ordre public l'exigeait, mais
non de s'immiscer dans leur administration. Dans la
lex collegii trouvée à Lavinia, les différents articles
du règlement commencent, en effet, par ces mots :
« *Placuit universis* ».

Les statuts posaient les bases de l'administration
du collège, déterminaient les chefs et la hiérarchie,
le but de l'association, fixaient des jours de réunion
pour les banquets et les fêtes en commun et prenaient
des mesures de police, pour maintenir l'ordre et les
rapports de confraternité au sein de la corporation.
Le plus souvent, nous le savons, ils s'inspiraient des
statuts municipaux.

Libre dans son fonctionnement, le collège l'était
aussi dans son recrutement ; il suffisait, pour qu'un
candidat fut admis dans une corporation, qu'il
recueillit les suffrages d'un certain nombre de membres anciens, et, bien que les renseignements sur ce
point nous fassent complètement défaut, nous sommes portés à croire que les *collegiati* ou *corporati*
étaient toujours disposés à augmenter leur nombre et
à accueillir favorablement les demandes de membres
nouveaux.

Une fois entré dans la corporation, il était loisible à
tout membre d'en sortir. L'artisan n'était pas encore
irrévocablement lié à son état, comme il devait l'être

---

1. Loi 4. — *Digeste*, liv. XLVII, tit. XXII.

un siècle plus tard, et les lois oppressives que nous trouvons au Code théodosien n'étaient pas encore inscrites dans la législation.

Au commencement du quatrième et même vers la fin du troisième siècle, la scène change. La physionomie des corporations à cette époque est tout à fait originale ; c'est l'époque la plus intéressante à étudier, au point de vue de l'organisation industrielle. Les textes du Code théodosien nous montrent, en effet, un grand nombre d'artisans sous la dépendance presque absolue de l'Etat ; celui-ci crée sans cesse de nouvelles corporations qu'il croit nécessaires au fonctionnement de la vie sociale ; mais, en même temps qu'il multiplie les collèges, il les réglemente et fait tous ses efforts pour détruire chez l'artisan tout esprit d'indépendance et tout sentiment de liberté.

Presque toutes les lois, dit M. Levasseur, qui font sentir à l'ouvrier sa servitude, appartiennent à l'histoire du quatrième siècle. « La liberté n'existe pour ainsi dire nulle part dans la société romaine des derniers siècles ; chacun a sa chaîne ; le colon est asservi à sa terre ; l'officier public à sa charge ; le curiale à sa cité ; le marchand à sa boutique et l'ouvrier à sa corporation. Nul n'a le droit de se soustraire à sa fonction et de frustrer l'Etat du service que sa naissance, sa fortune ou son talent lui ont imposé. »

Comment donc une pareille évolution a-t-elle pu se produire dans la législation romaine ? Comment les empereurs qui, au deuxième siècle, manifestaient tant d'inquiétude, lorsqu'il s'agissait d'autoriser la création de nouveaux collèges, font-ils au contraire tous leurs

efforts au quatrième siècle, pour en favoriser le
développement et pour englober l'Empire dans un
vaste régime corporatif? Comment, enfin, et sous
quelles influences, les collèges libres d'abord se sont-
ils transformés en collèges réglementés, obligatoires
et héréditaires? Telles sont les questions que nous
avons déjà plus d'une fois indiquées dans le cours de
cet ouvrage et qu'il nous reste maintenant à résoudre.
Une pareille étude présente d'ailleurs un intérêt
capital, car, tout en nous permettant d'approfondir le
caractère de certaines institutions qui paraissent à
première vue incompréhensibles ou contradictoires,
elle nous montrera dans toute sa réalité, la marche
rapide de la désorganisation de l'Empire.

CHAPITRE PREMIER

Développement des Collèges au Bas-Empire.

Parmi les causes diverses qui ont pu, au Bas-Empire, favoriser le développement du système corporatif, il y en a trois qui nous paraissent dominantes : l'extension des travaux publics, l'institution des secours publics, les efforts des empereurs pour diminuer la classe oisive et improductive, joints à leur tendance de réglementer, d'une façon minutieuse, toutes les classes de la société. Ces causes, assurément, sont plus ou moins directes; mais on ne doit pas négliger, dans la matière qui nous occupe, les influences générales, qui, en répandant le bien-être et en développant le commerce, n'ont pu qu'améliorer la condition des ouvriers.

I. — EXTENSION DES TRAVAUX PUBLICS.

Parmi ces influences générales, nous plaçons en premier rang, les travaux publics de toutes sortes qui furent exécutés sous les empereurs. « Dès le siècle des Antonins, dit M. Levasseur, les cités enrichies par la paix et par le commerce, commencèrent à jouir de leurs richesses et à se parer, à l'exemple de Rome, d'élégantes constructions et de somptueux édifices.

Les maisons les plus modestes se revêtirent d'une couche de peinture; on vit s'élever de toutes parts des portiques, des arcs de triomphe, des cirques, des théâtres, des thermes, des temples. Les proportions furent en général nobles et gracieuses; l'ornementation riche sans profusion. Les années qui séparent Trajan des trente tyrans, marquèrent l'époque la plus brillante de l'architecture gauloise, comme elles furent le temps le plus prospère de l'industrie et du commerce. » Citons encore, outre les édifices proprement dits, trois genres de constructions qui ont immortalisé le génie romain et qui forment pour ainsi dire les types de leurs travaux publics : les aqueducs, les routes et les égoûts. « *In tribus magnificentissimis operibus Romæ,* écrit Denys d'Halicarnasse, *et quibus maxime apparent illius imperii opes, pono aquæductus, viarum munitiones et cloacarum structuras.* »

Nous n'avons pas l'intention d'entrer ici dans de longs détails sur les travaux effectués aux différentes périodes de l'empire et de refaire, pour chaque empereur, l'historique de tous les monuments plus ou moins considérables qu'il fit élever. Mentionnons seulement deux noms fameux : Trajan et Hadrien. Le premier, qu'Eutrope appelle le grand bâtisseur de l'univers, *orbem terrarum ædificans;* le second, qui parcourait les provinces, enrôlant sur son chemin tous les ouvriers constructeurs dont il formait des cohortes, organisées sur celles de l'armée : « *Ad specimen legionum militarium, fabros, perpendiculatores, architectos, genusque cunctum extruendorum mœnium seu decorandorum, in cohortes centuriaverat* ».

II. — INSTITUTION DES SECOURS PUBLICS.

L'obligation qui s'imposa aux empereurs de nourrir le peuple, les mit également dans la nécessité de créer un certain nombre de corporations chargées d'assurer l'approvisionnement des deux capitales. Nous savons que des corps de bateliers, institués par Trajan, portaient à Rome et à Constantinople, l'*annona* qui devait servir à la nourriture du peuple. La navigation maritime ne préoccupa pas seule les empereurs, qui organisèrent aussi des corporations de bateliers sur les fleuves et rivières. C'est ainsi que le collège des caudicaires, conduisait au port de Rome le blé que les naviculaires avaient déchargé au port d'Ostie. Nous avons vu enfin des mariniers et des *nautæ* sur presque tous les fleuves de la Gaule. Les bateliers ou mariniers n'étaient pas les seuls ouvriers du port; il y avait encore les mesureurs, les déchargeurs, les portefaix qui contribuaient pour leur part au service de l'annone. Des inscriptions nous révèlent l'existence de nombreuses corporations de *scapharii*, de *caudicarii*, de *lenuncularii* qui déchargeaient les grands navires de leur cargaison, pour la porter dans les greniers publics où les *pistores* venaient prendre le froment pour en faire du pain.

Les *olearii* fournissaient d'huile la capitale; les *pecuarii*, les *suarii* servaient d'intermédiaires à l'Etat pour lui fournir la viande. Tous ces corps, qui se rattachaient à l'*annona*, avaient été multipliés, minutieusement organisés par les empereurs, et Aurélien, vainqueur de Firmus, pouvait écrire à la populace de Rome : « *Nihil est, Romulei Quirites, quod timere possitis. Canon Ægypti, qui suspensus per latronem improbum fuerat, integer veniet. Sit vobis cum senatu concordia, cum equestri ordine amicitia, cum præ- torianis affectio; ego efficiam ne sit aliqua sollicitudo Romana. Vacate ludis, vacate circensibus; nos publicæ necessitates teneant; vos occupent voluptates.* » C'est le résumé du système impérial ; à César appartient tout le soin des affaires ; le rôle des citoyens est de s'enrichir et de s'amuser.

III. — POLITIQUE DES EMPEREURS.

Les deux événements que nous venons de signaler, à savoir, l'extension des travaux d'état et l'institution des secours publics, eurent pour résultat de donner au développement des collèges, un essor considérable. Comprenant, en effet, quelles ressources précieuses ils pouvaient trouver dans les corporations, les empe- reurs mirent tous leurs soins à en augmenter le nombre, dans l'intérêt même de leurs entreprises. Toutefois, si ces tendances nouvelles avaient le pou- voir de multiplier les collèges, il faut reconnaître qu'elles ne présentaient en aucune façon, le caractère de contrainte que revêt une réglementation adminis- trative; elles favorisaient, elles accéléraient le mouve- ment corporatif, cela est vrai, elles ne faisaient pas néanmoins du collège une règle générale, une véri- table institution d'Etat. Ce dernier état de choses trouve, pour nous, son explication dans le système

politique adopté ou plutôt imposé aux empereurs par
les circonstances sociales.

Sous l'Empire, en effet, les divers éléments de la
société romaine étaient complètement transformés.
L'esclavage, par exemple, avait considérablement
diminué. « Les esclaves avaient cessé d'être un danger ; la guerre n'amenait plus sur le marché cette
foule de captifs à vil prix qui allaient autrefois grossir
les familles des riches citoyens. Les naissances étaient
devenues la principale source qui alimentait encore
l'esclavage et cette source elle-même avait été appauvrie par les affranchissements que l'adoucissement
des mœurs, le progrès des idées d'humanité, une
générosité tardive et peu coûteuse, quelquefois l'intérêt bien entendu, avaient rendus très fréquents.... »

Quelle fut la conséquence de cette situation nouvelle? Une réduction dans le travail accompli par les
esclaves : service des villes ou des familles, travaux
publics, agriculture, arts et métiers et, par conséquent,
la nécessité de recruter parmi les hommes libres, des
travailleurs pour les remplacer. Malheureusement,
ce n'était pas chose facile ; la classe inférieure avait
depuis longtemps pris l'habitude de vivre dans l'oisiveté et elle ne se souciait guère de demander à un
travail pénible, le morceau de pain qu'elle obtenait
sans rien faire de la sollicitude impériale. Telle était
la véritable situation de l'Empire et ainsi, la société
était menacée d'une dissolution complète... Mais le
pouvoir intervint. Il avait besoin pour vivre et se
soutenir du travail sous toutes ses formes, et le travail
languissait. A défaut des liens naturels et solides qui
résultent du bon fonctionnement des activités, il

essaya d'établir des liens fictifs et de maintenir par
ce moyen une certaine cohésion entre les divers
éléments de la société. Il institua donc les collèges,
qui devinrent comme le pivot de l'administration
centrale. Ainsi les associations, qui ne doivent être
que la conséquence naturelle de la prospérité générale, furent au contraire instituées en grand nombre,
au moment où la prospérité commençait à disparaître.
Au lieu d'être uniquement, pour les classes ouvrières,
un moyen d'accroître leur puissance et de stimuler
leur activité productrice, elles apparurent comme un
instrument, au moyen duquel le gouvernement se
proposait d'enrayer les progrès de la misère générale.

A quelle époque s'est produite, dans la politique
des empereurs, cette évolution si importante? C'est
ce qu'il est impossible de déterminer d'une façon
précise. On peut croire néanmoins, avec assez de
vraisemblance, que l'organisation nouvelle des corporations et particulièrement à Rome, dut s'opérer au
commencement du troisième siècle, sous le règne
d'Alexandre Sévère.

CHAPITRE II

Réforme de Sévère. Son caractère économique.

Lampride nous enseigne que l'empereur Alexandre
Sévère, dans l'intérêt du commerce et de l'approvisionnement de Rome, établit dans la ville un grand
nombre de fabriques. « *Mechanica opera Romæ plu-
rima instituit*[1]. » Pour y attirer les marchands, il leur
accorda les privilèges les plus étendus. « *Negotiatoribus, ut Romam volentes concurrerent, maximam
immunitatem dedit*[2]. » Enfin, il organisa en collèges,
les marchands de vins, les marchands de légumes, les
cordonniers et tous les métiers en général. « *Corpora
omnium constituit vinariorum, lupinariorum caliga-
riorum, et omnino omnium artium*[3].... » ·

Afin d'encourager les artisans à répondre à son
appel et à se grouper en associations de travail, il
décida que les *corporati* jouiraient de certains privilèges ou immunités. La promesse de Sévère fut en
effet réalisée et le jurisconsulte Paternus Terrentenus
nous indique trente-deux corporations existantes à
cette époque qui bénéficiaient de privilèges assez
importants. « .... *vacationem munerum graviorum.* »

1. LAMPRIDE : *Alex. Sév.*, XXXIII.
2. *Ibid.*
3. *Ibid.*

Si Sévère s'était ainsi borné à développer le régime corporatif et à accorder aux artisans une protection sage et intelligente, sa réforme eût pu donner d'excellents résultats ; elle eût pu rendre prospères les collèges d'ouvriers et donner par ce moyen, au commerce et à l'industrie, une impulsion puissante. Malheureusement, l'empereur ne s'en tint pas à cette mesure. Il prétendit, comme nous le disions plus haut, diriger l'institution et il entra dans la voie toujours funeste de la réglementation.

C'est ainsi qu'il donna aux collèges une sorte de constitution municipale, en mettant à leur tête des défenseurs tirés de leur sein, et en réglant la juridiction à laquelle ressortiraient leurs procès. « .... *hisque ex sese defensores dedit et jussit quid ad quos judices pertineret.* » Cette juridiction spéciale était chargée de défendre les intérêts du prince et de veiller à ce que ses règlements fussent fidèlement observés au sein de la corporation. Ces règlements, d'ailleurs, n'étaient pas encore d'une rigueur intolérable ; ils ne sauraient être comparés aux règlements que nous avons vus en vigueur au Bas-Empire : règlements tyranniques et maladroits qui entreprenaient contre la nature une lutte insensée et qui, en abrutissant le travailleur et en détruisant chez lui tout esprit d'initiative, ne pouvaient réussir qu'à entraver le développement de la production.

Quoiqu'il en soit, l'institution de Sévère avait quelques bons côtés. Elle assurait d'abord certains avantages à l'artisan en protégeant sa personne et en lui garantissant son travail ; elle répondait ensuite au besoin pressant que nous signalions tout à l'heure, elle permettait à l'Etat de recruter des ouvriers pour l'accomplissement des travaux exécutés autrefois par la classe servile, travaux indispensables à la vie sociale et que les progrès de la civilisation rendaient chaque jour plus nombreux.

Malheureusement, à côté des avantages, il y a la contre-partie. Nous avons indiqué les privilèges accordés aux ouvriers, il nous faut parler maintenant, des charges qui leur incombent. En compensation des immunités qui leur étaient reconnues par l'empereur, les corps de métiers furent soumis à un impôt qui paraît avoir excité au plus haut point l'admiration de Lampride, mais que les artisans de cette époque devaient considérer d'un œil beaucoup moins favorable : nous voulons parler de l'*aurum negotiatorum* ou droit de patente. Cette taxe, appliquée par Caligula, à certaines professions, fut généralisée par Alexandre Sévère et étendue à un assez grand nombre de métiers. C'est ainsi qu'il accrut le *vectigal* imposé à certains fabricants ou artisans d'objets réputés de luxe, *vectigal artium ;* il frappa notamment, les tisserands de toile de lin, *linteones*, les vitriers, *vitrearii*, les tailleurs de braies, *braccharii*, les pelletiers, *pelliones,* les selliers, *plaustrarii,* et les orfèvres, *aurifices,* d'une taxe spéciale, destinée à l'entretien des thermes et des bains publics. Le *vectigal* des professions honteuses, comme celle de marchand d'esclaves, de prostituées et d'*exoleti*, fut affecté aux réparations des théâtres, des cirques et du trésor public. Cette taxe, dit M. de Boissieu, avait été instituée pour réagir contre l'accroissement scandaleux du luxe qui avait été une des moindres calamités du règne infâme d'Héliogabale. Il n'en est pas moins vrai, qu'un nouvel impôt avait pris naissance. L'impôt sur le travail. C'était là une mine précieuse qu'Alexandre Sévère avait découverte et que ses successeurs allaient bientôt exploiter.

Telle est, dans son ensemble, la réforme de Sévère, dont il ne faut pas dire trop de mal, étant donné les excellentes intentions de cet empereur. Disons seulement qu'elle marque dans l'histoire du travail, l'avènement d'une ère nouvelle : L'ère de l'organisation par l'Etat, du travail industriel et commercial.

Sous les successeurs immédiats d'Alexandre Sévère, la réglementation du travail s'accentue. L'état intervient chaque jour davantage dans les relations du capital avec le travail et dans les conventions des particuliers : il dirige tous les services et l'heure approche où il va se substituer complètement à l'individu. Sous Dioclétien et surtout sous Constantin, l'administration impériale forme comme un grand cadre où tout se trouve compris et rattaché au centre par quelque lien ; mais, sous ce réseau immense qui enveloppe le monde romain, fonctionnent mille petits foyers d'administration. La curie a des fonctions importantes qu'il lui faut remplir ; elle administre les affaires de la ville, elle gère son patrimoine, elle met en valeur ses revenus, elle achète le blé destiné aux approvisionnements, elle entretient les théâtres, et s'occupe de tous ces détails d'intérieurs sur lesquels les gouverneurs exercent d'ailleurs le contrôle le plus absolu. Outre ces fonctions, la curie est encore chargée de recueillir l'impôt en argent ou en nature suivant les cas, elle désigne des gérants aux travaux d'utilité publique, elle veille, en un mot, au maintien de la paix publique dans le ressort de la cité.

Dans le peuple, se trouvent confondus divers corps spécialement affectés à plusieurs autres parties de l'administration. Nous avons vu que les naviculaires étaient chargés du soin de transporter des provinces frumentaires aux grands centres de consommation, les matières de l'annone, et que les boulangers transformaient en pain, le froment qu'ils recevaient des greniers publics. D'autres corporations sont instituées qui, toutes, fonctionnent pour le compte et sous la direction de l'Etat. C'est ainsi que les *suarii* vont recueillir dans les campagnes les porcs ou autres bestiaux destinés à l'approvisionnement des deux capitales ; il y a des collèges attachés au service des postes et des transports, des collèges de muletiers ou de palefreniers, des collèges chargés de tirer le sable des carrières, de cuire la chaux et de la voiturer, etc. C'est à Rome, surtout, c'est à Constantinople où il y a plus de besoins, plus de services ; c'est dans les deux capitales que l'on voit se multiplier pour le service public, les collèges et les corporations.

Pour retenir les curiales et les *collegiati* à leurs importantes fonctions, nous avons vu que l'Empire leur avait accordé des honneurs et des immunités de toutes sortes. Ces immunités, nous les avons analysées dans le détail au cours de cet ouvrage et nous savons que, durant quelques années, elles eurent le pouvoir d'attirer les travailleurs, d'encourager le mouvement corporatif ; mais nous savons également que cette prospérité fut de courte durée. Lorsque l'Empire, épuisé par les guerres continuelles et par l'anarchie,

présenta l'apparence *d'un grand corps sans muscles
ni sans nerfs,* la scène changea complètement.

A mesure que ses ressources diminuèrent, ses
besoins devenant au contraire plus nombreux, le
pouvoir s'efforça de s'assurer de plus en plus le
service des corporations : il les multiplia et augmenta
le nombre de leurs immunités. Mais ces mesures
furent vaines. Les privilèges étaient désormais impuis
sants à retenir les *corporati* dans leurs collèges; ils
leur apparaissaient, en effet, comme un dédommage-
ment dérisoire des sacrifices accablants qu'on leur
imposait; c'est à cette époque que nous voyons les
artisans faire tous leurs efforts pour se soustraire à
leur pénible condition. Les curiales se réfugiaient
dans les collèges pour tenter d'échapper aux charges
qui pesaient sur eux; les colons abandonnaient leur
terre et affluaient vers les villes, les artisans bientôt
aimèrent mieux devenir colons, esclaves, brigands
ou barbares que de vivre plus longtemps sous un
pareil régime d'oppression et de misère. Ainsi était
menacé dans ses bases mêmes, le système de l'administration. Les empereurs essayèrent de lutter contre
cette désorganisation, ils employèrent les moyens les
plus arbitraires et les plus violents pour maintenir
chacun à son poste et pour combler les vides des
collèges à mesure qu'ils se produisaient. C'est ainsi,
nous l'avons vu, que les métiers devinrent héréditaires
et que l'on fut condamné à une profession comme on
était condamné aux mines ou à la curie.

Ainsi, Rome avait traversé la civilisation de la
Grèce, pour en venir au régime des castes de l'Orient.
« Elle avait rejeté les principes de son ancienne con-

stitution qui s'appuyait sur l'esclavage, et elle aboutis-
sait à la servitude universelle; cercle fatal que le
despotisme peut étendre, mais d'où il ne lui est point
donné de sortir. »

« Mais cette loi d'immobilité est-elle faite pour les
choses qui ont vie? Et quand on cesse de se mouvoir,
n'est-ce pas un signe d'affaiblissement, un présage
certain de mort? L'esclave n'avait point résisté;
comment pouvait donc vivre la race libre, assujettie à
son tour aux influences abrutissantes qui avaient
étouffé les races serviles? Vainement, donc, l'Empire,
renonçant au progrès, espère-t-il maintenir ce qui
existe. Dans ces entraves qui les ont saisies et qui
veulent les fixer, les races s'éteignent et trompent par
la mort, le principe d'hérédité qui prétendait les
attacher à leur emploi; et ce sont chaque jour de
nouveaux expédients à trouver. Je me trompe; c'est
toujours le même système dont on étend l'application.
On recherche ce qui est libre encore; on recherche
parmi ce qui sert, s'il n'y aurait pas quelque moyen
d'accumuler les servitudes; et ainsi s'aggrave tous les
jours, le poids qui pèse sur les populations; et bientôt
ce grand corps de l'Empire Romain ne sera plus
qu'une chose sans vie que les barbares fouleront
impunément aux pieds[1]. »

En même temps que les empereurs décrétaient à
l'égard des corporations, le double principe de
l'hérédité du sang et de l'hérédité des biens, ils

---

1. WALLON : *Histoire de l'esclavage dans l'antiquité*, t. III, p. 220.

pénétraient de plus en plus dans la voie malheureuse de la réglementation.

Comme il ne fallait pas compter sur la bonne volonté des artisans pour remplir avec zèle les fonctions importantes dont ils étaient investis, l'Etat prit soin de leur tracer leurs devoirs et de leur dicter leur conduite. Tout fut prévu jusqu'aux moindres détails, depuis les procédés de fabrication eux-mêmes, jusqu'à la quantité de travail qui devait être fournie dans un temps donné. Le travailleur ainsi réduit à l'état de simple machine n'eut plus qu'à se laisser faire et à obéir aveuglément à l'impulsion impériale. Avec les années, les ordonnances allèrent en se multipliant ; elles devinrent même si nombreuses, qu'il fallut organiser toute une vaste administration, pour faire respecter les règlements et pour poursuivre les infractions. Nous connaissons déjà, pour les avoir longuement étudiées dans cet ouvrage, les mesures rigoureuses et tyranniques adoptées par les empereurs pour atteindre le but qu'ils se proposaient ; nous n'avons donc pas à revenir sur ce point. Une question cependant se pose qu'il nous faut, en terminant, essayer de résoudre. Il nous faut rechercher si ces règlements dont nous connaissons le principe directeur et qui, tous, avaient pour but de substituer à l'initiative individuelle, la volonté propre de l'Etat, ont été la conséquence naturelle d'une pure conception économique, s'ils ont été étendus à tous les métiers, à toutes les professions, à tous les collèges de Rome et des provinces où s'ils doivent être considérés au contraire comme des mesures extraordinaires et exceptionnelles, imposées aux empereurs par les circonslances sociales et appliquées seulement à certaines corporations d'un ordre particulier ? Nous n'hésitons pas, quoiqu'on en ait dit, à adopter cette dernière opinion. Il nous parait en effet impossible d'admettre qu'un gouvernement, quel qu'il soit, ait pu préférer la contrainte au bon vouloir et entrer librement et par goût, dans les voies qui mènent à l'oppression. Que si, malgré ces considérations purement morales, le pouvoir entre dans la voie de l'autorité et du despotisme, il lui faut de graves raisons qui puissent justifier sa conduite. Or ces raisons nous paraissent exister, en ce qui concerne du moins certaines corporations. Prenons, par exemple, les collèges chargés d'assurer le service de l'annone. Il est évident qu'avec l'extension considérable donnée par les empereurs à l'institution des secours publics et avec l'augmentation graduelle de la population des villes, ces collèges vont prendre dans l'Etat une importance capitale. Les empereurs le comprennent bien ; ils connaissent, par expérience, les violences d'un peuple qui a faim et ils cherchent naturellement à les prévenir.

Ils font donc tous leurs efforts pour organiser le mieux possible un service si important, mais leurs efforts sont maladroits et ne réussissent qu'à accroître la misère déjà bien grande ; comme ils redoutent en effet les faiblesses de l'individu et les tentations de l'intérêt personnel, ils ne trouvent rien de mieux que de supprimer complètement l'initiative des particuliers et de lui substituer leur volonté propre. Telles sont à notre avis les raisons qui encouragent l'Etat à intervenir dans les relations privées, intervention maladroite, comme nous le disions tout à l'heure et absolument contraire aux véritables principes économiques, mais qui trouve jusqu'à un certain point sa raison d'être dans le milieu social que nous avons décrit.

Une fois engagé sur cette pente, on glisse facilement jusqu'au bout. Les empereurs poursuivent donc sans relâche leur lutte insensée contre la liberté, et, chaque jour, le nombre des corporations asservies devient plus considérable. Après les collèges chargés du soin des approvisionnements publics, nous trouvons toute une série de corporations qui, sans présenter le même degré d'utilité publique, apparaissent cependant aux yeux du prince, comme absolument indispensables au fonctionnement de la vie sociale. Ce sont, par exemple, les chaufourniers, les ouvriers employés à la construction des édifices publics ou autres bâtiments, les dendrophores, les centonaires, les *fabri* de toute sorte qui, dans les villes, sont à la disposition des curiales, pour les divers travaux à effectuer, etc., etc.

Il y a cependant une limite à cette réglementation tyrannique. Lorsque la nécessité d'intervenir n'apparaît plus impérieuse, le gouvernement cesse d'exercer son action et de pénétrer au sein de la communauté qui, alors, demeure libre dans son fonctionnement. Et qu'on ne vienne pas dire que cette idée de liberté est contraire aux principes du Bas-Empire où l'on ne rencontre que contrainte et servitude. A cela, nous répondons, qu'il serait en effet fort inexact de soutenir qu'à cette époque les collèges sont libres, dans le sens absolu du mot. Tous les collèges, à l'époque que nous étudions, sont placés sous la tutelle immédiate de l'Etat; ils sont strictement rattachés à la hiérarchie générale. Toutes les professions sont héréditaires, comme du reste toutes les autres fonctions sociales, et il suffit, à partir du troisième siècle, d'être artisan, pour faire nécessairement partie d'un collège. Ainsi, le collège est une loi générale, absolue, qui régit tous les travailleurs et qui trouve son application non seulement à Rome et à Constantinople mais encore dans toutes les provinces de l'Empire. Telle est, à nos yeux, la théorie qui s'impose et qu'il nous paraît impossible de contester.

Mais quand on a fait cette découverte, il ne faut pas s'empresser d'en faire découler des conséquences qu'elle ne comporte pas et d'en tirer des conclusions que rien ne justifie.

Il est absolument exact de dire que les collèges du Bas-Empire sont obligatoires et héréditaires, mais il n'est pas permis d'affirmer qu'ils aient tous été, sans exception, soumis à la réglementation législative. Nous croyons en effet, et ce n'est pas là, selon nous, un des caractères les moins saillants du Bas-Empire, qu'une certaine autonomie a été laissée aux corporations non classées. Les constitutions fixaient à chacun un poste qu'il ne devait déserter, mais, en même temps, elles laissaient les corps de métiers qu'elles formaient sous la loi qu'ils s'étaient faite. Tel était du moins le principe. Sans doute, les empereurs avaient dérogé à cette règle en ce qui concerne les corporations attachées à un service public qui avaient été, nous le savons, minutieusement réglementées, mais nous connaissons les motifs de cette réglementation.

En ce qui concerne les autres collèges, la liberté était,

nous l'avons dit, une tradition de la loi des Douze
Tables et rien ne prouve que cette loi ait jamais été
complètement rayée de la législation. Ainsi, nous
reconnaissons, d'une part — et, sur ce point, tous les
auteurs semblent d'accord — que le collège constitue au
Bas-Empire, une loi générale et absolue, mais, d'autre
part, nous prétendons que le principe de l'organisation par l'Etat du travail industriel et commercial
n'a jamais été le résultat d'une conception économique
et qu'il n'a été appliqué qu'à certaines corporations
qui présentaient tout particulièrement un caractère
d'utilité publique.

Cette opinion nous semble, d'ailleurs, facile à justifier.

C'est en vain tout d'abord que l'on chercherait dans
les textes qui traitent de l'organisation du travail au
Bas-Empire et principalement dans le Code théodosien, qui contient cependant sur cette matière de très
nombreuses ordonnances, des dispositions relatives
aux corporations non officielles, aux corporations
libres, des dispositions du moins ayant pour but de
les réglementer. Toute la sollicitude impériale est en
effet dirigée vers ces collèges dont nous avons parlé
et qui étaient affectés à quelque service public. Quant
à cette multitude de métiers, quand à ces nombreuses
professions qui sont la conséquence des relations des
hommes entre eux et dont plusieurs jurisconsultes
nous ont donné la longue énumération, il n'en est
jamais question dans les textes. Aucune constitution
ne nous est parvenue, qui réglemente le travail du
verrier, du cordonnier, du peintre, du fabricant de
quadriges, etc., etc. C'est qu'en effet, le prince n'a

pas assez de loisirs pour pénétrer à l'intérieur de ces petites communautés qui contribuent il est vrai, pour une large part, à la prospérité générale, mais qui cependant sont loin de présenter le même caractère de nécessité absolue que les collèges d'utilité publique dont nous parlions tout à l'heure.

Comment admettre, en effet, que dans ces temps de troubles et de désorganisation, alors que le pouvoir tente des efforts désespérés pour empêcher de mourir un grand corps qui agonise, les empereurs aient pu songer à passer en revue jusqu'aux plus petites professions, à étudier les procédés techniques les plus propres à chacune d'elles et à leur imposer des règlements particuliers. Une pareille théorie nous paraît de tous points contraire à la simple vraisemblance. Encore une fois, les empereurs du Bas-Empire ne sont pas des économistes qui agissent et se dirigent au nom d'un principe, que de nos jours on désigne sous le nom de Socialisme d'Etat : ils viennent trop tard et ils sont trop occupés pour être des révolutionnaires ou des réformateurs ; hommes pratiques avant tout, ils vont au plus pressé. Certains services, certains travaux indispensables à l'existence de l'Etat, attirent leur attention, ils dirigent en ce sens, toute leur activité et aussi, tout leur despotisme. Ils recrutent, par tous les moyens possibles, les travailleurs dont ils ont besoin ; ils les enferment dans leurs fonctions, comme dans une prison d'où ils ne peuvent sortir et punissent de peines cruelles, les moindres infractions aux règlements.

Quant aux professions qui ne présentent pas un caractère de nécessité absolue, ils ne sauraient en

avoir souci. Avant de travailler à la prospérité de la
nation, il faut en effet chercher à la préserver de la
ruine et la tâche est assez rude, pour qu'ils y consacrent toute leur intelligence et tous leurs efforts.

Mais alors, dira-t-on, s'il en est ainsi, pourquoi ce
vaste ensemble de lois qui ont pour but d'attacher
l'artisan à sa charge, de le river à sa condition ?
Comment admettre que les empereurs aient pris tant
de soins pour rendre les collèges obligatoires et pour
les tenir toujours au complet, si ces mêmes collèges
devaient ensuite demeurer indépendants et s'ils ne
devaient être soumis de la part de l'Etat, à aucune
réglementation ? La réponse à cette objection est
aisée. Il ne faut pas oublier, en effet, que les corporations, outre leur soi-disant utilité économique,
jouaient encore un rôle public très important aux
yeux du prince, celui de faire rentrer l'impôt du
chrysargyre. On conçoit dès lors que l'Etat, qui avait
grand besoin d'argent, se soit appliqué de toutes ses
forces à développer au sein de la nation, un instrument si précieux, au point de vue budgétaire.

Du reste, il ne faut rien exagérer et nous reconnaissons facilement que les empereurs forts de leur
omnipotence ne devaient pas se faire faute d'intervenir
dans l'administration d'un collège, toutes les fois que
cette intervention leur paraissait nécessaire. Mais,
encore une fois, une pareille intervention n'était
qu'accidentelle, elle n'avait pas trouvé place dans la
législation où elle n'avait été soumise à aucune règle
fixe et absolue. Cela est tellement vrai, que nous
rencontrons dans les lois du Bas-Empire, certains
textes spéciaux qui ont justement pour but d'enrayer,

dans des circonstances difficiles, cette liberté que
nous reconnaissons aux corporations non classées.

C'est d'abord l'édit de Dioclétien dont nous avons
essayé de définir le caractère ; c'est enfin, en 483, une
constitution de l'empereur Zénon qui défendait d'établir un monopole pour la vente des habits, des objets
de consommation et des autres denrées nécessaires à
la vie et qui interdisait aux marchands ou artisans de
se concerter, dans le but de créer sur tel ou tel objet,
une hausse artificielle. De telles prohibitions ne se
comprendraient guère, si les artisans n'avaient joui
auparavant, de la plus entière liberté. Ainsi, ces deux
textes, dont certains auteurs se font une arme pour
faire prévaloir l'opinion opposée, nous apparaissent
au contraire comme une réfutation victorieuse de leur
propre théorie. Nous savons, d'ailleurs, que les conditions du louage de services étaient à cette époque
réglées suivant les principes de la *locatio operarum* et
que sous Justinien, les prix et les salaires pouvaient
être librement discutés.

Telle est, à nos yeux, la conclusion qui se dégage
de la législation du Bas-Empire.

Asservissement absolu des classes ouvrières attachées à un service public ou d'utilité publique,
liberté relative des corporations non officielles.

Il n'en est pas moins vrai, que le collège libre a
perdu au Bas-Empire les caractères que nous lui
avions reconnus à l'époque classique. Il n'a plus sous
les derniers empereurs, qu'une fonction unique : Subvenir aux besoins pécuniaires de l'Etat, faire rentrer

les impôts ; il est devenu ainsi l'un des rouages les plus importants de l'immense machine administrative, qui ne s'occupe plus qu'à pressurer les populations et à leur extorquer le plus d'argent possible.

FIN.

DROIT FRANÇAIS

DES

ASSOCIATIONS PROFESSIONNELLES

D'APRÈS LA LOI DU 21 MARS 1884

INTRODUCTION

S'il est, à notre époque, un principe universellement reconnu, c'est assurément celui qui accorde aux
travailleurs, le droit de s'entendre et de se concerter
pour la défense de leurs intérêts professionnels, de
grouper et d'unir leurs efforts, pour la réalisation d'un
but commun, de chercher en un mot dans l'association, une force, une puissance qu'ils ne pourraient
jamais avoir isolément.

Ce droit d'association que tout le monde proclame
aujourd'hui et que l'on qualifie même, fort justement,
de droit naturel, a mis cependant bien des années à
se faire jour dans notre pays et à s'imposer à l'opinion
publique. Il ne date, à proprement parler, que de la
veille et pas n'est besoin de remonter bien avant dans

15

notre histoire, pour se rendre compte des préjugés qu'il lui a fallu combattre et des entraves dont il lui a fallu s'affranchir.

Le jour est venu, cependant, où le droit d'association a révélé toute sa puissance. L'avènement de la République, le triomphe des idées démocratiques, l'action du suffrage universel, le spectacle de ces travailleurs groupés par centaines, par milliers sous la direction d'un chef unique, ont fait réfléchir les esprits impartiaux et fait comprendre tout ce qu'il y avait de juste, de fondé et de réalisable dans les aspirations des classes ouvrières.

L'exemple des patrons fondant l'*Union nationale du Commerce et de l'Industrie* après le groupe de la *Sainte-Chapelle*, la persévérance des ouvriers à s'enrôler tous les jours en plus grand nombre dans des associations de fait, la continuité de leurs efforts, de leurs études et de leurs tentatives, ont rectifié peu à peu les idées, fait tomber les dernières préventions et la loi sur les Syndicats professionnels a pu enfin être votée et promulguée par les pouvoirs publics.

Le premier projet sur notre matière, est celui de M. de Marcère qui, en 1876, fit en faveur des Syndicats, une tentative très louable. En 1878, vint la proposition Lockroy. Enfin, le projet du gouvernement, présenté en 1880 par MM. Cazot et Tirard devint, après de longs débats à la Chambre et au Sénat, la loi du 21 mars 1884.

C'est cette loi de 1884 que nous allons longuement étudier dans toutes ses dispositions, examinant successivement les textes qui ont été abrogés, la composition, l'objet, la forme, la capacité des associations professionnelles, leurs rapports avec leurs membres, leur dissolution, leurs unions, les impôts et les pénalités qui leur sont applicables.

Nous aurons ensuite à nous demander, si les Syndicats ont fait, depuis leur consécration légale, œuvre vraiment utile, s'ils ont, en un mot, réalisé les espérances qu'ils semblaient promettre.

Tel sera l'objet des divers chapitres que comprendra cette étude; étude comme on le voit très importante et qui constitue, à notre époque, un des plus graves problèmes de l'humanité.

CHAPITRE PREMIER

Abrogation et inapplicabilité aux Syndicats Professionnels de lois antérieures.

SECTION I

« ARTICLE PREMIER. — Sont abrogés, la loi des 14-17 juin 1791 et l'article 416 du Code pénal. Les articles 291, 292, 293, 294 du Code pénal et la loi du 10 avril 1834 ne sont pas applicables aux Syndicats professionnels. »

Le projet de loi présenté par le gouvernement se terminait par un article 6, ainsi conçu : « Les dispositions antérieures qui sont contraires à la présente loi sont abrogées. »

La Commission de la Chambre des députés repoussa avec raison, une formule dont la rédaction vague, tout en jetant le doute dans l'esprit, ouvrait par cela même une voie trop large à l'arbitraire ; elle la remplaça par une disposition précise qui trouva place dans l'article premier et qui forma comme le frontispice de la loi nouvelle.

« Nous avons tenu, dit M. Allain-Targé dans son rapport, à placer cet article en tête de notre projet, et à énumérer les textes répressifs dont les associations professionnelles n'auront plus à craindre.

« Il nous a paru qu'une loi, surtout quand elle est
une loi de liberté et de rapprochement qui succède
à une législation de défiance, ne péchait jamais par
excès de clarté. Il nous a semblé surtout utile, d'expliquer notre intention sur la loi de juin 1791 et sur
les articles 414, 415 et 416 qui, en réalité, ont cessé
d'être appliqués, mais qui sont l'objet des récrimina-
tions les plus irritantes. »

Le premier texte dont l'abrogation s'imposait était
la loi surannée des 14-17 juin 1791, dont les principales dispositions étaient ainsi conçues :

« ART. 1er. — L'anéantissement de toutes les espèces
de corporations des citoyens du même état et profession étant une des bases fondamentales de la Constitution Française, il est défendu de les rétablir de fait,
sous quelque prétexte et quelque forme que ce soit.

« ART. 2. — Les citoyens d'un même état ou profession, les entrepreneurs, ceux qui ont boutique ouverte,
les ouvriers et compagnons d'un art quelconque, ne
pourront, lorsqu'ils se trouveront ensemble, se nommer ni présidents, ni secrétaires, ni syndics, tenir des
registres, prendre des arrêtés ou délibérations, former
des règlements sur leurs prétendus intérêts communs.»

Et l'article 3 ajoutait: « Il est interdit à tous les corps
administratifs ou municipaux de recevoir aucune
adresse ou pétition sous la dénomination d'un état ou
profession, d'y faire aucune réponse, il leur est enjoint
de déclarer nulles, les délibérations qui pourraient
être prises de cette manière et de veiller soigneuse-
ment à ce qu'il ne leur soit donné aucune suite ni
exécution. »

L'abrogation de ce texte ne souleva aucune résistance, tant à la Chambre qu'au Sénat. Tout le monde, en effet, comprenait que l'Assemblée Constituante, dans sa lutte et dans sa réaction contre les corporations fermées et privilégiées, avait dépassé la limite, en punissant comme des séditieux et des révolutionnaires, des travailleurs coupables seulement d'avoir pétitionné sur leurs prétendus intérêts communs.

L'entente ne fut pas si facile, lorsque s'éleva la discussion sur le point de savoir s'il fallait oui ou non abroger les articles 414, 415 et 416 du Code pénal. Ces articles, complètement remaniés d'ailleurs par la loi de 1864, étaient ainsi conçus :

« ART. 414. — Sera puni d'un emprisonnement de six jours à trois ans et d'une amende de 16 à 3,000 fr., ou de l'une de ces deux peines seulement, quiconque à l'aide de violences, voies de fait, menaces ou manœuvres frauduleuses, aura amené ou maintenu, tenté d'amener ou de maintenir une cessation concertée de travail, dans le but de forcer la hausse ou la baisse des salaires ou de porter atteinte au libre exercice de l'industrie et du travail.

« ART. 415. — Lorsque les faits punis par l'article précédent auront été commis par suite d'un plan concerté, les coupables pourront être mis, par l'arrêt ou le jugement, sous la surveillance de la haute police pendant deux ans au moins et cinq ans au plus.

« ART. 416. — Sera puni d'un emprisonnement de six jours à trois mois et d'une amende de seize francs à trois cents francs ou de l'une de ces deux peines seulement, tous ouvriers, patrons et entrepreneurs d'ouvrages, qui, à l'aide d'amendes, défenses, proscriptions, interdictions prononcées par suite d'un plan cōncerté, auront porté atteinte au libre exercice de l'industrie ou du travail. »

Il y avait deux manières de poser la question : ou bien, on discuterait d'une façon générale l'abrogation radicale des articles 414, 415 et 416, ou bien on discuterait seulement, leur nouvelle application aux Syndicats. C'est ce dernier parti que prenait le projet présenté à la Chambre en 1881.

« ART. Iᵉʳ. — La loi des 14-17 juin 1791 est abrogée. Les dispositions des articles 291, 292, 293, 294, 414, 415 et 416 du Code pénal cesseront d'être applicables aux Syndicats professionnels, etc.... »

Certains députés demandaient au contraire l'abrogation pure et simple de ces trois articles. M. Allain-Targé lui-même, revenant sur la première rédaction du projet, soutenait devant la Chambre cette thèse, que la loi de 1864, en modifiant les anciens articles 414, 415 et 416 du Code pénal, n'avait pas fait disparaître réellement le délit de coalition, mais qu'elle constituait simplement un leurre, un piège par lesquels l'Empire trompait la classe ouvrière. Il ajoutait que le gouvernement républicain ne devait pas se faire le complice d'une pareille hypocrisie et que si l'on avait vraiment l'intention de faire bénéficier les travailleurs d'une loi libérale, il fallait commencer par faire table rase des articles 414, 415 et 416, dont l'application était en contradiction formelle avec les véritables principes démocratiques.

A ce projet radical, MM. Ribot et Trarieux en substituèrent un autre. « Les articles 414 et 415, disait M. Ribot, sont absolument étrangers à la question des Syndicats. Les violences, les menaces par lesquelles

on attente à la liberté du travail ne sont pas des délits
qu'une association seule puisse commettre, ce sont
au contraire des délits individuels. Or, il serait absolument inique, de frapper des ouvriers qui ne feraient
pas partie d'un syndicat, pour en affranchir ceux qui
y seraient affiliés. » M. Ribot montrait, d'ailleurs, que
toutes les législations étrangères qui avaient adopté la
liberté d'association, avaient eu soin, par des lois distinctes, et à peu près copiées sur les articles 414 et 415,
d'édicter des peines rigoureuses contre des atteintes
matérielles à la liberté du travail. Loin donc de
demander, avec la Commission, l'abrogation des
articles 414 et 415, M. Ribot insistait au contraire sur
la nécessité de les conserver, à un moment surtout où
étendant la liberté des Syndicats professionnels et des
associations, il devenait indispensable de réprimer
plus énergiquement que jamais les délits de violence
et de mettre la liberté du travail à l'abri de toute
atteinte matérielle.

En vain le rapporteur, M. Allain-Targé, répondit que
les articles 414 et 415 n'avaient pas pour but de combler une lacune de notre législation, en accordant à la
liberté du travail une protection nouvelle ; en vain, il
s'efforça de démontrer que ces articles avaient pour
unique résultat de créer dans notre code égalitaire,
des délits d'une espèce particulière, des délits de
classe, des délits ouvriers, la Chambre donna gain
de cause à M. Ribot[1].

Quant à l'article 416, M. Ribot, d'accord sur ce
point avec la Commission, en demandait l'abrogation

---

1. *J. Off.* Séance du 17 mai 1881.

pure et simple. Il montrait, en effet, avec une grande vigueur de raisonnement, que ce que la loi punit dans cet article, c'est le concert pour assurer la cessation du travail, lorsque ce concert se traduit par des amendes ou interdictions : « Or, il est incontestable, disait-il, que si l'on donne la liberté aux syndicats professionnels, avec la pensée qu'ils pourront s'organiser à l'état de lutte, il faut leur permettre de procéder au moins vis-à-vis de leurs membres par certaines sanctions, certaines amendes et interdictions.... »

« Nous n'admettons pas la validité de ces sanctions au point de vue du droit civil, ajoutait l'honorable député, mais au point de vue pénal, elles ne sauraient être l'objet d'aucune incrimination. »

Cet amendement fut adopté par la Chambre ; le Sénat le repoussa après une longue et sérieuse discussion à laquelle prirent part, surtout, MM. Marcel Barthe, rapporteur, Brunet, Griffe et Tolain[1]. La Chambre, à laquelle fut renvoyé le projet modifié par le Sénat, adopta une seconde fois la théorie de M. Ribot et maintint sa première décision.

Le résultat de ses délibérations fut soumis au Sénat pour la seconde fois, le 28 juillet 1883. Or, depuis sa première discussion, le Sénat avait subi un renouvellement partiel, qui avait eu pour résultat de grossir le nombre des partisans de l'esprit de tolérance et de liberté. La Commission choisit pour rapporteur M. Tolain qui, en 1881, s'était montré le défenseur infatigable des associations professionnelles, en même temps que l'adversaire résolu de l'article 416. L'hono-

---

1. *J. off.*, 1882. Sénat, *Débats Parlem.*, pp. 813 et suiv.

rable sénateur entreprit de nouveau contre cet article, une campagne acharnée.

« Le maintien de l'article 416 a été demandé, disait M. Tolain dans son rapport, par la minorité de votre commission. Malgré une longue discussion, il nous a été impossible de dégager d'une manière claire, précise, dans quels cas, selon nos honorables collègues, l'article 416 devait être appliqué, s'il était maintenu. Depuis la loi de 1864, la coalition n'est plus un délit, disions-nous ; vous allez reconnaître le droit d'association au point de vue professionnel, et vous admettez que les ouvriers pourront légitimement s'en servir pour défendre leurs salaires. Pour cela, ils devront nécessairement s'entendre et se concerter. Or, c'est justement l'entente et le concert que l'article 416 interdit de la manière la plus formelle. Voilà l'article 416 ! Eh bien ! une grève sera toujours considérée par les tribunaux comme une atteinte à la liberté du travail ; elle aura toujours été précédée d'une entente, d'un concert. Les grévistes pourront donc toujours être poursuivis, condamnés et le maintien de l'article 416 ne serait autre chose que la négation de la loi de 1864. »

M. Tolain réfutait ensuite l'argumentation de certains orateurs qui avaient essayé d'établir une distinction entre la coalition et la grève ; il montrait qu'une pareille distinction ne pouvait se soutenir, que la grève n'est autre chose que la sanction de la coalition et que, interdire la grève, c'était rendre la coalition complètement inefficace.

« Nos collègues ont insisté, ajoutait le rapporteur, disant que l'article 416 ne contenait pas une interdic-

tion formelle du concert et de la grève; qu'il était
applicable seulement dans le cas où la pression
exercée par des meneurs, prenait un caractère d'im-
moralité, qui se révélait par l'emploi de défenses et
d'amendes. Nous avons répondu à nos collègues que
partout où il y a entente, plan concerté, il y a des
meneurs; et en ce qui concerne les amendes et les
défenses, nous leur avons rappelé les paroles de
M. Ribot disant à la Chambre des députés : « Il est
« incontestable que si vous donnez aux syndicats la
« liberté de s'organiser à l'état de lutte, il faut leur
« permettre de procéder au moins vis-à-vis de leurs
« membres, par certaines sanctions, certaines amendes
« ou interdictions dont nous n'admettons pas la vali-
« dité au point de vue du droit civil, mais qui, au
« point de vue du droit pénal, ne peuvent être l'objet
« d'une incrimination. »

M. Tolain rappelait enfin que le projet de loi contenait un article 6, aux termes duquel « tout membre
d'un syndicat professionnel peut se retirer à tout
instant de l'association, nonobstant toute clause contraire[1] ». Il montrait ainsi que la liberté individuelle
était parfaitement respectée puisque les syndiqués ne
pouvaient être, dans aucun cas, forcés de s'incliner
devant une décision de la Chambre syndicale qui
répugnerait à leur conscience ou qui leur paraîtrait
préjudiciable à leurs intérêts.

Malgré ces explications si claires, certains orateurs,
M. Marcel Barthe entre autres, entreprirent la défense
de l'article 416 et la discussion recommença très vive,

1. *J. Off.*, Sénat. *Doc. Parl.*, p. 1118.

occupant deux séances entières, celles des 17 janvier
et 29 février 1884.

L'intervention du ministre de l'intérieur, M. Wal-
deck-Rousseau, assura enfin le triomphe de la Commission et, par 144 voix contre 117, l'article 416 fut
définitivement abrogé.

De l'abrogation de cet article 416 découlent d'importantes conséquences. C'est ainsi, par exemple, que
le fait de s'entendre et de se concerter pour organiser
une grève, ne constitue pas un délit ; de même, la
prononciation d'amendes, les défenses, les proscriptions ou interdictions ne sont nullement considérées
comme une atteinte au libre exercice de l'industrie et
du travail.

Les tribunaux ont eu déjà l'occasion de faire
application de ces principes. Le Tribunal civil de
Lyon a jugé, le 13 mai 1885[1] « que le fait de se
concerter en vue de préparer une grève n'étant plus
un délit, l'interdiction d'un établissement industriel,
prononcée par une assemblée générale d'ouvriers, ne
constitue de leur part, que l'exercice d'un droit, même
lorsqu'ils ont eu recours, pour atteindre ce but, à des
affiches et des insertions dans les journaux, pourvu
qu'on ne relève contre eux aucune obligation pouvant
nuire à l'honneur ou à la considération de cet établissement. »

« Attendu, porte le jugement, que l'art. 1er, § 1, de
la loi du 21 mars 1884 a abrogé, d'une manière
générale et absolue, la loi des 14-17 juin 1791 et
l'art. 416 du Code pénal ; que de cette abrogation, il

1. *Gazette du Palais*, 1885, 2, suppl., 133.

résulte que le fait de se concerter en vue de préparer une grève n'est plus un délit pour les patrons, ouvriers et entrepreneurs d'ouvrage, syndiqués ou non syndiqués, et que ne constituent plus une atteinte à la liberté de l'industrie et du travail, les amendes, défenses, proscriptions, interdictions prononcées par suite d'un plan concerté ;

« Attendu que l'exercice régulier d'un droit ne constitue pas une faute et ne peut donner lieu à l'application des articles 1382 et 1383 du Code civil, quelles que soient pour autrui les conséquences de ce droit régulièrement exercé ; attendu qu'en recevant et en exécutant le mandat de mettre la maison Louis en interdit, Rochet (et autres) ont exercé un droit reconnu par la loi ; qu'ils n'ont pas excédé ce qui leur était permis, en portant à la connaissance du public cette mise en interdit par les affiches et les publications dans divers journaux ; qu'en effet, défendre aux ouvriers d'user de la publication pour dire leurs griefs, convoquer leurs camarades, communiquer les décisions prises, inviter à suivre ces décisions, serait priver de toute efficacité, de tout résultat, l'acte permis de la mise en interdit par suite d'un plan concerté et qu'il est inadmissible de supposer que le législateur du 21 mars 1884 ait voulu faire une œuvre impuissante et stérile. »

Le même Tribunal civil de Lyon, par jugement du 22 janvier 1892[1], a décidé que « depuis la loi du 21 mars 1884, qui a abrogé l'art. 416 du Code pénal, la pression exercée par les ouvriers sur le patron,

---

1. *Gazette du Palais*, n° du 9 mars 1892.

même en vertu d'un plan concerté, d'une entente préalable, pour obtenir le renvoi de l'un de leurs camarades, quelque regrettable qu'elle puisse être dans certains cas, ne constitue plus un délit et que la grève, c'est-à-dire la cessation de travail décidée par suite d'un accord entre ouvriers ou patrons, est un moyen licite accordé aux uns comme aux autres, pour obtenir le succès de leurs réclamations, relatives à leurs salaires ou à leurs intérêts. »

Signalons encore un arrêt de la Cour de Grenoble, du 28 octobre 1890 [1], confirmant un jugement du Tribunal de Bourgoin, du 11 janvier 1890. Un nommé Joost poursuivait en dommages-intérêts le syndicat des ouvriers de Jallieu. Joost s'était retiré du syndicat qui, en revanche, faisait tous ses efforts pour empêcher les patrons de l'employer dans leurs usines. Le demandeur se plaignait donc d'entraves à la liberté du travail ; les défenseurs, sans nier les faits, affirmaient avoir employé des moyens légitimes dans un but licite. Le syndicat devait-il être condamné tout au moins à des dommages-intérêts, en vertu de l'art. 1382 du Code civil ? La Cour ne le pensa point.

« Attendu, dit l'arrêt, sans avoir à rechercher quelle est la véritable signification du mot « menaces » introduit par le législateur du 25 mai 1864 dans l'article 414 du Code pénal, qu'il faut tout au moins entendre par cette expression des moyens coupables, tendant à agir violemment ou frauduleusement sur la volonté de l'ouvrier ou sur celle du patron et qu'on ne saurait qualifier ainsi de simples menaces de coalition et de

1. D., 1891, 2, 241.

mise à l'interdit, puisque la coalition et la mise
à l'interdit n'ont, par elles-mêmes, rien d'illicite ;
attendu, à la vérité, que la mise à l'interdit, comme
aussi la proscription d'atelier relevé contre le Syndicat,
seraient susceptibles de caractériser l'atteinte au libre
exercice de l'industrie ou du travail prévu par l'article
416 du Code pénal, mais que cet article ayant été
expressément abrogé par la loi du 21 mars 1884 sur
les Syndicats professionnels, les faits qui s'y trouvent visés sont insuffisants désormais pour constituer
à eux seuls soit un délit pénal soit un délit civil ;

« Attendu, en effet, qu'il ressort des débats qui se
sont poursuivis pendant plusieurs années à la Chambre
et au Sénat que le législateur de 1884 a sans réserve
condamné les dispositions de l'article 416 comme
n'étant en harmonie ni avec l'essence du droit de coalition ni avec les principes de droit commun ; qu'il a
voulu dégager entièrement le droit de coalition des
entraves que lui imposait cet article tout en maintenant
les prescriptions des articles 414 et 415 du Code pénal,
destinées au contraire à en assurer le respect ; qu'il
aurait fait œuvre contradictoire en supprimant, au
point de vue pénal, les prohibitions particulières de
l'article 416 pour les conserver au point de vue civil
et qu'il s'en est évidemment référé aux dispositions des
articles 1382 et 1383 du Code civil pour la sanction à
donner à tous les actes illicites ; qu'enfin, l'interprétation qui s'impose de la loi de 1884 a été consacrée en
quelque sorte par la Chambre des députés de 1890, à
l'occasion d'une proposition de loi ayant pour objet
de réprimer les atteintes à la liberté des associations
professionnelles ;

« .... Attendu que le droit, dont se réclame dans l'espèce les membres d'un Syndicat en vertu de la loi de 1884 comporte réciprocité en faveur de ceux qui ne font partie d'aucun Syndicat, que rien n'empêcherait donc des ouvriers non syndiqués, d'obtenir de leur patron, par les mêmes procédés, le renvoi d'ouvriers syndiqués; que si, à l'expérience, de pareils agissements étaient jugés trop abusifs pour être tolérés c'est au pouvoir législatif seul qu'il appartient d'y mettre un terme, que précédemment la Chambre des députés a déjà fait un pas dans cette voie, mais dans l'intérêt des Syndicats exclusivement, lorsqu'elle a voté, le 13 mai 1890, la proposition de loi ci-dessus mentionnée.... etc. [1] »

Toutes ces décisions judiciaires nous paraissent

1. Cet arrêt de la Cour de Grenoble a été cassé par un arrêt de la Cour de cassation en date du 22 juin 1892. Voir Dalloz, 1892, 1ʳ part., p. 449. — « Attendu, dit la Cour, que l'article 7 sus-visé donne à tout membre d'un syndicat professionnel le droit absolu de se retirer de l'Association quand bon lui semble. Que si, depuis l'abrogation de l'art. 416 du C. pénal, les menaces de grève adressées, sans violence ni manœuvres frauduleuses par un Syndicat à un patron, à la suite d'un concert entre ses membres sont licites quand elles ont pour objet la défense des intérêts professionnels, elles ne le sont pas, lorsqu'elles ont pour but d'imposer au patron le renvoi d'un ouvrier, parce qu'il s'est retiré de l'association et qu'il refuse d'y rentrer. Que dans ce cas, il y a une atteinte au droit d'autrui, qui, si ces menaces sont suivies d'effet, rend le syndicat passible de dommages-intérêts envers l'ouvrier congédié, etc. » Comme on le voit, l'arrêt de la Cour de cassation, brisant l'arrêt de la Cour de Grenoble, se base sur ce fait, non pas, que le sieur Joost ayant été mis par le Syndicat dans l'impossibilité de trouver du travail, a droit par cela même, à une indemnité, mais sur ce fait, que le Syndicat dont il s'agit ayant été déterminé, en prononçant contre le sieur Joost une mise en interdit, par des sentiments d'hostilité et de malveillance, plutôt que par des considérations d'intérêt professionnel, doit réparer envers cet ouvrier, le préjudice que lui a causé son intervention dolosive.

16

avoir fait une très saine interprétation de l'article premier de notre loi. Sans doute, l'application stricte des principes que nous avons formulés, peut conduire et a conduit en effet dans certains cas, à des conséquences assez rigoureuses. C'est ainsi, par exemple, qu'on a vu plus d'une fois des ouvriers laborieux et chargés de famille, mis par un syndicat dans l'impossibilité absolue de gagner leur vie. Mais que sont ces inconvénients à côté du péril que courrait la liberté des associations syndicales, si l'on reconnaissait aux tribunaux le droit de les poursuivre, toutes les fois qu'elles décrètent une mise à l'index ou à l'interdit. Le droit de coalition reconnu aux Syndicats ne constituerait plus, dès lors, qu'un droit illusoire, et la loi de 1884 n'aurait plus aucune raison d'être.

Mais, dira-t-on, une loi qui autorise de pareils procédés est une loi immorale et souverainement injuste. Comment ! Voilà des ouvriers qui, par le seul fait qu'ils seront réunis et groupés en syndicat, auront le droit d'imposer leurs volontés à ceux-là-mêmes qui n'en font point partie ? Et, dans un pays où l'on fait résonner si fort le mot de liberté, ils pourront impunément écraser le faible et le réduire à l'impuissance ?

Nous ferons tout d'abord remarquer que le droit reconnu aux travailleurs syndiqués, d'exiger de leur patron le renvoi d'ouvriers étrangers au syndicat, ne constitue pas un privilège en leur faveur. Tous les ouvriers, quels qu'ils soient, peuvent user des mêmes armes. Rien ne s'oppose donc, comme le fait fort justement remarquer l'arrêt de la Cour de Grenoble, précité, à ce que des ouvriers non groupés en syndicat fassent tous leurs efforts pour interdire aux travailleurs syndiqués, l'accès de telle ou telle usine, de tel ou tel atelier.

Le syndicat, d'ailleurs, est loin d'avoir une liberté absolue. Nous connaissons déjà les dispositions des articles 414 et 415 du Code pénal, qui visent les violences, voies de fait ou manœuvres frauduleuses. La Jurisprudence va plus loin encore et elle décide que le syndicat, pour pouvoir exercer les droits que lui confère la loi de 1884, doit « être déterminé par des considérations d'intérêt personnel et non par des sentiments d'hostilité et de malveillance. » C'est ce qu'a jugé la Cour de cassation, brisant l'arrêt de la Cour de Grenoble, précité. C'est ce qu'a jugé, également, le 31 décembre 1891, le Tribunal de Charleville[1], quand il a rendu une Chambre syndicale civilement responsable d'une mise en interdit prononcée contre un ouvrier, non point dans le but de servir des intérêts professionnels, mais dans le but unique de diriger, contre cet ouvrier, une vexation particulière. « Attendu, dit le Tribunal, que l'intention de nuire de la Chambre syndicale est manifeste, et qu'elle doit réparation du préjudice qu'elle a occasionné par son intervention dolosive. » En conséquence, le Tribunal de Charleville condamne la Chambre syndicale à payer des dommages-intérêts à l'ouvrier qu'elle a fait injustement renvoyer en organisant une grève.

Cette décision nous paraît respecter tout à la fois et l'esprit de la loi de 1884 et les principes de droit

1. *Gaz. du Palais*, n° du 3 février 1892.

commun. On ne saurait, en effet, considérer l'indemnité accordée à l'ouvrier congédié comme la représentation pure et simple du préjudice qu'il a subi, mais
plutôt, comme une punition, comme un châtiment
infligé au syndicat qui a usé, pour en venir à ses fins,
de moyens illégaux et entachés de fraude. Le syndicat
avait, en effet, dans l'espèce outrepassé ses droits; il
s'était rendu coupable de dol, il était donc juste que
sa responsabilité fût engagée, et qu'on le mit dans
l'obligation de réparer le préjudice occasionné par son
« intervention dolosive ».

Ces considérations nous conduisent tout naturellement à parler ici d'un projet de loi présenté en 1891,
à la Chambre des députés, par M. Bovier-Lapierre,
projet de loi qui avait pour but de rappeler à certains
patrons qu'on avait fait en 1884 une loi en faveur des
associations syndicales et que cette loi, comme toutes
les lois votées et promulguées, avait droit au respect de
tous les citoyens.

La Chambre, en effet, s'était émue de certains faits.
Des patrons et surtout des Sociétés et Compagnies,
congédiaient souvent des ouvriers, pour le seul motif
qu'ils étaient affiliés à un syndicat. De pareils agissements parurent abusifs à certains députés, qui entreprirent d'y mettre un terme.

C'est ainsi que M. Bovier-Lapierre proposa à la
Chambre de donner à la loi de 1884 une sanction
pénale. Il demanda que les atteintes portées à l'exercice des droits reconnus par cette loi, aux syndicats
de patrons et ouvriers, fussent sérieusement réprimées,
faisant ressortir la contradiction choquante qui exis-

tait entre les éloges décernés à la loi de 1884 et le refus
de lui donner une sanction.

« Le Parlement, disait M. Bovier-Lapierre, en pro-
clamant la liberté des syndicats de patrons et ouvriers,
a voulu introduire un peu de justice dans l'application
de la maxime économique, qu'on appelle la loi de
l'offre et de la demande.

« Mais il ne suffit pas de proclamer un principe de
justice pour qu'il soit adopté. Il est certain, qu'après
le vote de la loi de 1884, beaucoup d'ouvriers ont été
chassés de l'usine pour avoir voulu faire partie d'associations ouvrières.

« Dans toutes les entreprises de tissage de la région
Lyonnaise et dans toutes les régions minières du Nord,
on a entrepris une véritable campagne contre la loi
du 21 mai 1884.... Voilà comment certains patrons
respectent la loi.

« On a invoqué, disait en terminant M. Bovier-
Lapierre, l'exemple de l'Angleterre. Mais l'Angleterre
a subi des crises terribles, précisément à cause de
l'opposition des Associations patronales aux Associations ouvrières. Il a fallu trente-deux années de luttes
pour arriver au système de l'arbitrage et de l'apaisement.

« Cet apaisement, on l'obtiendra en France, si la
Chambre vote la proposition qui lui est soumise.
Cette proposition constitue-t-elle une loi d'exception?
Nullement, puisqu'elle s'applique aussi bien aux
ouvriers qu'aux patrons. Quiconque, ouvrier ou patron aura entravé la liberté d'associations professionnelles sera puni. »

Ces observations, très brillamment présentées avec

faits à l'appui, touchèrent la Chambre qui, encouragée, d'ailleurs, par le Ministre de la Justice, adopta par 344 voix contre 152 la proposition de M. Bovier-Lapierre. Cette proposition était ainsi conçue :

« Quiconque, patron, contremaître, employé ou ouvrier sera convaincu d'avoir, par menace de perte d'emploi ou de privation de travail, refus motivé d'embauchage, renvoi d'ouvriers ou employés, à raison de leur qualité de syndiqués, violences ou voies fait dans offres ou promesses de travail, entravé ou troublé la liberté des Associations professionnelles ou empêché l'exercice des droits déterminés par la loi du 21 mars 1884, sera puni d'un emprisonnement d'un mois à trois mois et d'une amende de 100 à 2,000 francs. »

Ce projet de loi présenté au Sénat dans les derniers joursde décembre 1890 fut repoussé par la Commission à la presque unanimité. Le rapporteur, M. La Caze, prononça un discours très étendu, dans lequel, tout en rendant hommage aux excellentes intentions qui avaient animé son auteur, il n'hésitait pas à déclarer que la proposition de M. Bovier-Lapierre, si elle était adoptée, entraînerait les plus funestes conséquences. — « Voter la loi Bovier-Lapierre, disait en terminant M. La Caze, ce serait opposer à une loi de liberté, une loi de privilège et de combat, qui ne serait pas moins funeste aux ouvriers qu'aux patrons, qui compromettrait le travail national et serait un obstacle à la paix sociale. »

M. Tolain répondit au rapporteur. Ce serait une erreur de croire qu'il entreprit la défense de la proposition Bovier-Lapierre. Il reprocha seulement à

M. La Caze d'en avoir grossi l'importance, ajoutant
que si cette loi était un jour votée, elle prouverait sans
doute dans la pratique qu'elle était loin d'être aussi
dangereuse qu'on voulait bien le prétendre.

Puis, M. Tolain, sans d'ailleurs aborder la discussion
du projet quant au fond, faisait remarquer que l'article
1780, remanié comme il avait été par le Sénat, répondait en partie aux nécessités qui avaient provoqué la
loi Bovier-Lapierre et que, si la Chambre voulait bien
adopter le projet sur les contrats de louage tel qu'il
était sorti des délibérations du Sénat, il serait toujours
temps d'examiner plus tard, s'il restait encore quelque
chose à faire pour protéger les Syndicats. Il concluait,
en demandant au Sénat, l'ajournement de la discussion.

Les conseils de M. Tolain furent entendus et, malgré
une vive opposition, l'ajournement fut prononcé à une
forte majorité.

Le 25 mai 1891, à la suite de diverses difficultés sur-
venues entre la Compagnie des omnibus de Paris et
ses employés et, notamment, à la suite du renvoi par
la Compagnie, d'organisateurs des syndicats de cochers
et conducteurs, une grève générale fut déclarée. La
Compagnie, après avoir vainement lutté, se vit contrainte de réintégrer dans leurs fonctions, les employés
révoqués par elle depuis le 1er mai, et de faire
droit à quelques autres de leurs revendications.

Certains députés, qui avaient joué un rôle très actif
dans le vote de la proposition Bovier-Lapierre, jugèrent
l'occasion favorable pour renouveler leurs tentatives.
Ils écrivirent donc à Monsieur le Président du Conseil,
le priant d'intervenir auprès du Sénat, afin que la discussion précédemment ajournée fut enfin reprise. Le

1er juin 1891, M. Basly interpellait le Garde des Sceaux et lui demandait de fournir des explications sur son attitude à l'égard des Compagnies qui, tous les jours, entravaient le libre fonctionnement des Syndicats professionnels. Le 3 juin, M. Dumay interpellait à son tour sur les mesures prises par les Compagnies d'Orléans contre les ouvriers des chemins de fer, membres de Syndicats professionnels.

Leurs vœux furent enfin satisfaits et le Sénat, dans la séance du 18 juin 1891, entreprit à nouveau la discussion du projet déjà voté par la Chambre des députés. Plusieurs séances furent consacrées à cette importante question. Un grand nombre de sénateurs prirent part aux débats et firent preuve, dans cette longue discussion générale des plus brillantes qualités oratoires.

Cependant, les adversaires de la loi Bovier-Lapierre sortirent vainqueurs du tournoi. Dans la séance du 21 juin 1891, le Sénat, par 185 voix contre 40, repoussa le projet, malgré l'intervention du Garde des Sceaux, qui fit tous ses efforts pour en assurer le triomphe.

Devons-nous applaudir au vote du Sénat, ou ne faut-il pas déplorer au contraire que la proposition Bovier-Lapierre n'ait pas abouti ? C'est là une grave question, diversement résolue, et qui, à cette heure même, est encore à l'ordre du jour [1]. S'il nous fallait cependant exprimer notre avis et choisir entre ces deux opinions, nous n'hésiterions pas assurément à

1. Un nouveau projet de loi a été, en effet, déposé par M. Bovier-Lapierre et ses amis, projet dont la Chambre a commencé la discussion, le 21 mars 1892.

adopter celle qui se dégage des délibérations du Sénat et qui considère le projet Bovier-Lapierre, comme une loi dangereuse, en tous les cas contraire à la liberté.

Quels sont, en effet, les arguments que font valoir à l'appui de leur thèse, les partisans de la proposition Bovier-Lapierre ?

La loi de 1884, disent-ils, a entendu donner aux ouvriers, un droit qui leur était refusé jusqu'alors : celui de s'associer pour discuter et défendre leurs intérêts professionnels. Or, comment admettre une discussion efficace entre l'employeur et l'employé, si celui-ci n'a pas la faculté de se grouper, de donner à ses revendications une expression légale et forte ? La grève ne doit être considérée que comme un fait de guerre, un moyen barbare et primitif de régler les conflits d'intérêts entre le capital et le travail. Si l'on veut éviter la grève, il faut donner à l'ouvrier le sentiment de sa dignité et de sa force collective, il faut lui permettre de débattre utilement ses intérêts. Eh bien ! c'est là justement le droit que leur refusent les patrons. La loi de 1884, animée d'un esprit si généreux et si libéral, cette loi de 1884, à laquelle tous les orateurs tant à la Chambre qu'au Sénat ont rendu hommage, n'a été acceptée qu'avec défiance par certains patrons. Ceux-ci n'ont vu trop souvent en elle, qu'un moyen de combat contre leur autorité, au lieu d'y voir un instrument de pacification et d'entente et, comme ils se savaient à l'abri de toutes poursuites judiciaires, la loi de 1884 étant dépourvue de sanction pénale, ils ont abusé de leur pouvoir, pour empêcher les ouvriers de se syndiquer.

C'est ainsi, concluent les défenseurs de la proposition Bovier-Lapierre, que le principe de justice sociale proclamé en 1884, n'apparaît plus aujourd'hui que comme un vain mot, comme une formule sans utilité et sans valeur. La loi qui autorise et encourage même les associations professionnelles est chaque jour impunément violée et elle restera lettre morte, jusqu'à ce que le législateur se décide enfin à réprimer, d'une façon sérieuse, les atteintes portées à l'exercice des droits que la loi de 1884 a si sagement reconnus à la démocratie laborieuse.

Il y a, dans ces observations, quelque part de vérité. Il est très regrettable, en effet, que certains patrons puissent impunément violer la loi et frapper d'ostracisme un ouvrier, uniquement parce qu'il fait partie d'une association. Des abus scandaleux se sont produits; cela n'est malheureusement que trop vrai, et on ne peut qu'encourager les hommes de cœur qui font tous leurs efforts pour y mettre un terme. Mais, si ces tentatives sont louables en elles-mêmes, s'il est légitime, en même temps que conforme à l'humanité, de prendre le parti du faible contre le fort, on ne doit pas, cependant, dépasser les bornes de la justice. Il ne faut pas, que pour protéger les droits de l'ouvrier, on lèse les droits du patron qui sont aussi légitimes; il faut la liberté pour tous; il ne faut de privilège pour personne. Il ne faut pas enfin qu'au nom même de la liberté, on puisse porter atteinte à la liberté.

Or, c'est là justement le reproche que nous adressons à la loi Bovier-Lapierre. En votant en effet la loi de 1884, on a en même temps abrogé l'article 416 qui punissait d'un emprisonnement ou d'une amende,

quiconque, patron ou ouvrier, portait atteinte au
libre exercice de l'industrie ou du travail. Par suite
de cette abrogation, les patrons sont libres même de
se concerter pour mettre en interdit certains syndicats, comme les ouvriers sont libres, d'ailleurs, de
se concerter pour mettre en interdit certains ateliers.
Cette liberté, nous l'avons déjà reconnu, peut avoir
de graves inconvénients, mais, au moins, il n'y a là
ni privilège, ni inégalité. La situation est la même
pour tous. Or, ce qui caractérise, à notre avis, la loi
Bovier-Lapierre, c'est qu'elle est faite uniquement au
profit des ouvriers contre les patrons, et que le mot
de patron qui figure dans le texte n'est que pour
donner le change et pour faire croire à une impartialité qui est absente.

Et puis, si l'on va un peu au fond des choses et si
l'on considère le projet qui nous occupe au point de
vue du droit pénal, on se demande de quelle nature
est ce délit qui consiste uniquement dans l'intention.
L'acte du renvoi d'un ouvrier est évidemment légitime. L'intention, le patron ne l'avoue pas, il n'est
pas si naïf; les tribunaux auront donc à l'analyser, à
se demander si elle est coupable. Jusqu'ici les magistrats scrutaient les intentions, pour savoir si elles
n'étaient pas de nature à atténuer un acte coupable.
Avec la nouvelle loi, ils auraient à rechercher si une
intention coupable ne permet pas de condamner un
acte innocent. Théorie bizarre, en vérité, et qui serait
en tous les cas, tout à fait en opposition avec les
principes qui régissent notre législation pénale.

Ajoutons qu'il n'est pas difficile de prévoir à quelles
extrémités fâcheuses on en arriverait, s'il était permis

à tout ouvrier congédié par son patron, de le poursuivre devant les Tribunaux. Les ouvriers syndiqués seraient dès lors considérés par les patrons comme une peste, et le nom seul de patron serait détesté par les ouvriers. De là une haine et une défiance réciproques qui rendraient le patronat impossible et porteraient en même temps un rude coup à l'industrie.

Telles sont les réflexions que nous suggère la lecture du texte présenté aux Chambres par M. Bovier-Lapierre. Il vaut mieux, croyons-nous, prêcher aux travailleurs la paix et la conciliation, que d'édicter des pénalités contre les patrons et déchaîner ainsi la guerre des classes.

C'est aussi l'opinion d'un grand nombre d'ouvriers qui écrivent, dans le *Moniteur des Syndicats ouvriers;* ces sages paroles : « Nous tenons pour certain que l'aggravation du désaccord, en admettant qu'elle soit nuisible aux patrons, serait néanmoins désastreuse pour les ouvriers, attendu que le mal des uns ne guérirait nullement celui des autres et que les ouvriers seraient plus malheureux encore qu'auparavant. »

Mais alors, dira-t-on, le malheureux ouvrier qu'un patron, qu'une compagnie renvoie sous prétexte qu'il fait partie d'un syndicat, sera-t-il désormais sans ressources, sans moyens de défense ?

Il y a, à notre avis, plusieurs moyens pour écarter de pareilles éventualités. Il nous paraît tout d'abord nécessaire de faire rentrer les syndicats dans la légalité, de mettre un terme aux excitations, aux violences de langage, aux provocations à la grève qui sont rarement le fait des ouvriers eux-mêmes, mais bien plutôt de personnalités étrangères aux Syndicats.

Lorsque ce progrès sera accompli, lorsqu'on aura fait comprendre aux travailleurs que leur véritable intérêt leur défend de prêter l'oreille aux prédications révolutionnaires et d'accueillir dans leur sein ces orateurs ambitieux et de mauvaise foi, qui, loin de chercher à améliorer leur sort, ne cherchent qu'à les exploiter; lorsqu'en un mot, les syndicats ouvriers auront cessé de se présenter aux yeux de tous comme des foyers d'action politique, pour ne constituer plus que des centres sérieux d'études économiques et sociales, nous sommes persuadé que tout rentrera dans l'ordre et que les patrons, soucieux eux aussi de leurs véritables intérêts, n'hésiteront pas à faire droit à des revendications légitimes, sans qu'il soit besoin, pour cela, d'une loi d'exception qui, certes, n'est pas de nature à calmer les esprits et à ramener la paix dans l'atelier et dans l'usine.

A côté de ces garanties tirées de l'ordre moral, l'ouvrier a, d'ailleurs, ne l'oublions pas, des garanties réelles et plus efficaces. Nous avons indiqué plus haut, que M. Tolain, en demandant au Sénat l'ajournement de la loi Bovier-Lapierre, avait présenté l'article 1780 du Code civil comme pouvant répondre, du moins à l'heure présente, aux nécessités qui avaient provoqué cette proposition. Cet article, modifié par la loi du 27 décembre 1890 est, en effet, conçu en ces termes :

« Le louage de service, fait sans détermination de durée, peut toujours cesser par la volonté d'une des parties contractantes.... Néanmoins, la résiliation du contrat par la volonté d'un seul des contractants peut donner lieu à des dommages-intérêts.

« Pour la fixation de l'indemnité à allouer, le cas
échéant, il est tenu compte des usages, de la nature
des services engagés, du temps écoulé, des retenues
opérées et des versements effectués en vue d'une
pension de retraite, et en général de toutes les circonstances qui peuvent justifier l'existence et déterminer
l'étendue du préjudice causé.

« Les parties ne peuvent renoncer à l'avance au
droit éventuel de demander des dommages-intérêts en
vertu des dispositions ci-dessus. »

L'ouvrier qui se prétend lésé dans ses intérêts, peut
donc facilement obtenir justice. Toutes les fois qu'il
aura été injustement congédié, il pourra poursuivre
son patron devant les tribunaux et il obtiendra des
dommages-intérêts, malgré toutes les clauses contraires
pouvant exister dans les contrats et les règlements
d'ateliers : c'est ce qui a été jugé le 5 mai 1891, par le
tribunal de commerce de la Seine[1].

« Attendu que d'Henry et Cie soutiennent que le
règlement de leur établissement, accepté par tout leur
personnel, stipule, notamment en son article premier,
que : « Tout employé quels que soient son sexe et sa spé-
« cialité, pourra être remercié le jour même, sans qu'il
« puisse réclamer une indemnité quelconque ; » qu'en
raison de l'acquiescement tacite de Richardot à ce
règlement, celui-ci ne saurait être fondé en sa demande
d'indemnité ; mais, attendu qu'il est établi que le demandeur est entré au service d'Henry et Cie en janvier
1891, c'est-à-dire postérieurement à la loi du 27 décem-

1. *Gaz. Pal.*, 91, 1, 664. — Voir dans le même sens Reims (Justice
de Paix) 6 juin 1891 (*Gaz. Pal.*, 91, 2, 325).

bre 1890 ; que cette énonciation portée audit règlement
est nulle de plein droit comme contraire à la loi précité;
qu'il échet, dès lors, seulement de rechercher si le
renvoi a eu des causes légitimes ; et attendu qu'à cet
égard, d'Henry et Cie ne justifient pas de motifs
suffisants pour expliquer le brusque congédiement de
leur employé, que ce renvoi a fait éprouver à ce dernier un préjudice dont les défendeurs lui doivent
réparation, etc..... »

Voilà une interprétation tout à fait sage de la loi de
1890, loi excellente à nos yeux, et tout à fait conforme
aux principes de justice qui doivent exister dans les
rapports entre patrons et ouvriers. Que les travailleurs
soient donc désormais sans craintes. Qu'ils accomplis-
sent consciencieusement leurs devoirs ; ils sont placés
sous la sauvegarde bienveillante de la loi qui saura,
en toute circonstance, assurer le respect de leurs
droits. S'il en est ainsi, pourquoi faire l'honneur à la
proposition Bovier-Lapierre d'une plus longue discussion ? Il est évident qu'une pareille loi, si elle était
votée, aurait pour résultat de jeter dans les esprits,
une exaltation dangereuse, et d'envenimer le conflit
déjà malheureusement trop accentué entre les deux
éléments de la production, à savoir : le capital et le
travail.

SECTION II

Textes déclarés inapplicables aux Syndicats professionnels

Le législateur de 1884, après avoir abrogé la loi de 1791 et l'article 416 du Code pénal, indique ensuite certaines dispositions pénales qui ne sont pas applicables aux Syndicats professionnels. Ce sont les articles 291, 292, 293 et 294 du C. P. et aussi, la loi de 1834 sur les associations. Ces textes sont ainsi conçus :

« Art. 291. — Nulle association de plus de vingt personnes dont le but sera de se réunir tous les jours ou à certains jours marqués, pour s'occuper d'objets religieux, littéraires, politiques ou autres, ne pourra se former qu'avec l'agrément du gouvernement et et sous les conditions qu'il plaira à l'autorité publique d'imposer à la Société.

« Dans le nombre des personnes, indiqué dans le présent article, ne sont pas comprises celles domiciliées dans la maison où l'association se réunit. »

« Art. 292. — Toute association de la nature ci-dessus exprimée, qui sera formée sans autorisation, ou qui, après l'avoir obtenue, aura enfreint les conditions à elle imposées, sera dissoute.

« Les chefs, directeurs ou administrateurs de l'association, seront en outre punis d'une amende de 16 à 200 francs. »

« Art. 293. — Si par discours, exhortations, invocations ou prières, en quelque langue que ce soit, ou par lecture, affiches, publication ou distribution d'écrits quelconques, il a été fait, dans ces assemblées, quelque provocation à des crimes ou à des délits, la peine sera de 100 francs à 300 francs d'amende, et de trois mois à deux ans d'emprisonnement contre les chefs, directeurs et administrateurs de ces associations, sans préjudice des peines plus fortes qui seraient portées par la loi contre les individus personnellement coupables de la provocation, lesquels, en aucun cas, ne pourront être punis d'une peine moindre que celle infligée aux chefs, directeurs et administrateurs de l'association. »

« ART. 294. — Tout individu qui, sans la permission de l'autorité municipale, aura accordé ou consenti l'usage de sa maison ou de son appartement, en tout ou en partie, pour la réunion des membres d'une association, même autorisée, ou pour l'exercice d'un culte, sera puni d'une amende de 16 fr. à 200 fr. »

Loi du 10 avril 1834 sur les Associations.

« ART. Ier. — Les dispositions de l'article 291 du Code pénal sont applicables aux associations de plus de vingt personnes, alors même que ces associations seraient partagées en sections d'un nombre moindre, et qu'elles ne se réuniraient pas tous les jours ou à des jours marqués. L'autorisation donnée par le gouvernement est toujours révocable. »

De semblables dispositions, qui rendaient impossible toute association de plus de vingt personnes étaient,

17

on le voit, absolument incompatibles avec le fonctionnement des Syndicats. Il était donc nécessaire de
faire disparaître cette contradiction. Or, il y avait deux
moyens de résoudre la difficulté : ou bien on abroge-
rait purement et simplement les textes que nous venons
de citer, organisant d'une façon complète la liberté
d'association ; ou bien, tout en conservant dans notre
législation pénale, les articles 291, 292, 293 et 294 du
C. P., ainsi que la loi de 1834, on les déclarerait inapplicables aux Associations professionnelles. C'est à ce
dernier parti que s'arrêta le législateur, malgré l'opposition très vive d'un assez grand nombre de députés et
sénateurs qui firent tous leurs efforts, pour arracher à
la majorité l'abrogation pure et simple des textes en
discussion.

Certains auteurs ont soutenu que des dispositions
pénales autres que celles énumérées par l'article 1er, § 2
ne s'appliqueraient pas non plus aux Syndicats. Tel
serait par exemple l'article 419 du Code pénal.

Cet article, on le sait, frappe de certaines peines
ceux qui amènent la hausse ou la baisse des denrées,
marchandises ou papiers et effets publics au-dessus et
au-dessous des prix qu'aurait déterminés la concurrence naturelle et libre du commerce, et cela, par
divers moyens que la loi énumère, notamment, « par
réunion ou coalition entre les principaux détenteurs
d'une même marchandise ou denrée, tendant à ne la
pas vendre ou à ne la vendre qu'à un certain prix. »
Ces pénalités sont aggravées par l'art. 420, dans le
cas où les manœuvres portent sur des denrées de première nécessité.

Nous pensons que les dispositions contenues dans

l'article 419, peuvent parfaitement se concilier avec la loi de 1884 sur les Syndicats professionnels. Evidemment, les Syndicats se trouveront un peu gênés par les restrictions de l'article 419, mais, qui les oblige, pour défendre leurs intérêts économiques, à entreprendre de formidables accaparements. Ils peuvent sans cela arriver à une grande extension et rendre d'immenses services. L'article 419 s'appliquera donc : toute coalition même loyale pour la hausse ou la baisse du prix des marchandises ou denrées, prévue par cet article, sera interdite aux Syndicats professionnels régulièrement constitués [1].

1. Voir en ce sens.—RAOUL JAY : « L'art. 419 du Code pénal et les Syndicats professionnels, en note d'un arrêt de la cour de Paris du 28 février 1888. » — SIREY, 89, II, 49. — Voir en sens contraire. — BOULLAY : *Code des Synd. prof.*, n° 153 et *seq.*

CHAPITRE II

Composition des Syndicats professionnels.

Les Syndicats professionnels, comme nous venons de le voir dans le précédent chapitre, sont affranchis des entraves et des restrictions qui, dans notre pays, s'opposent à l'exercice de la liberté d'association.

Cela étant, il devenait de la plus haute importance, que le législateur déterminât avec précision, ce qu'il entendait par ces mots : Syndicats professionnels ; il lui fallait de toute nécessité, définir avec exactitude la nature et le caractère de ces Sociétés particulières, les marquer en quelque sorte d'un signe distinct qui puisse facilement les faire reconnaître. Il lui fallait enfin prendre toutes les précautions, toutes les mesures, pour que les avantages qu'il leur reconnaissait, ne fussent pas usurpés par des personnes absolument étrangères aux intérêts professionnels qui, au grand préjudice des tentatives corporatives, détourneraient l'association de son but propre, et la transformeraient en société politique ou religieuse.

De là, notre article 2, ainsi conçu : « Les Syndicats ou Associations professionnelles, même de plus de vingt personnes, exerçant la même profession, des métiers similaires ou des professions connexes concourant à l'établissement de produits déterminés, pourront se constituer librement et sans l'autorisation du gouvernement. »

Ainsi, en vertu de ce texte, pour qu'un certain nombre de personnes puissent constituer librement un Syndicat, il faut, condition primordiale, qu'elles exercent une profession.

Mais ici, on nous arrête, et on nous demande de définir ce que le législateur de 1884 a voulu exprimer par le mot profession. La question, nous fait-on observer, a une importance capitale, puisque, suivant que l'on donnera au mot qui nous occupe, telle ou telle interprétation, la loi de 1884 pourra sortir des effets tout à fait différents. Qu'est-ce donc qu'une profession ? En quoi consiste-t-elle, d'une manière exacte ? La définition est moins facile qu'il ne semblerait de prime abord. Le mot profession est, en effet, très élastique et susceptible d'être entendu sous les acceptions les plus diverses. C'est ainsi, par exemple, qu'on dira d'un serrurier, d'un peintre, d'un tailleur, qu'ils exercent une profession ; tandis, qu'aux yeux du vulgaire, le propriétaire-agriculteur passera pour n'en exercer aucune et sera dit, sans profession. Tantôt encore on oppose les professions manuelles, aux professions libérales, etc., etc. Or, il s'agit de savoir, à quel sens le législateur de 1884 a entendu se référer, il s'agit de s'arrêter enfin à une définition.

La question, à notre avis est loin d'être aussi difficile à résoudre qu'on a bien voulu le prétendre. Il est à remarquer, tout d'abord, que la loi de 1884 emploie le mot profession tout court, et sans le faire suivre d'aucune épithète. Elle n'établit ainsi aucune distinction entre les professions manuelles et les autres profes-

sions. D'un autre côté, la loi sur les Syndicats professionnels est, on l'a répété sur tous les tons, une loi
libérale et qui doit être interprétée le plus largement
possible. S'il en est ainsi, il nous paraît tout naturel,
il nous paraît indispensable de prendre le mot profession dans son sens le plus général et le plus étendu.

Doivent dès lors, selon nous, être considérés comme
exerçant une profession et comme capables par conséquent, d'entrer dans un Syndicat, tous ceux qui se
livrent à l'*exercice habituel et régulier de certains travaux*, que ces travaux soient ou non rémunérés, qu'ils
soient ou non productifs de richesses matérielles.

Ainsi, dans l'esprit de la loi de 1884, des médecins,
professeurs, journalistes ou toutes autres personnes
exerçant des professions dites libérales, pourront valablement former des Associations professionnelles, au
même titre que des charpentiers, menuisiers, forgerons
ou autres travailleurs proprement dits.

Cette opinion, qui nous paraît absolument conforme
à la pensée du législateur de 1884, est loin cependant
d'être universellement acceptée. Nous verrons, en effet,
en traitant de l'objet des Syndicats, que la jurisprudence n'a pas voulu jusqu'ici reconnaître à notre loi
une portée aussi étendue, et qu'elle a refusé le bénéfice
de l'association professionnelle, à certaines professions
libérales qui voulaient se prévaloir de la loi de 1884.

Aux termes de notre article 2, il ne suffit point aux
personnes qui veulent fonder un Syndicat d'exercer
des professions quelconques ; il faut, de plus, qu'elles
exercent la même profession, des métiers similaires ou
des professions connexes, concourant à l'établissement
de produits déterminés. Qu'entend par là, le législa-

teur? Les travaux préparatoires sont à ce point de vue très instructifs.

Le projet du gouvernement parlait de personnes « exerçant la même profession ou le même métier. » On redoutait alors, de voir naître des sociétés politiques ou religieuses sous le nom de Syndicats et on croyait pouvoir prévenir ce danger, en exigeant des membres du Syndicat, l'exercice d'une même profession ou d'un même métier.

La Commission de la Chambre des députés jugea ces termes trop restrictifs et, désireuse d'étendre le bénéfice de la loi à toutes les professions qui, sans être absolument identiques, présentaient cependant entre elles une certaine parenté, elle proposa la rédaction suivante : « exerçant la même profession ou des métiers similaires ». Cette définition parut trop étroite encore, et la deuxième commission du Sénat, chargée d'examiner le projet revenant de la Chambre, proposa et fit adopter la rédaction actuelle. Le rapporteur, M. Tolain, en explique les termes : « Vous vous rappelez, dit l'honorable sénateur, que lors de la première délibération, quand il s'est agi de déterminer quels étaient les ouvriers qui pourraient composer des Syndicats, on a indiqué tout naturellement les ouvriers exerçant la même profession, en ajoutant : « et des « métiers similaires ». Mais les explications qui ont été données par les différents orateurs que vous avez entendus, ont démontré que le mot similaire n'était pas compris de la même façon par tout le monde. Les uns traduisaient le mot similaire par : qui est de même nature, qui est semblable ou analogue, c'est-à-dire qu'ils admettaient que les ouvriers travaillant, soit le fer, soit le bois, et dont les métiers divers comportent certains points communs à tous, exercent des professions similaires. Les autres, au contraire, semblaient donner au mot *similaire*, une extension beaucoup plus grande, et admettre, en conséquence, qu'il pourrait se créer des associations constituées de professions, formant une grande famille industrielle, comme l'industrie du bâtiment qu'on a citée. Eh bien! on change évidemment la valeur réelle et la signification du mot *similaire*, si on l'applique à toutes les professions que comprend l'industrie du bâtiment depuis les tailleurs de pierre jusqu'aux vitriers et aux peintres. Ce sont là, des professions qui se commandent, qui sont connexes, mais non pas des professions similaires dans la véritable acception du mot.

« C'est pour donner à l'article 2 une rédaction plus claire et plus précise, que la Commission, sans rien changer au reste de l'article, a ajouté le membre de phrase : « ou des professions connexes, concourant à l'établissement de produits déterminés. »

Il ressort de ces explications, que trois catégories de personnes peuvent prétendre au bénéfice de la loi de 1884 et former entre elles des Associations syndicales. Ce sont : 1° Celles qui exercent une profession absolument identique, comme par exemple les maçons. 2° Celles qui exercent des professions similaires, la similitude résultant de l'analogie des opérations. On peut citer comme exemple de professions similaires, toutes les industries de tissage, qu'elles s'appliquent au lin, au chanvre, au coton, à la soie, etc., etc. De même, les boulangers et pâtissiers exercent des professions similaires. 3° Celles enfin qui, tout en se livrant à des travaux dissemblables, concourent cependant à l'établissement d'un produit déterminé. L'exemple des industries du bâtiment est un des plus frappants que l'on puisse choisir. On voit par là, que les Syndicats professionnels peuvent réunir un nombre illimité de membres, pourvu que ceux-ci aient, en raison du métier qu'ils exercent, quelques points de contact, quelque relation intime. Quant au point de savoir s'il y a identité, similitude ou connexité entre des professions données, c'est là une question de fait, que la nomenclature la plus complète n'eût pu définir et dont l'appréciation est réservée aux tribunaux. « Nous sommes donc réduits, disait M. Tolain, à reconnaître que ce qui est similaire ne pourra ressortir que de l'appréciation des intéressés, ou du gouvernement, ou des tribunaux.

La Cour de Paris a fait application de ce principe, dans un arrêt du 4 juillet 1890, en prononçant la dissolution de la *Chambre Syndicale des professeurs libres, hommes et dames.* « Considérant, que les termes de ces articles (2 et 3), aussi bien que les discussions qui ont précédé le vote de la loi, démontrent manifestement que la faculté de se syndiquer a été subordonnée à une double condition : 1° L'existence d'une même profession ou, tout au moins, d'un métier similaire ; 2° l'existence entre les membres d'une communauté d'intérêts de la nature de ceux exprimés en l'article 3…. ; considérant, que le Syndicat fondé et administré par Cadiot sous le titre de *Chambre Syndicale des Professeurs libres, hommes et dames,* comprend au nombre de ses membres, non seulement des professeurs de belles lettres, sciences et autres arts libéraux, des répétiteurs, des maîtres et surveillants, mais encore des personnes se disant professeurs de menuiserie, de couture, coupe, assemblage et autres travaux manuels, et jusqu'à des concierges, gardiens et lingères pour maîtres de pensions et chefs d'institutions.

« Qu'il n'existe.... ni identité, ni similitude de profession, ni communauté d'intérêts économiques, commerciaux, industriels et agricoles entre les différents membres du Syndicat....; déclare Cadiot coupable d'avoir, en 1889, fondé et administré un Syndicat entre personnes n'exerçant pas la même profession, des métiers similaires ou des professions connexes et n'ayant entre elles aucune communauté d'intérêts économiques.... »

Lors de la première discussion qui eut lieu à la Chambre des députés, M. Beauquier déposa un amendement, aux termes duquel les Associations syndicales étaient autorisées entre ouvriers de métiers divers, dans les villes de moins de 20,000 âmes. L'honorable député faisait en effet cette observation, que, dans les centres de populations peu nombreux, on ne trouverait pas un nombre suffisant de travailleurs exerçant la même profession ou des professions similaires, pour pouvoir former une Association syndicale. « Or, demandait M. Beauquier, ne serait-il pas souverainement injuste de condamner ces ouvriers des petits centres à l'isolement, de leur refuser le droit de se former en associations et de défendre leurs intérêts, non pas seulement leurs intérêts professionnels, mais les intérêts généraux des ouvriers et des travailleurs. »

La Chambre ne se laissa pas émouvoir par de pareils

arguments. Le rapporteur de la Commission, M. Allain-Targé, montra avec évidence que les reproches adressés par M. Beauquier à la loi nouvelle n'étaient nullement fondés et que l'article 2, conçu d'ailleurs dans les termes les plus généraux, ne s'opposait en aucune façon à ce que deux, trois ou quatre ouvriers du même métier ou de professions similaires ne constituassent un Syndicat. « Nous ne pouvons pourtant pas, ajoutait spirituellement le rapporteur, faire une loi d'association pour un individu. »

Dans sa réponse à M. Allain-Targé, M. Beauquier entreprit en vain de justifier sa proposition. M. Martin Nadaud, qui lui succéda à la tribune, s'éleva avec véhémence contre un amendement qui avait pour but de réunir dans une même association, des travailleurs dont les intérêts professionnels étaient tout à fait différents.

« Mais, mon cher M. Beauquier, s'écriait l'orateur, est-ce que par exemple un imprimeur peut faire une association avec un tailleur de pierre ou avec des maçons; qu'est-ce que vous voulez que je fasse moi-même, avec un perruquier ou un tailleur. »

La théorie de M. Beauquier était, en effet, impossible à soutenir. Elle partait de ce principe faux, que les Associations syndicales doivent être considérées uniquement comme des cercles d'études sociales destinés à sauvegarder les intérêts généraux des ouvriers, en tant que salariés et que travailleurs, tandis qu'au contraire, elles doivent être, avant tout, comme le faisait remarquer avec raison M. Nadaud, un moyen de défendre, de protéger les intérêts de la profession commune en même temps que de développer, par l'accord des intel-

ligences et des volontés, sa force et son activité productrice.

Du reste, et en se plaçant même au point de vue
envisagé par M. Beauquier, c'est-à-dire en considérant
les Associations syndicales comme des cercles d'études
sociales, on voit sans peine que ses observations ne
portaient pas, puisque l'article 5, qui autorise les
unions de Syndicats permettait par cela même de porter
remède aux inconvénients signalés par l'orateur et
résultant de la pénurie des membres d'un même métier
ou profession.

C'est ce que pensa la Chambre des députés qui fit,
selon nous, œuvre de sagesse en repoussant à une forte
majorité, l'amendement de M. Beauquier.

Donc, aujourd'hui, aucune distinction entre les
grands centres et les petites localités. Partout, pour
former un Syndicat, il faut remplir les conditions de
l'article 2.

Mais en dehors de cette condition essentielle exigée
par l'article 2, à savoir l'exercice d'une profession,
est-il nécessaire, pour pouvoir être membre d'un
Syndicat, d'avoir une capacité spéciale ? La loi garde
le silence sur ce point, et, des travaux préparatoires,
on peut conclure qu'aucune autre condition de capacité n'est requise.

Il résulte de ces explications, qu'un Syndicat peut
être composé de membres venant de tous les points
du territoire; aucune disposition ne les oblige en effet
à habiter la même localité.

De même, l'article 2, ne faisant aucune restriction
sur la composition des Syndicats, il faut en conclure
que les femmes et les étrangers peuvent en faire

partie[1], à condition, bien entendu, que les uns et les autres, puissent valablement contracter. C'est ce que déclare une circulaire du Ministre de l'Intérieur, ainsi conçue :

« 1° Un Syndicat peut recruter ses membres dans toutes les parties de la France ;

« 2° Les étrangers, les femmes, en un mot tous ceux qui sont aptes, dans les termes de notre droit, à former des conventions régulières, peuvent faire partie d'un Syndicat. »

En conséquence, un mineur autorisé de ses père et mère ou de son tuteur pourra entrer dans un Syndicat. De même, la femme mariée pourra faire partie d'une association de ce genre, si elle justifie de l'autorisation de son mari, ou, à son défaut, de l'autorisation de la justice. Quant à la femme mariée et au mineur émancipé, ils pourront sans autorisation spéciale faire partie d'un Syndicat, si, conformément aux articles 2 et 4 du

---

1. Un sénateur, M. Lalanne, avait proposé une disposition additionnelle à l'art. 2, tendant à exclure des Associations professionnelles, les femmes, les mineurs et les étrangers ; le Sénat refusa de prendre la proposition en considération. — Voir séance du 23 février 1884. *J. Off.*. 1884 : Sénat, *Déb. Parl.*, p. 477. — Nous ne pouvons qu'applaudir à cette décision. Les femmes, en effet, les mineurs tout comme les hommes ont parfois de puissants intérêts professionnels à défendre.

On ne voit pas, dès lors, pour quelles raisons on leur fermerait la porte des Syndicats. Ce serait les placer de parti pris dans une condition inférieure, ce qui ne se comprendrait guère sous un régime de liberté. Quant aux étrangers, quoique la question soit plus délicate, on peut dire d'une façon générale que la prospérité de notre pays est intéressée à ce qu'on les accueille à bras ouverts dans nos Associations syndicales. Et pourquoi se montrerait-on ridiculement sévères, à l'égard de travailleurs qui viennent mettre leurs bras et leur intelligence au service de notre industrie ?

Code de commerce, ils ont été autorisés à faire le commerce.

En ce qui concerne les étrangers, notre loi ne contient qu'une disposition particulière qui a déjà donné lieu, comme nous le verrons plus tard, à de nombreuses réclamations : « Les membres de tout Syndicat professionnel, chargés de l'administration ou de la direction de ce Syndicat, devront être Français et jouir de leurs droits civils. »

Rappelons aussi pour mémoire, la disposition de l'article 10, § 2 : « Dans les trois colonies où la loi de 1884 est applicable, les travailleurs étrangers et engagés sous le nom. d'immigrants, ne pourront faire partie des Syndicats. Cette disposition ne s'applique pas, cependant, aux travailleurs français étrangers à la colonie et par suite immigrants. » C'est ce que M. Tolain a formellement déclaré au Sénat[1].

Il faut remarquer, d'ailleurs, que la loi sur l'Internationale, du 14 mars 1872, continue à être en vigueur : Sera donc poursuivie, toute association internationale qui aura pour but de provoquer à la suspension du travail, à l'abolition du droit de propriété, de la famille, de la patrie, de la religion ou du libre exercice des cultes.

De la règle que nous venons d'établir, à savoir que l'exercice d'une profession est nécessaire et suffisant pour faire partie d'un Syndicat, découlent des conséquences très importantes.

C'est ainsi, par exemple, que des patrons et ouvriers exerçant soit la même profession, soit des professions

1. *J. Off.* 1884 : Sénat., *Déb. Parl.*, p. 577.

similaires, soit enfin des professions connexes peuvent
parfaitement se réunir dans une seule et même Association syndicale. Cette solution, qui selon nous ressort
avec évidence des termes mêmes de l'article 2, a cependant été vivement contestée. Voici les principaux arguments que font valoir à l'appui de leur thèse, ceux
qui refusent de reconnaître la validité des Syndicats
mixtes.

Ils invoquent tout d'abord une question de fait. Au
moment, disent-ils, où la loi de 1884 venait transformer
en régime légal la tolérance qui depuis longtemps avait
permis la création de Chambres syndicales, le législateur n'avait en face de lui, que deux genres d'association bien distincts : D'une part, des Syndicats de
patrons ; d'autre part, des Syndicats d'ouvriers. Quant
aux Syndicats mixtes, c'est-à-dire quant aux Syndicats
composés cumulativement d'ouvriers et de patrons, ils
ne s'étaient pas encore révélés dans la pratique. Comment admettre, dès lors, que les rédacteurs de la loi
qui nous occupe, aient pu prévoir un genre d'association qui n'existait pas encore ? C'est là une hypothèse
tout à fait invraisemblable et qu'il faut repousser sans
hésitation.

On est au contraire dans la vérité, en affirmant que
le législateur de 1884 n'a eu en vue que les Syndicats
existant en fait depuis longtemps et que c'est à ces
seuls Syndicats qu'il a entendu donner une existence
légale.

Outre cet argument de fait, les partisans de l'opinion
que nous nous efforçons de combattre, font valoir encore un argument de texte. Sans doute, disent-ils,
l'article 2, par le vague de sa rédaction peut prêter à

l'équivoque. Mais si quelque doute peut envahir l'esprit à la lecture de ce texte, il suffit de jeter les yeux sur l'article 6, pour qu'il soit immédiatement dissipé. L'article 6, en effet, est rédigé d'une façon à la fois très claire et très précise. Il dispose que : « Les Syndicats professionnels de patrons ou d'ouvriers auront le droit d'ester en justice, etc. » De patrons ou d'ouvriers dit la loi, qui emploie à dessein la disjonctive *ou* au lieu de la conjonctive *et*, voulant ainsi marquer, que si elle autorise les Syndicats composés exclusivement de patrons ou d'ouvriers, elle prohibe au contraire l'union des deux classes en une seule et même association.

Une pareille doctrine, qui a pour résultat de restreindre la liberté des travailleurs, doit être, selon nous rejetée. Elle est en effet en contradiction formelle avec l'esprit de la loi de 1884, loi généreuse et libérale qui tend avant tout à développer l'entente et l'union des classes et à arriver, par ce moyen, à l'apaisement social si désirable dans l'intérêt de notre industrie. Et ici, on ne saurait nous accuser d'émettre une assertion gratuite. Il suffit, en effet, de jeter les yeux sur les travaux préparatoires, pour se rendre compte de la pensée dominante qui anime notre législateur.

C'est ainsi, que M. Allain-Targé appelle notre loi, une loi de rapprochement. M. Marcel Barthe, dans son rapport au Sénat, fait remarquer : « que les patrons qui composent l'Union nationale tendent à attirer à eux les ouvriers ». Et il conclut : « Ne devons-nous pas chercher à éteindre les divisions entre les classes de la société ? ».

C'est encore M. Tolain qui s'exprime en ces termes:

18

« Si la grande industrie est la forme définitive sous laquelle doit s'organiser la production, comment diminuer progressivement l'antagonisme entre le capital et le travail, pour y substituer peu à peu la solidarité, si ce n'est par la pratique de l'association et par des rapports permanents entre les intéressés. »

Enfin, M. Floquet, repoussant un amendement de M. de Mun, prononce ces paroles nettes et précises : « Si l'amendement en question avait seulement pour objet d'autoriser les Syndicats mixtes de patrons et d'ouvriers, il n'était pas nécessaire. La loi est conçue en de tels termes, que les Syndicats de patrons et d'ouvriers sont possibles. »

Voilà de quelle façon s'expriment les rédacteurs de notre loi. Il est dès lors surprenant que, malgré des explications aussi claires, certains esprits aient pu refuser aux patrons et aux ouvriers le droit de se réunir dans une seule et même association, le droit de former des Syndicats mixtes.

Si seulement ceux qui développent de telles théories avaient quelque raison solide à présenter en faveur de leur cause ! Mais les motifs qu'ils invoquent sont peu sérieux, et se réduisent, pour la plupart, à de pures subtilités.

C'est ainsi, nous le savons déjà, que la principale objection qu'ils opposent à notre manière de voir est tirée de ce fait qu'avant 1884, il n'y avait pas d'Associations mixtes, mais, seulement, des Syndicats de patrons et des Syndicats d'ouvriers.

Les Associations mixtes ne fonctionnaient pas avant 1884. Cela est absolument exact. Le mouvement général n'était pas encore au développement de cette

institution. Les Syndicats de patrons, au contraire, et
aussi les Syndicats d'ouvriers s'étaient depuis longtemps introduits dans la pratique, cela est encore
vrai. Mais ces Syndicats, il ne faut pas l'oublier,
vivaient sous un régime de pure tolérance et présentaient, par suite, un caractère illégal. Cette simple
observation suffit à elle seule, pour réduire à néant
l'objection soulevée dans la doctrine adverse.

Il est, en effet, de la dernière évidence qu'on ne
saurait fonder un régime légal, en invoquant une
situation de fait illégale, qu'on ne saurait, en d'autres
termes, se prévaloir d'une illégalité, pour limiter la
portée d'une loi. Quant à l'argument basé sur les
termes de l'article 6, il est absolument sans valeur.
Cet article, en effet, n'a pas pour but d'expliquer, de
compléter l'article 2, il n'a pas pour but de déterminer
quelles personnes peuvent faire partie d'un Syndicat,
et à quelles conditions, mais simplement de fixer la
capacité civile des Associations professionnelles, de
définir leurs droits et d'énumérer les actes qu'elles
peuvent accomplir.

C'est ce que fait l'article 6, qui place tous les
Syndicats sur un même pied d'égalité. Les expressions « Syndicats de patrons ou d'ouvriers » ont été
employées précisément pour montrer que les uns et
les autres jouissent des mêmes prérogatives et que la
législation nouvelle n'a entendu établir entre eux
aucune différence, qu'ils soient composés de patrons
ou d'ouvriers, ou cumulativement de patrons et
d'ouvriers.

La doctrine que nous adoptons, empêche ainsi une
difficulté qui pourrait se produire dans le système

adverse. Le tâcheron est un patron, vis-à-vis des
ouvriers qu'il emploie, mais il est ouvrier vis-à-vis du
patron pour lequel il exécute l'ouvrage. Or, si un
Syndicat ne pouvait comprendre exclusivement que
des patrons ou des ouvriers, dans lequel devrait être
admis le tâcheron ? La même question se poserait à
l'égard de l'ouvrier en chambre qui occupe des apprentis et qui se trouve être ainsi leur patron.

Comme conséquence du principe que nous venons
de formuler, à savoir que patrons et ouvriers peuvent
faire partie d'une même Association syndicale, il
faut décider encore que le propriétaire qui fait cultiver
ses terres par des ouvriers à sa solde pourra faire
partie du même Syndicat que les ouvriers agricoles
qu'il emploie. Mais une difficulté s'élève sur le point
suivant.

Les propriétaires non exploitants de terres affer-
mées peuvent-ils, comme les propriétaires exploitants,
fermiers, valets de ferme, ouvriers, faire partie d'un
Syndicat agricole ?

M. Sénart[1] n'hésite pas à répondre à cette question
par l'affirmative. En effet, dit-il, si on se donne la
peine de lire l'article 3 de la loi de 1884, on voit que
les Syndicats ont pour objet exclusif, l'étude et la
défense d'intérêts économiques, industriels, commerciaux et agricoles communs à tous les membres. Or,
il est évident que l'étude et la défense des intérêts
agricoles, intéressent au plus haut point le propriétaire même non exploitant. N'a-t-il pas en effet tout

1. Voir le rapport de M. SÉNART sur les Syndicats agricoles au
conseil de la Société des Agriculteurs de France, dans le *Bulletin*
de cette Société, 1885, pp. 381 et *seq*.

avantage à ce que son fonds soit bien administré ?
Il doit donc pouvoir intervenir sans cesse dans la
culture de ses terres, assurer, par exemple, la distribution des engrais et la régularité des assolements,
empêcher les cultures abusives, contribuer aux drai-
nages, marnages et autres améliorations, bref, s'attacher par tous moyens à ce que le capital engagé ne
se perde pas, mais se développe et fructifie.

« Dans ces conditions, dit M. Sénart, écarter les
propriétaires non exploitants des Syndicats agricoles,
ce serait les mettre de parti pris dans l'impossibilité
de défendre leurs intérêts, ce serait retourner la loi
contre le but même qu'elle se propose. »

Tous ces arguments, il faut bien le reconnaître, se
présentent avec une certaine force. Il est incontestable, en effet, que les propriétaires non exploitants
auraient de très grands avantages à faire partie des
Syndicats agricoles et que ces Syndicats eux-mêmes
auraient intérêt à admettre dans leur sein de pareils
membres. Ces considérations cependant, si puissantes
qu'elles puissent être, ne doivent pas nous faire
oublier notre rôle. Nous avons ici à commenter une
loi, à l'interpréter et non à la refaire. La seule question que nous ayons à résoudre, est celle de savoir si
la loi permet au propriétaire agricole non exploitant
de faire partie d'un Syndicat agricole. Or, il est pour
nous hors de doute, qu'elle ne le lui permet pas.
L'article 2 est en effet conçu dans les termes les plus
précis. Il faut, en vertu de ce texte, exercer une profession pour pouvoir faire partie d'un syndicat. Il est
dès lors évident qu'un propriétaire qui ne cultive pas
directement ses terres, qui se contente de toucher des

revenus, ne remplit pas les conditions exigées et ne peut, par suite, entrer dans un syndicat.

Cette argumentation, décisive à nos yeux, n'embarrasse pas beaucoup M. Sénart, qui répond : « Grammaticalement, le mot profession s'entend de tout état, de tout emploi, de toute condition ; l'état, la condition du propriétaire de terres qui les loue pour une exploitation agricole est, par ce fait, une profession qui se rattache à l'agriculture, qui est connexe à celle du cultivateur et qui doit par suite lui ouvrir l'accès des Syndicats agricoles. Il faut remarquer, d'ailleurs, que la loi de 1884 statue en matière économique. Or, d'après la doctrine économique, toute personne a un rôle, une fonction ; quelle fonction attribuera-t-on à un propriétaire qui, ayant réuni des terres de manière à en former un corps d'exploitation, livre à un fermier cet instrument de travail pour en faire sortir les productions qu'il doit donner ? Ne sera-t-il pas un producteur agricole ? »

Les arguments de M. Sénart sont ingénieux, mais subtils.

Est-il en effet possible d'admettre que le législateur de 1884 ait entendu donner au mot profession une signification aussi large et aussi élastique que le prétend M. Sénart. Mais s'il en était ainsi, s'il suffisait, comme on a l'air de vouloir le soutenir dans la doctrine adverse, d'avoir une fonction économique pour pouvoir faire partie d'un Syndicat, l'article 2 n'aurait plus dès lors aucune raison d'être ; il faudrait décider que le capitaliste qui prête de l'argent à un fermier exerce une profession connexe à celle de l'agriculteur et peut à ce titre entrer dans un Syndicat agricole. Le propriétaire industriel pourrait de même faire partie d'un Syndicat industriel et ainsi de suite.

Ainsi on arriverait à des conséquences que la loi n'a jamais prévues. Tout individu finirait par pouvoir faire partie d'un Syndicat quelconque.

La question devient un peu plus délicate, si au lieu d'un propriétaire ordinaire, on se trouve en présence d'un propriétaire de métairie, c'est-à-dire d'un proprié-taire qui, comme prix de la location de ses terres, reçoit une portion des fruits. Il est certain qu'au point de vue économique, il y a ici association du capital et du travail, union des classes, suivant le mot de M. Leplay[1].

Mais, au point de vue juridique, la question ne laisse pas d'être controversée. C'est ainsi, que certains auteurs, comme MM. Duranton et Troplong par exemple, considèrent le contrat de métayage, comme un véritable contrat de Société.

D'autres auteurs, au contraire, parmi lesquels MM. Guillouard, Aubry et Rau, Laurent font du métayage un simple contrat de bail. Il est facile d'aper-cevoir l'importance de la question. Si, en effet, on adopte la première opinion que nous venons d'indi-quer, il faut reconnaître au propriétaire le droit d'entrer dans le même Syndicat que son métayer dont il est en quelque sorte l'associé. Si, au contraire, on décide avec MM. Aubry et Laurent que le métayage est un bail, on doit interdire au même propriétaire l'accès d'un Syndicat agricole.

---

1. Voir le *Métayage en France,* par M. HENRI BAUDRILLART : *Revue des Deux-Mondes,* octobre 1885.

Ces solutions pourront paraître rigoureuses, elles sont en tous les cas conformes au texte et à l'esprit de la loi de 1884. Elle ne veut pas, en effet, que des sociétés politiques se forment, sous l'apparence de Syndicats professionnels. Or, c'est ce qui se serait produit le plus souvent, si le législateur avait permis aux propriétaires non exploitants de faire partie d'un Syndicat agricole. On aurait ainsi ouvert la porte de ces Associations à des hommes complètement étrangers aux intérêts agricoles, à des hommes politiques qui n'auraient eu qu'un but, faire de la propagande électorale, et qui auraient altéré de cette façon le caractère essentiellement économique que la loi avait eu en vue.

Les Syndicats peuvent-ils admettre dans leur sein, des membres honoraires ?

On se demande comment l'affirmative pourrait être soutenue en présence des termes formels de l'article 2. En effet, qu'est-ce qu'un membre honoraire ? Un personnage qui, sans profiter des avantages matériels de l'Association, la protège cependant d'une manière quelconque, paie une cotisation, laisse mettre son nom sur les listes, bref, s'attache à elle, par bienveillance ou amour-propre. Le membre honoraire sera presque toujours un rentier, un grand propriétaire, un homme influent du pays. La plupart du temps, il n'exercera aucune profession ou bien, sa profession sera tellement différente de celle des autres, qu'il sera impossible de la considérer comme similaire ou connexe.

Permettre, dans ces conditions aux membres honoraires d'entrer dans les Syndicats, ce serait violer ouvertement la loi de 1884 dont nous connaissons

suffisamment l'esprit. Ce serait fournir aux politiciens
en quête de mandats électifs une excellente occasion
d'exercer leur influence, de satisfaire leurs ambitions
personnelles au détriment des intérêts de la profession commune. Ce serait, en un mot, détourner les
syndicats de leur but propre, pour les transformer le
plus souvent, en de véritables sociétés politiques.

En vain, nous objecterait-on que le Sénat, en
repoussant un amendement de M. Lalanne, qui demandait la proscription des personnes étrangères aux
métiers similaires, a par cela même manifesté son
intention de leur faire une place dans le Syndicat. Le
rejet de cet amendement s'explique suffisamment à nos
yeux, par cette considération qu'il n'était que la répétition inutile de l'article 2, lequel défendait déjà implicitement à ces personnes de faire partie d'un
Syndicat professionnel.

Cela n'empêche pas d'ailleurs les personnes riches
et généreuses, d'apporter au Syndicat leur concours et
leurs sympathies. Elles pourront, évidemment, si elles
en éprouvent le désir, assister aux réunions, organiser
des cours et des conférences, faire même des libéralités; aucune disposition de la loi ne s'oppose à leur
dévouement. Mais, si elles pénétraient plus avant
dans le Syndicat, si, par exemple, elles essayaient de
s'immiscer dans son administration et son fonctionnement, si leurs libéralités revêtaient le caractère de
cotisations régulières, alors, elles deviendraient véritablement membres du Syndicat et le Syndicat, ne
satisfaisant plus aux conditions de l'article 2, pourrait
être légalement poursuivi.

Telle est la solution admise par un jugement du

Tribunal civil de Bordeaux, en date du 8 février 1889 :
« Attendu.... que si les Syndicats professionnels autorisés par cette loi peuvent comporter l'admission de
membres honoraires, ce n'est évidemment qu'à la
condition strictement observée, que ces membres
restent honoraires et ne prennent aucune part active
au fonctionnement de l'association.... »

Avant de terminer l'examen de la composition des
Syndicats, il nous reste une importante question à
résoudre. Nous avons vu, que la seule condition
imposée par l'article 2 à ceux qui veulent faire partie
d'un Syndicat, c'est l'exercice d'une profession. Nous
savons également, qu'un nombre quelconque d'individus exerçant, soit la même profession, soit des
professions similaires, soit enfin des professions connexes, peuvent former entre eux une Association
syndicale. Voilà deux points bien établis.

Cependant, certaines circonstances peuvent se produire et se sont en effet produites dans la pratique,
circonstances que le législateur de 1884 n'a pas
prévues, car les travaux préparatoires sont muets sur
ce point, et sur lesquelles il est nécessaire de fournir
ici quelques explications.

Il peut se faire, tout d'abord, qu'un individu exerçant une profession et se trouvant ainsi dans les
termes de l'article 2, entre dans un Syndicat. Plus
tard, il vient à abandonner sa profession. Peut-il,
néanmoins, continuer à faire partie de l'Association
syndicale? Ou bien encore, c'est un individu qui a
exercé autrefois une certaine profession, mais qui ne
l'exerce plus au moment où il demande à entrer dans

un Syndicat. De pareilles prétentions doivent-elles être admises ?

La question ainsi posée, nous semble devoir être résolue par la négative. L'article 2 est en effet formel, il exige l'exercice actuel d'une profession. En vain, objecterait-on que la loi de 1884 est une loi essentiellement libérale et que, par suite, l'interprétation la plus large est de rigueur, il serait facile de répondre que c'est une façon beaucoup trop large d'interpréter une loi, que de lui faire dire tout le contraire de ce qu'elle dit. La Jurisprudence, qui a eu assez souvent à se prononcer sur le cas qui nous occupe, a été de cet avis, et elle n'a jamais hésité à dissoudre des Syndicats ainsi composés de membres n'exerçant plus leur profession.

Quoi qu'il en soit de ces explications et malgré les poursuites dirigées contre un grand nombre de Syndicats recrutés d'une façon illégale, la loi de 1884, il faut bien le reconnaître, n'a jamais été rigoureusement observée. C'est ainsi qu'en 1891, de l'aveu même du gouvernement, le plus grand nombre des Syndicats étaient irrégulièrement constitués et contenaient des membres non professionnels.

Désireux de porter remède à une situation aussi fâcheuse, certains députés proposèrent alors à la Chambre, de modifier la loi de 1884, dans un sens favorable aux anciens ouvriers.

Après une assez longue discussion, le garde des sceaux, M. Fallières, promit de déposer un article additionnel à la loi de 1884, permettant aux anciens ouvriers de faire partie des Associations professionnelles. En effet, le 2 juin 1891, le gouvernement déposait un projet de loi, ainsi conçu :

« ARTICLE UNIQUE. — L'article 2, de la loi du 21 mars 1884 relative à la création des Syndicats professionnels, est complété ainsi qu'il suit :

« Peuvent également faire partie des Syndicats ou Associations professionnelles, les personnes qui ont exercé la même profession, des métiers similaires ou des professions connexes pendant cinq ans au moins et qui n'ont pas cessé l'exercice de ces professions ou métiers depuis plus de dix ans. »

La commission du travail se réunit d'urgence pour examiner ce projet. Certains membres, en ayant jugé les termes trop restrictifs, proposèrent de l'élargir en faisant disparaître toute restriction, quant à la durée de la profession. M. de Mun, entre autres, déposa l'amendement suivant : Rédiger l'article 2, de la loi du 21 mars, ainsi qu'il suit : « Les Syndicats ou Associations professionnelles, même de plus de vingt personnes, appartenant à (au lieu de exerçant) la même profession ou à des métiers similaires ou à des professions connexes concourant à l'établissement de produits déterminés, pourront se constituer librement sans l'autorisation du gouvernement ».

Voté par la Chambre, le projet fut repoussé par le Sénat sur un rapport de M. Trarieux. Mais la loi du 21 mars 1884 n'en fut pas pour cela plus respectée. Un député, M. Basly, pour ne citer que celui-là, n'en resta pas moins président d'un Syndicat de mineurs, et cet exemple trouva de nombreux imitateurs sur toute l'étendue du territoire.

Pourtant, un arrêt de la Cour de Bordeaux vint

rappeler que la loi ne permettait pas aux anciens ouvriers de faire partie des Syndicats et montrer la nécessité ou de l'appliquer ou de la réviser régulièrement par voie législative.

M. Sembat, député socialiste, prit alors l'initiative d'un nouveau projet tendant à mettre les Syndicats professionnels en règle avec la loi. Reproduisant à peu près dans les mêmes termes l'ancien amendement de M. de Mun, il demandait à la Chambre de vouloir bien apporter à l'article 2, de la loi de 1884, une modification qui permît aux anciens ouvriers de faire partie des Syndicats. Il suffira, disait M. Sembat, d'ajouter aux mots « exerçant la profession » les mots « ayant exercé ».

Dans la séance du 14 juin 1894, le garde des sceaux, M. Guérin, s'opposa de toutes ses forces à un amendement qui dénaturait le caractère professionnel du Syndicat, en admettant l'entrée dans la société sans aucune condition. Il insistait, en revanche, pour que la Chambre adoptât le projet tel qu'il était présenté par la Commission. Ce projet était ainsi conçu : « Pourront continuer à faire partie d'un Syndicat professionnel, les personnes qui auront abandonné l'exercice de la profession; et pourront y rentrer celles qui ayant exercé la profession pendant deux années au-moins ne l'auront pas quittée depuis plus de dix ans ».

A ce projet de loi, M. Guillemin proposa un amendement. Il demanda que l'on écrivit après les mots « pourront continuer à faire partie d'un Syndicat professionnel » ceux-ci : « pourvu que ces personnes n'exercent pas une autre profession. » De cette façon,

ajoutait M. Guillemin, les cabaretiers ne pourront
faire partie que des Syndicats cabaretiers, si c'est cette
dernière profession qu'ils ont adoptée. »

En vain, le rapporteur de la Commission s'écria-t-il
qu'un pareil amendement constituait une atteinte à la
liberté, en vain les socialistes firent-ils entendre des
protestations indignées, la Chambre ne se laissa pas
émouvoir et par 13 voix de majorité, adopta le projet
de la Commission, atténué comme nous venons de le
dire par l'amendement de M. Guillemin.

En faisant droit aux observations de M. Guillemin,
la Chambre nous paraît avoir fait preuve d'une grande
sagesse. Il est en effet difficile d'admettre que des
individus qui ont abandonné leur métier pour en
exercer un autre puissent avoir cependant la prétention de demeurer dans le Syndicat dont ils faisaient
partie lorsqu'ils exerçaient leur ancienne profession.
Ce sont, par exemple, des mineurs qui désertent la
mine, et s'établissent maçons. Que feraient-ils désormais dans un Syndicat de mineurs où ils n'ont plus
d'intérêts ? Leur place n'est-elle pas au contraire toute
indiquée dans un Syndicat de maçons ?

Ainsi l'amendement de M. Guillemin était conforme
au bon sens et à la raison. Il était rédigé, cependant,
en termes trop absolus. On fit en effet remarquer que
certains ouvriers avaient parfaitement pu abandonner
leur métier pour des raisons tout à fait indépendantes
de leur volonté. Peut-être avaient-ils été injustement
congédiés par leurs patrons ; peut-être encore le
chômage s'était-il déclaré dans l'usine, et on citait le
cas d'un tisserand qui s'était vu obligé, pour gagner

sa vie, d'aller vendre des journaux dans la rue. Fallait-il donc chasser ces malheureux de leurs Syndicats, sous prétexte qu'ils n'exerçaient plus leur ancienne profession ? Après une assez longue discussion, on aboutit enfin au texte suivant :

« Pourront continuer à faire partie d'un Syndicat professionnel, les personnes qui auront abandonné l'exercice de la profession, pourvu que ces personnes n'exercent pas une autre profession.

« Seront seuls considérés comme ayant abandonné la profession, ceux qui durant trois années n'auront pas exercé cette profession.

« Toutefois, ceux qui n'auront quitté la profession que pour des causes indépendantes de leur volonté, pourront continuer à faire partie du Syndicat.

« Pourront entrer dans un Syndicat professionnel, ceux qui, ayant exercé la profession pendant deux ans au moins, ne l'auront pas quittée depuis plus de dix ans. »

Ces dispositions furent votées par la Chambre, dans la séance du 19 juin 1894.

Tel est l'état actuel des choses. Il reste à savoir si le Sénat voudra consentir à ratifier le vote de la Chambre. Nous souhaitons, pour notre part, que le projet soit adopté par la Chambre Haute. Nous sommes en effet du nombre de ceux qui n'ont nullement peur de la liberté. Il serait, d'ailleurs, selon nous, souverainement injuste de refuser aux travailleurs, absorbés par les soucis de l'atelier, le droit de s'adjoindre des personnes qui, n'exerçant plus aucune profession, ayant abandonné leur métier à la suite de circonstances dont ils ne sont point responsables, et ayant par cela même des loisirs, peuvent consacrer leur temps, leurs efforts, leur expérience et leur dévouement à la défense des intérêts professionnels.

CHAPITRE III

Objet des Syndicats professionnels.

L'article 3, qui a pour but de définir et de limiter l'objet des associations, a donné lieu, tant à la Chambre qu'au Sénat, à de très longues discussions.

Le projet présenté par le gouvernement était ainsi conçu : « Les Syndicats ont exclusivement pour objet, l'étude et la défense des intérêts professionnels économiques, industriels et commerciaux communs à tous leurs membres. »

La Commission de la Chambre des députés jugea ces termes trop restrictifs et proposa la rédaction suivante : « Les Syndicats professionnels ont pour objet l'étude et la défense des intérêts économiques, industriels et commerciaux communs à tous leurs membres et des intérêts généraux de leurs professions et métiers. »

Comme on le voit, la formule était considérablement élargie : le mot « exclusivement » ne figurait plus dans la nouvelle rédaction. De plus, les Syndicats professionnels étaient considérés comme des sociétés d'étude, d'organisation, de défense, créées non plus seulement dans l'intérêt professionnel de leurs membres, mais encore, dans l'intérêt de la profession tout entière.

Outre ces modifications, la Commission de la Chambre des députés avait jugé utile d'indiquer dans un second paragraphe, quelques-unes des entreprises qu'un Syndicat professionnel pourrait tenter accessoirement : « Ils pourront s'occuper notamment, dans l'intérêt de leurs professions et métiers, de la création de caisses d'assurance contre le chômage, la maladie ou la vieillesse, de l'établissement d'ateliers de refuge, de magasins pour la vente et la réparation d'outils, de l'organisation de sociétés coopératives, de l'organisation et des progrès de l'enseignement professionnel et d'autres questions de même nature. Ils pourront servir d'offices de renseignements pour les offres et les demandes de travail, ils pourront être choisis pour exercer les fonctions d'arbitres et d'experts ».

Ce second paragraphe donna lieu à la Chambre, à de très vives critiques. Il était en effet assez difficile d'en saisir exactement la portée. Voulait-on simplement exprimer cette pensée, que les Syndicats pourraient faire les créations ou les organisations énumérées, en se conformant pour chacune, aux lois spéciales qui régissent, soit les Sociétés de secours mutuels, soit les Sociétés coopératives, il était dans ce cas bien inutile de le dire. Voulait-on indiquer, au contraire, que les Syndicats professionnels pourraient créer des caisses de secours et d'assurance, des sociétés de consommation ou des sociétés coopératives, sans avoir à remplir les formalités prescrites pour l'établissement de ces diverses sociétés ? Il était alors nécessaire de s'expliquer sur ce point, d'une façon nette et précise.

Après des observations assez confuses, présentées par le rapporteur et par M. Floquet, le paragraphe fut renvoyé à la Commission qui, sagement, le supprima.

Au Sénat, on rétablit le mot « exclusivement » qui accentuait d'une façon plus nette, l'intention du législateur. On voulait avant tout empêcher les Syndicats de se livrer à des discussions étrangères à leurs intérêts professionnels et de se transformer, sous une légalité apparente, en associations politiques et révolutionnaires.

C'est encore dans ce but, que les rédacteurs du Sénat supprimèrent la fin de l'article précédemment adopté, qui reconnaissait aux Syndicats, le droit de s'occuper des intérêts généraux des professions et métiers.

La rédaction suivante fut donc adoptée : « Les Syndicats professionnels ont exclusivement pour objet, l'étude et la défense des intérêts économiques, industriels et commerciaux. »

Quant au mot « agricoles », qui figure aujourd'hui dans notre article 3, il fut ajouté, à la suite de la deuxième discussion qui eut lieu à la Chambre des députés, sur l'observation de M. Oudet.

« Je propose, dit l'honorable député, d'ajouter à la fin de l'article 3, un mot que la Commission accepte comme un développement utile. Ce serait, de mettre à la suite des mots « la défense des intérêts économi-« ques, industriels et commerciaux », l'expression « et « agricoles ». Il me semble, qu'il est utile, en effet, de ne rien laisser d'équivoque sur la portée de la loi. Le projet n'a pas entendu limiter aux seuls patrons et ouvriers de l'industrie proprement dite, le bénéfice de la possibilité de former des Syndicats et surtout,

en exclure l'agriculture, qui, sous beaucoup de rapports, constitue une industrie. »

L'addition du mot « agricoles », inutile en apparence (les rédacteurs de la loi, n'ayant jamais eu
l'intention de restreindre l'application des Syndicats
professionnels aux seuls ouvriers qui se livrent à un
travail manuel), a eu, en fait, de très grosses conséquences, elle a éveillé chez les agriculteurs l'idée de
se réunir, de former entre eux des Associations
professionnelles et les Syndicats agricoles ont pris de
suite un immense développement.

La Chambre ayant adopté l'article tel qu'il lui
revenait du Sénat, on aboutit enfin à la rédaction
actuelle d'une clarté et d'une précision suffisantes :
« Les Syndicats professionnels ont exclusivement
pour objet, l'étude et la défense des intérêts économiques, industriels, commerciaux et agricoles. »

Comme on le voit, le champ d'action des Syndicats
professionnels est vaste. Ils peuvent, en effet, s'occuper de tout ce qui touche au développement de la
richesse d'une nation, notamment des questions
relatives à la propriété, aux salaires, aux impôts, au
travail, etc., etc. Le seul domaine qui soit interdit à
leurs investigations est celui de la politique. C'est ce
qui résulte clairement des travaux préparatoires.
« Si le mot exclusivement est supprimé, disait le
rapporteur, les Associations d'ouvriers et de patrons
pourront, sous une apparence de légalité, constituer
des Associations politiques. Or, c'est ce que nous ne
voulons pas ; nous ne voulons pas que, dans une loi
qui concerne l'industrie et le commerce, puisse se
glisser une disposition qui permette à des Associations

professionnelles, de se livrer à des discussions politiques. » Il ajoutait : « Nous avons formulé des pénalités contre ceux qui violeraient l'article 2 ; il faut bien savoir en quoi pourront consister ces infractions. Si l'on fait disparaître de la loi le mot « exclusivement » un Syndicat se croira autorisé à s'occuper de toute espèce de matières; de telle sorte, que sous une apparence d'association professionnelle, on pourrait créer une association politique ; et le juge appelé à se prononcer sur une contravention ou sur un délit, serait extraordinairement embarrassé, avec un texte vague qui, en n'excluant rien, aurait paru ne rien interdire. »

L'expression protectrice a donc été maintenue ; mais cette précaution est vaine ; comment, en effet, empêcher les Syndicats de jouer un rôle politique. Pour qui veut défendre ses intérêts économiques, le plus sûr moyen est d'envoyer aux Assemblées délibérantes, des hommes chargés de les représenter. Les Syndicats pourront donc organiser librement une propagande électorale, fonder des journaux, répandre l'argent, les affiches, user en un mot de tous les moyens propres à assurer le triomphe de leurs candidats. Qui pourrait le leur interdire ? C'est pour eux un droit, et leurs intérêts économiques suffisent à le justifier.

Malgré ces difficultés pratiques, l'article 3 nous indique, d'une façon assez précise, l'objet des Syndicats. Il nous montre que tout ce qui a trait à l'étude et à la défense du commerce, de l'industrie, de l'agriculture, peut autoriser la fondation d'un Syndicat.

En vertu de cet article, nous déciderons donc, que

tous les commerçants jouissent du bienfait de la loi, puisqu'ils ont des intérêts commerciaux à défendre et à étudier. Les pharmaciens, par exemple, qui sont des commerçants puisqu'ils achètent pour revendre, peuvent parfaitement se constituer en Syndicats. C'est ce qu'a jugé le Tribunal de la Seine, le 4 novembre 1885.

Voici dans quelles circonstances a été rendu ce jugement :

X. et Z., domiciliés à Paris, furent poursuivis à la requête du ministère public, l'un pour exercice illégal de pharmacie, l'autre, pharmacien de 1re classe, pour complicité de ce délit ; le Syndicat des pharmaciens de la Seine étant intervenu comme partie civile et demandant des dommages-intérêts, les prévenus prirent de leur côté des conclusions tendant à établir que le Syndicat des pharmaciens n'avait pas pu se former légalement; ils se basaient : 1° Sur ce qu'aucune disposition de la loi du 21 mars 1884 n'autorise les Syndicats de pharmaciens ; et 2° à supposer que le Syndicat fût légal, sur le manque d'intérêt dudit Syndicat dans son intervention, lequel n'avait pas, dans l'espèce, d'intérêts économiques, industriels ou commerciaux à défendre.

Le Tribunal de la Seine rendit le 4 novembre 1885, le jugement ci-dessous qui, reconnaissant la légalité et la constitution régulière du Syndicat des pharmaciens, admettait son intervention comme bien fondée :

« Le Tribunal,

« Statuant sur les conclusions préjudicielles prises par Borel-Dervide et Arbelin;

« Attendu que, dans la poursuite intentée par le ministère public contre X. et Z. pour exercice illégal de la pharmacie et complicité de ce délit, le Syndicat des pharmaciens est intervenu pour demander des dommages-intérêts ;

« Que X. et Z. contestent cette intervention, prétendant que les pharmaciens n'ont pas le droit de se constituer en Syndicat ;

« Attendu que la loi du 21 mars 1884, invoquée par les prévenus à l'appui de leur thèse, a autorisé les Syndicats de patrons ou d'ouvriers ;

« Que les termes de la loi, comme son esprit, indiquent que l'autorisation s'étend à toutes personnes exerçant la même profession, des métiers similaires ou des professions connexes, à la condition formelle et essentielle que le Syndicat ne soit formé que pour l'étude ou la défense d'intérêts économiques, industriels commerciaux ou agricoles ;

« Attendu que les pharmaciens exercent une profession dont les intérêts sont évidemment de la nature de ceux visés dans la loi ;

« Qu'ils sont commerçants, achètent pour revendre, qu'ils sont soumis aux lois et règlements généraux du commerce et sont justiciables du Tribunal de commerce, à raison de leurs rapports entre eux ou avec d'autres commerçants ;

« Attendu que la jurisprudence les considère depuis longtemps comme commerçants et que l'obtention du diplôme exigé d'eux et la surveillance dont leur commerce est l'objet, comme certains autres commerce, ne sauraient faire obstacle à ce qu'ils soient ainsi considérés ;

« Attendu que, s'il a été décidé juridiquement que le bénéfice de la loi du 21 mars 1884 ne doit pas s'étendre aux professions purement libérales, cette décision est motivée sur ce que lesdites professions n'ont point d'intérêts commerciaux ;

« Que tel n'est pas le cas de la profession de pharmacien qui, quoique libérale, présente un côté industriel et commercial qui, en l'absence d'exclusion formelle, lui permet de rentrer dans les professions pour lesquelles a été édicté la loi précitée ;

« Attendu, conséquemment, que le Syndicat des pharmaciens existe légalement et peut ester en justice ;

« Par ces motifs,

« Rejette les conclusions des prévenus, admet le Syndicat des pharmaciens comme intervenant ;

« Condamne X. et Z. aux dépens de l'incident ;

« Ordonne qu'il sera passé outre aux débats et remet la cause au premier jour pour statuer au fond [1]. »

Les prévenus firent appel de ce jugement et reprirent devant la Cour leurs premières conclusions ; ils demandèrent en outre à la Cour de décider « que le Syndicat des pharmaciens avait contrevenu aux dispositions de l'article 4 en ne déposant pas le nom de la personne ayant mandat de le représenter en justice. »

La Cour confirma le jugement de première instance et prit des considérants intéressants, pour repousser la nouvelle prétention des inculpés au sujet de la prétendue contravention à l'article 4 [2].

---

1. Voir *Gazette des Tribunaux*, 25-26 janvier 1886.
2. Cour d'appel de Paris (Ch. correct.), 20 janvier 1886. Voir *Gaz. des Tribunaux*, 25-26 janvier 1886 et *le Droit*, n° du 28 janvier 1886.

Voici le texte de l'arrêt en question :

« La Cour,

« Statuant sur les fins de non-recevoir opposées à l'action de la Société des pharmaciens;

« Considérant que le défendeur invoque contre la poursuite intentée à la requête de la Société des pharmaciens, cette circonstance, que, contrairement à l'article 4 de la loi sur les Syndicats professionnels, les noms de ceux qui sont chargés de l'administration de la Société n'auraient pas été déposés régulièrement;

« Considérant que, en effet, il n'est pas dénié par la Société des pharmaciens que le dépôt fait en son nom mentionnait le nom de M. Fumouze, comme président du Conseil d'administration; mais que, depuis le dépôt, ce dernier avait donné sa démission et avait été remplacé par M. Vigier, précédemment vice-président;

« Mais, considérant que si la loi, dans l'article 4, exige, aussi bien dans l'intérêt public que dans celui des tiers, le dépôt à la préfecture des noms de ceux qui, à un titre quelconque, sont chargés de l'administration ou de la direction, et si le nom de M. Vigier aurait dû être déposé à nouveau au moment où le changement dans la direction s'est opéré, il résulte de l'article 6 des statuts de la Société, dont le dépôt a été régulièrement fait, que le vice-président passe de droit à la présidence et que, par suite, le dépôt opéré en 1884 a fait connaître le nom du vice-président qui devait succéder au président en exercice;

« Que, d'ailleurs, ni l'article 4, ni l'article 9, ne prescrivent la nullité des actes du Syndicat, dans le cas d'omission des déclarations exigées par la loi;

« Que, de plus, d'après les termes des statuts, le président de la Société a qualité pour ester en justice en son nom ;

« Que, dans ces conditions, la Société des pharmaciens est donc régulièrement représentée ;

« Considérant qu'aux termes de la loi du 21 mars 1884, les Syndicats professionnels peuvent se constituer entre personnes exerçant la même profession, en vue de l'étude et de la défense exclusive des intérêts économiques, industriels, commerciaux et agricoles ;

« Que la pensée de la loi a été de donner aux industriels et aux négociants exerçant la même profession, quelle que soit d'ailleurs la nature de leur industrie ou de leur commerce, la faculté de se syndiquer pour la défense de leurs intérêts communs ;

« Considérant que les pharmaciens sont des commerçants, que leur profession rentre dans la première des catégories spécifiées par l'article 632 du Code de commerce, qu'ils achètent des marchandises pour les revendre et en retirer un bénéfice, qu'ils sont considérés comme commerçants, soumis à la juridiction commerciale ainsi qu'aux prescriptions du Code de commerce ;

« Considérant que vainement on prétend trouver dans les règles particulières auxquelles est soumise cette profession, dans les restrictions qui lui sont imposées, et les études auxquelles on oblige les pharmaciens, la preuve qu'elle doit être considérée comme une profession libérale ;

« Que si le législateur a édicté certaines dispositions spéciales restrictives de la liberté du commerce de la

pharmacie, ces prescriptions ont été édictées dans un
intérêt de sécurité publique ;

« Que les études auxquelles sont tenus les pharmaciens ne modifient pas plus la nature de la profession
que, dans d'autres matières, les conditions exigées
pour être patron ou capitaine de navire, courtier ou
agent de change, n'ont jamais été considérées comme
détruisant le caractère commercial de ces professions ;

« Que, dans ces conditions, les pharmaciens, industriels et commerçants, peuvent invoquer le bénéfice
de la loi sur les Syndicats professionnels ;

« Considérant que vainement on objecterait à la
société, l'absence d'intérêt commercial dans la poursuite des contraventions reprochées aux inculpés ;

« Qu'en effet, les lois sur la pharmacie ont été faites,
non dans l'intérêt des pharmaciens, mais dans le but
de protéger le public contre les dangers auxquels,
sans ces prescriptions, il pourrait être exposé ; mais
que cependant la conséquence de la répression étant
indirectement d'empêcher les tiers de faire une
concurrence illégitime aux pharmaciens établis, ceux-
ci se trouvent avoir un intérêt à la répression de ces
faits ; que les pharmaciens sont, de ce chef, dans la
situation d'une personne non brevetée, qui poursuit
un autre industriel pour usurpation d'une fausse indication d'un brevet :

« Que toutes personnes lésées par un délit peuvent
en poursuivre la répression devant le Tribunal correctionnel, sauf au Tribunal à apprécier le mobile de
l'action et la mesure de l'intérêt des poursuivants ;

« Adoptant au surplus les motifs des premiers
juges :

« Rejette les conclusions prises ;

« Confirme le jugement, dépens réservés. »

Ainsi les pharmaciens, et d'une façon générale tous les commerçants, ont le droit de se syndiquer. Toutes les professions qui ont rapport à une industrie quelconque rentrent aussi dans le cadre de la loi. Enfin, les agriculteurs et toutes personnes exerçant des professions connexes et similaires à l'agriculture, pourront d'après notre article se syndiquer, pour défendre leurs intérêts agricoles.

Mais la loi ne doit-elle pas être étendue ? N'embrasse-t-elle pas un cercle plus vaste de professions ? La Cour de cassation interprète d'une façon fort restrictive l'article 3, lorsqu'elle décide que les médecins ne peuvent se syndiquer :

« Attendu, dit-elle, que la loi sur les Syndicats professionnels n'a point été rendue applicable à toutes les professions ;

« Que les travaux préparatoires ont constamment affirmé la volonté du législateur d'en restreindre les effets à ceux qui appartiennent, soit comme patrons, soit comme ouvriers ou salariés, à l'industrie, au commerce et à l'agriculture, à l'exclusion de toutes autres personnes et de toutes autres professions ;

« Que la loi n'est pas moins absolue dans ses termes, puisque, d'une part, dans l'article 6, elle réserve les droits qu'elle confère aux seuls Syndicats de patrons et d'ouvriers ; que, d'autre part, dans l'art. 3, elle limite l'objet de ces Syndicats à l'étude et à la défense des intérêts économiques, industriels, commerciaux et agricoles, refusant ainsi le droit de former des Syndicats à tous ceux qui n'ont à défendre aucun

intérêt industriel, commercial ou agricole, ni par suite
aucun intérêt économique se rattachant, d'une façon
générale, à l'un des intérêts précédents ;

« Qu'en déclarant, en conséquence, que les médecins, dont le nom n'a été prononcé ni dans la loi, ni
dans la discussion de la loi du 21 mars 1884, n'avaient
pu former régulièrement un Syndicat professionnel,
dans les termes de ladite loi, l'arrêt attaqué en a
justement interprété les dispositions ;

« Rejette le pourvoi ; »

Les conséquences de cet arrêt sont considérables.
D'après la Cour de cassation, ne pourraient se constituer en Syndicats, non seulement les médecins, mais
encore les vétérinaires, les sages-femmes, les instituteurs et professeurs, les agents d'affaires, les hommes
de lettres, les journalistes, les artistes dramatiques,
les peintres, les sculpteurs, les architectes, etc., etc.,
en un mot, toutes les professions libérales.

Cette jurisprudence nous paraît fort critiquable. En
effet, sur quoi se fonde-t-elle ? Avant tout, sur l'art. 6
de la loi. Or, que dit ce texte ? Que « les Syndicats
professionnels de patrons ou d'ouvriers » jouiront de
certains droits, de certaines prérogatives ; d'où l'on
tire cette conclusion que seuls, les patrons et les
ouvriers peuvent prétendre au bénéfice de la loi. C'est
à notre avis, mal comprendre la portée de l'article 6.

Cet article, en effet, ne s'occupe nullement de l'organisation des Syndicats. Il a d'autant moins à s'en
occuper, que la question a déjà été résolue dans les
articles 2 et 3. Son but unique est d'indiquer les
droits qui appartiennent aux Syndicats professionnels,

de leur accorder une personnalité morale et de limiter leur capacité civile. Il est vrai que dans l'article 6, il n'est fait mention que des Syndicats de patrons et d'ouvriers, mais ces expressions ne sont nullement limitatives. Elles s'expliquent suffisamment, à nos yeux, par cette considération, qu'avant 1884, les Syndicats de cette nature étaient de beaucoup les plus fréquents. Ils devaient donc tout naturellement se présenter à la pensée du législateur, chaque fois qu'il songeait aux Associations professionnelles. D'ailleurs, si on admettait le principe formulé par la Cour de cassation, à savoir que les Syndicats de patrons et d'ouvriers sont seuls visés par l'article 6, il faudrait en accepter aussi toutes les conséquences. Il faudrait décider, par exemple, que les Syndicats de commerçants et les Syndicats agricoles n'ont absolument aucun droit, car ce ne sont pas à proprement parler des Syndicats de patrons ou d'ouvriers. Or, personne n'oserait soutenir une pareille théorie.

La Cour de cassation invoque encore, à l'appui de la thèse qu'elle soutient, les termes mêmes de l'art. 3. « Les Syndicats professionnels, dispose cet article, ont pour objet l'étude et la défense des intérêts économiques, industriels, commerciaux et agricoles. » Or, d'après la théorie de la Cour suprême, la loi de 1884 visant les intérêts industriels, commerciaux et agricoles, n'a nullement prévu des intérêts économiques distincts de ces trois catégories ; les seuls intérêts économiques dont le Syndicat puisse s'occuper, sont ceux qui se rattachent à l'industrie, au commerce ou à l'agriculture ; les mots « industriels, commerciaux ou agricoles » ne sont que des qualifications spéciales du terme général « économiques » qui les précède, et dont ils précisent le sens.

Mais alors, s'il en est ainsi, pourquoi les rédacteurs de la loi ont-ils placé une virgule après le mot « économiques » telle est la question que pose M. Boullaire, qui ajoute, avec beaucoup de raison : « Une virgule, placée dans le texte de cet article, après le mot économiques, comme le constate le *Bulletin des Lois*, établit nettement que la loi ne prétend pas souder ensemble les intérêts économiques d'une part, et les intérêts industriels, commerciaux et agricoles de l'autre, de telle sorte que les premiers ne puissent être isolés des seconds. Au contraire, les intérêts économiques s'ajoutent aux trois autres, et il suffit de justifier d'intérêts économiques pour pouvoir invoquer le bénéfice de la loi[1]. »

Après cela, il est facile de montrer que si les médecins n'ont pas d'intérêts commerciaux ou agricoles, ils ont des intérêts industriels ou tout au moins des intérêts économiques à défendre et à étudier.

« Je puis vous montrer, disait au Sénat M. Cornil, que les médecins ont un intérêt de premier ordre à se constituer en Associations. Ils n'ont pas attendu, d'ailleurs, le bénéfice de la loi de 1884 pour le faire ; car ils se sont toujours réunis pour discuter entre eux leurs intérêts professionnels, pour défendre leur profession menacée par l'extension du charlatanisme ou de l'exercice illégal.Ils se sont toujours réunis aussi dans un but plus noble et plus élevé : celui de se constituer en associations charitables, pour organiser,

1. *Manuel des Syndicats professionnels agricoles*, p. 26.

par exemple, la médecine des pauvres. Il y a aussi des questions professionnelles, celles par exemple, qui instituent une entente à frais communs pour la répression de l'exercice illégal de la médecine ; et dans un article de notre loi, article 18, les médecins et les Associations syndicales de médecins ont le droit de se porter parties civiles dans les procès intentés aux personnes qui exercent illégalement la médecine. Je crois que dans ces conditions, il faut que nous ayons aussi la permission de nous constituer en Associations syndicales[1]. »

Aussi bien, la théorie de la Cour de cassation s'écroule-t-elle devant ces paroles si claires du rapporteur, prononcées devant le Sénat, à la veille du vote final : « On a cru tout d'abord, parce que la Commission s'était servie des mots : « Syndicats profession-« nels », qu'elle voulait en restreindre, limiter et circonscrire l'application aux seuls ouvriers qui travaillent manuellement, aux ouvriers industriels. Jamais la Commission n'a eu une pareille pensée. Elle espère bien, au contraire, que la loi qui vous est soumise est une loi très large, dont se serviront un très grand nombre de personnes auxquelles tout d'abord on n'avait pas songé ; les gens de bureaux, par exemple, les comptables, les commis et les employés de toute espèce. En un mot, toute

---

1. Il s'agissait de faire adopter par le Sénat, l'article 14 du projet de loi sur l'exercice de la médecine, ainsi conçu : « A partir de la promulgation de la présente loi, les médecins, dentistes et sages-femmes jouiront du droit de se constituer en Associations Syndicales dans les conditions de la loi du 21 mars 1884. » Le Sénat, dans la séance du 21 mars 1892 *(Journal officiel* du 22), par 111 voix contre 110, repoussa l'article.

personne qui exerce une profession, ainsi qu'il est dit dans la loi, aura le droit de se servir de la nouvelle législation que vous allez voter[1]. »

Enfin, à défaut même des travaux préparatoires, n'avons-nous pas l'article 2, qui autorise la création de Syndicats entre toutes personnes exerçant la même profession ? Or, cet article est conçu dans les termes les plus généraux. Quand il parle de professions, c'est sans restriction aucune. De quel droit, dès lors, établit-on une distinction entre les ouvriers de la pensée et les travailleurs manuels ? Pour écarter des Syndicats cette première catégorie de personnes, il faudrait un texte, et ce texte n'existe nulle part.

Ainsi, la jurisprudence de la Cour de cassation, qui refuse aux professions libérales les avantages de l'association, nous paraît contraire tout à la fois, et à l'esprit du législateur et aux textes mêmes de la loi[2].

Mais ici, on nous fait une objection qui, au premier abord, paraît assez embarrassante. Si l'article 2 est

---

1. Voir rapport de M. TOLAIN, séance du 21 février 1884. *J. Off.* du 22 : *Déb. Parl.*, p. 451, Sénat.

2. La jurisprudence de la Cour de cassation a d'ailleurs été très vivement critiquée par certains auteurs. — Voir GARRAUD : *Droit pénal Français*, t. IV, p. 178. – Le 21 juin 1886, M. COLFAVRU a déposé à la Chambre des députés, un projet de loi étendant à toutes les professions quelconques, les droits que la loi de 1884 accorde expressément aux travailleurs manuels. Ce projet a été repris sous la nouvelle législature, par M. LÉVEILLÉ, et quelques-uns de ses collègues. Voir le rapport de la Commission d'initiative *J. Off.* du 17 janvier 1890 : *Doc. Parl.*, p. 430, annexe 1019.

Les Tribunaux eux-mêmes résistent à la jurisprudence de la Cour suprême et un jugement de la neuvième chambre du Tribunal de la Seine du 10 mars 1890 (SIREY, 1890, 2. 144) réfutant d'une façon très nette et très habile les arguments de l'arrêt de la Cour de cassation du 27 juin 1885, a déclaré que les instituteurs libres pouvaient se syndiquer.

20

formel, nous dit-on, s'il suffit d'exercer une profession pour avoir le droit d'entrer dans un Syndicat, les fonctionnaires et employés de l'Etat vont donc pouvoir invoquer la loi du 21 mars 1884 et former entre eux des Associations professionnelles ? Mais alors, s'il en est ainsi, pourquoi le gouvernement résiste-t-il à une prétention aussi légitime, pourquoi refuse-t-il de reconnaître la légalité de pareilles Associations ?

En ce qui concerne les fonctionnaires proprement dits, militaires, magistrats et autres, la réponse est aisée. Ces différentes catégories de personnes sont en effet régies par des lois spéciales qui établissent leurs droits et déterminent leurs devoirs, d'une façon précise. Or, ces dispositions particulières n'ont été nullement modifiées par la loi de 1884, et on ne saurait sous aucun prétexte, y porter atteinte. Tel est le principe. C'est ainsi que les règlements militaires s'opposent, sous des peines très rigoureuses, à ce que les officiers fassent partie d'Associations.

Quant aux magistrats et autres fonctionnaires publics, ils tombent sous le coup des articles 123 et suivants du Code pénal, ainsi conçu :

« ART. 123. — Tout concert de mesures contraires aux lois, pratiqué soit par la réunion d'individus ou de corps dépositaires de quelque partie de l'autorité publique, soit par députation ou correspondance entre eux ? »

« ART. 126. — Sont aussi punis « les fonctionnaires publics qui auront, par délibération, arrêté de donner des démissions dont l'objet ou l'effet serait d'empêcher ou de suspendre soit l'administration de la justice, soit l'accomplissement d'un service quelconque. »

En vertu de ces dispositions législatives, les fonctionnaires ne pourront donc se constituer en Syndicats.
La question devient plus délicate en ce qui concerne
les ouvriers et employés salariés par l'Etat, les départe-
tements, les communes et autres établissements
publics.

Prenons, par exemple, les employés des Chemins
de fer de l'Etat. Doit-on leur reconnaître le droit de
se syndiquer ? M. Jonnart, ministre des travaux
publics ayant à fournir sur ce point des explications
à la Chambre, établissait, dans la séance du 20 novembre 1894, les distinctions suivantes :

« Les Compagnies de chemins de fer sont des
industries privées ; c'est très légitimement que les
ouvriers et employés de ces Compagnies invoquent le
bénéfice de la loi de 1884, et nous avons le devoir de
leur en garantir le bénéfice. Mais le gouvernement ne
croit pas que cette loi puisse s'appliquer aux agents
de l'Etat.

« En ce qui concerne les employés des Chemins de
fer de l'Etat, il y a une distinction à faire. Nous reconnaissons parfaitement que les ouvriers et employés
non commissionnés ont le droit de former des Syndicats, mais nous ne reconnaissons pas le même droit
aux employés commissionnés dont le traitement est
annuellement réglé par le budget, parce qu'alors, il
ne s'agit pas de deux intérêts privés en présence,
l'intérêt d'un patron et l'intérêt des ouvriers[1]. »

M. Jonnart citait à l'appui de sa thèse, les déclarations apportées à la tribune de la Chambre, dans la

1. *J. Off.* : Séance du 22 mai 1894. *Déb. Parl.*, Chambre des députés.

séance du 17 novembre 1891, par M. le Ministre du Commerce et des Colonies.

« Les employés de l'Etat, affirmait alors le ministre ne sont pas, eux, en présence d'un intérêt privé, mais bien d'un intérêt général, le plus haut de tous, l'intérêt de l'Etat lui-même, représenté par les pouvoirs publics, par la Chambre et le gouvernement. Par conséquent, s'ils pouvaient exécuter à leur profit, la loi sur les Syndicats professionnels, ce serait contre la Nation elle-même, contre l'intérêt général du pays, contre la souveraineté nationale qu'ils organiseraient la lutte. »

M. Jonnart rapportait enfin les paroles de M. Terrier, prononcées en 1891 à la tribune du Sénat, dans une affaire un peu différente.

« J'estime, déclarait l'honorable M. Terrier, qu'il y a des nécessités supérieures de discipline et de hiérarchie sans lesquelles les Etats marchent à leur perte et que, du haut en bas de l'échelle administrative, dans quelque rang que vous le preniez, dans quelque situation qu'il soit placé, du moment qu'un fonctionnaire détourne les yeux de ses chefs naturels, pour aller chercher ailleurs — dans des sollicitations dont vous-mêmes, peut-être, avez eu à vous plaindre — l'appui qu'il ne doit pas rencontrer là, j'estime qu'il y a dans cette manière de faire, une pratique contraire à l'intérêt général et à la bonne administration des affaires publiques. J'ai la plus vive sollicitude pour tous mes collaborateurs, à quelque degré de la hiérarchie qu'ils soient placés, mais je ne dois pas oublier la responsabilité qui pèse en ces matières, sur le chef d'un grand service. »

« Eh bien! concluait le Ministre des travaux publics, permettre aux employés de l'Etat de se prévaloir des dispositions de la loi de 1884, ce serait leur permettre de se syndiquer contre la représentation nationale elle-même, ce serait la destruction de toute discipline et de toute administration. »

La théorie de M. Jonnart doit être, selon nous, repoussée. Elle repose, en effet, tout entière sur une inexactitude. Elle part de ce principe que les employés des Chemins de fer de l'Etat doivent être considérés comme des fonctionnaires publics. Or, rien de plus faux. Les agents, commis, ouvriers des exploitations industrielles ou commerciales de l'Etat ne sont pas des fonctionnaires. Ce ne sont pas même des agents dans le sens administratif du mot; c'est-à-dire qu'ils n'appartiennent pas à la catégorie d'employés de l'Etat qui se rapprochent dans une mesure quelconque des fonctionnaires. Ils ne détiennent pas, en effet, la plus petite parcelle de l'autorité publique, et cela pour le motif suivant : Ils ne sont pas nommés en vertu d'une délégation du principe d'autorité. Le plus humble agent administratif, en France, est nommé en vertu d'un arrêté du Maire, du Préfet ou du Ministre, en vertu de l'autorité dont ces fonctionnaires sont dépositaires et qui leur permet de créer un sous fonctionnaire ou un agent par la délégation de la loi. Or, ceci n'existe pas du tout dans les exploitations industrielles ou commerciales de l'Etat où il n'y a pas d'arrêté, pas d'acte du pouvoir exécutif, instituant l'ouvrier, le commis, l'employé, l'investissant par conséquent, par une délégation quelconque, du caractère que M. Jonnart prétendait lui attribuer.

Ainsi, quand il s'agit d'une exploitation de l'Etat, qui s'est fait industriel, en dirigeant des chemins de fer, la situation du commis, de l'ouvrier est semblable à la situation des ouvriers et commis des compagnies privées [1].

Après cela, il est facile de prévoir notre conclusion. Les employés des chemins de fer, qu'ils soient au service des Compagnies privées ou à celui des Compagnies de l'Etat doivent, selon nous, avoir le droit d'invoquer le bénéfice de la loi de 1884, qui est générale et n'établit aucune distinction.

Certains auteurs professent cependant une opinion différente. Voici les principales objections qu'ils opposent à notre théorie.

Sans doute, disent-ils, les employés des Chemins de fer de l'Etat ne sont pas des fonctionnaires comme M. Jonnart avait le tort de le soutenir; sans doute, ce sont de simples ouvriers exerçant une profession, ayant des intérêts économiques à défendre, et rentrant par cela même dans les termes de la loi de 1884. Personne ne peut nier, cependant, que ces employés

1. « Si l'administration des Chemins de fer de l'Etat, déclarait à la Chambre M. de La Porte, devait être considérée comme composée de fonctionnaires, les agents des Chemins de fer de l'Etat devraient être soumis pour la retraite à la loi de 1853. Or, au lieu de se voir appliquer cette loi, ils touchent une retraite dans des conditions spéciales, analogues aux retraites qui sont allouées par les grandes Compagnies à leurs agents ; il y a une caisse de retraites spéciale des Chemins de fer de l'Etat ; et la loi de 1853 n'est pas applicable aux pensions servies par cette caisse. J'estime donc, que la thèse contre laquelle je proteste, n'est pas seulement excessive, mais inadmissible. Elle aurait pour conséquence grave, dans le cas dont il s'agit, d'interdire à de nombreux citoyens l'usage d'une liberté dont ils ont toujours été en paisible possession. » — J. Off. : Séance du 22 mai 1894, Déb. Parl., Chambre des députés.

se trouvent dans une situation particulière. Ils représentent, en effet, un service public. Or, il ne saurait
dépendre de leur volonté, d'interrompre, en déclarant
une grève, la circulation des personnes, des lettres,
des journaux, du blé, de la viande, du poisson, de la
houille et autres marchandises, sur le territoire français. Les Compagnies de chemins de fer n'ont pas le
droit d'interrompre les transports ; leurs ouvriers et
employés ne sauraient l'avoir. L'intérêt privé des
travailleurs doit ici disparaître devant l'intérêt de la
nation elle-même.

D'ailleurs, ajoute-t-on, les employés des chemins
de fer ne sont nullement à plaindre. La durée de
leur journée de travail est limitée à 10 heures. De
plus, tous ont des avantages spéciaux, des situations
privilégiées au point de vue des salaires, de l'assistance en cas de maladie, de retraites ; ils les considèrent comme des droits acquis, sans paraître se douter
que du moment où ils rompraient le contrat de travail,
ils les perdraient, *ipso facto*.

Les employés des chemins de fer sont exempts,
enfin, en raison de leurs occupations, de certaines
obligations du service militaire. Tous ces avantages
constituent pour l'employé une large compensation
de la suppression du droit au Syndicat et du droit à
la grève.

Comme on le voit, dans cette opinion [1], ce n'est pas
seulement aux employés des Chemins de fer de l'Etat
que l'on refuse le droit de former des Associations

1. Voir discours de M. DE LANJUINAIS, *Journal Officiel* : Séance du
22 mai 1894, *Déb. Parl.*, Chambre des députés.

professionnelles, mais encore aux employés des Compagnies privées.

Cette façon d'interpréter la loi de 1884, en même temps qu'elle n'est pas très juridique, nous paraît tout à fait dangereuse pour la liberté. Comment! Sous prétexte que l'ordre public est intéressé au bon fonctionnement du service des transports, on va mettre toute une catégorie de travailleurs dans l'impossibilité d'étudier et de défendre leurs intérêts économiques et professionnels, on va les empêcher de jouir d'une loi qui, cependant, a été faite en leur faveur? Mais, une fois entré dans cette voie où s'arrêtera-t-on. Il vaut mieux déclarer tout de suite que la loi de 1884 restera lettre morte, car il est évident que les raisons que l'on fait valoir pour s'opposer à la création d'un Syndicat d'employés des chemins de fer, vont pouvoir s'appliquer à la grande majorité des Syndicats. Considérons, par exemple, les Syndicats de mineurs. Tout le monde sait le rôle important que joue la houille dans notre industrie moderne. Or, si ce combustible vient à manquer, de graves perturbations pourront se produire dans l'ordre social. Au nom de l'intérêt public, l'État va donc pouvoir interdire aux mineurs le droit de coalition et le droit de grève?

De même, les Syndicats pouvant compromettre les services privés de l'alimentation, du vêtement, du logement, non moins nécessaires, à coup sûr, que le service des transports vont inspirer des craintes à l'État qui se hâtera de les interdire.

Sans doute, on accordera quelques petits avantages à ces travailleurs ainsi dépouillés de leurs droits? Les empereurs romains usaient au Bas-Empire de pareils procédés, à l'égard des naviculaires, des boulangers et autres membres des corporations auxquels ils concédaient quelques privilèges, espérant par ce moyen leur faire plus facilement accepter leur pénible esclavage.

On voit par là, ce qu'il adviendrait de la liberté des Associations syndicataires, le jour où l'Etat aurait comblé les vœux de certains esprits, en achevant de supprimer les services privés, pour les remplacer par des services publics.

Nous n'hésitons pas, pour notre part, à répudier un système, qui, tout en violant ouvertement une loi dont l'esprit est de soutenir les intérêts de la démocratie laborieuse, a pour résultat d'aboutir à cette monstruosité condamnée par l'histoire et qui a nom Socialisme d'Etat.

Tout ce que nous venons de dire des employés des chemins de fer, s'applique également aux autres employés de l'Etat; c'est à tort, selon nous, que l'administration refuse à cette classe si intéressante de travailleurs, le droit de former des Syndicats professionnels.

On sait, en effet, que les cantonniers et les balayeurs de la ville de Paris ont voulu, en septembre 1891, constituer un Syndicat, conformément à l'article 6 de la loi du 21 mars 1884; le Préfet de la Seine et M. le Ministre des Travaux publics se sont opposés à cette prétention qu'ils considéraient comme anarchique. Les arguments invoqués sont ceux que nous connaissons déjà. Les ouvriers dont il s'agit, doivent être considérés comme des fonctionnaires. Leur permettre de former entre eux des Associations professionnelles, ce

serait compromettre les services publics, etc., etc.
Le Parquet a sommé la Chambre syndicale de se
dissoudre dans le plus bref délai sous peine de poursuites. Mais le Syndicat a protesté, et, dans une
assemblée tenue à la Bourse du travail, a voté l'ordre
du jour suivant : « La Chambre syndicale des cantonniers, balayeurs, etc., réunie en Assemblée générale,
le 12 février 1892, vu la loi du 21 mars 1884, est
décidée à rester constituée en Syndicat, malgré
l'injonction du Parquet, qui, au lieu de faire respecter
la loi, lui apporte des entraves. Elle est décidée à se
laisser poursuivre et elle se défendra par tous moyens
de droit. »

Cette décision du Syndicat des cantonniers nous
paraît de tous points conforme à la loi de 1884. Il est
permis d'espérer que le gouvernement finira par
reconnaître le bien fondé de pareilles prétentions et
qu'il se décidera, enfin, à faire respecter la loi de 1884
votée, nous l'avons dit déjà, dans l'intérêt de tous les
travailleurs sans distinction. Il nous reste à parler
d'une troisième catégorie d'employés, également salariés par l'Etat, nous voulons parler des ouvriers des
manufactures nationales.

Chose bizarre ! Au moment où l'administration,
rompant d'ailleurs avec les traditions du passé, faisait
tous ses efforts pour empêcher les agents à son service
de se réunir et de délibérer sur leurs intérêts économiques, elle accordait au contraire toute liberté aux
travailleurs des manufactures, leur permettant de
former entre eux des Associations professionnelles et
d'entreprendre la lutte contre le patron unique, l'Etat.
Et cependant, les raisons d'intérêt public que l'on

fait valoir lorsqu'il s'agit de s'opposer à la création des Syndicats d'employés de chemins de fer, ont ici absolument la même force. Le gouvernement a le monopole du tabac et des allumettes : les ouvriers de ces manufactures, en déclarant la grève, ne vont-ils pas suspendre une ressource de recettes fiscales et obliger le ministre des finances à acheter des allumettes à l'étranger ; ce qui ne manquerait pas, soit dit en passant, de provoquer contre lui l'accusation de trahison ! Ce qu'il y a de certain, c'est que les ouvriers des manufactures forment des Syndicats et que ces Syndicats ne sont nullement inquiétés par l'administration.

Voilà la logique du gouvernement, qui ne paraît pas avoir de politique bien arrêtée, en ce qui concerne les Associations professionnelles. Ce n'est pas que nous blâmions l'attitude du pouvoir, à l'égard des ouvriers des manufactures, nous aimerions au contraire, à voir accorder à tous les employés de l'Etat, sans distinction, la liberté qui leur appartient de par la loi de 1884, nous nous contentons seulement de constater cette politique flottante et indécise qui répond à des préoccupations purement gouvernementales, au lieu de s'appuyer sur des bases sérieuses et légales. C'est d'ailleurs ce qui se produit, toutes les fois qu'au lieu d'appliquer la loi telle qu'elle est écrite, on prétend la refaire. Encore une fois, la loi de 1884 est très nette et très précise : elle accorde à tous les citoyens sans distinction, exerçant une profession et ayant des intérêts économiques à défendre, le droit de se réunir et de se grouper en Syndicats. Or, les employés de l'Etat rentrent évidemment dans cette définition, et il n'y a aucune distinction ni division à établir entre eux et les autres travailleurs. Leurs intérêts sont, en effet, identiques ; ils ont les mêmes besoins et aussi les mêmes misères. Ils doivent donc être traités sur le même pied d'égalité, sous peine d'injustice flagrante.

C'est pourquoi, nous nous réjouissons du vote de la Chambre des députés qui, le 23 mai 1894, a adopté l'ordre du jour suivant :

« La Chambre, considérant que la loi de 1884 s'applique aux ouvriers et employés des exploitations de l'Etat, aussi bien qu'à ceux des industries privées, invite le gouvernement à la respecter et à en faciliter l'exécution[1]. »

L'objet des Syndicats étant ainsi déterminé, il est utile de les distinguer d'autres sociétés avec lesquelles on pourrait les confondre. L'article 3 parle, en effet, d'associations pour l'étude des intérêts commerciaux et agricoles. Or, le Code de commerce et la loi de Juillet 1867 règlent les Sociétés commerciales, la loi du 24 Juin 1865 les Associations syndicales agricoles. La loi de 1884 déroge-t-elle à ces lois, ou bien régit-elle des Sociétés ayant un objet différent, et doit-elle s'appliquer parallèlement à ces lois ? Comment en ce cas les concilier ? Quel est le champ d'action de chacune d'elles ?

---

1. *Journal Off.* : Séance du 22 mai 1894, *Déb. Parl.*, Chambre des députés. — On sait que sur cet ordre du jour le Ministère Casimir-Périer a donné sa démission.

Le 4 juin, M. Dupuy a reconnu aux ouvriers le droit de se syndiquer, en attendant la loi qu'il prépare et qui viendra prochainement à discussion.

I. — Il importe tout d'abord de distinguer nos Syndicats professionnels des Sociétés commerciales. Aux termes de notre article 3, les Syndicats professionnels ont exclusivement pour objet, « l'étude et la défense » des intérêts commerciaux de leurs membres. Si, maintenant, on lit l'article 1832 du Code civil, on voit qu'une Société civile est « un contrat par lequel deux ou plusieurs personnes conviennent de mettre quelque chose en commun, dans la vue de partager le bénéfice qui pourra en résulter. »

Si les principales opérations ont le caractère commercial, la Société est commerciale et est soumise aux règles du Code de commerce et de la loi de 1867[1]. Or, nous verrons que toute Société commerciale qui se constituerait sous la forme d'un Syndicat serait nulle, comme contractée contrairement à la loi de 1867. Mais aucune disposition n'empêche un véritable Syndicat de former une Société commerciale, soumise aux règles des Sociétés ordinaires. La Société nouvelle se greffe alors sur le Syndicat et acquiert une vie indépendante. Dans le cas où le Syndicat lui-même se livrerait à des opérations commerciales, si par exemple il achetait des marchandises pour les revendre avec bénéfice, s'il fabriquait des produits industriels dans un but de spéculation, il perdrait les avantages accordés aux Syndicats professionnels et deviendrait soumis aux obligations des Sociétés de commerce. Dès lors, le Tribunal pourrait le poursuivre comme Syndicat, et il aurait le devoir de le condamner, dans le

1. Voir MM. LYON-CAEN et RENAULT : *Précis de Droit commercial*, n° 277.

cas où il voudrait se soustraire aux règles du droit commercial[1].

II. — Il faut aussi se garder de confondre nos Syndicats professionnels avec les Associations syndicales agricoles, établies par la loi du 21 juin 1865, complétée par la loi du 22 décembre 1888. Quel est l'objet de ces Associations ? C'est, lisons-nous dans l'article 1er de la loi de 1865, l'accomplissement de certains travaux agricoles, d'intérêt général[2] ; les cas de constitution sont au nombre de dix (loi de 1888). On y remarque, au point de vue agricole ; le dessèchement des marais, la défense contre les inondations, les irrigations et les travaux de toute amélioration agricole d'intérêt collectif.

La loi de 1865 prévoit deux sortes d'Associations : 1° Les Associations syndicales autorisées qui jouissent

1. Dans une conférence faite au Concours régional de Rennes, le 14 mai 1887, M. WELCHE, ancien ministre, président du Syndicat central des Agriculteurs de France, a fort nettement établi la différence qui sépare les Syndicats des Sociétés commerciales : « Les opérations faites par les Syndicats, dit M. Welche, ressemblent fort aux opérations commerciales ; il ne faut pourtant pas les confondre. Ce qui, pour moi, caractérise la Société syndicale, c'est que celle-ci doit, par ses opérations, procurer des avantages à ses syndiqués ; la Société commerciale, au contraire, a pour objet de procurer des avantages pécuniaires à ses associés. Elle a pour but de créer des dividendes, et le Syndicat ne peut que prélever les frais nécessaires à son administration, à sa gestion, à l'entretien des institutions que la loi lui permet de créer, bibliothèque, cours d'instruction professionnelle, etc. Franchir cette limite, ce serait spéculer sur la différence entre le prix d'achat et de revente des marchandises dont il use.... ce serait s'exposer à.... sortir de la loi de 1884, pour tomber sous le coup de la loi qui régit les Sociétés commerciales.

2. Une loi du 15 décembre 1888 a organisé des Associations syndicales pour la défense des vignes contre le phylloxera.

des avantages et privilèges des articles 15 et suivants
de la loi de 1865[1], mais qui doivent être autorisées soit
par un arrêté préfectoral, soit par un décret rendu en
Conseil d'Etat.

2° Les Associations syndicales libres qui ne jouissent pas des privilèges des articles 15 et suivants, mais
pour la formation desquelles il suffit du consentement
des intéressés, constaté dans un acte notarié ou sous-
seing privé et inséré dans un journal d'annonces
judiciaires et légales. Cela dit, on conçoit qu'un Syndicat professionnel puisse atteindre le même but que
l'Association syndicale. Il s'agit, en effet, d'intérêts
agricoles, et nous savons que le législateur a eu ces
intérêts en vue lorsqu'il organisait les Syndicats
professionnels. Dans quels cas, dès lors, doit-on appliquer la loi de 1865, dans quels cas, la loi de 1884 ?

Si les propriétaires intéressés veulent fonder une
Association autorisée, ils devront se soumettre aux
règles de la loi de 1865, dont les dispositions n'ont
point été abrogées par la loi de 1884.

S'ils veulent former une Association libre, ils pourront choisir entre les deux législations. C'est ainsi
qu'ils pourront remplacer les formalités anciennes,
par celles plus simples, de la nouvelle loi. Seulement,
le Syndicat ne pourra comprendre, ni personnes sans
profession, ni personnes de professions dissemblables.

---

1. Ces articles leur accordent le droit d'obtenir l'expropriation
pour cause d'utilité publique des terrains nécessaires aux travaux
à exécuter ; le droit de faire recouvrer les taxes et cotisations, au
moyen de rôles rendus exigibles par les préfets, comme en matière
de contributions directes, le droit de faire juger les contestations
relatives aux servitudes qu'ils voudraient établir, par le Juge de
Paix du canton.

Autre nuance : l'article 3 de la loi de 1865 permet aux Associations syndicales « d'ester en justice par leurs syndics, d'acquérir, vendre, échanger, transiger, emprunter et hypothéquer » ; or, nous le verrons, les Syndicats professionnels ont une capacité moins étendue. Enfin, l'article 4 de la même loi autorise, d'une manière formelle, l'entrée dans l'Association syndicale des propriétaires non exploitants ; les auteurs qui, comme nous, refusent à cette classe de personnes l'accès des Syndicats professionnels, devront voir là une dernière différence entre les Associations agricoles et les Syndicats professionnels.

Associations syndicales et Syndicats professionnels sont donc deux institutions tout à fait différentes qu'il faut se garder de confondre : leur objet, leur capacité, leur formation et leur composition sont en effet loin de se ressembler.

CHAPITRE IV

Formalités imposées aux Syndicats professionnels.

« ARTICLE 4. — Les fondateurs de tout Syndicat devront déposer les statuts et les noms de ceux qui, à un titre quelconque, seront chargés de l'administration ou de la direction.

« Ce dépôt aura lieu à la mairie de la localité où le Syndicat est établi, et à Paris, à la préfecture de la Seine.

« Ce dépôt sera renouvelé à chaque changement de la direction ou des statuts.

« Communication devra être donnée par le Maire ou par le Préfet de la Seine, au Procureur de la République.

« Les membres de tout Syndicat professionnel chargés de l'administration ou de la direction de ce Syndicat devront être Français et jouir de leurs droits civils. »

SECTION I

Rédaction des Statuts.

Lorsque des personnes, « exerçant une même profession, des métiers similaires ou des professions connexes concourant à l'établissement de produits déterminés », veulent constituer un Syndicat, la première chose qu'elles ont à faire, c'est de rédiger les statuts de l'association et de nommer des administrateurs. Ces réunions préparatoires n'ont, d'ailleurs, nullement besoin d'être autorisées ; c'est ce que déclare formellement la circulaire ministérielle. « Jusque-là (jour où les statuts ont été arrêtés), les fondateurs ont toute liberté de se réunir pour en concerter les dispositions, sans être exposés aux pénalités des articles 291 et suivants du Code pénal ou à celles de l'article 10 de la présente loi. »

Les statuts devront déterminer d'une façon précise, l'objet du Syndicat et on devra faire grande attention de n'y insérer que des clauses conformes aux prescriptions de la loi ou aux principes protecteurs de la liberté du travail et de l'industrie.

Les statuts devront être constatés par écrit, mais il n'est pas nécessaire qu'ils soient imprimés. Ils pourront être écrits à la main, car on veut éviter toute dépense aux ouvriers. Un vote de l'assemblée suffira pour approuver les statuts et assurer leur existence. L'authenticité desdits statuts sera suffisamment démontrée par les signatures du président et du secrétaire, qui les certifieront véritables.

SECTION II

Nomination des Directeurs et Administrateurs.

Les membres d'un Syndicat en période de formation devront poser dans les statuts, les bases de l'administration. Ils jouissent à ce point de vue de la plus entière liberté.

Le paragraphe 5 de l'article 4 exige cependant certaines conditions de capacité chez les administrateurs et directeurs. Il est ainsi conçu : « Les membres de tout Syndicat professionnel, chargés de l'administration ou de la direction de ce Syndicat, devront être français et jouir de leurs droits civils. »

Pour être administrateur ou directeur d'un Syndicat, il faut donc réunir deux conditions : 1° Etre français ; 2° jouir de ses droits civils.

Première condition. — La qualité de français est nécessaire pour être administrateur ou directeur d'un Syndicat professionnel.

La Chambre des députés, repoussant le projet du gouvernement qui excluait même les étrangers comme membres des Syndicats, avait déclaré qu'ils pourraient en faire partie comme membres et comme administrateurs. Mais, en seconde lecture, elle admit, sur les instances de M. Pierre Legrand, la nécessité d'être français pour tous ceux qui seraient chargés, à un titre quelconque, de l'administration ou de la direction[1]. Le Sénat, après un discours de M. Marcel Barthe, adopta ce paragraphe à une forte majorité[2].

Les arguments invoqués par les partisans de cette opinion, sont de deux sortes : -

1° Au point de vue économique, cette mesure est utile, car il aurait pu se former des Associations uniquement composées d'étrangers : « A côté d'un

1. J. *Off.*, 1881 : Chambre, *Déb. Parl.*, p. 1165.
2. J. *off.*, 1882 : Sénat, *Déb. Parl.*, p. 775.

Syndicat français, vous aurez le Syndicat étranger, et alors, au point de vue du travail même, que vous voulez protéger, vous encouragerez par votre loi une lutte entre deux éléments, pouvant avoir des intérêts différents. »

2° Au point de vue du patriotisme, il se présente un danger plus grand encore. « Vous allez mettre un pouvoir énorme aux mains d'un étranger. Il aura sous ses ordres, un grand nombre d'individus ; en ayant la disposition de la Caisse des Syndicats, il pourra à tout instant exercer son influence, au détriment même des intérêts français, sur toutes nos frontières ; à un moment donné, l'étranger aura à sa disposition des hommes et de l'argent. Il ne faut pas qu'il y ait sur le sol français, une caisse noire pouvant, à la faveur de notre loi libérale, servir des intérêts étrangers[1]. »

Malgré la valeur de ce dernier argument, nous ne saurions approuver cette décision. En premier lieu, elle est fausse au point de vue économique. Elle ne tend à rien moins, en effet, qu'à chasser les étrangers de France et à diminuer ainsi l'importance de notre commerce, car il est évident que le commerce français comprend toutes les transactions faites sur notre terri-toire, quelle que soit la nationalité de ceux qui s'y livrent.

Cette disposition de l'article 4 est, en second lieu, illogique. Si les étrangers présentent, comme on le prétend, un si grand danger, pourquoi donc les admettre comme membres des Syndicats ? Pourquoi

1. Voir discours de M. LEGRAND : *J. Off.*, Ch. des dép., *Déb. Parl.*, p. 1165.

les autoriser à former des Syndicats exclusivement composés d'étrangers, avec seulement quelques français à leur tête ?

Cette exclusion des étrangers de l'administration et de la direction des Syndicats est d'autant plus difficile à justifier, qu'en ce qui concerne les Sociétés commerciales, industrielles et financières, les mêmes étrangers jouissent d'une liberté absolue. Nous sommes loin de nous en plaindre. C'est là un état de choses qui s'impose, à notre avis, dans notre pays démocratique et de liberté ; c'est la liberté commerciale, la liberté industrielle. Les étrangers en jouissent pleinement comme les nationaux. Pourquoi donc ne jouiraient-ils pas également et sans restriction de la liberté professionnelle ?

On parle de péril social, mais en admettant que ce péril vienne à se produire, il est un moyen bien simple de le conjurer. La loi du 3 décembre 1849, en effet, est toujours en vigueur et nous savons que cette loi permet au gouvernement d'expulser du territoire français, tout étranger qui troublerait l'ordre public.

Quoi qu'il en soit, les étrangers, qui peuvent parfaitement entrer dans les Syndicats en qualité de membres, sont dans l'impossibilité d'en devenir jamais administrateurs ou directeurs. Voilà un point bien établi. Ne pourrait-on pas se demander, toutefois, si cette disposition est générale et absolue, si elle s'applique à tous les étrangers sans distinction, ou seulement à certains d'entre eux ?

Nous savons, en effet, que la loi française distingue deux catégories d'étrangers : les étrangers proprement dits et ceux qui, conformément à l'article 13, ont obtenu l'autorisation d'établir leur domicile en France. Ces derniers, déclare l'article 13, jouissent de tous les droits civils[1]. Or, le droit d'administrer et de diriger les Syndicats étant un véritable droit civil, il eût été logique de le reconnaître aux étrangers admis, comme nous venons de le dire, à établir leur domicile en France. Cette solution eût été d'autant plus rationnelle, que les arguments qui ont été invoqués plus haut contre les étrangers, n'existent plus dans notre espèce. Il s'agit, en effet, d'individus qui, loin de nourrir à l'égard de notre pays des sentiments hostiles, veulent au contraire obtenir la naturalisation et devenir Français. N'est-il pas, dès lors, souverainement injuste de les tenir en suspicion ?

Malgré ces considérations, il n'est pas possible d'accorder à un étranger qui se trouve dans les termes de l'article 13, le droit de faire partie de l'administration ou de la direction d'un Syndicat. Les travaux préparatoires s'y opposent formellement.

Un sénateur, M. Roger Marvaise, avait en effet proposé, lors de la deuxième délibération[2], un amendement ainsi conçu : « Les membres de tout Syndicat professionnel, chargés de l'administration ou de la direction de ce Syndicat, devront être français, ou avoir été admis à établir leur domicile en France, ou appartenir à une nation liée avec la France, par un traité stipulant une égalité absolue entre les ressortissants des deux Etats, pour l'exercice de tout genre

---

1. « ART. 13. — L'étranger qui aura été autorisé par décret à fixer son domicile en France, y jouira de tous les droits civils. » C. Civil.
2. *J. Off.* : Séance du 29 janvier 1894, *Déb. Parl.*, Sénat, pp. 204 et suivantes.

d'industrie ou de commerce. » M. Roger Marvaise rappelait le progrès récent, qui avait étendu ces sages distinctions de la législation civile à la législation internationale, par le traité d'établissement avec la Suisse, de 1882[1]. Il montrait comment, peu à peu, depuis le commencement du siècle, nos institutions s'étaient élargies à l'égard des étrangers ; il concluait que le moment n'était peut-être pas opportun pour apporter des restrictions à la liberté des travailleurs étrangers.

La Commission de la Chambre des députés, chargée de vérifier le projet modifié et amendé par le Sénat, se rallia à la distinction établie par M. Roger Marvaise entre les étrangers admis à établir leur domicile en France, et les étrangers non domiciliés. La nouvelle rédaction fut adoptée par la Chambre. Elle était ainsi conçue : « Les membres de tout Syndicat professionnel, chargés de l'administration ou de la direction du Syndicat, devront être Français ou avoir été admis à établir leur domicile en France, et jouir de leurs droits civils. »

Lorsque l'article ainsi corrigé, revint au Sénat, M. Marcel Barthe demanda la suppression du membre de phrase relatif à ceux qui auraient été admis à établir leur domicile en France[2]. Le Sénat, craignant de voir s'établir dans notre pays la concurrence étrangère, fit droit à sa demande et c'est ainsi que les rigueurs de l'article 4 furent adoptées sans distinction.

1. « Traité entre la France et la Suisse sur l'établissement des Français en Suisse et des Suisses en France, » conclu à Paris le 23 février 1882 et sanctionné par une loi du 11 mai 1882.
2. Séance du 29 janvier 1884, *J. Off.*, Sénat, *Déb. Parl.*, pp. 204 et suivantes.

Deuxième condition. — Les administrateurs et directeurs doivent jouir de leurs droits civils.

Cette dernière condition est fort obscure. En effet, depuis l'abolition de la mort civile par la loi de 1854, il n'y a plus de français qui, d'une manière générale, soient privés de leurs droits civils. Quelle est donc l'idée que la loi a voulu exprimer par ces mots, « jouir de leurs droits civils ? ».

Le législateur a évidemment voulu parler de l'exercice et non de la jouissance des droits civils; il s'est seulement mal exprimé.

Nous trouvons la preuve de cette intention, dans l'exposé des motifs qui précédait le projet du gouvernement : « La jouissance de cette liberté nouvelle, qui est essentiellement un droit civil réservé aux seuls français qui sont en pleine possession de leurs droits civils, etc. » De même, la circulaire ministérielle interprète de cette façon, la pensée du législateur : « Le dernier paragraphe de l'article 4, écarte des fonctions de directeurs et administrateurs des Syndicats, les étrangers, même ceux qui ont été admis à établir leur domicile en France, et les français qui ne jouissent pas de leurs droits civils, c'est-à-dire, auxquels une condamnation a enlevé l'exercice de quelques-uns de ces droits. »

Comme on le voit, le législateur a voulu atteindre tous ceux dont l'état-civil a été diminué, soit par l'interdiction légale, la dégradation civique, ou même simplement par l'interdiction de certains droits civiques, civils et de famille. (Article 42 du Code pénal.)

En d'autres termes, pour pouvoir faire partie d'un Syndicat professionnel, soit en qualité de directeur, soit comme administrateur, il faut jouir de l'intégralité de ses droits civils.

Remarquons, d'ailleurs, que l'article 4 n'exige nullement des administrateurs ou directeurs, la qualité de citoyens français et la jouissance des droits politiques. On peut conclure de là, que les femmes qui sont privées des droits politiques, peuvent entrer dans les Syndicats, non seulement comme membres, mais même, comme directrices. La même solution doit être admise en ce qui concerne les faillis ; ils ont, en effet, l'exercice de tous leurs droits civils ; les droits dont ils sont privés ne sont que des droits publics et politiques.

Enfin, observons en terminant, que ce sont seulement les membres du bureau, seuls chargés de l'administration ou de la direction du Syndicat, qui doivent remplir les conditions exigées par le paragraphe 5 de l'article 4 : mais ce point, dépend des statuts. Si les membres de la Chambre syndicale s'occupent de la direction ou de l'administration, ils doivent être Français et avoir l'exercice de tous les droits civils[1].

SECTION III

Dépôt des Statuts et des noms des Directeurs ou Administrateurs.

Les statuts une fois rédigés, les directeurs et administrateurs étant choisis, on doit accomplir la formalité

1. Voir rapport de M. MARCEL BARTHE : *J. Off.*, 1882, Sénat, *Déb. Parl.*, p. 778.

du dépôt. C'est ce que décide l'article 4 dans son premier alinéa ainsi conçu : « Les fondateurs de tout Syndicat devront déposer les statuts et les noms de ceux qui, à un titre quelconque, seront chargés de l'administration ou de la direction. »

I. *Que doit-on déposer ?* — Le gouvernement, dans son projet, exigeait des fondateurs, le dépôt des statuts du Syndicat, ainsi que des noms et adresses de tous les membres qui le composaient. Les fondateurs devaient, de plus, indiquer d'une façon spéciale, tous ceux qui, sous un titre quelconque, étaient chargés de l'administration ou de la direction. La Commission de la Chambre des députés supprima du nombre des mentions obligatoires, celles des membres du Syndicat. Cette disposition eût été en effet fort gênante, le nombre des membres du Syndicat étant parfois trop considérable et surtout trop variable, pour qu'on puisse exiger une liste, qui devrait être constamment modifiée ou complétée.

De même, l'adresse des directeurs ou administrateurs n'est plus exigée. Cette indication serait d'ailleurs sans utilité, puisque leur domicile est au siège même du Syndicat. C'est donc là, qu'en cas de poursuites, ils devront être assignés.

II. *A qui incombe la charge du dépôt ?* — « Les fondateurs de tout Syndicat, déclare l'art. 4, devront déposer.... etc. » Si l'on prenait ce texte à la lettre, il faudrait décider que tous ceux qui ont pris l'initiative de la formation du Syndicat, soit en collaborant à la rédaction des statuts, soit en assistant à l'assemblée générale où ces statuts étaient discutés, sont tenus de déposer lesdits statuts, en leur qualité de fondateurs.

Or, telle n'est pas, selon nous, la pensée du législateur, qui, lorsqu'il rédigeait ce paragraphe de l'art. 4, songeait certainement aux directeurs et administrateurs. Ce qui le prouve, c'est que l'article 9, qui sanctionne les dispositions de l'article 4, ne punit que les directeurs ou administrateurs. C'est donc que ces derniers sont seuls tenus d'effectuer le dépôt. Il est en effet impossible d'étendre un texte pénal, par interprétation.

III. *Où doit être fait le dépôt ?* — L'article 4, dans son paragraphe 2, répond à cette question : « Le dépôt aura lieu à la mairie de la localité où le Syndicat est établi, et à Paris, à la préfecture de la Seine ».

La Commission de la Chambre des députés a ainsi substitué la préfecture de la Seine à la Préfecture de police qui avait été tout d'abord désignée pour recevoir le dépôt dont il s'agit. Elle a pensé, avec juste raison, croyons-nous, que l'intervention de la Préfecture de police aurait pu paraître menaçante à certaines personnes et les éloigner ainsi des syndicats.

Dans le cas où le Syndicat étendrait ses ramifications dans de nombreuses communes, le dépôt devra être effectué à la mairie de la localité où le Syndicat a son domicile réel, c'est-à-dire à la mairie de la localité où le Syndicat a son principal établissement.

IV. *A quel moment doit être effectué le dépôt ?* — Au cours des travaux préparatoires, deux solutions avaient été proposées. Le gouvernement, dans son projet, avait rédigé un article 3 ainsi conçu : « Quinze

jours avant le fonctionnement d'un Syndicat professionnel, ses fondateurs devront déposer... etc. » La
Commission de la Chambre des députés réduisit, par
la suite, à huit jours au lieu de quinze, l'intervalle qui
devait séparer le dépôt, du premier acte de fonctionnement. Ces dispositions ont disparu de notre texte,
sans avoir été remplacées ; d'où une certaine obscurité.
Dans le silence de la loi, il faut décider que le dépôt
peut et doit être fait au moment même où le Syndicat
existe ; en d'autres termes, pendant la période de
formation, nulle formalité ; à l'éclosion du Syndicat,
obligation du dépôt. Cette solution, indiquée d'ailleurs
par le Ministre de l'Intérieur au Sénat, fut confirmée
ensuite, par ce passage de sa circulaire interprétative :
« L'obligation pour les Syndicats en formation, d'opérer le dépôt, n'existe qu'à partir du jour où les statuts
ont été arrêtés, où, par conséquent, le Syndicat, est
matériellement formé. Jusque-là, les fondateurs ont
toute liberté de se réunir pour en concerter les dispositions, sans être exposés aux pénalités des art. 291 et
suivants du Code pénal ou à celles de l'article 9 de la
présente loi ». Il reste à savoir, maintenant, à quel
moment précis un syndicat est constitué. Nous croyons
que le Syndicat doit être considéré comme existant, le
jour où deux personnes au moins, ayant rédigé des
statuts, y ont adhéré ; car, dès cet instant, le contrat
d'association est parfait.

V. *Tous les Syndicats sont-ils soumis à la formalité
du dépôt ?* — Certains membres de la Chambre des
députés, notamment MM. Trarieux, Ribot et Goblet,
firent observer en première délibération, que, parmi

les Syndicats pourraient se trouver des Sociétés d'études sociales, industrielles et commerciales, ne demandant pas la personnalité civile, à qui, dès lors, il était
inutile de l'imposer, et qu'il n'était par conséquent
pas nécessaire d'astreindre à la formalité du dépôt.
Cette formalité, ajoutait-on, sera mal vue des ouvriers,
habitués par une longue tolérance, à n'en remplir
aucune. Il ne faut pas la leur imposer sans nécessité.
La Chambre fit droit, un peu trop hâtivement peut-
être, à ces observations. En conséquence, notre article
fut rédigé de la façon suivante. « Les fondateurs de
tout Syndicat professionnel, *qui voudront jouir des
droits définis dans l'article suivant*, devront déposer
les statuts.... etc. »

Le Sénat refusa d'enregistrer la distinction établie
par la Chambre. Que les Syndicats soient ou non
investis de la personnalité civile, ils n'en sont pas
moins placés dans une situation privilégiée ; on abroge
pour eux les articles 291 et suivants du Code pénal,
on leur accorde la liberté qui est refusée aux autres
associations.

Cette faveur, dont les Syndicats sont l'objet, justifie
amplement la formalité du dépôt. Cette obligation n'a,
du reste, rien d'excessif, elle ne constitue point une
entrave, une atteinte à la liberté des Associations professionnelles. Ce que l'on veut seulement, c'est qu'elles
se fassent connaître.

Conformément à un amendement de M. Bérenger,
on rétablit donc la rédaction primitive du premier
paragraphe, en supprimant les mots : « qui voudra
jouir des droits définis dans l'article suivant. » Il en
résultait que tous les Syndicats, sans exception,

devraient déposer leurs statuts [1]. Telle est la règle encore en vigueur aujourd'hui.

VI. *Forme du dépôt*. — La loi n'indique pas en quelle forme le dépôt doit être fait. Nous concluons de ce silence, qu'aucune forme spéciale ne peut être exigée. Il suffit que le dépôt existe et que l'authenticité des statuts soit certifiée par les déposants. De plus, les directeurs et administrateurs étant tenus d'accomplir cette formalité, nous pensons qu'ils ont le droit d'exiger du Maire ou, à Paris, du Préfet de la Seine, un récépissé constatant qu'ils ont obéi aux prescriptions de la loi.

La circulaire ministérielle et l'esprit de la loi nous permettent maintenant d'établir les règles suivantes :

1° Le dépôt peut être fait sur papier libre et est exempté du droit de timbre. La loi de 1884, en effet, a le caractère d'une loi d'intérêt général et la formalité du dépôt exigée par l'art. 4 n'est que l'exécution d'une loi de police de l'Etat. Telle est la solution d'une circulaire de l'enregistrement, en date du 25 mars 1885 [2].

2° La circulaire ministérielle exige le dépôt d'au moins deux exemplaires. C'est la règle usitée en matière de Sociétés de secours mutuels [3].

3° L'authenticité des statuts est suffisamment établie, par les signatures du Président et du Secrétaire qui les affirment véritables.

4° Tout dépôt d'un des documents précités doit être

---

1. Séance du 11 juillet 1882. *J. Off.* 1882, Sénat, *Déb. Parl.*, p. 775.
2. Voir Instruction n° 2,711, § 4, de l'Administration de l'enregistrement.
3. Voir Circulaire ministérielle du 7 septembre 1854.

constaté par un récépissé. Ce récépissé, qui peut être
délivré sur papier libre, est exigible immédiatement.

5º Dans chaque mairie, il doit être tenu un registre
spécial, où sont mentionnés à leur date : le dépôt des
statuts de chaque Syndicat, le nom des administrateurs ou directeurs, la délivrance du récépissé de
dépôt. Ce registre fait foi de l'accomplissement des
formalités, et permet de remédier à la perte possible
du récépissé de droit.

6º Le dépôt doit être renouvelé chaque fois que la
direction ou l'administration du Syndicat passe dans
de nouvelles mains et chaque fois qu'il y a une modification aux statuts.

7º Le dépôt, est un dépôt légal. M. le Ministre de
l'Intérieur l'a déclaré au Sénat, dans la séance du
29 janvier 1884[1]. Par suite, toute personne pourra
prendre connaissance des statuts déposés. Aucune
publicité n'est d'ailleurs exigée dans les journaux,
comme cela a lieu en matière de Sociétés.

VII. *Droits du Ministère public.* — Lorsque le
dépôt a été effectué, les statuts doivent être communiqués au ministère public par le Maire ou, à Paris, par
le Préfet de la Seine. C'est ce que décide l'article 4,
dans son paragraphe 4. « Communication des statuts
devra être donnée par le Maire ou par le Préfet de la
Seine, au Procureur de la République. » Cette communication au ministère public avait été repoussée par
la Chambre des députés, sur la demande de l'Union
des Chambres syndicales ouvrières de France[2]. On

1. *J. Off.* 1884 : Sénat, *Déb. Parl.*, p. 103.
2. Rapport présenté par l'Union des Chambres syndicales ouvrières de France, à la Commission du Sénat. *J. Off.* 1884, Sénat, *Doc.*

la considérait comme vexatoire et inutile, le Parquet pouvant toujours en prendre connaissance à la mairie. Le Sénat la rétablit, malgré l'opposition du rapporteur, sur les observations de M. Bérenger : « C'est pour éviter, dit l'honorable sénateur, les suspicions, les investigations blessantes, peut-être même les poursuites. Le Parquet non prévenu sera naturellement disposé à croire à la clandestinité. Pourquoi ne pas couper court à cette éventualité, en lui mettant officiellement entre les mains, le titre de naissance en quelque sorte de l'association[1]. »

Nous ne pouvons qu'approuver le vote du Sénat. Nous ne voyons pas, en effet, comment les Syndicats pourraient se plaindre d'une formalité qui n'engage nullement leur responsabilité, puisqu'elle est imposée seulement aux Maires et Préfet de la Seine. Aucun délai, d'ailleurs, n'est imposé par la loi à ces fonctionnaires pour opérer la communication ; c'est ce qui explique l'extrême négligence que mettent parfois les maires à prévenir les parquets.

Dans le cas où le ministère public trouverait dans les statuts des clauses illégales, il n'aurait pas, en principe, le droit de s'opposer à la formation du Syndicat, mais il pourrait en général le poursuivre, dès l'instant où il serait constitué. Si cependant l'associa-

---

Parl., p. 1222. « Sans vouloir, était-il dit dans ce rapport, taxer de partialité la magistrature, il nous semble que la communication des statuts au Procureur de la République, ne doit avoir lieu qu'en cas de contravention à la loi et que la constatation ne doit être faite que par le service administratif compétent. Ce serait d'ailleurs établir une espèce de défiance non justifiée par le moindre fait, puisque la loi n'a pas été mise en vigueur. »

1. *J. Off.* 1884 : Sénat, *Déb. Parl.*, p. 203.

tion poursuivait ouvertement un tout autre but qu'un but économique, comme elle ne présenterait pas alors les caractères d'un véritable Syndicat, elle tomberait immédiatement sous le coup de l'article 291 du Code pénal.

Le ministère public aurait encore le droit de poursuivre, si, par exemple, la Société se proposait de commettre des attentats contre les propriétés ou les personnes. L'article 265 du Code pénal, qui punit les Associations de malfaiteurs, deviendrait en effet applicable.

CHAPITRE V

Capacité juridique des Syndicats professionnels

SECTION I

Principe de la personnalité civile.

L'article 6 accorde aux Syndicats professionnels, la personnalité civile. Avant de pénétrer le sens de ce texte, il nous paraît nécessaire de retracer sa genèse légale.

Le projet du gouvernement, tel qu'il fut présenté en premier lieu à la Chambre des députés, ne reconnaissait nullement aux Syndicats la personnalité civile ; il se bornait à les garantir contre toute menace de poursuites, tant qu'ils resteraient dans les limites indiquées par la loi. Le Syndicat pouvait bien obtenir la personnalité civile, mais il lui fallait, pour cela, remplir les formalités pour se faire reconnaître établissement d'utilité publique.

La Commission de la Chambre des députés n'accepta point ce système. Il lui parut utile, indispensable même, d'accorder aux Syndicats une certaine personnalité civile, sans laquelle à son avis, ils ne pouvaient vivre et durer. « La Chambre, déclarait le rapporteur, qui voudra rendre possible le fonctionnement des

Syndicats professionnels d'ouvriers et leur faire une
situation égale à celle des Syndicats de patrons, recon-
naîtra d'abord qu'une loi spéciale est nécessaire et
ensuite, que cette loi doit accorder aux Associations
professionnelles, un minimum indispensable de droits
civils[1]. »

La Commission de la Chambre des députés proposait, en conséquence, un article ainsi conçu :

« Les Syndicats professionnels auront le droit
d'ester en justice.

« Ils pourront posséder et employer les sommes
produites par des cotisations. Ils pourront posséder
également les immeubles nécessaires à leurs réunions
et à l'établissement de bibliothèques, de cours d'apprentissage et d'instruction professionnelle. »

Aux garanties stipulées par les termes limitatifs de
cet article, s'en ajoutait une autre qui est formulée
dans l'article 4 : l'obligation pour toute Association
qui se fonderait, de déposer ses statuts à la mairie ou
à la préfecture de la Seine.

Une troisième opinion fut soutenue par MM. Trarieux, Ribot et Goblet. Aux termes de leur amendement, les Syndicats professionnels ne constituaient
pas forcément des personnes morales. Pour obtenir
la personnalité civile, un Syndicat devait la réclamer.
Il était tenu, dans ce cas, de déposer ses statuts. « Les
Syndicats professionnels qui voudront être reconnus,
disposait l'amendement, devront déposer à la préfecture, un double exemplaire de leurs statuts[2]. »

1. Voir rapport de M. ALLAIN-TARGÉ, 15 mars 1881 : J. Off. 1881,
Chambre, Déb. Parl., p. 361.
2. J. Off. 1881 : Chambre, Déb. Parl., pp. 956 et suivantes.

Mais là ne se bornait pas la portée de l'amendement. MM. Trarieux, Ribot et Goblet ne voulaient
point que la personnalité civile fût acquise par le seul
fait du dépôt des statuts. Ils demandaient encore que
ces statuts fussent préalablement soumis à l'examen
du Préfet, lequel serait en droit de refuser la personnalité, si ces statuts lui paraissaient contenir des
clauses attentatoires à la liberté du travail, ou contraires à l'ordre public. « Le Préfet devra, dans un
un délai de quinzaine, délivrer un récépissé qui servira
de titre au Syndicat, si les statuts ne renferment
aucune clause ayant pour but de restreindre par des
amendes ou des sanctions pénales quelconques, le
droit, aux membres du Syndicat, de donner leur
démission à toute époque. Les fondateurs ou administrateurs du Syndicat pourront se pourvoir contre le
refus du Préfet, devant le Conseil d'Etat, qui statuera
au contentieux, sans frais et sans ministère d'avocat. »
Pour justifier l'intervention administrative, les
auteurs de l'amendement s'efforçaient de montrer à la
Chambre à quels périls on s'exposerait, en accordant
aux Syndicats, *a priori* et sans contrôle, le droit à la
personnalité civile.

C'est ainsi qu'ils invoquaient l'intérêt des membres
mêmes du Syndicat. Les Syndicats professionnels,
disaient-ils, seraient la plupart du temps composés
d'ouvriers qui ignoreraient jusqu'au texte de loi sous
l'empire de laquelle ils contracteraient des engagements. Sans doute, on leur présenterait des Statuts,
mais comment pourraient-ils se rendre compte si ces
statuts sont ou non conformes à la loi? Ils ne soupçon
neraient même pas l'utilité de se poser une pareille

question. Ils seraient placés ainsi dans cette situation malheureuse, que, ne pouvant déterminer eux-mêmes les limites dans lesquelles peut se mouvoir l'Association qu'ils voudraient établir, ils seraient exposés aux pénalités et aux menaces de la loi générale, nullement abrogée.

MM. Trarieux, Ribot et Goblet invoquaient en second lieu l'intérêt des tiers qui, croyant à la capacité juridique d'un Syndicat, traiteraient avec lui en toute confiance et verraient le lendemain peut-être, leurs engagements frappés de nullité. Ils invoquaient enfin l'intérêt de la Société qui ne pourrait à leurs yeux autoriser la création de nouvelles personnes morales, sans exiger des garanties.

« Il est absolument sans précédent, déclarait M. Trarieux, que des êtres moraux soient sortis tout à coup d'un pacte d'association, sans que la Société se soit réservé le droit de voir si ce pacte ne renferme rien de contraire aux prescriptions essentielles de la loi générale. C'est la raison, en même temps que la tradition acceptée dans tous les pays ; ayons la prudence de ne pas nous en départir[1]. »

D'ailleurs, ajoutaient les auteurs de l'amendement dont il s'agit, il n'est point question d'une autorisation à demander. Si l'examen des statuts prouve qu'ils ne renferment aucune clause prohibée, le récépissé devra être délivré et la personnalité civile résultera non de la bonne volonté d'un fonctionnaire, mais de la loi. Comme on le voit, la personnalité civile devenait un

---

1. *J. Off.* : Séance du 22 mai 1881, Chambre des dép., *Déb. Parl.*, pp. 957 et suivantes.

droit dans ce système, et non plus une faveur ; les Syndicats dont les statuts étaient approuvés n'avaient plus rien à craindre ; une loi seule, pouvait désormais enlever la personnalité accordée par la loi, et non plus, par suite de l'arbitraire.

Tout abus de pouvoir était prévenu par le recours au Conseil d'Etat, qui devait statuer au contentieux, sans frais, et sans ministère d'avocat.

Telle fut la thèse que soutinrent MM. Trarieux, Ribot et Goblet.

On leur répondit que les ouvriers ne doivent pas être traités en incapables et en suspects ; qu'ils doivent être jugés sur leurs actes et non sur des tendances plus ou moins clairement manifestées par leurs statuts. A eux, de les rédiger comme ils l'entendent, sous leur responsabilité ; pour eux, comme pour les autres citoyens, les tribunaux ordinaires sont là, avec la mission de réprimer ou d'annuler les actes illégaux et les stipulations contraires à l'ordre public.

On démontra que les ouvriers refuseraient certaine-ment de profiter de la faculté concédée par la loi et qu'ils ne verraient, dans la nécessité de soumettre leurs statuts au visa du préfet, qu'une mesure de police, une formalité vexatoire qui les éloignerait des Syndicats.

D'ailleurs, ajoutait-on, qu'est-ce que signifie cette formalité qui consiste à soumettre les Statuts du Syn-dicat à l'approbation du préfet ? Les personnes qui voudront former une Association professionnelle ne seront assurément pas assez naïves pour aller insérer dans leurs statuts des clauses illégales ; tous les sta-tuts seront copiés les uns sur les autres et ils seront toujours approuvés. Cela n'empêchera pas les Syndicats ainsi autorisés de commettre, dès le lendemain de leur fondation, des infractions au Droit civil ou au Droit pénal, et d'encourir ainsi ou la poursuite du Parquet ou des demandes en nullité. Les Tribunaux seront mis ainsi dans une situation difficile ; ils se verront obligés de condamner des Syndicats, qui auront été cependant autorisés par le Préfet et ce sera là une source perpétuelle de conflits.

La Chambre n'adopta point ce système qui faisait dépendre du bon vouloir du Préfet, la personnalité civile des Syndicats. Elle accepta cependant l'amendement de MM. Trarieux, Ribot et Goblet en ce qui concerne les deux catégories de Syndicats ; les uns ayant, les autres n'ayant pas la personnalité civile, suivant qu'ils avaient ou non rempli les formalités du dépôt.

L'article proposé par la Commission et voté par la Chambre, était ainsi conçu : « Les Syndicats professionnels, *qui auront accompli les formalités imposées par l'article 5 de la présente loi, auront le droit d'ester en justice,* etc. »

MM. de Mun et de la Bassetière proposèrent un quatrième système, en vertu duquel la personnalité civile ne serait accordée qu'aux Syndicats mixtes de patrons et d'ouvriers préconisés par l'école catholique. Leur amendement fut repoussé avec raison, selon nous. Il ne visait, en effet, qu'un seul but politique; les Syndicats mixtes n'étant qu'une œuvre religieuse et politique.

Le système de la loi de 1884 est tout autre que ceux précédemment exposés. Tous les Syndicats constitués

dans les limites tracées par la loi, sont des personnes
morales, par le fait même de leur constitution ; sans
doute, ils sont tous soumis à la formalité du dépôt,
mais ce dépôt n'est qu'une formalité accessoire n'ayant
aucune influence sur la personnalité civile; le Syndicat existe, en tant que personne morale, avant le
dépôt, par ce seul fait que le contrat d'Association a
été définitivement conclu et que les statuts ont été
formellement arrêtés et consentis par les fondateurs [1].
Tel est, selon nous, le système admis par le législateur
de 1884, qui, dans son article 6 : « Les Syndicats pro-

[1]. Si en effet, c'était par le dépôt que les Syndicats acquéraient la
qualité de personnes morales, le Syndicat serait inexistant, les
actes accomplis par les administrateurs seraient nuls, tant que le
dépôt n'aurait pas été effectué et un texte déclarerait cette nullité.
Or, en est-il ainsi ? Assurément non. L'article 9 porte que les
infractions à l'article 4, par conséquent *l'omission du dépôt*, seront
punies d'une amende contre les administrateurs ; mais cet article
ne prononce nulle part la nullité des actes faits par le Syndicat,et il
est de principe que les nullités étant de droit étroit, *odia restrin-
genda*, ne peuvent être établies, sans un texte formel. Ainsi l'a
jugé la Cour de Paris, dans deux arrêts du 20 janvier et du 25 novembre 1886. « Considérant, porte l'arrêt de janvier, que ni l'article 4,
ni l'article 9, ne prescrivent la nullité des actes du Syndicat dans le
cas d'omission des déclarations exigées par la présente loi, etc. »
  L'article 9 offre, d'ailleurs, un autre argument à notre théorie.
« Les tribunaux, dit-il, pourront, en outre, à la diligence du procureur de la République, prononcer la dissolution du Syndicat.... »
Cette faculté laissée aux tribunaux de dissoudre le Syndicat en cas
d'omission du dépôt, montre que le Syndicat existe sans dépôt,
puisque les juges pourront ou le dissoudre, ou le laisser subsister ;
or, on ne peut laisser subsister que ce qui existe déjà.
  Ainsi, dans le système admis par le législateur de 1884, le dépôt
est loin d'avoir l'importance que prétendaient lui donner MM. Trarieux, Ribot et Goblet. Il a pour objet unique de soustraire les
administrateurs aux pénalités de l'article 9, de rendre les Statuts
publics, afin que le ministère public examine si rien n'y est contraire à la loi, et nullement de donner au Syndicat l'existence juridique et la personnalité civile.

fessionnels de patrons et d'ouvriers auront le droit
d'ester en justice », accorde à tous les Syndicats sans
exception la personnalité civile, par le seul fait de
leur constitution.

Le Tribunal de Domfront n'a cependant pas voulu
admettre cette thèse, si conforme à l'esprit du législateur. Il a décidé, qu'il y avait deux catégories de Syndicats, les uns, ayant la qualité de personnes morales,
pouvant acquérir et ester en justice, les autres ne la
possédant pas. Dans son jugement du 6 décembre 1884
sur le Syndicat médical de Domfront, il a soutenu que
si l'on admettait les membres des professions libérales
à constituer des Syndicats, ces Syndicats ne pourraient
jouir de la personnalité civile.

« Attendu, dispose le jugement, que, dût-on admettre
que les médecins puissent se constituer en Syndicats,
il resterait à rechercher si ces Syndicats ont le droit
d'ester en justice ;

« Attendu que, d'après la loi du 21 mars 1884, ce
droit n'a été accordé qu'à une certaine catégorie de
Syndicats ;

« Attendu, en effet, que l'article 6 de cette loi est
ainsi conçu : « Les Syndicats professionnels de patrons ou d'ouvriers auront le droit d'ester en justice »
que la loi, il est vrai, ne dit pas : auront *seuls* le droit
d'ester en justice ; mais que l'on ne comprendrait pas,
si tous les Syndicats professionnels régulièrement
constitués pouvaient user du droit dont il s'agit, que
le législateur eût employé une formule restrictive et
ne se fût pas borné à dire que les Syndicats professionnels régulièrement constitués avaient le droit d'ester
en justice ; qu'en présence de la rédaction qui a été

adoptée par le législateur, les tribunaux ne sauraient reconnaître à une Association professionnelle, qui ne peut rentrer dans la catégorie des Associations de patrons et d'ouvriers, une faculté que la loi a voulu lui interdire. »

Cette théorie fut repoussée avec raison par l'arrêt de de la Cour de Caen du 4 février 1885 : « Les premiers juges, porte l'arrêt, ont eu le tort de repousser l'action du Syndicat des médecins de Domfront, en s'appuyant sur l'article 6 de la loi du 21 mars 1884, lequel est général et accorde à tous les Syndicats régulièrement constitués, le droit d'ester en justice. »

L'intention du législateur est certaine en effet : il veut que tous les Syndicats régulièrement constitués jouissent de la personnalité civile. Sans doute, il ne mentionne, dans le premier paragraphe de l'article 6, que les Syndicats de patrons et d'ouvriers, mais ces mots de patrons et d'ouvriers sont loin d'avoir, sous la plume du législateur de 1884, l'importance que leur attribua le Tribunal de Domfront. Ils sont venus tout naturellement à son esprit, à une époque où ils étaient assurément les plus nombreux. D'ailleurs, on peut répondre, que si le législateur avait entendu n'accorder la personnalité civile qu'aux Syndicats de patrons et d'ouvriers, il eût certainement exprimé sa pensée à cet égard, d'une façon nette et catégorique ; il eût par exemple rédigé son article 6 en ces termes : Les Syndicats de patrons et d'ouvriers auront *seuls* le droit etc... Le législateur n'a pas voulu employer cette formule restrictive. Il a, par inadvertance, visé le cas le plus fréquent, *quod plerumque fit*, c'est-à-dire les Syndicats de patrons et d'ouvriers, mais il n'a jamais eu l'intention de réserver à ces deux seules catégories de Syndicats, la faveur de la personnalité civile.

Nous pouvons donc affirmer, avec la Cour de Caen, que tous les Syndicats professionnels régulièrement constitués jouissent de la personnalité civile et constituent, par suite, des personnes morales. C'est la nature de cette personnalité qu'il nous faut maintenant analyser avant de passer en revue les divers droits qu'elle confère.

SECTION II

Nature de la personnalité civile accordée aux Syndicats Professionnels.

Quelle est la nature de la personnalité civile des Syndicats ? Dans quelle catégorie de personnes morales doit-on les ranger ?

C'est là une question très discutée et diversement résolue par les auteurs. Le problème, d'ailleurs, n'est pas nouveau. Il s'est déjà posé pour plusieurs de ces institutions personnalisées, dont notre siècle a été si fécond.

C'est ainsi, pour ne citer qu'un exemple, qu'on a beaucoup discuté sur la nature de la personnalité reconnue aux Associations syndicales autorisées, créées en vertu de la loi du 21 janvier 1865. Certains auteurs ont soutenu qu'elles constituaient des établissements publics, d'autres, au contraire, les considéraient comme des établissements d'utilité publique. Une troisième opinion s'est enfin produite, d'après laquelle

les Associations syndicales autorisées, tout comme les
Associations libres, seraient des Sociétés privées, jouissant de privilèges exorbitants du droit commun, en
vertu de la loi de 1865, privilèges qui ne sauraient
avoir pour effet de les transformer en établissements
publics ou d'utilité publique[1].

Les Syndicats professionnels ont été relativement
plus heureux ; les auteurs, sur leur compte, ne sont
divisés qu'en deux partis. Il ne pouvait être, en effet,
question de les ranger parmi les établissements publics ; pour en venir là, dit M. Sauzet, « il faudrait
d'abord que le triomphe du socialisme eût amené
l'embrigadement de toutes les professions sous la
direction de l'Etat[2]. »

La question qui se pose est donc la suivante : les
Syndicats professionnels sont-ils des établissements
d'utilité publique ou des Sociétés privées ?

Pour résoudre le problème, il est évidemment
nécessaire de rechercher quels sont les caractères qui
permettent de distinguer les établissements d'utilité
publique, des sociétés privées. Si, en effet, on trouvait
un criterium certain et raisonnable pour distinguer
ces deux catégories de personnes morales, toute
difficulté serait aplanie. Il n'y aurait plus qu'à faire
application de ce criterium aux Syndicats professionnels et il serait ainsi facile de tirer une conclusion.
Malheureusement, il est plus aisé de démontrer l'in-

1. V. ARTHUR BOUVIER : *Des Associations syndicales en matière de
travaux agricoles*, thèse pour le doctorat, Lyon, Mougin-Rusand
1887, p. 148.

2. *De la nature de la personnalité civile des Syndicats profes-
nels*. — MARC SAUZET, p. 25.

suffisance des divers criteriums proposés, que d'en établir un qui soit à l'abri de toute critique.

Le criterium le plus généralement admis, est le suivant : Les personnes morales publiques sont celles dont la création exige une intervention spéciale et individuelle des pouvoirs publics (une loi, un décret, un arrêté préfectoral), tandis que les personnes morales privées se forment librement, en vertu d'une disposition générale de la loi, sans intervention spéciale du pouvoir, et existent par le fait même du contrat de société, fait selon les formes légales.

Telle est l'opinion que soutient M. Labbé dans une note, sous un arrêt de Paris du 25 mars 1881 [1] : « Nous sommes, dit-il, en présence de deux classes de personnes morales : d'un côté, les établissements publics, les établissements d'utilité publique, les corporations, auxquels une décision *spéciale* du législateur, ou du gouvernement, a conféré la qualité et les droits d'une personne juridique ; d'un autre côté, les Sociétés commerciales en nom collectif, en commandite ou anonymes, et les Sociétés civiles qui ont adopté les formes réglées par la loi commerciale. Ces sociétés, régies par l'article 529 du Code civil, ont reçu, en vertu d'une disposition *générale* de la loi, une sorte de personnalité juridique. »

Cette opinion, qui donne une importance considérable à une simple question de forme, à la procédure suivant laquelle la reconnaissance de la personne morale publique se produit, doit être, selon nous, repoussée. Qu'importe, en effet, que le législateur

1. S., 1881, 22, 49.

intervienne d'une façon ou d'une autre dans la création d'une personne morale, il n'en est pas moins
vrai que la loi, malgré son manque d'unité, est le
germe de la personnalité civile, le titre sur lequel elle
repose. Il serait vraiment étrange, que ce seul fait,
qu'une personne morale a pris naissance en vertu
d'une disposition spéciale des pouvoirs publics ou en
vertu d'une disposition générale de la loi, puisse
devenir un moyen de distinction. Ce criterium serait
faux, d'ailleurs. En effet, les Sociétés en commandite
par actions et les Sociétés anonymes ont été pendant
longtemps soumises à la nécessité d'une autorisation
administrative. Sous l'empire de la loi de 1867, c'est-
à-dire de nos jours, les tontines et les Sociétés
d'assurances sur la vie, sont encore soumises à l'autorisation du gouvernement. Or, personne n'a jamais
songé à soutenir qu'elles constituaient, pour cela,
des personnes morales publiques, ce qui serait logique, cependant, dans le système que nous venons
d'examiner.

Certains commentateurs proposent encore une autre
théorie. Le signe caractéristique de la personne morale
privé, serait, suivant eux, qu'elle présuppose une
Association, tandis que la personne morale publique
pourrait exister, sans avoir pour base, aucun groupement d'individus. Mais à raisonner ainsi, comment
expliquerait-on le caractère non contesté de personne
morale publique d'une Société de secours mutuels,
d'une congrégation religieuse, inconcevables évidemment sans une association préalable ?

D'autres auteurs, enfin, qui veulent attribuer aux
Syndicats la qualité de personnes morales privées,

s'appuient, pour soutenir leur thèse, sur la similitude des formalités qui sont exigées pour ces sortes d'associations et les Syndicats professionnels ; rapprochement qui, du reste, a été fait à la Chambre des députés[1]. L'avènement des Syndicats à la vie civile, disent-ils, s'opère comme pour les Sociétés commerciales, donc, naissant dans les mêmes conditions, ils doivent vivre de la même vie, être comme elles, des personnes morales privées.

A ceux-là, nous répondrons tout d'abord que les Syndicats se forment plus facilement même que les Sociétés commerciales, la publicité dans les journaux n'étant pas exigée à leur égard, et que par suite, il n'est pas exact de prétendre qu'il y a entre ces deux catégories de personnes morales, identité de formalités pour leur avènement à la vie civile.

Mais nous allons plus loin, et nous soutenons que, ces formalités fussent-elles identiques, il resterait à démontrer, ce que l'on n'a jamais fait, que la similitude dans les procédés de formation des personnes morales, entraîne la similitude de leur nature.

« En réalité, dit M. Sauzet, qu'il s'agisse de personnes morales privées ou publiques, le législateur veut une intervention spéciale, individuelle des pouvoirs publics dans leur formation, quand il juge cette garantie nécessaire à l'intérêt général. » Or, on peut supposer que la loi de 1884 a entendu innover : que, jugeant inutiles toutes les formalités, elle a fait une fois pour toutes la déclaration d'utilité publique des Syndicats. C'est ce que pensait le Ministre de l'Intérieur,

1. *J. Off.* : *Déb. Parl.*, Chambre, 1881, pp. 363, 365, 966.

quand il écrivait dans sa circulaire : « Ainsi, ces
Associations professionnelles, d'abord proscrites, puis,
tolérées, sont élevées par la loi du 21 mars, au rang
des établissements *d'utilité publique,* et par une *faveur
inusitée* jusqu'à ce jour, elles obtiennent cet avantage,
non en vertu des concessions individuelles, mais *en
vertu de la loi et par le seul fait de leur création.* »

. Ce n'est donc pas dans les formalités de l'établissement de la personne morale, que doit être cherché le
criterium nécessaire pour en connaître la nature. Pour
déterminer cette nature de l'être fictif, il faut, croyons-
nous, rechercher quel est le but qu'il poursuit, quels
sont les mobiles qui occasionnent la création de la
personne morale.

« Le fait individuel ou collectif, dit M. Sauzet,
fondation ou association qui crée, en effet, la personne
morale ou qui n'en est que le germe, qui en prépare
l'avènement ultérieur par un acte de la puissance
publique, ce fait appelle nécessairement une contribution financière aux besoins, aux charges, aux frais que
le fonctionnement de l'entreprise, de l'œuvre, va
révéler. Cette contribution, ce versement unique ou
périodique, appelez-le donation du fondateur, dot du
religieux, apport de l'associé, cotisation du sociétaire,
il importe peu ; mais quelque soit son nom, de deux
choses l'une, ou bien ce versement est fait dans le but
d'en tirer un profit pécuniaire, de le voir fructifier,
s'accroître, dans le but de spéculer sur lui, c'est au
moins un placement ; ou bien s'il s'est produit, sinon
toujours *animo donandi*, par pur esprit de sacrifice, du
moins abstraction faite de toute perspective de gain,
de tout espoir d'un revenu à en retirer ou d'une plus-

23 ·

value à réaliser un jour sur lui, ce n'est pas même un placement.

« Au premier cas, il y a ou il y aura personne morale privée, au second, il y a ou il y aura personne morale publique. »

Ainsi, si la personne morale se propose la poursuite d'un but désintéressé, si elle est exclusive de toute préoccupation de lucre qui impliquerait la volonté de maintenir les droits individuels sur la tête des adhérents à l'œuvre, elle doit être rangée parmi les établissements d'utilité publique.

Si, au contraire, la personne morale n'apparaît que comme un moyen de favoriser la réalisation de bénéfices individuels, supposant ainsi que l'être fictif n'absorbe pas en lui les droits des associés, elle doit être rangée dans la catégorie des personnes morales privées.

Cette différence de la société privée et de l'établissement d'utilité publique se trouve très nettement établie dans un jugement du Tribunal civil de Castres du 31 août 1854, confirmé par la Cour de cassation, le 7 novembre 1855, au sujet d'une congrégation religieuse reconnue[1].

« Attendu, dit le tribunal, qu'il résulte des art. 1832, 1833, 1853, 1865 du Code Napoléon, que toute société proprement dite, consiste dans la mise d'une chose en commun, dans la vue de partager le bénéfice qui en pourra résulter ; que si, chaque associé est tenu d'apporter quelque chose à la masse commune, il acquiert aussi nécessairement des droits sur cette

1. D., 55, 1, 436.

masse, et qu'à défaut de fixation spéciale, ces droits sont établis dans la proportion de sa mise de fonds ; que toute société étant constituée dans l'intérêt matériel de tous les associés et de chacun d'eux en particulier, et devant aboutir au partage des biens réalisés en commun, la fin dernière de toute société est sa propre dissolution et la division de l'actif commun entre tous les associés.... Attendu que le simple examen démontre que pas un des caractères distinctifs du contrat de société ne se rencontre dans l'acte de dotation qui accompagne l'entrée d'une religieuse dans une communauté autorisée.... »

Essayons, maintenant, d'appliquer ce criterium aux Syndicats professionnels. Si ce sont des personnes morales publiques, le droit commun est : 1º que les membres ne peuvent prétendre à aucun bénéfice ; 2º que leurs droits sont essentiellement personnels ; 3º qu'ils ne peuvent réclamer aucune part du fonds syndical dans les cas de dissolution, démission ou exclusion.

Si ce sont, au contraire, des personnes morales privées, le droit commun est : 1º que les syndiqués peuvent poursuivre un gain, un lucre ; 2º que leurs droits sont transmissibles ; 3º qu'ils ont droit à une part de l'actif, toutes les fois qu'ils quittent le Syndicat ou que le Syndicat se dissout.

Or, il nous paraît, si nous appliquons aux Syndicats les règles que nous venons de formuler, que ceux-ci entrent évidemment dans la catégorie des établissements d'utilité publique ou personnes morales publiques, suivant l'expression de M. Sauzet. Si, en effet, le but de ces associations ne doit pas être considéré comme étant exclusivement d'intérêt général, s'il est facile de découvrir dans leurs aspirations un sentiment égoïste, il n'en est pas moins vrai que la fin qu'elles se proposent, n'est pas un gain, le lucre. Les Syndicats songent avant tout, comme le disait M. Pierre Legrand, à défendre leurs intérêts professionnels, à améliorer leur situation, ils n'ont aucunement la pensée de réaliser des bénéfices sur leurs cotisations, de spéculer avec elles, d'en faire le placement et c'est à tort que certains esprits ont voulu les assimiler aux sociétés commerciales. L'un des caractères essentiels de l'établissement d'utilité publique appartient donc aux Syndicats ; leurs membres ne contractent pas une association pour réaliser des bénéfices ; toute préoccupation de gain, de lucre, de spéculation en est écartée[1].

En outre, le droit du syndiqué est essentiellement personnel, nullement transmissible à ses héritiers. Le syndiqué mort, ses cotisations profitent à l'association. C'est bien là encore un caractère inhérent aux établissements d'utilité publique.

---

1. Voir en sens contraire, BOULLAIRE : *Manuel des Syndicats professionnels agricoles*, p. 247. — L'auteur commence par poser en principe que les Syndicats ne poursuivent pas une pensée de lucre et, sur ce point, il se trouve en harmonie parfaite avec la théorie que nous soutenons. Mais, après avoir posé ce principe, M. Boullaire y apporte des restrictions qui le compromettent singulièrement. « Cependant, dit-il, quand le Syndicat est dissous, il peut y avoir lieu à partage du patrimoine social entre les membres du Syndicat, qui retireront, ce jour-là, un bénéfice pécuniaire de l'Association. »
Pour faire disparaître toute contradiction entre les deux termes de cette proposition, M. Boullaire ajoute : « Mais ce droit, qui ne prend naissance qu'au jour où l'association a cessé d'exister, n'a, en aucune façon, le caractère d'un gain commercial ; il est inhérent,

Enfin, contrairement à ce qui se passe dans les
sociétés privées, le syndiqué n'a aucun droit sur le
fonds social du Syndicat. C'est ce qui résulte, d'une
façon évidente, de l'article 7, paragraphe 1er, lequel
refuse au membre qui se retire de l'association le droit
de réclamer les cotisations qu'il a versées. Bien plus,
le même article 7 permet au Syndicat de réclamer au
membre démissionnaire, la cotisation de l'année courante.

Nous verrons plus tard, qu'en cas de dissolution du
Syndicat, les membres ne peuvent élever aucune prétention sur l'actif social.

De ce que nous venons de dire, il résulte que les
Syndicats professionnels possèdent les principaux
caractères qui distinguent les établissements d'utilité
publique. Nous déciderons donc, avec M. Sauzet,
qu'ils doivent être rangés dans cette catégorie de personnes morales[1].

Personnes morales, établissements d'utilité publique, les Syndicats professionnels doivent avoir une

---

au fait, que, nul bien n'étant réputé sans maître, il faut bien attribuer aux derniers membres du Syndicat, et par tête, le patrimoine
que l'association défaillante ne peut plus posséder. » C'est là une
explication très habile sans doute, mais aussi, selon nous, bien
subtile. Il semble, d'ailleurs, que le juriste lui-même, ait été choqué
de ce résultat auquel la nécessité du fait, seule, semble le conduire,
car il nous prévient aussitôt qu'on en viendra rarement à cette
extrémité. « Cette répartition ne se fait même, que dans le silence
des statuts, car la plupart des Syndicats professionnels, prévoyant
le cas d'une dissolution, insèrent dans leurs statuts une clause
aux termes de laquelle le fonds social est, à la fin de la Société,
attribué à des Associations poursuivant le même but. »

1. La jurisprudence semble vouloir se fixer dans ce sens. Voir un
jugement du tribunal de Charolles, en date du 18 février 1890. —
Revue des Sociétés, 1890, p. 318.

vie juridique avec des droits et des obligations ; c'est leur capacité civile qu'il nous faut maintenant étudier.

SECTION III

Actions en justice des Syndicats professionnels.

Le premier paragraphe de l'article 6 reconnaît à tout Syndicat professionnel, le droit d'ester en justice, c'est-à-dire d'être représenté sans que tous ses membres figurent personnellement dans l'instance. Aucun texte n'imposant au Syndicat qui veut ester en justice, la nécessité de se munir d'une autorisation préalable, il faut conclure que cette autorisation n'est nullement nécessaire. La Jurisprudence est constante sur ce point[1].

Par qui le Syndicat est-il représenté? Il y a, suivant nous, deux hypothèses à distinguer.

---

[1]. « Attendu, dispose un arrêt de la Cour de cassation, que l'article 6 n'impose pas aux établissements publics, la nécessité d'une autorisation préalable pour agir ou défendre en justice; que cet article ne fait que se référer aux lois administratives ; que c'est donc dans ces lois qu'il faut rechercher, la nécessité d'une autorisation ; attendu que cette autorisation ne découle d'aucune règle générale, ne procède d'aucun principe absolu ; que loin d'être sanctionnée par le droit commun, la privation de la faculté d'ester en justice est une exception exorbitante, qui ne peut être admise, ni suppléée par induction et qu'elle doit être écartée, lorsqu'elle n'est pas textuellement écrite dans une loi spéciale; attendu que la loi du 5 juin 1835, constitutive des caisses d'épargne, ne renferme aucune disposition qui impose à ces établissements la nécessité de se pourvoir d'une autorisation pour plaider. etc. » — C. 3 avril 1854, S., 1854, 1, 301.

1º Les statuts désignent une personne qui aura le droit d'actionner et qui pourra être actionnée, au nom du Syndicat. En pratique, ce sera presque toujours le président. Les tiers seront alors tenus d'actionner le représentant désigné par les statuts. Dans le cas où ils engageraient l'action contre tout autre membre du Syndicat, leur action serait nulle, et ils n'auraient pas le droit de se plaindre, puisque les statuts étant déposés à la préfecture ou à la mairie, il leur eût été facile d'aller les consulter et de connaître ainsi le représentant du Syndicat.

2º Les statuts n'indiquent pas le membre chargé de représenter le Syndicat. Il faut décider, dans ce cas, que le Syndicat sera valablement représenté par son président. Tels sont, en effet, les principes de notre droit en matière de personnes morales. C'est donc le président, celui à qui sont confiés les pouvoirs de direction et d'administration, que les tiers devront assigner.

Devant quel tribunal le Syndicat doit-il être assigné? Ici encore, il faut distinguer deux hypothèses :

1º Le Syndicat se compose de membres habitant tous la même localité. Le Syndicat devra être alors assigné en son siège social et le tribunal compétent sera celui de ce siège social, conformément à l'article 69 du Code de procédure civile.

2º Le Syndicat se compose de plusieurs branches. Le Syndicat des bijoutiers de Paris, par exemple, a des ramifications en province, à Bordeaux, Lyon, etc. Les tiers pourront-ils assigner le Syndicat devant le Tribunal de Bordeaux, de Lyon, etc? Pour répondre à cette question il faut, avant tout, résoudre une question

de fait. Si la branche de Bordeaux est assez importante pour constituer, en quelque sorte, un sous-syndi-
cat indépendant sous certains rapports du siège social,
si le bureau du Syndicat de Bordeaux possède des
pouvoirs étendus qui lui permettent en certaines
circonstances d'agir lui-même et sans l'intervention du
bureau central, alors nous pensons que le Tribunal de
Bordeaux sera compétent. C'est la solution admise par
la jurisprudence, en ce qui concerne les succursales
des Sociétés. Une compagnie de chemin de fer, par
exemple, est valablement assignée, dans l'endroit où
elle possède une gare importante[1].

SECTION IV

Acquisitions à titre onéreux.

Les Syndicats peuvent faire des acquisitions à titre
onéreux, puisque l'article 6, al. 2 de la loi de 1884,
leur permet « d'employer les sommes provenant des
cotisations ». Toutefois, cette liberté de contracter est
limitée au point de vue de la nature des biens acquis.

§ I. *Immeubles.* — Le législateur, hanté par la peur
des biens de mainmorte, interdit aux Syndicats « d'acquérir d'autres immeubles que ceux qui seront nécessaires à leurs réunions, à leurs bibliothèques et à des
cours d'instruction professionnelle ».

1. Voir pour les communautés religieuses : S., 1887, 1, 70, et les
Sociétés en général : S., 1879, 1, 452.

Ainsi, la loi n'a voulu permettre aux Syndicats, que l'acquisition des immeubles nécessaires à leur fonctionnement normal. Un syndicat est forcé de se réunir pour délibérer ; on lui permet de posséder un immeuble où auront lieu ces réunions. Un syndicat a besoin de bibliothèques, il lui faut organiser des cours professionnels, des offices de renseignements ; la loi lui permet encore d'avoir les immeubles qui lui sont nécessaires pour remplir ce but.

Que faut-il entendre, au juste, par le paragraphe 3, de l'article 6 ? Faut-il prendre à la lettre, les dispositions de ce texte ? ou faut-il, au contraire, interpréter d'une manière large et libérale ce paragraphe 3, de l'article 6 ? Nous n'hésitons pas à adopter la dernière solution. Le législateur, comme nous le disions tout à l'heure, a songé avant tout au fonctionnement du Syndicat. Il doit donc lui permettre d'acquérir tous les immeubles que comportent sa vie et son activité normale. C'est ainsi, suivant nous, qu'un Syndicat agricole doit pouvoir posséder des champs d'expérience, servant aux cours professionnels. De même, un Syndicat pourra posséder des immeubles dans divers quartiers, dans plusieurs localités même, s'il lui est nécessaire d'ouvrir des cours où des ateliers d'apprentis dans plusieurs quartiers, dans plusieurs localités. Telle est, à notre avis, la solution qui s'impose ; il est facile de la justifier.

On peut dire, tout d'abord, que l'article 6, paragraphe 3, étant une exception à la règle que toute personne peut contracter, doit être interprété d'une manière restrictive. Ce texte, d'ailleurs, est énonciatif et non limitatif. Il ne porte aucune restriction à

l'acquisition d'immeubles, pourvu qu'ils soient nécessaires au fonctionnement de la Société. Cette interprétation est dans l'esprit général de la loi qui, en
donnant pour objet aux Syndicats professionnels
l'étude et la défense des intérêts des membres syndiqués leur a certainement permis de posséder tout ce
qui leur est nécessaire pour atteindre ce but. Les
seuls dangers que la loi ait cherché à prévenir, sont
ceux qui peuvent résulter de l'immobilisation d'un
grand nombre d'immeubles. Or, il est évident que
ces dangers ne sont pas à craindre ici, puisque les
Syndicats ne pourront jamais posséder que les seuls
immeubles nécessaires à leur fonctionnement. Le
nombre et l'importance de ces immeubles seront
donc toujours très restreints.

Ainsi, un Syndicat ne peut avoir comme immeubles que ceux nécessaires au fonctionnement de la
Société. Voilà un principe bien établi.

Comme conséquence de ce principe, il faut décider
qu'un Syndicat ne pourra placer son argent en immeubles, ni en acheter pour en retirer des loyers;
s'il a acquis pour un but prévu par l'article 6, paragraphe 3, des immeubles, il ne pourra les détourner
de leur destination, en un mot, il ne pourra en tirer
un profit pécuniaire. C'est ce que déclare la circulaire
ministérielle, ainsi conçue : « Par suite, les Syndicats
contreviendraient à la loi, s'ils essayaient d'en tirer
un profit pécuniaire direct ou indirect, par location
ou autrement. »

Cette décision du Ministre de l'Intérieur, conforme
au principe que nous venons de formuler, nous
paraît cependant trop absolue. Faudra-t-il, en effet,

défendre aux Syndicats de louer, les jours où il
n'y aura pas séance, les immeubles qui servent effec-
tivement à leurs réunions ? Mais ce serait, en fait,
empêcher les Syndicats de posséder les immeubles
nécessaires à leurs réunions. Il faudrait qu'un Syndicat fût bien riche, en effet, pour faire construire où
acheter un immeuble dont une partie serait improductive et ne servirait qu'en de très rares occasions.
Cette interprétation nous paraît par trop restrictive,
contraire, en tous les cas, à la pensée du législateur.
Nous croyons que les Syndicats peuvent parfaitement,
et sans violer la loi, louer leurs immeubles pour les
jours où il n'y a pas de réunion. Cette décision nous
semble logique, car il serait souverainement injuste
de défendre à un Syndicat de tirer parti, d'une façon
accessoire, d'un immeuble qu'il possède légitimement
et de diminuer ainsi ses frais généraux. Il va sans
dire que si l'immeuble avait été acheté par le Syndicat dans un esprit de pure spéculation, les art. 8
et 9 trouveraient leur application.

On s'est demandé si les Syndicats pouvaient faire
des placements hypothécaires. Il nous paraît difficile
de leur refuser ce droit. Mais, va-t-on nous objecter,
si le débiteur ne s'exécute pas, le Syndicat, comme
tout autre créancier, sera dans la nécessité de recourir
à l'expropriation et pourra être déclaré adjudicataire.
Le cas se présentera, par exemple, si le Syndicat
ayant fait surenchère dans la procédure d'offres,
personne ne couvre sa surenchère. Le Syndicat
possèdera donc des immeubles contrairement à l'article 6. Notre réponse est facile. Le Syndicat, ainsi
propriétaire d'immeubles qu'il n'a pas le droit de

posséder, s'empressera de chercher un acquéreur. Faute par lui de ce faire, le ministère public poursuivrait lui-même la vente de l'immeuble et le prix de la revente retomberait dans la caisse du Syndicat.

Les Syndicats peuvent-ils faire partie d'une société immobilière ? La solution dépend du caractère que l'on attribue à ce genre de société. Si l'on décide avec M. Garsonnet[1], que la société immobilière est une société commerciale, un Syndicat pourra évidemment fonder une société immobilière puisqu'il a le droit de fonder une société commerciale. Cette société immobilière serait ainsi greffée en quelque sorte sur le Syndicat dont elle serait complètement indépendante et elle devrait être soumise à toutes les formalités prescrites par la loi de 1867.

Si, au contraire[2], on admet, avec la majorité des auteurs et la jurisprudence, que la société immobilière est une société civile, il faut encore établir une distinction suivant que l'on adopte ou non la personnalité juridique de la société civile.

Décide-t-on[3], que la société civile constitue une personne morale, alors le Syndicat peut faire partie d'une société immobilière, car c'est la société immobilière, distincte du Syndicat, qui possède les immeubles, le Syndicat ayant simplement un droit mobilier.

Admet-on[4], au contraire, que la société civile n'est qu'un état d'indivision entre les personnes qui compo-

---

1. *Revue critique*, 1869, II, 325.
2. MM. Lyon-Caen et Renault : *Droit commercial*, n° 73.
3. Pardessus : III, n°ˢ 975 et 976. — Troplong : *Des Sociétés*, 4, p. 58.
4. MM. Lyon-Caen et Renault, n° 290.

sent la société, alors, il faut déclarer que le Syndicat
ne peut entrer dans une société immobilière, car il
possèderait des immeubles en indivision avec les
autres membres de la société[1].

En observant l'article 6, le Syndicat est absolument
libre d'avoir tous les immeubles qui lui sont utiles, de
les échanger, de les vendre, de les hypothéquer sans
autorisation, comme une personne quelconque.

§ II. *Meubles.* — Les Syndicats peuvent posséder
des biens mobiliers, quelle que soit leur importance.
Ils peuvent placer leur argent comme ils l'entendent,
excepté en immeubles. On leur facilite même des
placements de tout repos ; ils sont autorisés à verser
à la Caisse nationale d'Épargne leurs fonds sociaux,
jusqu'à 8,000 francs, alors que le maximum est fixé
pour les autres déposants à 2,000 francs (décembre,
17 mai 1890). Tantôt, ce sont les administrateurs qui,
chargés de ce soin par les statuts, doivent effectuer
les placements ; tantôt, au contraire, l'assemblée du
Syndicat doit être convoquée et consultée sur le point
de savoir s'il faut placer les économies et en quelles
valeurs.

Un Syndicat doit absolument s'interdire de faire
des actes de commerce. Il ne peut donc fonctionner
comme syndicat et être en même temps une société
commerciale[2]. Rien ne l'empêche, toutefois, de con-

1. Si, malgré cela, un Syndicat entrait dans une Société immobilière, la société ne serait pas nulle, mais le Ministère public pourrait et devrait faire vendre les immeubles de la société civile,
propriété par indivis du Syndicat, et la société prendrait fin.
2. La Cour de Toulouse, dans un arrêt du 26 mars 1889 *(Revue
des Sociétés*, 1889, p. 403), a jugé « que ne fait pas acte de commerce,

tribuer à la fondation ou au fonctionnement d'une société commerciale, comme prêteur de fonds. La règle est que les Syndicats doivent éviter de se donner, par leurs placements, une qualité incompatible avec leur but. C'est ainsi qu'un Syndicat ne pourrait engager des fonds dans une société en nom collectif ou jouer le rôle de commandite, car il deviendrait commerçant. Il en serait autrement, s'il se faisait le commanditaire d'un négociant, car le commanditaire n'a pas la qualité de commerçant. Il pourrait de même prendre des actions d'une société anonyme.

Un Syndicat peut-il posséder une marque de fabrique ? L'intérêt de la question est assez considérable. Supposons, en effet, que les membres d'un Syndicat fassent du commerce à l'étranger, la marque du Syndicat sera peut-être plus connue, plus estimée que leurs marques individuelles ?

La jurisprudence reconnaît qu'une société peut posséder une marque de fabrique[1] : par suite, il faut reconnaître le même droit à un Syndicat qui est une société reconnue par la loi. Le Syndicat pourra ainsi posséder une marque de fabrique et permettre à ses membres de l'apposer sur leurs produits, avec ou

---

le Syndicat agricole qui dans le but de procurer à ses seuls membres, dans des conditions favorables, les matières premières nécessaires à l'agriculture, notamment les engrais chimiques, traite directement avec les fabricants, même s'il fait subir aux matières achetées une majoration qui représente simplement les déboursés du Syndicat. » — Voir le projet de loi déposé à la Chambre par M. MÉLINE, dans la séance du 10 mai 1890. J. Off. : Doc. Parl., Chambre, pp. 700 et s.

1. PATAILLE : 1862. p. 25.

sans la marque individuelle[1]. Il est bien évident que les bénéfices qui peuvent résulter de l'emploi de cette marque ne sont pas pour le Syndicat.

Quant aux brevets d'invention, un Syndicat ne saurait en demander, pour cette bonne raison, qu'une personne morale n'invente rien et que le titulaire d'un brevet est, d'après le système de la loi du 5 juillet 1844, réputé inventeur. Ce brevet ne saurait non plus lui être cédé, car il protège les intérêts d'un seul, et non de tous les membres de la profession. Si le Syndicat voulait l'employer, il sortirait de son rôle[2].

Ainsi, la loi n'impose aux Syndicats aucune formalité pour les acquisitions à titre onéreux; leur liberté n'est limitée que par leurs statuts; ceux-ci déterminent comment l'association est représentée à ces actes, et quelles décisions doivent les précéder.

SECTION V

Acquisitions à titre gratuit.

Les Syndicats peuvent acquérir, à titre onéreux, les meubles, sans limitation et les immeubles, dans la mesure fixée par l'article 6, paragraphe 3. Mais les acquisitions à titre gratuit, sont-elles assimilées aux acquisitions à titre onéreux? La loi de 1884 ne parle

1. POUILLET : Nᵒˢ 84, 85, 86.
2. Suivant M. BOULLAY, un Syndicat ne peut demander un brevet d'invention mais il peut en acquérir un.

pas d'acquisitions à titre gratuit. Que conclure de ce silence ? Faut-il décider que les Syndicats pourront recevoir des libéralités faites sous forme de donations entre vifs ou de legs ?

Suivant certains auteurs, la négative s'impose. Une personne morale, dit M. Vavasseur, ne peut être sur ce point assimilée à une personne physique, elle n'a pas la capacité d'acquérir à titre gratuit, à moins qu'un texte précis ne lui accorde ce droit[1]. M. Hubert Valleroux[2], tout en repoussant la théorie de M. Vavasseur, arrive cependant à la même conclusion. Selon lui, les travaux préparatoires démontrent d'une façon certaine que l'actif social ne peut être constitué qu'au moyen de cotisations.

En faveur de cette thèse, on peut invoquer le texte de l'article 6. Cet article, peut-on dire, ne parle que des cotisations. C'est donc qu'il suppose que toutes les ressources du Syndicat doivent provenir uniquement des cotisations.

On peut enfin ajouter dans cette opinion, que l'art. 8 vient confirmer l'article 6. Il distingue, en effet, les acquisitions à titre gratuit des acquisitions à titre onéreux. Pour les donations, il emploie le mot générique « biens » en opposition avec le mot « immeubles » dont il se sert pour les acquisitions à titre onéreux et par suite, l'expression « biens » semble comprendre toute donation mobilière ou immobilière.

Cette doctrine doit être selon nous repoussée. Tout d'abord la théorie de M. Vavasseur d'après laquelle

---

1. VAVASSEUR : *Société civile et Commerciale,* n° 27.
2. HUBERT VALLEROUX : *Société civile et Commerciale,* n° 27.

les personnes morales ne peuvent acquérir sans un texte précis qui leur en concède le droit, est en contradiction avec les articles 902 et 910 du Code civil.

« Toutes personnes peuvent recevoir soit par donations entre vifs, soit par testament » dispose l'art. 902, qui n'établit ainsi aucune distinction entre les personnes physiques et les personnes morales. Quant à l'article 910, en décidant que pour certaines personnes morales, l'autorisation administrative est nécessaire pour accepter des donations, il montre, avec évidence que la capacité d'acquérir appartient en principe aux personnes morales.

Ainsi, la règle est que les personnes morales sont capables d'acquérir à titre gratuit : Pour que cette capacité leur soit enlevée, il faut un texte formel. Ce texte existe-t-il en ce qui concerne les Syndicats ? On le chercherait en vain. L'article 6, il est vrai, ne parle que des cotisations, mais il est évident que dans cet article, le législateur n'a nullement eu l'intention de régler la capacité d'acquérir des Syndicats. Il indique seulement que les Syndicats peuvent placer leurs fonds et il est ainsi amené tout naturellement à parler des cotisations qui constituent en effet la source de revenus la plus fréquente et la plus habituelle des Syndicats.

Ce même article 6, au contraire, donne selon nous un argument de texte très sérieux en faveur du système que nous soutenons. Il dispose, en effet, « les Syndicats pourront acquérir. » Est-ce que le mot acquisition, ne comprend pas aussi bien les acquisitions à titre onéreux que les acquisitions à titre gratuit? Pourquoi, dès lors, établir une dualité de règles que l'on ne trouve nulle part inscrite dans la loi de 1884.

24

L'article 8, du reste, enlève tout doute à cet égard. « Lorsque les biens, dit-il, auront été acquis contrairement aux dispositions de l'article 6, la nullité de l'acquisition ou de la libéralité pourra être demandée par le procureur de la République ou par les intéressés. Dans le cas d'acquisition à titre onéreux, les immeubles seront vendus et le prix en sera déposé à la caisse de l'association. Dans le cas de libéralité, les biens feront retour aux déposants ou à leurs héritiers ou ayants cause. »

Comme on le voit, cet article prévoit pour les Syndicats, deux modes possibles d'acquisition : ils ont pu devenir propriétaires d'immeubles soit à titre onéreux, soit à titre gratuit. Ces deux moyens sont mis par le législateur sur le même plan; il n'est pas plus rigoureux pour l'un que pour l'autre. Sans doute, il y a une action en nullité ouverte en certains cas, mais ce n'est pas quand l'immeuble a été acquis par libéralité; c'est seulement quand cet immeuble ne remplit pas la destination à laquelle la loi l'affecte, qu'il ait été acquis ou non à titre onéreux.

L'article 9 vient encore confirmer notre théorie. « Les tribunaux, dispose cet article, pourront.... prononcer la nullité des acquisitions d'immeubles.... » Avec le système qui refuse aux Syndicats le droit d'acquérir à titre gratuit, on arriverait, en vertu de ce texte, à cette conséquence inadmissible, à savoir que, bien que toutes libéralités soit immobilières, soit mobilières, fussent nulles en vertu de l'article 8, les tribunaux correctionnels ne pourraient prononcer que la nullité des libéralités immobilières; quant aux meubles acquis à titre gratuit, ils n'auraient certainement pas ce pouvoir. Une telle conséquence condamne le système.

Nous dirons donc : Aucun texte de la loi de 1884 ne refuse aux Syndicats le droit de recevoir des libéralités ; ce droit, au contraire, résulte pour eux d'une façon évidente des termes des articles 8 et 9.

Cette solution nous paraît de tous points conforme à l'intention du législateur. Sans doute, le projet du gouvernement refusait aux Syndicats le droit d'accepter toute donation ou tout legs faits en leur faveur ; mais, sur l'avis de la Commission de la Chambre des députés, cette prohibition disparut et le second rapporteur, M. Lagrange, donne de cette suppression, l'explication suivante : « La Commission n'a pas cru devoir enlever aux Syndicats la faculté de recevoir des dons. Il est à présumer que dans la pratique les bibliothèques syndicales et les écoles professionnelles recevront de nombreux dons de livres, d'outils ou d'instruments. Il serait injuste de les obliger à dépenser pour l'acquisition de ces objets, des fonds qui peuvent utilement grossir les ressources des caisses de retraites et de secours mutuels. »

On peut dire enfin, que refuser aux Syndicats le droit de recevoir des libéralités, serait les mettre dans l'impossibilité d'atteindre le but proposé par la loi de 1884. Il leur serait, en effet, difficile de fonder des bibliothèques, des caisses de retraites, etc., s'ils n'avaient pour seules ressources que les cotisations de leurs membres.

Il est évident que les Syndicats ne pourront acquérir à titre gratuit, que les immeubles nécessaires à leur fonctionnement. La règle applicable aux acquisitions d'immeubles à titre onéreux ne saurait changer, lorsqu'il s'agit d'acquisitions d'immeubles à titre gratuit. Il y a, en effet, mêmes raisons de décider. Quant aux donations mobilières, elles ne sont soumises à aucune restriction.

Les acquisitions à titre gratuit sont-elles soumises à l'autorisation administrative, conformément à l'art. 910 du Code civil ?

Nous ne le croyons pas. On a dit, en effet, et on a répété sans cesse, que les Syndicats étaient complètement indépendants de toute ingérence administrative, qu'ils possédaient la liberté la plus complète, que la seule garantie exigée par la loi était une déclaration de naissance. Conformément à cette théorie, nous avons vu que le législateur de 1884, pour éviter toute apparence d'intrusion administrative, décide que les Syndicats s'adresseront aux maires et non aux préfets. Or, il serait contradictoire de les soumettre à la nécessité de l'autorisation de l'autorité, en cas de libéralités[1].

Certains auteurs soutiennent, cependant, l'opinion contraire. Ils invoquent l'article 910 du Code civil qui, disent-ils, est applicable à toutes les personnes morales. « De puissantes considérations, dit M. Demolombe, d'intérêt public et d'intérêt privé exigeaient que les dispositions faites à ces sortes de personnes fussent soumises à la haute surveillance de l'Etat.

« Dans l'intérêt public, par des motifs de police politique et sociale, en même temps que par des raisons financières et économiques, soit afin d'empê-

---

1. En général, la jurisprudence et la doctrine n'exigent pas l'autorisation.

cher le développement démesuré de certaines associations, soit afin de prévenir une trop grande concentration de biens entre les gens de mainmorte ;

« Dans l'intérêt privé, afin de protéger les familles contre les entraînements excessifs et les influences condamnables dont ces dispositions pourraient être le résultat[1]. »

Tels sont, pour M. Demolombe, les motifs de l'article 910. Or, dans l'opinion que nous venons d'indiquer, on soutient que le Syndicat étant une personne morale, doit être soumis, comme toutes les personnes morales, à l'article 910. Pour déroger au principe de l'autorisation nécessaire, il faudrait un texte, dit-on, et ce texte n'existe pas dans la loi de 1884.

Certes, nous reconnaissons que les termes de l'article 910 du Code civil sont généraux et embrassent, en principe, toutes les personnes morales ou au moins tous les établissements d'utilité publique. Mais, est-ce qu'il ne peut être dérogé à ces règles générales. Est-ce que des lois particulières, par leur esprit et par leur texte, ne peuvent pas dispenser certains établissements d'utilité publique de l'autorisation ordinairement exigée ? C'est ce qu'a fait, selon nous, la loi de 1884. Son esprit n'est pas douteux. Nous avons dit déjà qu'elle avait voulu préserver les Syndicats de toute ingérence administrative ; elle n'a donc pu soumettre les Syndicats qui veulent accepter des dons ou des legs, à l'autorisation préalable de l'autorité. Quelle serait, d'ailleurs, l'utilité d'une pareille autorisation ? Dans les cas ordinaires elle se conçoit à merveille, le législa-

---

1. DEMOLOMBE : T. XVIII, n° 592.

teur a voulu par ce moyen prévenir le rétablissement
des biens de mainmorte. Mais ici, le même danger
n'est pas à craindre, les Syndicats ne pouvant posséder
des immeubles que dans la limite prévue par l'art. 6,
paragraphe 3.

Du reste, il y a dans la loi de 1884, un texte qui
suffit à lui seul, pour résoudre la difficulté. L'article 8,
en effet, serait incompréhensible et sans utilité, si
l'autorisation du gouvernement était exigée des Syndicats, pour l'acceptation des dons et legs faits à leur
profit. C'est ce que démontre avec évidence M. Boullaire, qui s'exprime en ces termes : « L'article 8 de la
loi de 1884 nous semble, au surplus, trancher la question ; il suppose qu'un Syndicat professionnel peut
avoir acquis par libéralité un immeuble dont l'art. 6
lui interdit la possession, et il prend les mesures
nécessaires, pour que la donation soit annulée et que
l'immeuble fasse retour aux donateurs ou à leurs héritiers. Cette hypothèse serait incompréhensible, si
l'autorité administrative devait autoriser au préalable,
l'acceptation de toute libéralité faite aux Syndicats.
Le refus d'autorisation suffirait à empêcher la donation d'être consommée, et l'on ne comprendrait pas
la nécessité d'armer en outre l'autorité judiciaire d'une
action, à l'effet de faire prononcer la nullité de libéralités immobilières[1]. »

Toutes ces considérations, tirées tant de l'esprit que
du texte même de la loi de 1884, nous permettent
d'affirmer que les Syndicats professionnels, bien qu'ils

---

1. BOULLAIRE : *Manuel des Synd. profess. agricoles*, p. 100. — La
jurisprudence est dans ce sens.

soient des établissements d'utilité publique, ne sont
pas cependant soumis à l'article 910 du Code civil, et,
par conséquent, que les acquisitions à titre gratuit,
qu'ils peuvent faire, ne sont soumises à aucune
autorisation administrative[1].

1. Voir en sens contraire SAUZET : Op. cit, p. 405.

CHAPITRE VI

Actes que les Syndicats peuvent accomplir en dehors de la personnalité civile.

Outre les droits généraux que nous avons énumérés dans les chapitres précédents et qui résultent de la personnalité civile, l'article 6 accorde encore aux Associations professionnelles, le droit de se livrer à certaines opérations, sans avoir à se conformer de tous points, aux lois spéciales qui régissent la matière.

C'est ainsi, dispose l'article 6 dans ses derniers paragraphes, que les Syndicats « pourront sans autorisation, mais en se conformant aux autres dispositions de la loi, constituer entre leurs membres des caisses spéciales de secours mutuels et de retraites.

« Ils pourront librement créer et administrer des offices de renseignements pour les offres et demandes de travail.

« Ils pourront être consultés sur tous les différends et toutes les questions se rattachant à leur spécialité. »

Cette énumération faite par l'article 6, *in fine*, n'est nullement limitative, mais seulement énonciative. Nous verrons, en effet, que les Syndicats, outre les prérogatives à eux accordées par le législateur de 1884, jouissent encore de tous les droits résultant des principes posés par les lois particulières.

SECTION I

Sociétés de Secours mutuels et Caisses de retraites.

Les Sociétés de secours mutuels sont actuellement régies par la loi du 15 juillet 1850, et le décret du 26 mars 1852.

Avant 1848, toutes les Sociétés de secours mutuels, sans exception, étaient placées, comme toutes les associations, sous l'empire des articles 291 et suiv. du Code pénal, confirmés et complétés par l'article 1er de la loi du 10 avril 1834. Elles étaient, en conséquence, soumises à la formalité de l'autorisation préalable.

Après la révolution de février, les Sociétés de secours mutuels purent se former librement. Elles devaient seulement faire connaître à l'administration, lorsqu'elles se réunissaient, le lieu et l'objet de la réunion, les noms des fondateurs et administrateurs.

Une loi du 15 juillet 1850 vint permettre aux Sociétés de secours mutuels, de se faire reconnaître établissements d'utilité publique. Les Sociétés qui voulaient user de ce droit, étaient soumises à l'accomplissement de certaines formalités et conditions, énumérées par la loi.

Enfin, intervinrent les décrets du 25 mars 1852, sur les Associations, et du 26 mars 1852, sur les Sociétés de secours mutuels.

Aux termes du premier de ces décrets, les Sociétés de secours mutuels, comprenant plus de vingt personnes, ne peuvent pas se fonder sans autorisation préalable. (Art. 291 du C. P. et loi du 10 avril 1834.) C'est au préfet qu'il appartient d'accorder ou de retirer cette autorisation. (Circ. min. pol. 28 octobre 1852.)

Cette autorisation ne confère aux Associations que le droit de se former, mais elle ne leur donne nullement la personnalité civile. Les Sociétés simplement autorisées et dites Sociétés libres, jouissent cependant de certains avantages concédés par des lois particulières; elles peuvent notamment opérer des versements aux Caisses d'épargne proprement dites, et à la Caisse d'épargne postale (maximum 8,000 fr., intérêts compris. Loi du 30 juin 1851, art. 4; loi du 9 avril 1881, articles 13 et 21); à la Caisse des retraites pour la vieillesse (loi du 12 juin 1861, article 5 et du 20 juillet 1886, article 7)[1].

Au-dessus de ces Sociétés libres ou autorisées, se placent, au point de vue de la capacité, deux autres degrés de Sociétés de secours mutuels : les Sociétés approuvées, et les Sociétés reconnues comme établissements d'utilité publique.

Les Sociétés approuvées ont une situation intermédiaire entre les Sociétés libres et les Sociétés reconnues. Elles ne possèdent qu'une personnalité civile restreinte; leur capacité, réglée par le décret-loi du 26 mars 1852, n'est pas aussi étendue que celle des Sociétés reconnues, mais elles jouissent, en revanche, de certains avantages qui n'appartiennent pas aux Sociétés libres. Ainsi, elles peuvent acquérir des meubles, soit à titre onéreux, soit à titre gratuit. Quant

[1]. Les Sociétés de Secours mutuels simplement autorisées, peuvent encore, en souscrivant un abonnement de un franc par jour (Circ. min. int., 10 juillet 1874), faire recevoir leurs membres dans les asiles pour les ouvriers convalescents ou mutilés, institués par le décret du 8 mars 1855.

aux immeubles, elles peuvent seulement les prendre à bail.

Les Sociétés de secours mutuels approuvées, sont exemptes des droits de timbre et d'enregistrement pour les actes qui les concernent; elles sont autorisées à faire aux Caisses d'épargne, moyennant un intérêt de 4 o/o (loi 7 mai 1853, art. 1er), des dépôts de fonds égaux à la totalité de ceux qui seraient perçus au profit de chaque sociétaire, individuellement. (Déc. 1852, art. 14.)

Elles ont la faculté de verser : 1º à la Caisse des dépôts et consignations (trésoriers-payeurs généraux et receveurs particuliers préposés), moyennant un intérêt de 4 1/2 p. 100, leurs excédents disponibles; 2º à la Caisse des dépôts et consignations (fonds de retraites), leurs fonds libres, destinés à constituer des pensions de retraites à leurs vieillards, et ce, sans aucune limite, avec droit aux subventions annuelles de l'Etat. (Déc., 26 avril 1856). Elles peuvent encore contracter à la Caisse des dépôts et consignations des assurances collectives en cas de décès, soit pour solder les frais funéraires, soit pour allouer des secours aux veuves et aux orphelins. (L. 11 juillet 1868.)

L'approbation est conférée aux Sociétés de secours mutuels après avis du Conseil municipal, par le Préfet qui approuve également leurs statuts, leurs modifications et même, la dissolution de l'Association[1].

---

1. A sa demande d'approbation, la Société qui veut être approuvée, doit joindre les pièces suivantes : 1º Deux exemplaires de ses statuts; 2º la liste nominative des membres honoraires, c'est-à-dire, des personnes qui ont adhéré aux statuts, sans prendre part aux bénéfices de l'association; 3º la liste des membres participant aux bénéfices, avec l'indication de leur âge et de leur profession.

Les Sociétés de secours mutuels, dites Sociétés reconnues, sont celles créées en vertu de la loi du 15 juillet 1850 ; ce sont celles auxquelles un décret, rendu dans la forme des règlements d'administration publique, a reconnu le caractère d'établissements d'utilité publique.

Toute association qui prétend obtenir cette reconnaissance, doit adresser sa demande au Ministre de l'Intérieur, par l'entremise du Préfet avec certaines pièces que la loi fait connaître. Le Préfet joint à la demande, son avis motivé et celui du Maire et du Conseil municipal, sur le mérite de la Société, l'intérêt dont elle est digne, et ses ressources. (Déc., 14 juin 1851, art. 1er, 2, 3, Circ. min. agr. et comm., 5 septembre 1851).

Les Sociétés de secours mutuels reconnues, comme nous venons de le dire, jouissent de la personnalité civile la plus complète. Elles peuvent acquérir des immeubles avec l'autorisation du gouvernement, elles peuvent recevoir des dons ou legs, sauf approbation du gouvernement, de biens mobiliers ou immobiliers, quelle que soit leur valeur. Elles ont enfin tous les avantages concédés par le décret du 26 mars 1852 aux Sociétés approuvées et sont soumises aux mêmes conditions réglementaires[1].

1. Les Sociétés de secours mutuels reconnues, sont peu nombreuses ; on n'en compte pas plus de neuf en France : la Société protestante de Prévoyance (Paris) ; l'Association des Artistes dramatiques (Paris) ; la Société de Notre-Dame de Bon-Secours (Dieppe); l'Emulation Chrétienne (Rouen); l'Union (Versailles); les Vrais Amis de la Boucherie (Paris); la Société de Bienfaisance des Arts et Métiers (La Rochelle); les Sauveteurs de la Seine (Paris); la Société des Demoiselles employées dans le Commerce (Paris).

De ce que nous venons de dire, il résulte que notre législation reconnaît trois catégories de Sociétés de secours mutuels : 1° Les Sociétés libres ; 2° les Sociétés approuvées ; 3° les Sociétés reconnues. La question maintenant, est de savoir dans quelle catégorie nous devons ranger les Sociétés de secours mutuels fondées par les Syndicats professionnels.

Il est tout d'abord bien évident, que ces Sociétés ne peuvent être rangées dans la classe des Sociétés reconnues. En effet, la reconnaissance d'utilité publique, a pour résultat de conférer à la Société, objet de cette reconnaissance, la personnalité civile dans toute son étendue. La société reconnue a, nous venons de l'indiquer, le droit d'acquérir, sans restriction, à titre onéreux ou à titre gratuit, des meubles ou des immeubles. Il est, dès lors, impossible d'admettre que les Syndicats, dont la personnalité est restreinte, dont le droit d'acquérir est limité, puissent conférer à des sociétés qu'ils créent, plus de droits qu'il n'en ont eux-mêmes.

Le débat ne peut donc exister qu'entre les sociétés libres et les sociétés approuvées.

La plupart des commentateurs de la loi de 1884 n'hésitent pas à déclarer que les sociétés fondées par les Syndicats, sans autorisation, doivent être rangées dans la classe des sociétés libres. Selon eux, en effet, le texte de l'article 6 ne peut laisser planer dans l'esprit le moindre doute. Il dit expressément que les Syndicats pourront fonder des sociétés sans autorisation, mais en se conformant aux autres dispositions de la loi. Ainsi, déclarent les partisans de la théorie que nous indiquons, rien n'est changé à la législation antérieure; sauf la nécessité de l'autorisation préalable, la seule faveur accordée aux Syndicats, consiste dans la dispense d'autorisation.

Nous n'admettons pas, quant à nous, une solution qui aurait pour conséquence, de restreindre considérablement les avantages accordés aux Syndicats ; nous pensons que les Sociétés de secours mutuels, créées par les Syndicats, doivent être rangées parmi les sociétés approuvées[1].

En effet, quel est le régime normal des Sociétés de secours mutuels ? C'est le régime des sociétés approuvées, organisé par le décret du 26 mars 1852.

Les Sociétés libres, c'est-à-dire simplement autorisées, ne peuvent pas vivre.

Les Sociétés reconnues n'obtiennent tout au moins cette faveur qu'après un certain temps d'existence.

C'est donc au régime usuel des sociétés approuvées, que le législateur a entendu se référer.

On nous objecte que le texte porte : *sans autorisation,* et non : *sans approbation,* et que ce serait cette dernière expression qui aurait été employée, s'il s'agissait de sociétés approuvées. Il est facile de répondre que l'assimilation des mots *autorisation et approbation* se trouve dans la loi de 1850, article 12, et le décret de 1852, article 18 ; c'est ce que fait remarquer très justement, un jugement du Tribunal de Villefranche (Haute-Garonne), du 1er juillet 1887.... « Attendu, y lisons-nous, que les mots : *non autorisées,* ne sauraient comporter en 1852 une signification différente

1. V. dans ce sens LEDRU et WORMS, n° 62. — MESCHIN : *Des Syndicats professionnels,* p. 40.

de celle de 1850 ; qu'il s'ensuit qu'on doit les entendre dans le sens de sociétés non approuvées, etc. ».

En résumé, les Syndicats qui forment des Sociétés de secours mutuels, sont dispensés de demander, non seulement l'autorisation, mais encore l'approbation. Ils font profiter les Sociétés qu'ils créent, des avantages dont ils jouissent, c'est-à-dire des avantages d'une personnalité restreinte.

Dans le cas où les sociétés dont il s'agit désireraient obtenir une personnalité plus étendue, elles devraient solliciter la reconnaissance d'utilité publique, d'après les formalités prescrites par la loi de 1850. Mais, encore une fois, l'opinion qui, conformément à la circulaire ministérielle [1], n'accorde à ces sociétés qu'une dispense d'autorisation, nous paraît beaucoup trop rigoureuse et par cela même, en opposition formelle avec l'esprit si libéral de notre loi de 1884 [2].

Quelle que soit d'ailleurs, la solution adoptée sur la nature de la Société mutuelle fondée par un Syndicat, il est une chose certaine : c'est qu'elle doit être indépendante du Syndicat. Elle doit avoir son existence propre et sa vie individuelle. C'est là, un

---

1. « Il a été expressément entendu, dispose la circulaire ministérielle, que la loi du 21 mars dernier laissait subsister, sauf la nécessité de l'autorisation préalable, toute la législation relative à ces sociétés. Si donc, rien ne s'oppose à ce que les membres d'un Syndicat professionnel forment entre eux des Sociétés de secours mutuels avec ou sans caisse de secours mutuels, il demeure évident, que ceux qui voudraient bénéficier des avantages réservés aux Sociétés de secours mutuels, approuvées ou reconnues, devraient se pourvoir conformément aux lois spéciales sur la matière. »

2. V. en sens contraire BOULLAY : *Code des Syndicats professionnels*, p. 171.

point qu'on ne saurait contester. En effet, quant à l'existence même des deux sociétés, impossible de les confondre. Le Syndicat, né librement, ne peut être désormais supprimé que pour certaines raisons légales : la Société de secours mutuels, au contraire, demeure soumise au bon vouloir du gouvernement. L'article 7 fournit, d'ailleurs, à l'appui de la thèse que nous soutenons, un argument décisif ; cet article décide que les anciens membres du Syndicat peuvent continuer à faire partie des Sociétés de secours mutuels. C'est bien là, une preuve irréfutable que les deux sociétés ne se confondent pas [1].

SECTION II

Création de Caisses de retraites.

L'art. 6 reconnait encore aux Syndicats, la faculté de créer des caisses de retraites.

Le décret réglementaire du 26 avril 1856, précise de quelle manière se forment les fonds de retraites.

1° Au moyen du prélèvement sur les excédents de recettes, avec l'autorisation du Ministre de l'Intérieur ou du Préfet. Il est indiscutable que les Syndicats sont dispensés de cette autorisation.

---

1. Les règles imposées aux Sociétés de secours mutuels, pour la tenue de leur comptabilité, rendent encore impossible toute confusion entre les fonds de secours et les fonds du Syndicat. Les Syndicats conservent néanmoins le droit de faire eux-mêmes, et à titre gracieux, des libéralités ; tant que le droit au secours n'est pas réglé et limité, il n'y a pas de Sociétés de secours mutuels, le Syndicat agit comme Syndicat.

2º Par des subventions dues à la munificence de l'Etat, du département ou de la commune.

3º Par des dons et legs faits à la Société avec affectation spéciale et autorisés par l'administration.

La quotité de la pension est fixée par le bureau en Assemblée générale. Elle ne peut être inférieure à 30 francs, ni excéder le décuple de la cotisation annuelle. (Article 6, du décret du 20 avril 1856.)

Le maximum de la rente viagère qui peut être attribuée à une personne est de 1500 francs. Pour être présenté à l'Assemblée générale, il faut avoir 50 ans d'âge, et avoir acquitté régulièrement la cotisation pendant dix années; le montant en est déterminé d'après les chances de mortalité du pensionnaire et le calcul de l'intérêt composé du capital. La Caisse générale des retraites pour la vieillesse assure le service des pensions. Cet établissement est géré par la Caisse des dépôts et consignations et les intérêts que le service des pensions n'a pas absorbés sont capitalisés. (Loi du 10 juin 1850, art. 3, et loi du 20 décembre 1872, art. 17.)

SECTION III

Création d'offices de renseignements, pour les offres et les demandes de travail.

L'article 6, paragraphe 5, accorde aux Syndicats professionnels, un nouvel avantage : « Ils pourront librement créer et administrer des offices de renseignements pour les offres et les demandes de travail. » C'est dire, qu'ils sont dispensés des formalités requises pour les bureaux de placement, par le décret du 26 mars 1852. « Le mot « librement », déclare le rapporteur, a été introduit dans le texte du paragraphe 5, de cet article, pour indiquer que le décret du 25 mars 1852, n'est pas applicable aux offices de renseignements pour les offres et demandes de travail créés par les Syndicats[1]. »

Cette exception admise en faveur des Syndicats est, selon nous, très facile à justifier. On conçoit, en effet, qu'une loi qui reconnait aux travailleurs le droit d'étudier et de défendre leurs intérêts professionnels, ait cherché par tous les moyens possibles à les affranchir des entraves qui auraient pu s'opposer à l'exercice de ce droit. Or, il est permis de croire que la plupart des Syndicats auraient renoncé à créer des offices de renseignements, si, pour ce faire, il leur avait fallu remplir les formalités prescrites par le décret du 25 mars 1852. C'est ce qu'a compris le législateur qui a fait, à notre avis, œuvre de sagesse, en déclarant ces formalités inapplicables aux Syndicats professionnels.

Les Syndicats cependant ne se sont pas contentés de cette situation privilégiée qui leur était faite et, dans ces dernières années surtout, leurs prétentions sont devenues véritablement exorbitantes ; ils ne réclament rien moins que la suppression radicale de tous les bureaux de placement tenus par des particuliers. « Considérant, est-il dit dans une pétition adressée à la Chambre, en 1886, par les Chambres syndicales des ouvriers et garçons boulangers, pâtissiers, limonadiers, etc., que

1. Rapport de M. LAGRANGE, *J. Off.* : Ch. des dép., mars 1883, p. 397.

l'existence des bureaux de placement porte un préjudice matériel et moral aux intérêts corporatifs, qu'ils
sont une des causes premières du marchandage et
de la baisse des salaires, et un des éléments mis au
service de l'exploitation de la misère ; qu'ils n'offrent
aucune garantie aux ouvriers pas plus qu'aux patrons ;
considérant, d'autre part, que dans chacune des sociétés adhérentes à la ligue, un ou plusieurs bureaux de
placement gratuits fonctionnent depuis de longues
années déjà, pour les ouvriers de leurs corporations
respectives ; considérant encore que le placement des
individus non groupés, tels que gens de maison,
nourrices, domestiques, etc., peut se faire, tout en
offrant plus de garanties et de sûreté par l'établissement
de bureaux municipaux conformément au projet déjà
examiné par la Commission du Conseil municipal de
Paris, nous prions messieurs les Députés, au nom de
la morale publique, au nom des intérêts corporatifs et
privés, tous les jours violés, au nom de l'exploitation
dont nous sommes depuis si longtemps victimes, de
nous rendre justice, en faisant fermer toutes ces agences[1]. »

D'autre part, dans une réunion tenue en 1891, à la
Bourse du Travail, la ligue pour la suppression des
bureaux de placement a voté un ordre du jour ainsi
conçu : « Considérant que les corporations intéres-
sées à la disparition des bureaux de placement sont
suffisamment organisées pour les remplacer à tous
égards, vu que ces derniers sont une cause d'im-
moralité publique ; considérant, que les Chambres

---

1. V. l'*Economiste Français*, 2ᵉ semestre, p. 219, 1886.

syndicales seulement, peuvent exercer une influence
salutaire sur leurs camarades.... l'assemblée proteste
contre la résolution du Conseil supérieur du travail et
déclare que, quelles que soient les menées réaction-
naires que l'administration croira devoir imposer aux
travailleurs, ceux-ci ne continueront pas moins à
lutter énergiquement pour sauvegarder le principe de
la liberté du travail[1] ».

Ces accusations portées par les Chambres syndicales contre les bureaux de placement, nous paraissent singulièrement exagérées. On dénonce, à grand
fracas, les abus commis, mais on se garde bien de
toucher du doigt ces abus. On est dans l'impossibilité
d'articuler contre la profession qui nous occupe, des
griefs sérieux et précis. On parle de la morale blessée,
des intérêts corporatifs méconnus; mais en quoi la
morale est-elle blessée, quels sont les intérêts corporatifs méconnus, c'est ce que les Chambres syndicales
ne nous expliquent pas.

Ce n'est pas que nous ayons l'intention, nous posant
en défenseur acharné des bureaux de placement, de
soutenir cette thèse, que ces bureaux sont parfaits de
tous points et à l'abri de toute critique. Non. Nous
nous rendons comme tout le monde à l'évidence.
Nous avons connu, nous aussi, des scandales ; nous
avons vu quelquefois, trop souvent, à la tête de ces
agences, des industriels plus ou moins honorables, ne
visant qu'à leur propre enrichissement et se livrant,
d'une façon scandaleuse, à l'exploitation des salariés.
Nous prétendons seulement que c'est là un fait isolé,

1. V. *Journal des Economistes*, 1891, p. 162.

une exception et non la règle générale. Et comment n'en serait-il pas ainsi ? La réglementation établie par le décret du 25 mars et par l'ordonnance du 25 octobre 1852 est assez minutieuse et assez sévère. Celui qui veut ouvrir un bureau de placement, doit obtenir l'autorisation formelle de l'administration. Cette autorisation n'est accordée qu'après enquête sur les antécédents du postulant et sur sa moralité, elle est toute personnelle et doit être renouvelée en cas de cession. Des règlements sont de plus établis, qui ont pour but de prévenir ou de punir les abus qui peuvent se produire. Tout ce que les Chambres syndicales pourraient à la rigueur demander, c'est que l'enquête sur l'honorabilité du postulant soit plus sérieuse, et les règlements plus fidèlement observés ; mais on ne nous fera jamais admettre, que dans un pays libre, au mépris des principes fondamentaux du droit proclamé et inauguré par la Révolution française, une Chambre qui se targue d'être la fidèle héritière et continuatrice des grandes assemblées révolutionnaires, puisse se permettre d'interdire aux citoyens l'exercice d'une profession parfaitement licite en soi. Si les bureaux de placement sont, comme le prétendent les Chambres syndicales, de véritables coupe-gorge, si la réglementation, si sévère qu'elle soit, est impuissante à prévenir la fraude et la corruption, il n'y a qu'une chose à faire, rapporter le décret de 1852 et replacer ces agences sous l'empire du droit commun. Mais, encore une fois, il est impossible de faire droit aux revendications des Chambres syndicales et de leur accorder le monopole des offices de renseignements, à l'exclusion de tous autres citoyens.

Nous avons dit que les Syndicats pouvaient créer
des offices de renseignements pour les offres et les
demandes de travail, sans avoir à remplir les formalités prescrites par le décret de 1852. Mais ces offices,
ne peuvent-ils avoir pour but que de fournir des renseignements sur les offres et demandes de travail, ou
peuvent-ils, au contraire, étendre leur action à d'autres
objets ? En d'autres termes, la disposition du paragraphe 5, est-elle limitative ou seulement énonciative ?

Nous n'hésitons pas à affirmer qu'elle n'est qu'énonciative. Si le paragraphe 5 ne parle que d'offices de
renseignements pour les offres et demandes de travail,
c'est que le législateur était préoccupé, avant tout, de
procurer de l'ouvrage aux ouvriers sans travail ; mais
il est permis d'étendre le principe posé à d'autres
hypothèses non moins importantes. Sans cela, le paragraphe 5 serait vraiment inutile. Nul doute, en effet,
que les autorités municipales n'eussent donné avec
empressement aux Syndicats, la permission de créer
de pareils bureaux. Croit-on qu'une interprétation
limitative du paragraphe 5, répondrait au vœu du
législateur, qui, d'après le Ministre de l'Intérieur, a
voulu permettre aux Syndicats de porter au plus haut
degré de puissance, leur bienfaisante activité. Le but
de la loi, nous le savons, c'est de donner aux Syndicats tous les moyens, toutes les facilités, pour étudier
et défendre les intérêts professionnels. Or, peut-on
soutenir que les Syndicats ne peuvent faire que de la
théorie, que discuter, au point de vue spéculatif, les
questions qui les intéressent ? A quoi bon alors leur
accorder la personnalité civile : n'est-ce pas pour
servir pratiquement les intérêts de leurs membres ?

Un Syndicat peut donc, suivant nous, créer toutes les institutions qu'il juge nécessaires à l'étude et à la défense des intérêts professionnels. C'est ainsi, par exemple, qu'il pourrait établir des ateliers syndicaux où les ouvriers travailleraient en commun. Aucun texte ne s'oppose à cette solution. Il est bien entendu, d'ailleurs, que ces ateliers ne devraient pas dégénérer en une opération industrielle, car il y aurait, dans ce cas, violation de la loi de 1867. Les ouvriers pourront donc travailler pour leur propre compte. Le Syndicat fournira un local, des machines, des outils et ne réclamera qu'une faible indemnité pour le remboursement de ses dépenses et de ses frais généraux.

SECTION IV

Renseignements et avis demandés par les Tribunaux.

Les deux derniers paragraphes de l'article 6 consacrent un état de choses existant et déjà ancien.

Depuis 1854, en effet, les Tribunaux de commerce, et principalement celui de la Seine, renvoyaient un grand nombre d'affaires litigieuses devant les Chambres syndicales et demandaient leurs avis. Ces avis étaient, la plupart du temps, suivis et consacrés par les tribunaux. Les Syndicats remplissaient ainsi, en fait, les fonctions d'arbitres-rapporteurs.

En 1874, un ministre, M. Tailhand, interdit cet usage, contraire, selon lui, à l'article 429 du Code de procédure civile, d'après lequel les arbitres ou experts doivent être désignés personnellement et prêter serment devant le Tribunal.

La circulaire de M. Tailhand suscita de nombreuses plaintes. Elle enlevait, en effet, aux justiciables, l'assurance d'être jugés, à peu de frais, par des personnes compétentes et supprimait, en même temps, bien des conciliations[1].

Les tribunaux trouvèrent un moyen de tourner la difficulté. Au lieu de nommer comme arbitres ou experts une Chambre syndicale, ils se contentaient de désigner certains membres pris individuellement dans chacune d'elles et qui répondaient à toutes les conditions exigées par l'article 429 du Code de procédure civile.

Lors de la discussion du projet de loi sur les Syndicats professionnels, la Commission de la Chambre proposa une disposition, en vertu de laquelle les Syndicats pourraient être choisis, pour exercer les fonctions d'arbitres ou d'experts.

M. Ribot, se plaçant sur le terrain juridique, montra qu'une pareille disposition serait encore en contradiction formelle avec les principes posés dans l'article 429 du Code de procédure civile.

On adopta donc le texte suivant : Ils pourront être consultés sur tous différends et toutes questions se rattachant à leur spécialité[2] ».

---

1. Les Syndicats opéraient souvent entre les parties une conciliation et l'affaire était terminée. Du 15 mai 1867 au 15 mai 1868, sur 1072 affaires communiquées aux Chambres syndicales, 218 avaient donné lieu à un rapport et 834 avaient été conciliées. Du 1er avril 1872 au 1er avril 1873, 882 avaient été conciliées.

2. Séance du 9 juin 1881. *J. Off.* 1881 : Chambre, *Déb. Parl.*, p. 1167.

MM. Tirard, ministre du commerce, et Marcel
Barthe, rapporteur, ont nettement indiqué le sens de
ce paragraphe.

« S'il se présente, dit ce dernier, une question se
rattachant à une industrie particulière, pour laquelle
le magistrat n'ait pas les connaissances spéciales
nécessaires, il demande des renseignements à un
Syndicat qui les lui donne. Il faut remarquer qu'il
ne s'agit ici ni d'un rapport, ni d'une sentence, sortis
de la plume d'un expert ou d'un arbitre ; car alors il
faudrait déposer ce rapport ou cette sentence, pour
que les parties puissent en prendre connaissance ou
les discuter. Il ne s'agit pas de cela. Il s'agit tout simplement de donner aux parties et aux tribunaux, la
faculté de demander des renseignements sur les points
spéciaux qu'ils peuvent ne pas connaître. Voilà toute
la disposition. Maintenant, ne peut-elle porter aucun
trouble à l'administration de la justice ? Je ne le pense
pas.

« Les juges peuvent faire une chose. Ils peuvent
désigner, par exemple, ou le président ou le secrétaire
d'une Chambre Syndicale comme expert. Rien ne s'y
oppose. Ils peuvent également demander des renseignements sur une matière particulière. Mais les
juges restent libres. Est-ce qu'il est porté atteinte à la
haute appréciation du magistrat qui, en rendant une
décision, engage sa conscience et sa responsabilité
morale? Evidemment non; ce n'est pas possible.
Seulement, un magistrat scrupuleux, qui est saisi
d'une contestation qu'il ne peut apprécier lui-même
car, quelque étendue que soit l'instruction d'un homme, évidemment il ne peut pas suffire à toutes les

matières. Ce magistrat demande des renseignements à une Chambre syndicale, qui peut en donner de très précieux, qui peut lui faire connaître la matière dont il s'agit. Le magistrat apprécie les renseignements qui lui sont donnés; s'il ne les juge pas suffisants, s'il croit devoir appuyer son autorité sur une expertise régulière, rien ne s'oppose à ce qu'il prenne pour expert le président ou tout autre membre du Syndicat. La disposition en discussion, contient tout simplement la faculté donnée au juge, avant de rendre un jugement, de demander un renseignement à des hommes spéciaux. Les parties peuvent aussi, afin d'éviter une action judiciaire, faire choix des membres d'un Syndicat, à titre d'arbitres amiables. »

M. Tirard ajoute : « Les tribunaux de commerce ne pourront pas prendre les Syndicats professionnels comme arbitres, comme experts; mais ils pourront les consulter sur les questions difficiles qu'ils pourront avoir à résoudre. Un Tribunal de commerce est saisi d'une question technique; un juge commissaire est nommé, il est chargé de faire un rapport. Il peut se faire que, dans un Tribunal de commerce, il n'y ait pas de compétence tellement étendue, que le juge commissaire ne soit pas dans la nécessité de recourir à des connaissances autres que les siennes. Aujourd'hui, qu'est-ce qu'on est obligé de faire? On est forcé d'avoir recours à des arbitres, à des experts qui coûtent horriblement cher, qui sont un véritable fléau pour les plaideurs, qui ne sont pas toujours compétents, attendu que leur nombre est limité, et qui, de plus, mettent un temps très long à l'examen des contestations. D'après la disposition nouvelle, au contraire, les tribunaux, au lieu d'être forcés d'avoir recours à ces arbitres, à ces experts salariés, s'ils ont une question difficile à résoudre, soumettent cette question à la Chambre syndicale, qui la fait examiner par un de ses membres et qui rédige un rapport de nature à éclairer le tribunal[1]. »

Lors de la seconde lecture, M. Bozérian déposa un paragraphe additionnel qui est passé dans la loi, et qui n'est que le complément du précédent. Ce paragraphe est ainsi conçu : « Dans les affaires contentieuses, les rapports ou avis du Syndicat seront tenus à la disposition des parties qui pourront en prendre connaissance et copie. »

Malgré les explications si claires et si précises de MM. Marcel Barthe et Tirard, le dernier paragraphe de l'article 6 donna lieu, après le vote de 1884, à certaines difficultés d'interprétation. Quel était au juste le sens de ce paragraphe. La loi nouvelle ne permettait-elle pas de renvoyer comme cela avait lieu avant 1874 l'examen des litiges aux Chambres syndicales, qui, en tant que personnes morales, deviendraient de véritables arbitres ? Telle est la question qui fut posée par le Président du Tribunal de la Seine, au Ministre de la Justice. Le Ministre répondit, le 7 juillet 1885[2], que la loi de 1884 n'avait nullement aboli l'article 429 du Code de procédure civile et que les Chambres syndicales ne peuvent jamais émettre que des avis. Il terminait en ces termes : « Ainsi, même depuis la loi nouvelle, le renvoi d'une affaire devant une Chambre

---

1. Séance du 11 juillet 1882, *J. Off.* 1882 : Sénat, *Déb. Parl.*, pp. 782 et suivantes.

2. V. l'*Echo des Chambres syndicales*, 1885, p. 207.

syndicale, désignée comme arbitre, ne peut être considéré comme légalement autorisé. Les Chambres peuvent seulement être consultées sur les questions
techniques soulevées dans les différends portés devant
les tribunaux et elles ont, à cette occasion, le droit
d'émettre des avis. Leurs pouvoirs ne vont pas au
delà, et elles ne peuvent, dans les affaires qui leur sont
renvoyées par les tribunaux, faire acte de juridiction».

Cette solution nous paraît en harmonie parfaite avec
l'esprit du législateur de 1884 ; elle résulte, d'ailleurs,
d'une façon manifeste, des travaux préparatoires que
nous venons de passer en revue.

Le Comité des Chambres syndicales refuse cependant de se rendre à cette interprétation. Il se fonde
pour cela sur la différence des termes du paragraphe 6
et du paragraphe 7, « ils pourront être consultés »
porte le premier, tandis que le second parle des « avis
du Syndicat. »

Le Tribunal de commerce, au contraire, s'est confor-
mé à la lettre du Ministre de la Justice et son président
s'est empressé de tirer de la loi de 1884, tous les
avantages qu'elle comporte. Par une lettre du 13 octobre 1885, il demande aux présidents d'Unions de
Syndicats, de lui faire connaître les Syndicats régulièrement constitués et qui peuvent être consultés sur toutes
les questions techniques se rattachant à leur spécialité;
mais ces avis ne lient en aucune manière le tribunal
qui conserve toujours la même liberté de jugement.

Remarquons, d'ailleurs, que si les juges ne sont
pas suffisamment éclairés par la consultation de la
Chambre syndicale, ils ont toujours le droit d'ordonner une expertise régulière et rien alors ne les em-

pêche de désigner comme arbitre-rapporteur ou expert, un membre du Syndicat. C'est même ce qui a lieu le plus souvent en pratique. Chaque année, les Syndicats désignent un certain nombre de leurs membres pour remplir les fonctions d'arbitres-rapporteurs et font parvenir la liste au Président du tribunal, qui choisit toujours sur cette liste, les arbitres-rapporteurs ou experts. Mais, dans ce cas, chaque arbitre est désigné individuellement, conformément aux prescriptions de l'article 429 du Code de procédure civile, toujours en vigueur. Si l'arbitre désigné comme nous venons de dire doit, d'après les statuts, prendre l'avis de la Chambre syndicale, il n'en est pas moins seul chargé de rédiger et de signer, sous sa responsabilité, le rapport qu'il doit adresser au Tribunal [1].

SECTION V

Actes divers qui peuvent être accomplis par les Syndicats.

L'article 6, comme nous avons eu déjà l'occasion de l'indiquer, n'est nullement limitatif. « Les Syndicats, disait une disposition ajoutée à l'article 3, par la Commission de la Chambre, pourront s'occuper notamment, dans l'intérêt de leurs professions et métiers, de la création des caisses d'assurances contre le chômage, la maladie ou la vieillesse, de l'établissement

---

1. En fait, l'avis des Syndicats est souvent demandé par les Tribunaux de commerce. Dans un jugement du Tribunal de commerce de la Seine, du 21 octobre 1890, on trouve la mention suivante : « Vu l'avis du Syndicat professionnel, de cuirs et peaux ». — V. *Gazette du Palais*, n° du 13 février 1892.

d'ateliers de refuge, de magasins pour la vente et la
réparation d'outils, de l'organisation de Sociétés
coopératives, de l'organisation et des progrès de l'enseignement professionnel et d'autres questions de
même nature ».

Cette énumération, qu'on eût pu considérer comme
limitative, fut repoussée avec raison ; mais les différentes opérations qu'elle indiquait, n'en demeurent
pas moins légitimes. La circulaire ministérielle, conforme en cela aux travaux préparatoires, met ce point
hors de doute. « Grâce à la liberté complète d'une
part, à la personnalité civile de l'autre, les Syndicats,
sûrs de l'avenir, pourront réunir les ressources nécessaires pour créer et multiplier les institutions qui ont
produit chez d'autres peuples, de précieux résultats :
caisses de retraites, de secours, de crédit mutuel, cours,
bibliothèques, sociétés coopératives, bureaux de renseignements, de placement, de statistique, de salaires,
etc. Certaines nations, moins favorisées que la France
par la nature, et qui lui font une concurrence sérieuse,
doivent, pour une large part, à la vitalité de ces
établissements, leur prospérité commerciale, industrielle et agricole. Sous peine de déchoir, la France
doit se hâter de suivre cet exemple. Ainsi, le vœu du
gouvernement et des Chambres est de voir se propa-
ger, dans la plus large mesure possible, les Associations professionnelles et les œuvres qu'elles sont
appelées à engendrer ».

Certains députés, pour favoriser ces créations, ont
déposé sur le bureau de la Chambre, le 21 mars 1891 [1],

1. *J. Off.* 1891 : *Doc. Parl.*, Chambre, p. 832.

une proposition de loi ayant pour objet d'exempter des droits de timbre et d'enregistrement les actes et les contrats de sociétés de prévoyance, des caisses de retraites et des sociétés de secours mutuels créées par les Syndicats professionnels.

Ainsi, en se conformant aux diverses prescriptions de la loi de 1867, les membres des syndicats pourront former entre eux des sociétés de coopération ; c'est une des formes de société à capital variable, et l'on sait les facilités accordées par la loi de 1867 à ces sortes de sociétés. Par ce moyen, ils fonderont : 1º Des Sociétés de consommation qui achèteront en gros pour les revendre aux associés, en détail, les choses nécessaires aux besoins de la vie et les objets utiles aux travaux de l'industrie et de l'agriculture ; 2º des sociétés de production, à l'aide desquelles les produits pourront être vendus collectivement, des travaux et des marchés pourront être exécutés ; 3º enfin, des sociétés de crédit mutuel qui procureraient aux syndiqués, le moyen d'obtenir, à des conditions modérées, les capitaux dont ils pourraient avoir besoin [1].

On voit, par cette courte énumération, quels services considérables, ces diverses institutions annexes peuvent rendre aux membres des Syndicats. Aussi, beaucoup d'Associations professionnelles ont-elles profité de ces avantages, en créant des sociétés qui viennent aider les classes laborieuses. Nous en parlerons plus loin.

1. Voir GIDE : *Revue soc.*, 1889, p. 595.

CHAPITRE VII

Unions de Syndicats.

Cette faculté d'Union a été l'objet des plus vives critiques et ce n'est qu'en février 1884, après l'avoir plusieurs fois refusée, que le Sénat l'a admise à une très faible majorité. L'article 5 qui réglemente les Unions, est ainsi conçu :

« ART. 5. — Les Syndicats professionnels, régulièrement constitués, d'après les prescriptions de la présente loi, pourront librement se concerter pour l'étude et la défense de leurs intérêts économiques, industriels, commerciaux et agricoles.

« Ces Unions devront faire connaître, conformément au second paragraphe de l'article 4, les noms des Syndicats qui les composent.

« Elles ne pourront posséder aucun immeuble, ni ester en justice. »

§ I. — Dans le premier paragraphe, est proclamé le droit pour les Syndicats professionnels *régulièrement constitués d'après les prescriptions de la présente loi*, de s'unir et de se concerter.

Ne peuvent donc former des Unions, que les seuls Syndicats qui auront rempli les formalités prescrites par la loi. Ainsi, pour pouvoir se concerter pour l'étude et la défense de leurs intérêts, les Syndicats devront répondre aux conditions des articles 2 et 3 de la loi et avoir rempli les formalités de publicité exigées par l'article 4 que nous avons étudiées.

§ II. — Dans le second paragraphe, sont indiquées les mesures de publicité : Les Unions devront faire connaître les noms des Syndicats qui les composent, à la mairie ou à la préfecture de la Seine. Ce paragraphe, qui vise spécialement le deuxième alinéa de l'article 4, ne parle que des noms des Syndicats et nullement des statuts de l'Union, ni du nom de ses administrateurs. Une controverse s'est élevée sur le point de savoir si les formalités du paragraphe Ier de l'article 4 et les autres conditions requises par cet article pour la constitution des Syndicats professionnels, sont applicables aux Unions, ou si l'on ne peut, au contraire, exiger de ces dernières, que les noms des Syndicats, selon la lettre stricte du texte de l'article 5.

Cette dernière opinion a été soutenue par M. Mongin[1]. Voici les principaux arguments qu'il fait valoir à l'appui de sa thèse.

D'abord, dit-il, dans le cas où les Unions refuseraient de se soumettre aux formalités exigées des Syndicats, elles échapperaient à toute poursuite, parce qu'il est de droit absolu que les peines ne peuvent être prononcées qu'en vertu d'un texte précis ; puis, ajoute-t-il, le silence de l'article 5 a été voulu par le

---

1. MARCEL MONGIN dans *Lois nouvelles*, 1884, Ire partie, et Étude sur la situation juridique des Sociétés dénuées de personnalité. — *Revue critique*, décembre 1890.

législateur, puisqu'il a modifié sur ce point le texte primitif qui était très explicite. « Les fondateurs de toute Union devront remplir les formalités et les conditions de l'article 4 » portait le premier texte. Cette disposition a été supprimée. L'intention du législateur est donc bien évidente. Il a voulu affranchir les Unions des formalités requises à l'égard des Syndicats professionnels.

Cette opinion doit, selon nous, être écartée. Il nous paraît, en effet, impossible d'admettre que le législateur, qui n'a reconnu les Unions qu'après de longues hésitations et qui a pris contre elles des précautions particulières, en leur refusant la personnalité civile, ait entendu cependant les affranchir des formalités, des garanties qu'il croyait nécessaire d'exiger des Syndicats eux-mêmes.

Nous pensons qu'en demandant les noms des Syndicats unis, le législateur a voulu, au contraire, ajouter une garantie de plus, à celles qu'il exigeait déjà des Syndicats. S'il en était autrement, on arriverait à cette conclusion singulière, qu'un étranger ou un français privé de ses droits civils pourrait diriger une Union, alors que la direction d'un Syndicat ordinaire lui serait rigoureusement refusée[1].

En résumé, nous pensons que les formalités de l'article 4 sont toutes applicables aux Unions comme aux Syndicats ; mais, en outre, les Unions sont

---

1. De plus, si les statuts ne doivent pas être déposés, à quoi servirait le 1er paragraphe de l'article 5 qui, répétant les dispositions de l'article 3, limite le concert et l'entente des Unions aux seuls intérêts économiques, industriels, commerciaux et agricoles? Cette répétition serait inexplicable dans le système professé par M. Mongin.

astreintes à une formalité de plus ; faire connaître
tous les associés (personnes morales), qui les composent, et n'admettre que des associés ayant satisfait
aux conditions de la loi (Syndicats réguliers), tandis
que les Syndicats pouvaient se composer de membres
quelconques, même étrangers, dont on ne demandait
ni le nom, ni la qualité.

C'est, du reste, dans le sens que nous indiquons,
que la circulaire ministérielle a tranché la difficulté.
« Il suffit qu'elles (les Unions) remplissent les formalités prescrites par les articles 4 et 5 combinés, c'est-à-
dire qu'elles déposent à la mairie du lieu où leur siège
est établi, et à Paris, à la préfecture de la Seine, les
noms des Syndicats qui les composent. Si l'Union est
régie par des statuts, elle doit également les déposer. Il
est également nécessaire que l'Union fasse connaître le
lieu où siègent les Syndicats unis. Les autres formalités à remplir *sont les mêmes pour les Unions et pour
les Syndicats.* »

§ III. *Capacité des Unions.* — Le paragraphe 3 de
l'article 5, indique le droit des Unions : « Elles ne
peuvent posséder aucun immeuble, ni ester en
justice. »

Il semble, au premier abord, que les Unions jouissent
de la personnalité civile, mais qu'elle est restreinte,
que leur capacité est limitée, et qu'elles ne peuvent
posséder que des meubles. Il n'en est rien. Il résulte
d'une façon certaine des travaux préparatoires, que
les Unions ne constituent point des personnes morales. « Puisque la personnalité civile inquiète un grand
nombre de nos collègues, déclarait M. Tolain, au

Sénat, et que nous ne croyons pas que ce soit pour
les Unions une chose absolument nécessaire à leur
développement, nous donnons satisfaction à ces
appréhensions, à ces craintes, et nous supprimons la
personnalité civile[1] ».

Il est donc permis d'affirmer que les Unions n'ont
aucune capacité juridique. Elles constituent simplement des associations de fait, analogues aux associations pures et simples, comme les cercles, les sociétés
littéraires, scientifiques, musicales, les comices agricoles, etc. Les Unions ne pourront donc ni acquérir,
ni ester en justice en leur propre nom. Dans le cas où
les Syndicats, composant une Union, voudraient soutenir un procès dans lequel les intérêts de l'Union
seraient engagés, ils le pourraient assurément, mais à
la condition d'intervenir tous individuellement dans
l'instance, De même, aucun texte ne s'oppose à ce que
des Syndicats unis acquièrent pour les services de
l'Union, des immeubles dont ils resteront copropriéta-
taires par indivis. En un mot, il faut étendre aux
Unions, les règles applicables aux associations sans
personnalité[2].

1. *J. Off.* 1884. : Sénat, *Déb. Parl.*, p. 456.
2. L'Union pourrait parfaitement se constituer en Société civile
ou commerciale, conformément à la loi de 1867 et, dans ce cas, elle
aurait une personnalité distincte des Syndicats qui la composent.
Mais ce serait en tant que Société civile ou commerciale qu'elle
aurait ainsi la personnalité civile et non en tant qu'Union. — Voir
Revue des Sociétés, 1888, p. 297, jugement du Tribunal de commerce
de la Seine du 1ᵉʳ mars 1888.

CHAPITRE VIII

Rapports du Syndicat avec ses membres.

Nous avons étudié dans le chapitre précédent, les rapports des Syndicats entre eux, il nous faut maintenant envisager le Syndicat dans ses rapports avec les membres qui le composent.

Le principe, en cette matière, est celui de la liberté même des conventions ; c'est au Syndicat qu'il appartient de régler comme il l'entend, dans ses statuts, les rapports de l'association vis-à-vis de ses membres. Il jouit à cet égard, de la plus grande liberté ; c'est ainsi qu'il peut déterminer à son gré, les formes de l'admission, fixer le montant des cotisations, décider que tels ou tels faits, entraîneront pour les membres l'exclusion du Syndicat, etc., etc.

Tout membre qui entre dans l'Association s'engage, par cela même, à toutes les obligations des statuts. Rédigés, comme nous venons de le dire, avec la plus grande liberté, ils forment la loi des parties.

Toutefois, en dehors des clauses que le droit commun prohibe dans toute convention, il est certaines clauses spéciales qui n'ont en elles-mêmes rien d'illicite et que la loi de 1884 interdit cependant aux Syndicats d'insérer dans leurs statuts.

C'est ce qui résulte de l'article 7, dont le premier

paragraphe est ainsi conçu : « Tout membre d'un Syndicat professionnel peut se retirer à tout instant de l'Association, nonobstant toute clause contraire, mais sans préjudice du droit pour le Syndicat, de réclamer la cotisation de l'année courante. »

Cette disposition est certainement une dérogation aux principes généraux ; car, en règle ordinaire, on peut s'engager à rester un certain temps dans une association. Les articles 1865, 1871 du Code civil, le montrent d'une façon certaine et la loi de 1867, dans son article 52, nous dit : « Chaque associé pourra se retirer de la Société, lorsqu'il le jugera convenable, à moins de *convention contraire.* »

Quelle est la raison d'être de cette dérogation ?

Les travaux préparatoires, nous montrent claire-ment la pensée du législateur. Celui-ci a voulu, étant donné l'abrogation de l'article 416 du Code pénal, protéger d'une façon toute particulière, la liberté indi-viduelle de l'ouvrier. Il ne fallait pas, en effet, qu'un Syndicat pût tenir ses adhérents prisonniers, esclaves absolus de ses décisions. Il fallait protéger l'ouvrier dissident, contre la tyrannie possible des Syndicats, contre l'embrigadement forcé. C'est pour ces motifs que, lors de la première discussion à la Chambre de l'article 6, M. Ribot réclama une prescription destinée à sauvegarder la liberté de l'ouvrier et à lui permettre de se retirer du Syndicat, quand il lui conviendrait.

La Commission fit droit aux observations de M. Ribot, et lors de la seconde délibération, proposa de clore l'article 6 par le paragraphe suivant : « Tout membre d'un Syndicat professionnel peut se retirer à tout instant de l'Association, sans préjudice du droit pour le Syndicat, de réclamer la cotisation de l'année courante »،

Les mots de « clause contraire » qui donnent à ce paragraphe une précision définitive, ont été introduits comme amendement par M. Trarieux, qui les justifiait en ces termes :

« Je le répète, messieurs, le paragraphe final de l'article 6, tel qu'il est rédigé, ne précise pas d'une façon suffisante la pensée qu'il renferme. Ainsi, par exemple, si les statuts d'une Chambre syndicale stipulent des amendes, des pénalités quelconques, qu'adviendrait-il au cas où un membre contre lequel elles auraient été prononcées, viendrait à quitter l'association ? Seraient-elles valables ? Auraient-elles été édictées ou n'auraient-elles pas été édictées légitimement? Le paragraphe proposé par la Commission ne s'explique pas sur ce point. Des contestations pourraient s'élever, et je voudrais mettre l'application de la loi nouvelle, à l'abri de ces difficultés. C'est pourquoi je vous demande d'intercaler dans le dernier paragraphe de l'article 6, ces mots : « nonobstant toute clause contraire. »

Cette addition fut votée par la Chambre[1].

Ce paragraphe traversa sans encombre la première discussion qui eut lieu au Sénat, et la deuxième discussion de la Chambre.

Mais lorsque le projet fut de nouveau soumis au Sénat, M. Marcel Barthe déclara que la disposition était incomplète. Il fallait, selon l'honorable sénateur, autoriser les membres du Syndicat à se retirer non

1. Séance du 9 juin 1881, J. Off. 1881, Déb. Parl., p. 1168.

seulement de l'Association, mais encore de la grève déclarée. M. Marcel Barthe demandait encore, que l'on reconnût à ces membres, le droit de continuer à faire partie, comme membres actifs, des Sociétés de secours mutuels ou de retraites, ou de toutes autres institutions de prévoyance fondées par le Syndicat, et à l'actif desquelles ils auraient contribué par des cotisations ou des versements de fonds.

M. Tolain répondit à M. Barthe, que les membres du Syndicat avaient incontestablement le droit de faire partie des Sociétés de secours mutuels ou de prévoyance, fondées par le Syndicat, alors même qu'ils ne feraient plus partie de ce Syndicat. « Ce droit, disait M. Tolain, résulte de ce fait, que le paragraphe 4 de l'article 6, relatif aux Sociétés de secours mutuels ou de retraites, les déclare soumises aux prescriptions de la loi de 1850 et du décret de 1852. »

« Enfin, ajoutait le rapporteur, il est absolument inutile de prévoir d'une façon spéciale le cas de retraite pendant une grève, l'article donnant le droit de se retirer « à tout instant » de l'association. »

L'amendement proposé par M. Barthe ne fut pas adopté[1]. Cependant, pour donner satisfaction à l'une des préoccupations exprimées par l'honorable sénateur, la Commission proposa en seconde lecture, un paragraphe additionnel ainsi conçu : « Toute personne qui se retire d'un Syndicat conserve le droit d'être membre des Sociétés de secours mutuels et de pensions de retraites pour la vieillesse, à l'actif desquelles

1. Séance du 2 février 1884, J. Off., 1884 : Sénat, Déb. Parl., pp. 246 et suivantes.

elle a contribué par des cotisations ou versements de fonds. »

Puis, comme l'article 6, déjà très long, se trouvait ainsi surchargé, on en détacha les deux paragraphes relatifs aux membres qui voudraient se retirer du Syndicat et on en fit un article séparé, qui devint notre article 7.

« ART. 7. — Tout membre d'un Syndicat professionnel peut se retirer à tout instant de l'Association, nonobstant toute clause contraire, mais sans préjudice du droit pour le Syndicat de réclamer la cotisation de l'année courante.

« Toute personne qui se retire d'un Syndicat, conserve le droit d'être membre des Sociétés de secours mutuels et de pensions de retraites pour la vieillesse, à l'actif desquelles elle a contribué par des cotisations ou versements de fonds. »

Comme on le voit, le paragraphe premier de l'article 7 affirme le droit qui appartient aux membres du Syndicat de se retirer à tout instant de l'Association. Le membre qui désire se retirer, n'a pas besoin d'exposer les motifs qui le font agir, il peut même, par mauvaise foi, abandonner le Syndicat. Peu importe qu'il ait promis de demeurer dans la Société un temps déterminé, de payer une amende en cas de démission, etc., etc... Toutes ces clauses, toutes ces conventions sont nulles ; l'article 1227 du Code civil est formel : « La nullité de l'obligation principale entraîne celle de la clause pénale. »

Le membre qui se retire doit au Syndicat la cotisation de l'année courante. On n'a pas voulu, en effet, qu'un membre débiteur de sa cotisation pût

profiter de l'article 7, pour se soustraire aux charges
du Syndicat, après avoir bénéficié de ses avantages.
Ce n'est là, que l'application de la règle suivant
laquelle un associé n'est libéré, par le fait de sa
démission, que des engagements sociaux qui ont pris
naissance après sa démission, mais, reste tenu de
toutes les obligations nées pendant son séjour dans la
Société. Or, le droit pour le Syndicat d'exiger la
cotisation de l'année courante, provient d'un engagement librement contracté par le membre syndiqué
qui s'est soumis, au moment d'entrer dans le Syndicat, à payer sa cotisation aux époques fixées par les
statuts, et le fait qu'il peut se retirer du Syndicat à
tout instant ne doit pas le libérer de cette obligation.
Ainsi, le Syndicat a le droit de réclamer au membre
démissionnaire la cotisation de l'année courante ;
mais, ce droit de réclamation est strictement limité à
la cotisation de l'année courante et aux cotisations
arriérées, comme le fait très logiquement remarquer
la circulaire du 25 août 1884.

Mais une difficulté peut se produire. Que faut-il
entendre, en effet, par les mots « année courante ».
On pourrait soutenir que le législateur a entendu dire
que le membre démissionnaire devra payer une année
entière de cotisations, parce que l'année courante est
l'année qui commence à courir le jour de sa démission, et qu'il est nécessaire que le Syndicat connaisse
à l'avance les ressources dont il peut disposer. En
effet, quand le Syndicat prend des engagements, il les
prend à l'avance et il les prend, en tenant compte
du nombre des membres qui le composent ; or, il
pourrait se faire qu'il fût très embarrassé si, quelques

jours seulement avant la fin d'une année écoulée, il
suffisait de prévenir qu'on n'en fait plus partie ; le
Syndicat est obligé de tenir ses engagements, et
comme il ne les a pris qu'en comptant peut-être sur
les cotisations des membres démissionnaires, il est
juste que ceux-ci l'indemnisent du préjudice qu'ils lui
causent ; il n'y a pas là amende, ou clause pénale,
mais indemnité fixée, à forfait, à une année entière de
cotisations.

Cette solution, si rationnelle qu'elle paraisse, doit
être selon nous repoussée. L'année courante dont
parle notre article 7, c'est celle pendant le cours de
laquelle, le membre donne sa démission. L'article 7
contient ainsi une disposition d'ordre public, aux
termes de laquelle tout membre d'un Syndicat peut se
retirer à tout moment, en ne payant que la cotisation
de l'année en cours, parce qu'il la doit ; or, il ne doit
pas l'année qui commence à courir du jour de sa
démission.

L'article 7, en parlant de l'année courante, vise le
cas le plus fréquent, celui où la cotisation est, d'après
les statuts, payable à l'année ; le droit à l'année
entière naît pour le Syndicat du moment que le
membre démissionnaire fait partie de l'Association
pendant une partie de cette année.

Mais supposons que, d'après les statuts, les cotisa
tions soient payables au mois et non à l'année.
L'associé démissionnaire sera-t-il tenu de payer l'année entière ou seulement le mois courant. M. Mongin
soutient cette thèse qu'il ne doit que le mois courant,
en vertu de ce principe général que le départ libère
l'associé de toutes les obligations postérieures à la

date dudit départ, mais qu'il ne le libère pas des obligations contractées pendant son séjour dans la Société. Or, le texte n'est qu'une application de ce principe, et on ne peut le dépasser. D'ailleurs, en exerçant le droit de réclamer les cotisations de l'année entière, le texte suppose implicitement que ce droit existait au moment de la démission et que l'associé s'était engagé pour l'année entière. Nous n'hésitons pas, pour notre part, à accepter la théorie de M. Mongin ; elle est, en effet, conforme aux principes et à l'esprit de la loi. Ce que veut avant tout le législateur, c'est assurer le respect des conventions librement acceptées et soustraire le membre démissionnaire à toute peine à laquelle il se serait soumis d'avance. Or, exiger qu'il paie des cotisations qu'il ne doit pas encore, ne serait-ce pas le frapper d'une véritable amende, nulle, d'après l'article 7 lui-même ?

En conséquence des explications que nous venons de fournir, nous décidons que, malgré toute clause contraire, aucune amende ne peut être réclamée au membre démissionnaire, aucun dépôt d'argent, aucun cautionnement ne peut être retenu.

La circulaire n'accorde le droit de réclamation de l'année courante, qu'en cas de démission ; en cas d'exclusion, le syndicat ne pourrait donc réclamer que les cotisations arriérées.

Nous venons d'indiquer les obligations qui incombent au membre démissionnaire, nous devons nous demander, maintenant, quels sont ses droits.

Tout d'abord, il est évident que l'associé démissionnaire ne peut prétendre à aucune part de l'actif social. Nous avons précédemment expliqué que les

Syndicats professionnels devraient être rangés dans
la classe des établissements d'utilité publique ; que,
par suite, l'actif social appartenait à la collectivité, à
l'être moral et que les membres pris individuellement n'avaient aucun droit à cet actif. Donc, en se
retirant, le syndiqué ne pourra exiger ni le partage
de l'actif, ni même les apports qu'il a faits ; le membre participant a aliéné sans réserve ses cotisations
au profit du Syndicat. Par suite de sa démission, il a
renoncé à son droit éventuel d'obtenir une part de
l'actif, lors de la dissolution de la Société. Cette décision, conforme aux principes, résulte d'une façon
formelle de l'article 7, qui oblige encore le démissionnaire à payer la cotisation de l'année courante. Pourquoi lui imposerait-on cette obligation, s'il avait droit
de reprendre d'une main, ce qu'il a donné de l'autre.

Toutefois, si les statuts fixaient le droit de l'associé
démissionnaire, dans l'actif social, il faudrait évidemment obéir à leurs prescriptions, car les statuts font la
loi des parties.

Le second paragraphe de l'article 7 réserve, nous
l'avons dit, à tout associé qui se retire du Syndicat, le
droit de rester membre des Sociétés de secours
mutuels et de pensions de retraites pour la vieillesse,
à l'actif desquelles il a contribué par des cotisations
ou versements de fonds. Ce paragraphe, qui semble
très clair, mérite cependant toute notre attention.
Trois hypothèses sont à distinguer :

1º La Société de secours mutuels est uniquement
alimentée par des cotisations individuelles ; elle ne
comprend pas nécessairement tous les membres du
Syndicat ; pour en faire partie, il faut payer une

cotisation spéciale. Dans ce cas, comme le membre qui se retire du Syndicat a contribué à l'actif de la Société de secours mutuels, on comprend très bien qu'il continue à faire partie de cette société alors même qu'il n'est plus membre du Syndicat. Tel est certainement le cas prévu par l'article 7, paragraphe 2. Remarquons d'ailleurs que le membre qui s'est retiré du Syndicat, doit toujours payer sa cotisation à la Société de secours mutuels.

2° La caisse des Sociétés de secours mutuels n'est pas alimentée par des cotisations spéciales des membres. Mais chaque année, le Syndicat prélève sur ses revenus une certaine somme nécessaire au service de cette caisse, en d'autres termes, la caisse de la Société de secours mutuels est uniquement alimentée par les soins du Syndicat. Dans ce cas, tous les membres du Syndicat sont, de droit, membres de la Société de secours mutuels ; ils n'ont aucun versement particulier à effectuer pour en faire partie. Nous croyons que dans cette hypothèse, l'article 7, paragraphe 2, ne peut recevoir application. Sans doute, on peut nous objecter, que tant que le membre démissionnaire a fait partie du Syndicat, il a payé une cotisation et que cette cotisation a contribué en réalité à constituer la caisse de la Société de secours mutuels, que, d'ailleurs, l'article 7 paragraphe 2 n'établit aucune distinction et que ce second paragraphe n'a véritablement d'utilité que pour le cas qui nous occupe ; il résulte, en effet, des principes, que le membre qui se retire d'un Syndicat, doit pouvoir continuer à faire partie d'une société indépendante du Syndicat et à laquelle il a fait des versements spéciaux.

A cela, nous répondons qu'il serait absolument
contraire au droit commun et à l'équité, qu'une personne puisse prétendre jouir des avantages d'une
société dont elle ne fait pas partie. Or, c'est ce qui
aurait lieu dans l'espèce. L'article 7 parle d'une
Société de secours mutuels, à l'actif de laquelle le
membre a contribué par des cotisations ou versements
de fonds et suppose que cette société est indépendante
du Syndicat; dans notre hypothèse, on ne peut pas
soutenir qu'il y a société indépendante, puisque c'est
le Syndicat lui-même qui délivre des secours à ses
membres par l'intermédiaire de sa caisse de secours
mutuels, laquelle fait partie intégrante du Syndicat.
D'ailleurs, le démissionnaire ne payant plus de cotisations ne peut raisonnablement exiger des secours sans
bourse délier, et au détriment des syndiqués. Ce serait
là une injustice flagrante et il n'est pas admissible que
l'article 7, paragraphe 2 ait voulu la consacrer.

3° La caisse de la Société de secours mutuels est
alimentée en partie par des cotisations spéciales, en
partie par la caisse du Syndicat.

Dans cette hypothèse, comme la Société de secours
mutuels est en réalité indépendante du Syndicat, le
membre qui se retire du Syndicat pourra parfaitement
demeurer dans la Société de secours mutuels. Et que
l'on ne dise pas qu'il y a là une injustice, comme dans
le cas précédemment cité, injustice qui consiste à faire
profiter les membres démissionnaires, des dons du
Syndicat. D'abord, rien n'oblige le Syndicat à faire
des dons, et en second lieu, s'il tient à être généreux
et à alimenter en partie la caisse de la Société de
secours mutuels, il peut, par une clause spéciale,

27

décider que ses libéralités ne profiteront qu'aux membres qui le composent. Dans ce dernier cas, il y aurait simplement deux caisses distinctes, l'une alimentée par des cotisations spéciales et profitant alors à tous les membres de la Société de secours mutuels, l'autre alimentée par le Syndicat et ne profitant qu'à ses membres actuels.

A l'article 7, paragraphe 2, se rattache une question qui pourrait soulever quelques difficultés d'interprétation.

Le Tribunal pourrait-il reconnaître valable la clause en vertu de laquelle des Syndicats auraient résolu, que, en cas de retraite, les membres démissionnaires ne feraient plus partie des Sociétés de secours mutuels ?

Pour l'affirmative, on peut arguer de ce fait, que le second paragraphe de l'article 7 ne contient pas, comme le premier, les mots « *nonobstant toute clause contraire* ». Que l'absence de ces mots est intentionnelle, et que, par conséquent, la clause dont il s'agit serait parfaitement licite. Il suffirait de restituer aux membres démissionnaires, le montant de leurs cotisations, avec la part de bénéfices y afférente.

Une pareille doctrine ne saurait, selon nous, être admise par les Tribunaux. La loi, dans cette mention spéciale et formelle : « *nonobstant toute clause contraire* », investit d'un droit les membres démissionnaires, et ils ne doivent pas en être dépouillés. Or, si des statuts pouvaient les démunir, il faut reconnaître que la disposition légale resterait lettre morte, car tous les statuts des Syndicats contiendraient une semblable clause. L'esprit de la loi serait ainsi ouver-

tement violé. L'ouvrier, en effet, ne serait plus libre de
se retirer du Syndicat. Car, quel est celui qui oserait
sortir de cette Association si, en même temps, il
devait perdre tout droit dans la Société de secours
mutuels, à l'actif de laquelle il aurait contribué par
ses économies ? Si donc, l'expression « *nonobstant
toute clause contraire* » n'est pas répétée dans le paragraphe 2 de l'article 7, c'est une inadvertance du
législateur, la discussion dans les Chambres ne laisse
aucun doute sur ce point.

Ce que nous venons de dire à propos des Sociétés
de secours mutuels, s'entend également des Sociétés
de prévoyance ou de bienfaisance, fondées par les
Syndicats; de même, nous n'établissons aucune distinction entre le cas où le membre du Syndicat serait
démissionnaire et celui où il serait expulsé, car alors,
il serait trop facile aux Syndicats de prévenir la démission, en expulsant le membre qui aurait manifesté
l'intention de se retirer.

Ces observations une fois présentées, il faut avouer
que l'article 7 ne sera pas pour le membre dissident
d'une Société de secours mutuels, fondée dans le sein
du Syndicat, d'une protection bien efficace.

En effet, quand un membre se sera trouvé en dissen-
timent avec ses confrères, il serait présomptueux de
se figurer qu'il sera traité à l'avenir sur un pied d'égalité avec les autres membres, que les secours, les soins
en cas de maladie ou d'accident lui seront donnés avec
impartialité, qu'il ne sera pas en butte aux tracasseries
d'une société qui ne le conserve dans son sein que
malgré elle, et parce qu'elle y est forcée par l'article 7.
Quel ouvrier aura alors le courage de lutter contre les

meneurs qu'il aura cru fuir en quittant le Syndicat, et qu'il retrouvera dans la Société de secours mutuels.

D'ailleurs, comment pourra-t-on se rendre compte si la loi n'est pas violée? Les Syndicats ne donnent pas des comptes à l'Etat, qui ne pourrait guère, d'ailleurs, contrôler leur gestion. Mais en admettant même qu'une infraction à l'article 7 ait été commise, comment pourra-t-on l'atteindre ? Sans doute, les tribunaux auront le droit d'intervenir ; mais quelle peine sera applicable? L'article 9, qui édicte les pénalités, ne vise ni directement ni indirectement l'article 7. Il y a là, une lacune regrettable dans la législation.

CHAPITRE IX

Dissolution des Syndicats professionnels.

En ce qui concerne la dissolution du Syndicat, nous devons nous placer à un double point de vue :

1º Dans quels cas y a-t-il lieu à dissolution?

2º Comment se liquide l'actif social?

§ 1er. *Cas de dissolution.* — Trois faits peuvent mettre fin à l'existence juridique d'un Syndicat professionnel :

1º Le Syndicat a pu être constitué pour un temps déterminé. Le temps s'étant écoulé, le Syndicat prendra fin, à moins d'une prolongation votée par l'assemblée des membres, qui sont toujours libres de modifier les statuts.

2º La dissolution peut être volontaire; mais ici, une question se pose. Il s'agit de savoir si la dissolution peut résulter de la décision de la majorité des membres du Syndicat, ou s'il faut que cette décision soit prise à l'unanimité.

C'est à cette dernière solution que nous nous rallions. Pour que l'association cesse d'exister, il est nécessaire que tous les membres qui la composent en soient sortis, ainsi que l'article 7 leur en reconnaît le droit. Telle est l'opinion qui, en l'absence de texte, nous semble la plus conforme aux principes généraux.

Une opinion contraire s'est cependant formée, d'après laquelle la majorité des membres du Syndicat aurait le droit d'en prononcer la dissolution. On raisonne par analogie de ce que la loi décide pour les sociétés commerciales ; mais nous combattons ce raisonnement, en répétant ce que nous avons déjà établi. Les Syndicats professionnels, personnes morales, doivent être rangés dans la catégorie des établissements d'utilité publique. Il est donc impossible de leur appliquer les dispositions du droit commercial, qui est déjà, lui-même, dérogatoire au droit commun.

L'unanimité seule des membres peut donc prononcer la dissolution volontaire du Syndicat ; il faut une démission en masse, il y a alors une véritable extinction.

3° Enfin, la dissolution peut être forcée ; elle a alors le caractère d'une peine accessoire. Cette peine, formellement prévue par notre texte, article 9, peut, en effet, être prononcée par les tribunaux, accessoirement à la peine principale de l'amende, en cas d'infractions commises par le Syndicat aux articles 2, 3, 4, 5 et 6 de la loi de 1884 ; autrement dit, lorsque celui-ci a enfreint les dispositions légales, relatives à la composition des Associations professionnelles, à leur objet, aux formalités nécessaires à leur création, aux conditions de constitution des Unions, enfin aux restrictions que l'article 6 apporte à la personnalité du Syndicat.

Dans toutes ces hypothèses, le Tribunal pourra, à la diligence du Procureur de la République, prononcer la dissolution de l'Association (article 9, paragraphe 2).

Mais cette peine n'est que facultative, et les Tribunaux peuvent, dans ces diverses circonstances, se contenter de prononcer l'amende qui, elle, au contraire, est obligatoire, les faits étant constants (article 9 paragraphe 1er).

Rappelons, en terminant, que la dissolution des Syndicats n'est nullement de la compétence administrative.

§ 2. *Liquidation de l'actif, après la dissolution du Syndicat*. — Sur la solution de cette question, le législateur n'a pas pris soin de s'expliquer.

Il n'y a, d'ailleurs, que deux solutions possibles : ou les biens devront être considérés comme vacants et sans maître et, par suite, faire retour à l'Etat; ou l'actif à partager sera réparti entre les divers membres du Syndicat.

Conformément aux explications que nous avons données plus haut, en traitant du caractère de la personnalité civile des Syndicats, c'est la première solution qui, selon nous, doit être adoptée.

La personne morale, en effet, cessant d'exister, les biens qu'elle possédait deviennent sans propriétaire ; ils sont vacants et sans maître et, d'après l'article 713 du Code civil, sont considérés comme appartenant à l'Etat.

« Un établissement d'utilité publique a été fondé, dit M. Labbé. Il a une existence juridique; il a un patrimoine; y a-t-il des individus qui puissent prétendre avoir sous un nom quelconque des parts dans ce patrimoine ? Non. L'établissement est supprimé; la corporation est dissoute. Les biens, en cessant d'avoir pour maître l'être collectif, retrouvent-ils immédiatement des maîtres individuels? Non. Ils sont sans maître, comme ceux d'une personne décédée, morte sans héritier[1]. »

La plupart des auteurs qui ont écrit sur les Syndicats professionnels refusent, cependant, d'admettre cette solution, qu'ils considèrent comme inique. Tous, veulent leur appliquer les règles des sociétés, contenues dans les articles 1865 et suivants. C'est qu'ils considèrent les Syndicats comme de véritables sociétés privées, et alors, les principes sont tout à fait différents.

Quant à nous, nous nous sommes efforcé de montrer les différences considérables qui existaient entre les Syndicats et les Sociétés proprement dites et, de la qualité d'établissements d'utilité publique que nous leur avons reconnue, nous concluons que les syndiqués n'ont aucun droit sur les biens de l'Association, et qu'après la dissolution, ceux-ci appartiennent à l'Etat. Telle est, à notre avis, la solution qui découle des principes de la personnalité civile. Telle est la solution que réclame le texte même de la loi de 1884.

Il est d'ailleurs évident, que les statuts de l'Association pourraient, par des clauses spéciales, modifier cette dissolution au profit de l'Etat.

---

1. SIREY : 1881, 2, 249. — M. DUCROCQ (*Droit administratif*, t. II, n° 1337) professe lui aussi, la même opinion.

CHAPITRE X

Sanctions.

Pour faire respecter les prescriptions de la loi, le législateur de 1884 a organisé un système de pénalités dans les articles 8 et 9. Les sanctions civiles s'appliquent aux acquisitions faites en dehors des termes de l'article 6 ; les sanctions pénales sont destinées à prévoir les infractions commises par les Syndicats.

———

SECTION I

Sanctions civiles.

L'article 8, qui règle cette matière, est ainsi conçu : « Lorsque les biens auront été acquis contrairement aux dispositions de l'article 6, la nullité de l'acquisition ou de la libéralité pourra être demandée par le Procureur de la République, ou par les intéressés. Dans le cas d'acquisition à titre onéreux, les immeubles seront vendus, et le prix en sera déposé à la caisse de l'Association. Dans le cas de libéralité, les biens feront retour aux disposants ou à leurs héritiers ou ayants cause. »

Les dispositions contenues dans cet article prouvent bien qu'il était destiné à suivre immédiatement après l'article 6, dont il est la sanction, et précise le sens. L'article 7, comme nous l'avons dit déjà, n'a été, en définitive, qu'un article ajouté.

Nous avons déjà expliqué qu'aux termes de l'art. 6, les Syndicats ne peuvent acquérir d'autres immeubles que ceux nécessaires à leur vie normale, à leur fonctionnement : Réunions, bibliothèques, cours professionnels. Nous avons eu également l'occasion, en étudiant l'article 6, d'indiquer que le mot « biens », dont se sert l'article 8, ne doit s'entendre que des immeubles et que les Syndicats peuvent faire à titre gratuit, aussi bien qu'à titre onéreux, les acquisitions mobilières, quelles qu'elles soient ; quant aux acquisitions immobilières, elles devront rentrer dans les cas prévus par l'article 6.

L'article 6, cependant, n'édictait pas de sanction pour les infractions commises. Si un Syndicat achetait ou acceptait un don en dehors des hypothèses autorisées, qu'adviendrait-il ? Qui pourrait demander la nullité de l'acquisition, poursuivre la revente, ou restituer le legs indûment accepté ?

L'article 8 répond à toutes ces questions.

I. *Acquisition à titre onéreux.* — Dans le cas où un Syndicat viendrait à acquérir, à titre onéreux, un immeuble qui n'aurait pas la destination prévue par l'article 6, l'immeuble devra être vendu et le prix de la revente sera déposé à la caisse de l'Association.

Comme on le voit, le contrat n'est pas nul. Bien plus il ne pourrait être annulé. La loi vise uniquement

les suites du contrat, par crainte, comme nous l'avons
dit précédemment, de voir se reconstituer les biens de
mainmorte.

Le contrat d'acquisition reste donc parfaitement
valable entre l'acheteur et le vendeur (nous supposons
le cas le plus fréquent), il doit produire tous ses effets.
Le vendeur ne peut donc se refuser à délivrer l'immeuble vendu ; de même, le Syndicat qui a acheté est
tenu d'accepter cet immeuble et d'en payer le prix.

Une fois en possession de l'immeuble, le Syndicat
doit s'empresser de le transformer en capital mobilier.
Il devra donc immédiatement le revendre ou l'échanger contre des valeurs mobilières qui retomberont
dans sa caisse. Dans le cas où il ne voudrait pas se
conformer aux prescriptions de la loi, il sera poursuivi
et son immeuble vendu judiciairement ; mais ce qui
montre bien que la loi le considère comme le véritable
propriétaire de l'immeuble, c'est qu'elle ne veut pas
léser ses intérêts et qu'elle déclare que le prix revenant
de la vente sera déposé à la caisse de l'association qui
pourra l'employer comme elle l'entendra.

Si le Syndicat, pour une raison ou pour une autre,
refusait de recevoir, dans la caisse sociale, l'argent
provenant de la revente judiciaire, le nouvel acheteur
pourrait se libérer envers lui, en lui faisant des offres
réelles, suivies de consignations (art. 1257 Code civil).

II. *Acquisition d'un immeuble à titre gratuit.* — Un
Syndicat reçoit un immeuble, à titre de libéralité. Nous
supposons qu'il ne lui est pas donné ou légué pour
l'un des cas prévus par l'art. 6, c'est-à-dire pour servir
à son fonctionnement. Dans ce cas, l'acquisition est

radicalement nulle ; c'est que, dispose l'article 8 :
« Dans le cas de libéralité, les biens feront retour aux
disposants ou à leurs héritiers ou ayants cause. »

C'est là, comme on le voit, une véritable nullité ;
l'acquisition est rescindée en entier. En effet, une
pareille libéralité était défendue par la loi, comme
contraire à l'ordre public. La nullité s'impose donc
par la volonté du législateur ; l'acte est considéré
comme n'ayant jamais existé et les biens retournent
aux disposants.

De ce principe, découlent des conséquences très
importantes.

1° Conformément au texte de la loi, toute personne
intéressée peut demander la nullité de la libéralité.
Le ministère public a également le même pouvoir.
Les intéressés sont, le donateur, les héritiers, ses
créanciers, le Syndicat lui-même et ses créanciers.

2° La libéralité frappée de nullité, n'est susceptible
d'aucune confirmation ou ratification.

3° La nullité ne saurait être couverte par aucun laps
de temps. Le Syndicat peut seulement invoquer la
prescription de trente ans ; mais, dans cette hypothèse
même, le ministère public aurait encore le droit de se
servir de l'article 8, pour poursuivre la vente de l'immeuble ainsi acquis par prescription, absolument
comme s'il avait été acquis à titre onéreux. Le prix
résultant de la vente de l'immeuble, retomberait alors
dans la caisse du Syndicat, comme pour les biens
acquis à titre onéreux.

4° L'acte de libéralité étant nul, les biens doivent
faire retour au donateur ou à ses héritiers ou ayants
cause, libres de toutes charges et hypothèques.

5° Si le Syndicat n'est plus en possession de l'immeuble, le donateur aura le droit de le revendiquer
contre tout tiers détenteur.

6° Le Syndicat étant nécessairement de mauvaise
foi, on lui fera application, pour les dépenses, impen-
ses ou améliorations faites par lui, comme pour la
perception des fruits, des dispositions du Code civil
(art. 555), relatives au possesseur de mauvaise foi.

Une hypothèse assez intéressante peut se produire.
Il peut arriver que le donateur à qui il répugne de
revenir sur une libéralité refuse de rentrer en possession de l'immeuble. Que faudra-t-il faire dans ce cas.

Certains auteurs, parmi lesquels M. Boullay[1], décident que l'immeuble devra être vendu, et le prix versé
à la caisse du Syndicat.

Cette solution qui est peut être conforme à l'intention du donateur est malheureusement en contradiction avec le texte de l'article 8. Les biens feront retour
aux disposants, dispose cet article. C'est donc que la
libéralité est absolument nulle. Et le donateur, malgré
lui, est toujours le véritable propriétaire. Que, s'il
tient absolument, à faire profiter le Syndicat de la
libéralité qu'il lui a faite, il lui est loisible de vendre
lui-même l'immeuble en question et d'en verser le
prix à la caisse de l'Association.

Ainsi seront respectées, tout à la fois, et l'intention
libérale du donateur, puisque le Syndicat s'enrichira
par son fait, et les prescriptions de la loi, puisque la
fortune immobilière ne s'accroîtra pas hors les limites
fixées par l'article 6.

1. BOULLAY : *Code des Synd. prof.*, p. 174.

SECTION II

Procédure.

I. *Qui peut intenter l'action ?* — L'article 8 répond :
« La nullité de l'acquisition ou de la libéralité, pourra
être demandée par le Procureur de la République ou
par les intéressés. »

a). Par le Procureur de la République. Ce droit,
accordé au Procureur de la République, est tout à fait
exceptionnel. Celui-ci, en effet, n'a pas, en règle générale, d'action en matière civile. Sans doute, il peut
donner des conclusions dans toutes les affaires civiles,
mais pour intenter une action, saisir directement le
tribunal, il ne le peut, sans une disposition expresse
de la loi. Le législateur de 1884 a cru devoir lui donner
ce pouvoir, pour faire prononcer sûrement la nullité
d'acquisitions faites contrairement à la loi.

Ainsi, le ministère public peut intenter l'action
devant le Tribunal civil, c'est ce qui résulte de l'art. 8.
Il a de plus, le droit de poursuivre devant le Tribunal
correctionnel, la répression des infractions à la loi de
1884, commises par le Syndicat, d'en faire prononcer
la dissolution et la nullité des acquisitions (art. 9).
Mais alors, à quoi sert ce pouvoir exorbitant accordé
par l'article 8.

Il pourra lui être utile dans certains cas.

1° L'action pénale peut être éteinte par la prescription de trois ans, et alors, toute poursuite correctionnelle est impossible.

2° Le ministère public a pu négliger dans le cours

de la poursuite correctionnelle, de demander la revente des immeubles ou la nullité des libéralités, il agira alors devant le Tribunal civil.

3° Devant le Tribunal correctionnel, lorsque les administrateurs du Syndicat seront poursuivis pénalement pour violation de l'article 6, il pourra demander que le Tribunal ordonne, comme peine accessoire, la revente de l'immeuble. Mais cette condamnation ne sera qu'un accessoire. Si donc, les administrateurs étaient acquittés, la revente ne pourrait pas être ordonnée. De là encore, la nécessité de permettre au Ministère public, d'agir devant le Tribunal civil.

b). La nullité peut encore être demandée par les intéressés. Par intéressés, il faut comprendre toutes les personnes auxquelles l'acquisition peut porter un préjudice. Dans le cas d'acquisition à titre onéreux, il n'y a pas d'intéressés à la revente car, comme nous avons déjà eu l'occasion de l'expliquer, le contrat est parfaitement valable. Le vendeur aurait beau agir, sa position ne changerait nullement, vis-à-vis du Syndicat acheteur; les obligations seraient toujours les mêmes. De son côté, le Syndicat acheteur ne pourrait, en aucune façon, changer ses obligations vis-à-vis du vendeur. Il en est de même pour leurs ayants cause ; le vendeur, l'acheteur, leurs héritiers et créanciers, n'ont point d'intérêt à agir et, « pas d'intérêt, pas d'action ».

Ainsi, en cas d'acquisition à titre onéreux, le Ministère public aura seul le droit de poursuivre la revente.

En cas d'acquisition à titre gratuit, les intéressés sont, nous l'avons déjà dit, le donateur, ses créanciers, ses héritiers, le Syndicat lui-même et ses créanciers.

Devant quels tribunaux la nullité peut-elle être demandée ? Comme nous venons de l'indiquer, la nullité pourra être demandée tantôt devant le Tribunal civil, tantôt devant le Tribunal correctionnel.

Le Procureur de la République et les intéressés pourront intenter directement l'action devant le Tribunal civil.

Le Tribunal correctionnel sera compétent, quand le Ministère public, poursuivant le Syndicat en vertu de l'article 9, c'est-à-dire, poursuivant pénalement le Syndicat pour violation de l'article 6, demandera accessoirement à la poursuite pénale, la nullité des libéralités, ou la revente des immeubles.

Il est évident que les règles ordinaires en matière de procédure, seront ici appliquées. L'affaire sera donc instruite et jugée comme les autres affaires. Lorsque la vente aura été ordonnée, elle se fera devant la barre du Tribunal. L'adjudicataire sera un adjudicataire ordinaire. De même, le Syndicat vendeur aura les mêmes droits qu'un autre vendeur ; entre autres, il aura quarante-cinq jours à partir de l'acte de vente, pour faire inscrire son privilège.

CHAPITRE XI

Sanctions pénales de la Loi du 21 mars 1884.

« ART. 9. — Les infractions aux dispositions des articles 2, 3, 4, 5 et 6 de la présente loi, seront poursuivies contre les directeurs ou administrateurs des Syndicats et punis d'une amende de 16 à 200 francs.

« Les Tribunaux pourront, en outre, à la diligence du Procureur de la République, prononcer la dissolution du Syndicat et la nullité des acquisitions d'immeubles faites en violation des prescriptions de l'article 6.

« Au cas de fausse déclaration, relative aux statuts et aux noms et qualités des administrateurs ou directeurs, l'amende pourra être portée à 500 francs. »

Quelles sont les infractions punies? L'article 9 répond : « Les infractions aux dispositions des articles 2, 3, 4, 5 et 6 de la présente loi. »

L'article 2, nous le savons, est relatif à la composition du syndicat, l'article 3 à son objet, l'article 4 indique les formalités à l'accomplissement desquelles est subordonnée son existence, l'article 5 parle des Unions, l'article 6 reconnait et réglemente la personnalité du syndicat.

Ainsi, il y aura infraction commise, lorsque le Syndicat aura admis dans son sein, des membres

28

étrangers à la profession, lorsqu'une association, sous le nom de Syndicat se sera livrée à des opérations n'ayant pas pour objet exclusif, l'étude et la défense des intérêts économiques, industriels, commerciaux et agricoles, lorsque le Syndicat aura omis de déposer ses statuts, lorsqu'il aura mis à sa tête, pour le diriger ou l'administrer, des individus n'ayant pas la qualité de français ou ne jouissant pas de leurs droits civils, ou bien encore lorsqu'il aura acquis des immeubles non nécessaires à son fonctionnement.

SECTION II

Peines édictées.

Aucune des infractions que nous venons d'énumérer, n'entraîne la nullité d'actes faits par un Syndicat, excepté cependant quand il s'agit d'acquisitions d'immeubles à titre gratuit. C'est ainsi que la Cour de Paris, dans un arrêt du 20 janvier 1886[1], a jugé que la disposition de l'article 4, qui exige le dépôt des statuts et des noms de ceux qui, à un titre quelconque, sont chargés de l'administration ou de la direction, n'est pas prescrite à peine de nullité des actes passés par le Syndicat, et que, par suite, l'intervention en justice du président d'un Syndicat professionnel n'est pas irrecevable par ce motif que le nom du Président n'a pas été indiqué, lors du dépôt de la liste des administrateurs. Nous ne pouvons qu'approuver cette

1. DALLOZ : 1886, 1, 170.

jurisprudence ; il est évident, en effet, que les nullités et fins de recevoir ne peuvent être prononcées, en l'absence d'un texte précis.

Lorsqu'une infraction aura donc été commise par un Syndicat, cette infraction sera punie d'une amende, peine principale, de la dissolution du Syndicat et de la nullité des acquisitions, peines accessoires.

L'amende sera de 16 à 200 francs pour les infractions aux articles 2, 3, 4, 5 et 6 ; elle pourra être élevée à 500 francs, en cas de fausse déclaration relative aux statuts et aux noms des directeurs. Comme la loi de 1884 ne vise pas l'article 463 du Code pénal, il faut décider que les circonstances atténuantes ne pourront pas être accordées et par conséquent, que la peine ne pourra jamais être inférieure à 16 francs d'amende.

Nous venons de dire qu'en outre de la peine principale, les Tribunaux pourraient encore prononcer des peines accessoires. Quelles sont ces peines accessoires ?

La première et la plus importante, consiste dans la dissolution du Syndicat. Dans quels cas cette peine doit-elle être prononcée ? C'est là un point que la loi n'a pas jugé utile de préciser. Elle a pensé qu'il valait mieux laisser aux tribunaux le soin d'apprécier le caractère de gravité de l'infraction et de prononcer, quand ils le jugeraient convenable, la dissolution du Syndicat[1]. Remarquons, d'ailleurs, que le Tribunal ne

---

1. Le projet du gouvernement contenait un art. 5 ainsi conçu : « Le défaut de déclaration sera puni d'une amende de 16 à 200 fr.

« En cas d'infraction aux statuts ou aux prescriptions des articles 2 (aujourd'hui art. 3) et 4 (disposition exigeant chez les membres des Syndicats, la qualité de Français), les Tribunaux pourront prononcer la dissolution des Syndicats professionnels. »

peut prononcer d'office, la dissolution d'un Syndicat.
Il ne peut la prononcer, qu'à la diligence du Procureur de la République.

La dissolution des Syndicats ne peut être prononcée
que par les tribunaux ; l'autorité administrative n'a
aucune compétence en cette matière. L'article 9
impose formellement cette solution. C'est ce que le
Garde des Sceaux a reconnu lui-même à la Chambre,
le 1er juin 1891[1]. « Je n'ai pas pris d'arrêté de dissolution, disait-il, et je ne le pourrais pas » et ailleurs :
« Il ne s'agit pas de dissolution des Syndicats professionnels par voie d'arrêté ; personne n'en a le droit. »

La seconde peine accessoire consiste, nous l'avons
vu déjà, dans la nullité des acquisitions d'immeubles
faites contrairement aux dispositions de l'article 6.
Il s'agit ici évidemment de la nullité de l'article 8,
c'est-à-dire, qu'en cas d'acquisitions à titre gratuit, la
nullité en sera réellement prononcée, tandis que pour
les acquisitions à titre onéreux, le Tribunal ordon-
nera la revente de l'immeuble.

Remarquons, en terminant, que ces deux dernières
peines sont facultatives (pourront être), tandis que
l'amende est obligatoire. Ce sont des peines accessoires. Le Tribunal ne peut dissoudre un Syndicat
sans le condamner à l'amende, mais il peut condam-

La commission de la Chambre n'admit point ce droit de dissolution reconnu aux tribunaux, dans certains cas déterminés.

« Nous avons pensé, dit le rapport de M. Allain-Targé, que cette
pénalité était à la fois excessive, inefficace et peu équitable. »

Ce ne sera donc que dans des cas exceptionnellement graves,
appréciés par les juges, que les Tribunaux useront de la faculté
que leur accorde l'art. 9 et prononceront la dissolution d'un Syndicat.

1. *J. Off.* : 2 juin 1891, pp. 1081 et 1082.

ner à l'amende, sans dissoudre le Syndicat. Enfin,
si la peine principale n'est pas prononcée, si les
directeurs ne sont pas condamnés à l'amende, la
nullité des acquisitions ni la dissolution ne peuvent
être prononcées par les juges correctionnels.

SECTION III

Quelles personnes peuvent être poursuivies.

L'article 9 décide que les poursuites seront dirigées
contre les directeurs et administrateurs, mais non
contre les autres membres du Syndicat; ils ne seront
frappés qu'indirectement par la dissolution du Syndicat. On a cru pouvoir prévenir tous les dangers que
pouvait présenter un Syndicat, et l'article 9, sur ce
point, n'est que la reproduction de l'article 292 Code
pénal, déclaré inapplicable aux Syndicats.

SECTION IV

Combinaisons de la loi de 1884 avec les dispositions pénales antérieures.

Nous avons vu, en étudiant l'article 1er, que les
articles 291 et suivants du Code pénal et la loi de 1834
étaient inapplicables aux Syndicats professionnels.

L'article 9 énumère les peines qu'encourent les
directeurs et administrateurs des Syndicats pour infractions aux dispositions des articles 2, 3, 4, 5 et 6 de la
loi de 1884.

Il semble donc en résulter que, dans aucun cas, les Syndicats professionnels ne peuvent tomber sous le coup des articles 291 et suivants du Code pénal.

Cette déduction, si rigoureuse qu'elle paraisse, serait cependant erronée.

Si les Associations poursuivies, qui se prétendent des Associations professionnelles sont, en réalité, des Syndicats constitués véritablement pour l'étude et la défense de leurs intérêts économiques, ayant déjà fonctionné — et c'est là une question de fait à résoudre—elles ne seront frappées, à raison des infractions qu'elles pourront commettre, que des seules pénalités de l'article 9.

Si, au contraire, les associations poursuivies ne sont pas de véritables Syndicats; si elles essaient de se déguiser et prétendent être des Syndicats pour échapper à la loi de 1834 et aux articles 291 et suivants du Code pénal; si elles sont, par exemple, des associations religieuses ou politiques, poursuivant un autre objet que l'étude et la défense d'intérêts économiques, dans ce cas, dit avec raison M. Sénart[1], « il est certain que le masque de cette association illicite ne peut la couvrir, qu'on sera en droit de rechercher, de rétablir sa véritable nature, de n'y pas reconnaître un Syndicat professionnel régi par la seule loi du 21 mars 1884 et passible des seules sanctions pénales qu'elle contient, mais d'y voir une association à laquelle seront applicables les articles 291 et suivants du Code pénal, et la loi du 10 avril 1834. »

1. Sénart : Op. cit., p., 24.

CHAPITRE XII

Dispositions spéciales prévues par l'article 10.

L'article 10 est ainsi conçu : « La présente loi est applicable à l'Algérie.

« Elle est également applicable aux colonies de la Martinique, de la Guadeloupe et de la Réunion.

« Toutefois, les travailleurs étrangers et engagés sous le nom d'immigrants, ne pourront faire partie des Syndicats. »

Cet article fut voté à la demande de M. Forcioli. Les lois de la Métropole ne sont applicables à l'Algérie, que lorsqu'elles sont la continuation ou les modifications de lois existantes ; mais pour des lois spéciales, il faut une promulgation particulière. Les députés de l'Algérie, pour éviter toutes difficultés, ont demandé une disposition formelle.

La loi de 1884 a été également déclarée applicable aux colonies de la Martinique, de la Guadeloupe et de la Réunion.

La deuxième disposition de l'article 10 est relative aux étrangers ; ils ne peuvent se syndiquer, ni entrer dans un Syndicat.

Puisque les travailleurs étrangers, engagés sous le nom d'immigrants, sont exclus des Syndicats, on ne fait profiter du bénéfice de la loi que les ouvriers des colonies, qui sont dans les mêmes conditions que les ouvriers français.

———————

CHAPITRE XIII

Des Associations professionnelles à l'Etranger.

La loi de 1884 nous est connue dans son ensemble. Nous en avons analysé les différentes dispositions. Il nous reste maintenant à rechercher quels services l'Association a rendus aux intéressés et quelle a été son influence au point de vue général. Toutefois, avant de porter un jugement sur les Syndicats et leur utilité, il nous paraît indispensable de jeter un coup d'œil rapide sur les Associations professionnelles qui fonctionnent à l'étranger, d'indiquer leur caractère ainsi que les règles spéciales auxquelles elles ont été soumises par chaque législateur.

Or, si l'on se place au point de vue de l'organisation économique, on peut distinguer, dans les législations étrangères, deux groupes bien distincts.

Les unes (Angleterre, Etats-Unis, Italie, Belgique) permettent aux travailleurs de s'organiser librement, les autres (Autriche, Allemagne, Russie) font tous leurs efforts pour faire rentrer l'organisation actuelle du travail, dans la corporation obligatoire du moyen âge.

Passons rapidement en revue, la législation de ces différents pays.

PREMIER GROUPE

I

Angleterre.

Trades Unions. — Les *Trades Unions* sont des Associations ouvrières dont le but est d'obtenir pour le travailleur, des conditions aussi avantageuses que possible. Ces Associations doivent leur origine, aux circonstances suivantes.

Au siècle dernier, la loi *Master and servants act*, établie sous Elisabeth, d'après les statuts et usages des *Trade Guilds* (sociétés, ligues industrielles, composées de patrons et d'ouvriers réunis), réglait seule les relations entre maîtres et ouvriers ; elle fixait les heures de travail, le taux des salaires, l'apprentissage, la réglementation des divers métiers et, d'une façon générale, toutes les conditions du travail. Les juges de paix et les magistrats locaux avaient pleins pouvoirs pour en assurer l'exécution. Les patrons ayant tenu peu de compte des prescriptions légales, les ouvriers en réclamèrent l'observation et, pour l'obtenir, firent des tentatives d'association. Ce fut là, l'origine et la cause de la première grève dont on ait conservé la relation (1756). Elle est connue sous le nom de Révolte des Tisserands.

Lorsque le mode de travail se transforma, lorsque les métiers à domicile et les petits ateliers disparurent, pour faire place aux fabriques, les ouvriers, se trou-

vant réunis en grand nombre, purent s'associer d'une
manière plus facile et plus sérieuse. En 1796, on vit se
fonder la première association de métiers, sur le même
principe que les *Trades Unions* qui existent de nos
jours. Cette Union, appelée *Institution*, fut organisée
par les ouvriers drapiers d'Halifax.

A partir de cette époque, les ouvriers s'associèrent
de plus en plus, organisant contre les patrons et les
machines, une lutte acharnée. Certaines violences
dont quelques Unions se rendirent coupables, inspi-
rèrent des craintes au Parlement qui, en 1814, jugea
nécessaire de les interdire toutes.

Ainsi prohibées, les Unions n'en subsistèrent pas
moins sous la forme d'Associations secrètes. Mais
obligées de conspirer pour préparer et diriger les
grèves, elles devinrent intolérantes et ne songèrent
qu'à recourir à la force. C'est l'époque des grandes
violences. Réunis la nuit, en conciliabules secrets, les
ouvriers assassinent les patrons, font sauter les manufactures, brisent les machines et commettent des crimes
de toute espèce.

Le Parlement, alarmé, ordonna une enquête et
grande fut sa surprise, lorsque les commissaires vin-
rent déclarer que le seul moyen de calmer les Unions
et de mettre fin à leurs violences, était de les laisser se
former librement et de ne plus les opprimer. Le Parlement se rangea à l'avis des commissaires et, en 1824,
le droit de coalition fut officiellement reconnu aux
ouvriers.

Toutefois, les Unions ne se montrèrent pas satisfaites. C'est qu'en effet, les traces de l'ancienne inégalité qui avait pesé sur les classes ouvrières n'étaient

pas encore effacées de la législation. La jurisprudence, d'ailleurs, montrait en toute circonstance combien elle était hostile aux Unions. C'est ainsi qu'elle considérait toute combinaison d'ouvriers, ayant pour but d'influer sur les conditions du travail, comme « une restriction du commerce, contraire au bien public ». De là, le refus d'accorder aux Unions les privilèges qu'elles croyaient avoir obtenus, et il se trouvait ainsi que si depuis 1824, les *Trades Unions* avaient cessé d'être des combinaisons criminelles, elles n'en demeuraient pas moins pour cela, frappées d'incapacité légale[1].

De nouveaux crimes ayant été commis vers 1867, dans la ville de Sheffield, une nouvelle enquête eut lieu, qui aboutit à la loi du 29 juin 1871, complétée par une loi de 1876.

Législation actuelle. — On peut dire aujourd'hui qu'il n'existe plus, dans la législation britannique, de dispositions qui soient défavorables à l'ouvrier. Les lois que l'on appelait *Disabling laws* (lois frappant d'incapacité) ont disparu à presque tous les points de vue, et la classe ouvrière a acquis la plus grande liberté d'association. La législation ancienne, dont le caractère était des plus restrictifs, a fait place à des lois libérales que l'on désigne actuellement sous le nom de *Enabling laws* (lois de capacité).

Voici quelle est, d'après cette législation, la situation actuelle des *Trades Unions*.

D'après le droit commun, les ouvriers comme les

1. Cette jurisprudence se basait sur un arrêt de la Cour du banc de la Reine, du 16 janvier 1867. — Voir l'ouvrage de M. le Comte de Paris : *Les Associations ouvrières en Angleterre*, p. 7.

patrons ont le droit de s'associer pour soutenir leurs intérêts professionnels.

Chaque membre de l'Union paie, chaque semaine, une cotisation qui l'admet à participer à tous les avantages prévus par les règlements de l'Association.

La cotisation varie, suivant les Sociétés, de 2 pence (20 centimes) dans les métiers les plus pauvres, jusqu'à 1 schilling (1 fr. 25) dans l'Union des mécaniciens, constructeurs de navires, charpentiers et fondeurs de fer.

En général, tous les membres d'une même Union paient la même cotisation, Quelques Sociétés, cependant, séparent d'une manière tout à fait distincte, leurs fonds de métiers, *Trade funds*, de leurs fonds de secours, *Benefit funds*. Dans ce cas, l'ouvrier qui est déjà inscrit dans une Société de secours mutuels *Friendly Society*, ne verse à la *Trade Union* qu'à la caisse des fonds de métier *Trade funds*.

Le nombre des Sociétaires est illimité, tout ouvrier du métier peut entrer dans l'Union, pourvu qu'il soit capable de gagner les salaires courants établis dans la ville où il travaille.

L'âge auquel un Sociétaire peut être admis, est en général fixé à vingt et un ans. Dans la pratique, on admet les jeunes gens de seize à dix-huit ans et les apprentis; mais ils ne peuvent pas voter; ils jouissent toutefois des avantages de l'Union, notamment en ce qui touche les secours.

Chaque nouveau membre est élu par les membres de l'Association et non par un comité ou conseil.

Le mode d'élection est le suivant : Le candidat doit d'abord être présenté, c'est-à-dire *proposé* par un

Sociétaire et *appuyé* par un autre. C'est là, ce qui constitue la *nomination*.

Le Sociétaire qui propose le candidat doit le connaître personnellement. Il doit pouvoir répondre de ses capacités comme ouvrier et de ses aptitudes comme membre de l'Union. Le Sociétaire qui appuie la candidature doit également fournir à l'Union des renseignements sur le caractère et les capacités du candidat.

Dans la réunion qui suit la *nomination* le candidat doit être présent et répondre aux questions qui peuvent lui être posées par un membre quelconque de l'Union ou de la loge.

Si ses réponses ne sont pas jugées satisfaisantes, on lui demande de sortir de la salle, afin que les objections puissent être formulées ouvertement.

Le Sociétaire qui propose le candidat et celui qui l'appuie ont pour tâche de le défendre, si on l'attaque pendant qu'il est absent. Le candidat est ensuite introduit de nouveau afin de s'expliquer sur les points douteux. Après cela, le président recueille le vote de la loge.

Lorsque toutes ces formalités sont accomplies, si le candidat a répondu d'une manière satisfaisante, on lui demande s'il désire être membre de l'Union et, sur sa réponse affirmative, le président lui donne lecture des principaux règlements. Le candidat doit les accepter d'une voix haute et intelligible. Puis le président, déclarant qu'il est admis et reconnaît les règlements de l'Union, le prend par la main en signe de bonne fraternité et le conduit auprès du secrétaire qui lui remet une copie des règlements, et le nouveau membre prend place au milieu de ses cosociétaires.

Comme on le voit, cette cérémonie de l'initiation est simple ; elle ne laisse pas cependant de faire quelque impression. Elle dénote dans la plupart des *Trades Unions* bien organisées, une discipline qui n'exclut pas les formes et même une certaine délicatesse. Le candidat doit avoir la tête découverte et se tenir debout devant le président.

Chaque Union est administrée par un Comité de membres ou Conseil, élu au suffrage universel par la réunion générale des Sociétaires. Ce Comité ou Conseil est élu pour un temps plus ou moins long, suivant qu'il s'agit d'Unions locales ou d'Unions générales.

Quelques mots sur ces deux catégories d'Unions.

A l'origine, presque toutes les Unions étaient locales. Il en existe encore aujourd'hui ; elles se trouvent dans les villes ou districts qui ont une industrie spéciale, par exemple, la fabrication de la faïence de Sheffield et Birmingham, la soierie de Coventry, la poterie de Worcester. Aujourd'hui, on remarque d'ailleurs une tendance à la fédération, entre métiers s'exerçant dans une même localité. Par exemple, certains métiers de Sheffield et de Birmingham forment une même Union.

Les Unions générales, se composent d'ouvriers appartenant à un métier ou industrie exercés dans tout le pays ou tout au moins, dans de nombreux districts. Les industries que l'on trouve dans le Royaume-Uni, sont : celles des machines et du fer, les ateliers d'imprimerie, la cordonnerie, l'industrie du vêtement. Dans certains districts, on trouve l'industrie du coton, de la laine, de la soie ; les mineurs, les fondeurs, etc.

Quelques-unes des Unions principales portent le nom de Sociétés amalgamées, *Amalgamated societies,* c'est-à-dire, qu'elles réunissent dans une seule et même Union, toutes les branches de métier qui se rattachent à une même industrie. C'est ainsi que, dans l'industrie des machines, sont réunis les ajusteurs, les ouvriers aux modèles, les forgerons, les constructeurs de moulins. Ces différents métiers forment une seule et même Union. Souvent aussi, la réunion des Sociétés locales et indépendantes, d'un même métier en une même Union, porte le nom de *Amalgamated society.* Par exemple, la Société des charpentiers et menuisiers, celles des tailleurs.

Le Comité ou Conseil des Unions locales est généralement élu pour trois mois. Dans les Unions générales ou grandes Unions, subdivisées en branches et en loges, le Comité ou Conseil est élu pour 12 mois.

Dans les principales Associations, le Comité d'administration est désigné sous le nom de Comité central ou Conseil exécutif ; il décide en dernier ressort, et statue même sur des questions qui ne sont pas prévues par les règlements. Dans les circonstances particulièrement graves, le Conseil exécutif fait appel aux loges, qui envoient chacunes un délégué. Le « Conseil général », formé de ces délégués, a le droit de réviser les actes du Conseil exécutif.

. Les Unions ont généralement, un président, un vice-président, un trésorier et un secrétaire élus tous les ans, de même que les membres du Conseil exécutif. En dehors de ces fonctionnaires, chaque branche ou Loge de l'Union a ses président, trésorier, secrétaire et ses *tylers* ou commissaires qui sont chargés de la police de la loge, du recouvrement des cotisations, etc.

Les fonds de l'Union sont en général confiés à des délégués spéciaux, *trustees*, qui sont responsables, à moins de circontances indépendantes de leur volonté. Ces fonds, devant être toujours disponibles, ne peuvent faire l'objet de placements même avantageux. Ils sont déposés dans les Caisses d'épargne, qui paient à l'Union un très modique intérêt.

La comptabilité de l'Union, est très minutieusement contrôlée par des membres spécialement élus à cet effet; leurs comptes sont d'ailleurs publiés tous les ans.

Les traitements des fonctionnaires supérieurs dans les Unions importantes et riches sont très modiques; c'est ainsi, que les émoluments les plus élevés que reçoive le secrétaire d'une Union générale, ne dépassent pas 5,200 francs par an. Le président d'un Comité exécutif central reçoit un traitement annuel de 1,000 fr. Le trésorier reçoit un traitement qui ne dépasse pas 500 francs par an. Les fonctionnaires d'une loge sont payés suivant le nombre de membres. Si l'on prend pour base le chiffre de trois cents membres, on trouve que les paiements trimestriels sont les suivants : Secrétaires de la Société des maçons, 45 francs 60 ; des mécaniciens, 73 francs 40 ; des ouvriers pour chaudières et navires en fer, 125 francs par an.

Les Unions ont d'autres frais généraux; entre autres, le loyer de leur salle de réunions et des bureaux, mais cette dépense n'est jamais excessive.

Personnalité civile des « Trades Unions ». — Pour obtenir la personnalité civile, c'est-à-dire pour avoir

29

le droit de posséder un patrimoine ou ester en justice, les Unions n'ont qu'à faire enregistrer leurs statuts au bureau du *Registrar* qui les examine, avertit des irrégularités qui peuvent s'y glisser et enregistre les statuts conformes à la loi. Pour continuer à rester personnes morales, les Unions, chaque année, doivent faire connaître au *Registrar*, le nombre de leurs membres et le chiffre de leur capital ; un rapport annuel est dressé par les soins de ce fonctionnaire, et soumis au Parlement. Remarquons que la personnalité civile n'est pas obligatoire. Les Unions doivent la réclamer ; mais elle est de droit, lorsqu'elles sont conformes à la loi.

CARACTÈRE ET FONCTIONNEMENT DES « TRADES UNIONS »

La *Trade Union* n'est pas seulement, comme à l'origine, une simple caisse de chômage, elle fonctionne encore comme Société de secours mutuels. La plupart des Unions ont, en conséquence, deux fonds de réserve bien distincts.

1º Les fonds destinés aux grèves.

2º Les fonds de secours.

1º *Fonds destinés aux grèves.* — Les fonds de grèves constituent véritablement le trait qui caractérise les *Trades Unions* et qui les distingue des autres Associations ouvrières. C'est pour cela que, pendant longtemps, on les considéra comme illégales, comme des coalitions, plutôt que comme des associations.

Les membres des *Trades Unions* ne reçoivent la paie de grève que lorsqu'ils sont *called out* requis par ordre de l'association, ou bien encore, lorsqu'ils ont à abandonner leur travail dans certains cas de désaccord avec le patron, cas qui sont prévus par les règlements.

Avant que la grève soit déclarée, il arrive, dans la plupart des cas, que le corps tout entier de l'Union est consulté par voie de vote. Si la grève a lieu, c'est par décision de l'ensemble des loges de l'Union, votant dans les diverses parties du Royaume-Uni. Quand la grève est commencée, on distribue la paie suivant les règles et les taux établis dans l'Association.

Voici les chiffres de la paie de grève, distribuée par certaines Unions et par semaine :

Mécaniciens	10 sh	soit :	12 f 50
Fondeurs de fer	11	—	13 75
Pour la femme	2	—	2 50
Pour chaque enfant	16 d	—	1. 85
Charpentiers	15 sh	—	18 75
Tailleurs de pierres	12	—	15 »»
Maçons	10	—	12 50
Ouvriers aux chaudières et navires en fer.	11	—	13 75
Plâtriers	15	—	18 75
Compositeurs	25	—	31 25

Dans le cas où une association entrerait en grève dans une certaine localité, malgré la décision négative de l'Union toute entière, elle aurait à défrayer les dépenses de cette grève avec ses fonds particuliers, sans pouvoir faire appel aux fonds généraux de la Société.

Il est évident que les Unions n'ont pas intérêt à compromettre leurs ressources à la légère; aussi ne se lancent-elles pas dans une lutte contre les maîtres, sans avoir mûrement pesé les chances. C'est ainsi que très souvent les grèves sont évitées dans les *Trades Unions* ou Unions puissantes ayant des succursales dans toute l'Angleterre, tandis que les Associations locales, livrées à elles-mêmes, n'ayant à consulter qu'elles-mêmes, s'engagent le plus souvent dans des entreprises ruineuses à la fois pour le travailleur et pour le patron.

Dans le cas où un ouvrier continuerait à travailler pour un patron contre lequel l'Union aurait décidé de se mettre en grève, il serait naturellement exclu de l'Union, à moins qu'il n'eût la prudence de prévenir cette sentence par une prompte retraite.

Toutefois, l'Union ne saurait forcer ses membres à exécuter les ordres qu'elle leur donne, et tout acte portant atteinte à la liberté du travail est sévèrement réprimé.

2° *Fonds de secours*[1]. — Un très petit nombre d'Unions seulement, limitent exclusivement l'emploi de leurs fonds au soutien des grèves. Ces Sociétés, appelées par excellence *Trade Societies,* sont généralement peu importantes. Toutes les autres cessent d'être des sociétés de combat, pour devenir des sociétés de secours. La statistique suivante, relative aux années 1875, 1876, 1888 et 1889, fait connaître le montant des sommes allouées à titre de secours, dans

---

1. Il est à remarquer que depuis quelques années, la durée moyenne de la vie des travailleurs, en Angleterre, a augmenté. Cela prouve, que les conditions de l'existence des ouvriers se sont fort améliorées et si la mortalité est moins grande parmi eux, ce résultat peut sans doute être en partie attribué aux secours que les *Trades Unions* donnent à leurs Sociétaires sans travail, malades, âgés, ou victimes d'accidents.

cinq branches principales de l'industrie, aux ouvriers
qui se sont trouvés sans travail, par suite de causes
naturelles et indépendantes de leur volonté.

ANNÉES	SOCIÉTÉ des mécaniciens réunis.	SOCIÉTÉ des fondeurs de fer.	OUVRIERS aux chaudières et navires en fer.	CHARPEN-TIERS et menuisiers.	COMPOSI-TEURS de Londres.
	l.	l.	l.	l.	l.
1875. . . .	31.560	11.186	16.365	2.658	845
1876. . . .	45.036	17.689	20.776	2.963	2.226
1888. . . .	51.740	12.629	7.151	30.105	5.514
1889. . . .	29.733	5.811	3.486	18.805	5.188

Si l'on compare ces chiffres à ceux qui représentent
les dépenses faites pour la grève, on voit que ces derniers sont loin d'atteindre la même importance. C'est
ainsi que M. Harisson, admis au Congrès de 1883,
déclarait que sur sept Unions qui ont eu à alimenter
des grèves, la dépense de ce chef ne représente que
2 o/o de la dépense totale. La réserve de ces sept sociétés est de 750,000 livres (près de 19 millions de francs),
elles n'ont donc pas déboursé en tout, pour le soutien
des grèves, la somme de 400,000 francs.

Ainsi, la tendance nouvelle est manifeste. Les
Unions oublient de plus en plus leur but primitif, c'est
à dire la grève, pour se transformer en de véritables
Sociétés de secours mutuels. Il y a cependant, à ce
point de vue, une différence entre les deux espèces
d'association. Pour être membre d'une Union ouvrière,
il faut appartenir au métier, tandis que tout individu
éligible et payant sa cotisation, peut être sociétaire
d'une Association de secours mutuels.

Importance de certaines « Trades Unions ». — Parmi les différentes *Trades Unions* fonctionnant dans le Royaume-Uni, il en est de très importantes et qui disposent de ressources considérables. Les deux tableaux que nous donnons ci-après, nous en fournissent la preuve[1].

TABLEAU I. — ANNÉE 1876[2]

NOMS des « TRADES UNIONS »	NOMBRE des succursales	NOMBRE des membres	REVENU TOTAL	DÉPENSES TOTALES	EN CAISSE
			l. sh. d.	l. sh. d.	l. sh. d.
Ouvriers en machines à vapeur.	81	3.938	8.479 7 10	7.174 10 8	16.139 3 9
Serruriers	25	4.504	3.244 7 11	5.140 » 1	5.485 13 »
Mécaniciens . . . . , .	890	41.578	120.206 10 1	109.701 11 5	275.146 15 9
Fondeurs.	110	12.663	31.539 7 2	32.900 14 6	65.395 6 7
Ouvriers en chaudières et navires en fer	161	18.469	39.313 2 8	45.217 14 »	45.337 15 1
Charpentiers (almagamated) . .	318	16.058	38.848 1 8	25.038 8 6	70.109 13 10
Id. (Union générale)	154	11.811	18.625 17 11	11.071 5 8	22.500 6 2
Maçons (pierres)	373	26.330	33.014 6 9	29.415 6 »	15.963 1 9
Id. (Société Ecossaise) . .	108	12.800	9.500 » »	6.750 » »	16.190 14 5
Maçons (briques) Ordre de Manchester.	125	7.833	9.814 10 8	8.265 2 10	8.730 9 »
Maçons (briques) Ordre de Londres.	113	6.862	9.151 3 10	6.006 16 7	12.209 13 »
Plâtriers	136	8.500	5.448 8 10	3.129 18 5	7.587 19 8
Tailleurs	335	14.738	23.018 8 2	19.857 3 »	17.517 2 10
Cordonniers	185	10.500	5.733 12 3	5.039 10 3	1.893 15 3
Société typographique.	91	4.720	5.328 4 7	5.702 7 10	2.130 5 4
Société des compositeurs de Londres	»	4.415	6.950 19 »	5.066 16 5	13.555 1 8
Lingotiers d'Ecosse	18	4.601	11.326 14 4	12.431 13 1	20.727 » »

1. Voir Recueil des Rapports sur les conditions du travail dans les pays étrangers, adressés au Ministère des affaires étrangères (Grande-Bretagne) 1891.
2. L : livre sterling (25 francs); sh : shilling (1 franc 25); d : pence 1 penny : (0 franc 10).

TABLEAU II. — ANNÉE 1889

NOMS des « TRADES UNIONS »	NOMBRE des succursales	NOMBRE des membres	REVENU TOTAL	DÉPENSES TOTALES	EN CAISSE
			l.	l.	l.
Société amalgamée des mécaniciens.	469	60.723	18.3652	132.612	209.780
Société des ouvriers en machines à vapeur	93	5.500	15.303	9.516	19.357
Société mutuelle des fondeurs.	114	13.805	398 00	26.005	33.888
Ouvriers en chaudières et navires en fer	227	33.111	101.523	56.655	100.896
Lingotiers d'Ecosse	18	5.992	20.983	15.133	13.621
Association des serruriers et ouvriers de l'acier	10	1.016	802	922	1.051
Société amalgamée des charpentiers et menuisiers.	471	26.472	75.069	59.821	53.110
Union générale des charpentiers et menuisiers.	60	1.623	3.193	3.022	601
Société des maçons (pierres). .	297	11.306	15.076	11.066	5.157
Id. (briques) de Londres. .	156	8.189	12.696	10.187	30.590
Id. id. de Scheffield.	79	1.238	1.370	1.237	741
Société des plâtriers.	74	1.915	2.009	2.121	1.943
Société de tailleurs.	353	15.276	20.953	19.836	16.013
Société des cordonniers. . . .	40	13.760	12.732	10.199	19.268
Soc. de compositeurs (Londres)	1	7.955	11.242	11.502	25.132
Association des typographes. .	90	8.338	8.352	5.170	21.503

Il est à remarquer que les Sociétés qui sont organisées dans le but unique de protéger les métiers ne se développent pas, tandis que celles qui distribuent des secours, comme par exemple l'Union des mécaniciens, fondeurs, ouvriers en chaudières et navires en fer, charpentiers, menuisiers et compositeurs, prennent tous les ans de nouvelles forces.

En dehors des Sociétés précédemment énumérées, il y avait, en 1877, une Association nationale de mineurs, répandue dans 25 districts, comptant 90,000 membres et dirigée par un Comité central; c'était une simple fédération. Cette fédération ne dura pas, bien que les sociétés de district qui la composaient aient continué à exister.

La fédération nationale des mineurs *Miners national fédération,* dont on a tant entendu parler récemment, est une association toute nouvelle, fondée en 1889. Elle compte environ 140,000 mineurs des différentes mines de charbon de l'Angleterre, à l'exception du Durham et du Northumberland. Cette fédération est administrée par un Comité ou Conseil des délégués des différents districts. Elle s'est fondée principalement dans le but d'obtenir par acte du Parlement, la journée de huit heures de travail. Elle cherche également, conjointement avec la fédération des patrons, à régler les salaires, le prix du travail à la pièce, sur la base du prix du charbon, ou tout autre équitable.

Outre ces différentes sociétés, il y a encore bien d'autres Unions en Angleterre. Citons, par exemple, celle des charpentiers de navires. Cette Union compte 43 succursales et 5,450 membres, avec un revenu en 1889 de L. 7,599 (189,975 francs), un chiffre total de dépenses de L. 2,891 (72,275 francs) et une balance en caisse de L. 12,226 (305,450 francs).

Les forgerons, les tonneliers, les carrossiers forment également des Unions.

En 1877, les filateurs de coton comptaient 15,544 membres. En 1888, la Société amalgamée en avait 16,910, sans compter les 5,630 membres de l'association provinciale. Les tisserands à la mécanique étaient

16,600 en 1877. En 1888, le district de Blackburn en comptait 10,400. A la même époque, l'Association amalgamée des tisserands des comtés du Nord, avec son bureau central à Accrington, avait 33,756 sociétaires. L'industrie textile compte un bon nombre d'autres associations, parmi lesquelles celle des ouvriers en dentelles de Nottingham qui comprend 4,000 membres.

D'une façon générale, on peut évaluer à trois mille le nombre des Unions ouvrières dans le Royaume, ayant ensemble un million deux cent cinquante mille membres et un capital de 2 millions de livres ou 50 millions de francs[1].

Quel jugement devons-nous porter sur les *Trades Unions* ?

Les uns les attaquent avec violence. Les Unions, disent-ils, dominent par la terreur. Aucun ouvrier n'ose leur résister. Elles ruinent les industriels ou fomentent des grèves, en poursuivant sans cesse l'augmentation des salaires, sans tenir compte des crises économiques. Elles se montrent enfin ennemies de tout progrès en proscrivant les machines et les procédés nouveaux.

Aucun de ces reproches adressés aux Unions ne nous paraît véritablement juste. Tout d'abord, il n'est pas exact de prétendre que les ouvriers ne sont pas libres. Ils n'ont au contraire absolument rien à redouter des *Trades Unions*. Ils n'ont pas à craindre leur despo-

---

1. Ce sont les chiffres donnés par M. Howel et que M. Ludlow, dans son rapport au Congrès de la Prévoyance, donne comme l'estimation la meilleure. Ces chiffres, cependant, ne sont plus aujourd'hui complètement exacts, le nombre des Unionistes s'étant très sensiblement accru dans ces dernières années.

tisme. Leur liberté individuelle est en effet garantie d'une manière efficace par la loi du 29 juin 1871, qui punit de trois mois de prison au plus, indépendamment des violences envers les personnes et les propriétés, toute contrainte, pour forcer à entrer dans une Association ouvrière, ou la quitter. D'un autre côté, nous savons que les membres des Unions peuvent toujours refuser d'obéir aux règlements de la Société. Comme on le voit, la tyrannie du plus grand nombre ne peut pas s'exercer au sein de ces associations.

En ce qui concerne les grèves, il faut remarquer qu'elles existaient avant les Unions, et qu'elles continuent aujourd'hui encore, en dehors d'elles. On ne peut donc, sans injustice, les imputer aux Sociétés qui nous occupent[1].

Sans doute, dira-t-on, mais une grève décidée par une société qui dispose d'un fonds important et exerce sur ses membres une sérieuse influence, sera bien plus redoutable qu'une grève entreprise par des hommes isolés, sans organisation et sans argent. Nous en convenons. Mais nous faisons remarquer, à notre tour, que cette organisation même des travailleurs en Associations, évitera bien souvent des grèves qui eussent éclaté sans cela.

Prenons par exemple une société réunissant un très grand nombre de membres, et ayant en caisse des ressources considérables. Il est évident que cette société y regardera à deux fois, avant de déclarer la guerre,

---

1. Le pays de Galles où les grèves sont nombreuses, n'a jamais eu d'Unions. D'autres exemples du même fait, pris en dehors du pays de Galles, sont cités dans l'ouvrage du Comte de Paris : Op. cit., pp. 96, 117, 136, 163, 258.

avant de compromettre un capital péniblement amassé.
On voit, au contraire, que si elle veut prospérer, elle
a tout avantage à faire de bons traités avec les patrons.
D'autre part, les patrons eux-mêmes, se trouvant en
présence d'une société fortement organisée, d'une
société riche et par cela même très puissante, ne
s'obstineront pas à fermer l'oreille à des revendications légitimes, risquant ainsi de susciter une grève,
qui, si elle est ruineuse pour les travailleurs, n'est pas
moins désastreuse pour leurs propres intérêts. Ils ne
demanderont pas mieux que de s'entendre, et ainsi
des rapports s'établiront pour le bien commun, entre
patrons et ouvriers.

Or, c'est précisément ce qui a eu lieu. Deux hommes de bien et de décision, le juge Ketnne et M. Mundella, grand industriel de Nottingham, qui se sont
employés à servir d'arbitres entre les patrons et les
ouvriers et l'ont fait souvent avec succès, attestent que
c'est grâce seulement à la présence des Unions, qu'ils
ont pu réussir[1].

Bien plus, on a vu, et l'exemple en est cité dans
l'ouvrage du Comte de Paris[2], des Unions condamner

1. C'est en 1860 que M. Mundella, ancien ouvrier, devenu manufac-
turier, eut le premier l'idée d'organiser l'arbitrage à Nottingham.
Il réussit à merveille pour l'industrie de la bonneterie et son exemple a été suivi. Depuis 1869, le bureau de la manufacture de fer du
Nord de l'Angleterre, réunit des patrons et des ouvriers et a fait
adopter pour le règlement des salaires, des échelles mobiles. A
l'heure actuelle le bureau de conciliation de Londres, comprend
douze représentants du capital, élus par la Chambre de commerce;
et douze représentants du travail, choisis par les ouvriers eux-
mêmes. Enfin, le 6 août 1872, *l'arbitration act* est venu réglementer les tribunaux arbitraux entre patrons et ouvriers.

2. Op. cit., p. 96.

une grève condamnée par une de leurs branches et
aider les patrons à en triompher. On les a vues aussi,
lors de grèves provoquées en dehors d'elles, fournir
des ouvriers aux patrons et les aider à avoir raison
des grévistes. Certaines Unions ont fixé, d'accord avec
les patrons, des tarifs de salaires qui ont été strictement
observés des deux parts. D'autres sont convenues
d'accepter une sorte d'échelle mobile qui fait que les
salaires croissent et décroissent avec le prix des produits sur le marché. Un pareil accord (il existe dans
plusieurs professions[1] et a été gardé), suppose des
hommes instruits en matière économique, et discipli-
nés, deux vertus dont la première se trouvera rarement
et la seconde ne se trouvera point chez des hommes
isolés.

Ainsi, les dangers que présentaient les Unions à
l'origine, ont disparu à mesure qu'elles sont devenues riches et puissantes. M. le Comte de Paris le
remarquait déjà en 1869 : « Plus ces sociétés s'étendent
et se fortifient, plus aussi elles se modèrent dans
leurs allures. Lorsqu'elles sont peu nombreuses et
isolées, un esprit intolérant les anime souvent. A
mesure qu'elles grandissent, elles sentent mieux la
responsabilité de leurs actes ».

Avec la richesse, les Unions sont devenues conservatrices. Depuis que les secours tiennent une si
grande place dans leur budget, elles sont moins dis-

1. On a vu même une Union ouvrière, celle des filateurs de coton,
tenir registre du cours de la marchandise, afin de contrôler les
relèvements et les abaissements nécessaires du salaire. En 1887 cette
Union proposait spontanément aux patrons, de ne plus faire travailler que la demi-journée à cause de l'encombrement du marché.

posées à la lutte, elles hésitent davantage à engager
leurs ressources dans des grèves dont le succès est
incertain. C'est ce que déclare le *registrar*, M. Ludlow :
« L'adjonction d'autres objets opère, nécessairement,
comme un modérateur puissant des tendances mili-
tantes de la *Trade Union* et lorsqu'une Union, ayant
malades, pensionnés, veuves et orphelins à sa charge,
se met en grève, ce ne peut être jamais sans les motifs
les plus graves. »

Outre l'avantage de prévenir les grèves, les Unions
ont encore une autre utilité. Elles poursuivent avec
ardeur auprès du Parlement, le redressement de la
législation ouvrière : ce ne sont point des appels à
l'émeute et à la révolution comme nous en entendons
trop souvent en France, mais des réclamations à la
fois très fermes et très mesurées, adressées à un
gouvernement dont on ne conteste ni la forme ni
l'origine.

Chaque année, un Congrès a lieu, composé des
délégations de toutes les Unions Anglaises. Le Congrès, ainsi réuni, laisse de côté les questions abstraites.
Il émet des vœux très pratiques pour la réforme de
telle ou telle partie de la législation. Un Comité,
dit Comité parlementaire est nommé pour les faire
aboutir par des pétitions, par des appels à l'opinion
publique ou aux membres du Parlement. Le secrétaire
de ce Comité est généralement un homme de valeur,
et plus d'un, parmi eux, a siégé à la Chambre des
communes (MM. Howel, Broadhurst).

Le plus souvent, les appels des Congrès sont entendus et l'on peut dire que la réforme de la législation
sur les Associations ouvrières, est due en partie à

cette institution. C'est ainsi, pour ne citer qu'un exemple, que les salaires ont augmenté en vingt-cinq ans de près de 30 o/o, tandis que les heures de travail ne dépassent pas cependant 54 par semaine et descendent pour certaines professions à 47 et même à 32 heures 20 dans l'industrie minière (Newcastle). Après cela, on comprend que, dans l'un des derniers Congrès, le Président ait pu faire la déclaration suivante :

« Sans les efforts persévérants et bien ordonnés des Congrès, nombre de réformes législatives, qui sont un fait accompli, chercheraient en vain une place dans le livre des statuts. »

Ainsi, les *Trades Unions* qui étaient, à l'origine, de véritables machines de guerre, se sont transformées avec le temps et la pratique en un instrument de paix sociale. Cela est tellement vrai, que le *Times*, cet organe conservateur qui, il y a quinze ans, conseillait aux patrons de s'entendre, pour exclure de leurs ateliers tout adhérent aux Unions, tient aujourd'hui un langage tout différent. « Les *Trades Unions*, écrivait-il en 1884, se sont fait une place dans l'organisation sociale du pays. Il se peut bien que ces Sociétés n'aient pas toujours été sages dans leurs visées, ni circonspectes dans leur manière de poursuivre leurs intérêts, mais à cette heure, personne ne leur dénie le droit d'agir suivant leurs lumières, dans les limites d'une liberté réglée et tolérante. Les *Trades Unions* sont devenues les organes constitués des classes ouvrières[1]. »

En résumé, les *Trades Unions* constituent aujour-

1. Voir l'*Economiste Français* du 27 septembre 1884, p. 384.

d'hui une part essentielle de la vie sociale de la nation.
Leur existence légale est si bien reconnue, qu'il existe
au ministère du Commerce, *Board of Trade,* un service spécial dont le chef, *labour correspondent,* est
chargé de centraliser tous les rapports que lui adres-
sent annuellement les Associations ouvrières.

Voilà ce que sont devenues les « Trades Unions »
en Angleterre. Nées au milieu de la lutte, mais sur
une terre libre, protégées par des lois bienfaisantes,
elles sont considérées, aujourd'hui, comme le plus sûr
moyen de conjurer le péril social. Quel bel exemple à
proposer à notre législateur !

Avant d'en terminer avec les *Trades Unions,* il
nous reste à dire quelques mots du mouvement ouvrier
qui vient de se produire en Angleterre, durant ces
dernières années : nous voulons parler du Néo-Unionisme.

Nous avons montré comment les Unions ouvrières,
combattues à l'origine et forcées de lutter pour leur
existence, avaient été enfin acceptées par les classes
régnantes et considérées comme un élément régulier
de l'organisation actuelle de la Société. Devenues
riches et puissantes, les *Trades Unions* n'ont pas
tardé à faire preuve d'exclusivisme. C'est ainsi qu'elles
ont refusé d'admettre dans leur sein, toute une catégorie de travailleurs, la catégorie des « unskilled ».
On désigne par ce nom, des ouvriers qui n'ont pas
fait d'apprentissage, qui n'ont pas de métier et par là
même, ne peuvent compter sur une grande stabilité et
une grande permanence d'engagements. C'est à ce
moment, que les socialistes qui, depuis déjà longtemps,
essayaient de pénétrer dans les *Trades Unions,* cher-

chèrent, en proférant les plus virulentes invectives contre les « petits bourgeois », à tirer parti de la faute qu'avaient commise les anciennes Unions en négligeant les *unskilled*.

Poussés par John Burns et ses acolytes, les ouvriers sans apprentissage entreprirent, en 1889, de s'organiser sur la base des *Trades Unions*. Ce furent d'abord les gaziers qui s'organisèrent et remportèrent une victoire ; puis, ce furent les ouvriers des docks. Leur grève réussit, grâce à la parfaite organisation qu'ils devaient à leurs chefs, Champion et John Burns, grâce aussi aux sommes considérables que les classes riches, prises d'un élan subit de sympathie, mirent à leur disposition.

La conséquence de la victoire des ouvriers des docks a été, que les Unions d'*unskilled* ont pris de suite un développement prodigieux. En 1889, M. Ludlow en a enregistré 45. Du commencement de l'année 1890 jusqu'à la fin mars, il en a enregistré 46. Toutes ces nouvelles Unions sont formées d'ouvriers sans apprentissage, et plusieurs comprennent le nombre incroyable de 100,000 à 180,000 membres.

La représentation du Néo-Unionisme aux Congrès de Liverpool et de Newcastle en 1890, permet d'apprécier à peu près sa force numérique. Il comptait dans l'effectif représenté au dernier Congrès pour neuf cent mille ouvriers au moins sur deux millions un quart.

Quel est le but poursuivi par ces nouvelles Unions? Le point qui trahit exactement leur tendance et sur lequel s'est fait l'accord unanime du Néo-Unionisme, aux Congrès de Liverpool et de Newcastle, est l'idée

nouvelle, inconnue jusqu'alors en Angleterre du rôle
de l'Etat.

Les décisions du Congrès de Liverpool[1], emportées
d'assaut par le Néo-Unionisme et si contraires à l'esprit
traditionnel du droit anglais, ne peuvent s'expliquer
que par l'invasion des doctrines continentales. Ces
doctrines ont été facilement acceptées par des gens
généralement assez misérables, qui n'étaient ni organisés, ni secourus dans leurs besoins, ni engagés dans
ces grandes associations d'intérêt dont l'existence est la
plus puissante des garanties conservatrices. La perspective de ne jamais gagner de plus hauts salaires et
de ne pouvoir améliorer leur sort les fait se jeter
aujourd'hui dans les bras de l'Etat, auquel ils deman-
dent réparation des injustices de la fortune.

En attendant, comme ils n'ont pas la vision précise
d'un but à atteindre, ils ont recours à la violence. Ils
détruisent sans résoudre. Ainsi, nous apparaissent les
nouvelles Unions qui ne sont, aujourd'hui, que des
machines de guerre, comme l'étaient, en 1867, celles
qui représentent aujourd'hui, le vieil Unionisme. Les
nouvelles Unions n'ont qu'une caisse de chômage,
c'est-à-dire une caisse de grèves. Loin de songer à

---

1. La proposition dont le Néo-Unionisme s'est servi au Congrès
de Liverpool pour amorcer toutes les autres et qu'il veut faire
entrer dans le programme des Unions, est la journée légale de
8 heures. Sur ce point, le Néo-Unionisme a obtenu gain de cause.
Une autre résolution adoptée également par le Congrès de Liverpool, est celle qui demande à chaque municipalité ou conseil de
comté, d'établir des manufactures ou des usines placées sous son
contrôle, dans lesquelles les ouvriers sans travail pourront trouver
une occupation utile. Comme on le voit, c'est un retour aux tentatives françaises de 1848, aux formules excessives du socialisme
révolutionnaire.

organiser chez elles, les institutions de prévoyance
qui font la force des vieilles Unions, elles se glorifient
d'y avoir renoncé. Le prétexte qu'elles donnent est
que les Sociétés de prévoyance embarrassent l'action
des Unions, les détournent de leur but primitif et de
leur raison d'être. Après cela, les jeunes Unions sont
convaincues qu'elles ont fait entrer le *Trade Unionisme* dans une voie nouvelle. La vérité, c'est que
ce sont elles qui ne tarderont pas à entrer dans la
voie du vieil unionisme. Déjà, grâce aux efforts de
M. Ben Tillet, les *unskilled labourers* ont accompli
cette évolution.

Quelques Unions, comme celle, par exemple, des
ouvriers des docks, commencent, malgré les pro-
grammes belliqueux, à s'occuper sérieusement de la
défense des intérêts professionnels. L'union des matelots et chauffeurs qui, au Congrès de 1889, comptait
déjà 65,000 membres, marque résolument son évolution conservatrice. Les statuts qu'elle a votés dernniè-
rement sont de véritables statuts de secours mutuels.
Ainsi, cette Union, partie du Néo-Unionisme, en est
arrivée aux principes du vieil Unionisme. Il en sera
probablement de même de toutes les Unions nouvellement fondées. Comme les anciennes *Trades Unions,*
elles débutent dans la guerre et la haine, il faut espérer que, comme elles, elles arriveront à la paix et
à la concorde [1].

1. Voir la Crise actuelle des *Trades Unions*, HEURTAUX-
VARSAVAUX : *Réforme Sociale*, 1ᵉʳ juin 1892 et Une nouvelle phase
de l'Organisation des ouvriers en Angleterre, LUJO BRENTANO :
Revue d'économie politique, juillet-août 1890, pp. 402 et suiv.

II

Etats-Unis.

L'autonomie des quarante-quatre Etats dont se compose la Fédération américaine, la diversité des pratiques suivies dans chacun d'eux, rendent particulièrement difficile l'étude des Unions ouvrières aux Etats-Unis. Nous allons essayer, toutefois, d'indiquer d'une façon aussi concise que possible, le caractère de ces associations, le développement qu'elles ont pris dans ces dernières années et, enfin, le but qu'elles poursuivent.

C'est en 1849 que les premières Unions apparaissent ; elles constituaient alors de simples associations de plaisir. A partir de cette époque, et grâce à la liberté d'association qui existe aux Etats-Unis aussi large et complète qu'il est possible, les Unions n'ont fait que s'accroître. Mais, en même temps qu'elles devenaient plus nombreuses, elles perdaient leur caractère primitif. Les Unions ouvrières ont cessé d'être aujourd'hui de simples associations de plaisir ; elles sont devenues des associations professionnelles.

Parmi les groupements de ce genre qui ont fait le plus parler d'eux, ces dernières années, se trouvent les *Knights of labor* ou Chevaliers du travail, et la Fédération du travail, *Fédération of labor*.

Chevaliers du travail. — La première de ces associations, fondée en 1869 à Philadelphie, par Uriah S. Stephens et six de ses camarades, est d'un caractère assez conservateur et n'entend procéder que par *évolution*.

Les Chevaliers du travail comptent de très nombreuses Unions locales qui comprennent chacune depuis 10 membres, chiffre minimum pour la constitution d'une loge, jusqu'à 4,000 et 5,000 membres ; il y aurait en tout, près de trois millions d'affiliés. Cette association poursuit l'amélioration sociale et morale du travailleur. Elle demande la réforme de toutes les différences existant entre le travail et le capital, une législation pour les *Trades Unions* et les Associations ouvrières, le remplacement du salariat par un système corporatif et la journée de huit heures.

Les Chevaliers du travail ne se montrent pas partisans des grèves ; ils ne les favorisent qu'en dernier ressort, préférant recourir tout d'abord à l'arbitrage. Un caractère particulier de l'association est de pousser à la création de Sociétés coopératives entre les ouvriers, tant pour la production que pour la consommation des produits.

Fédération du travail. — Cette association, *Fédération of labor*, qui réunissait, en 1890, 3800 *Trades Unions* locales, prétend arriver à grouper toutes les Unions et fait preuve de tendances plus radicales que celle des Chevaliers du travail. Elle voudrait agir par révolution.

Socialistes. — En dehors de ces grandes associations, il existe çà et là, surtout où l'on rencontre l'ouvrier allemand ou tchèques, quelques groupes dits socialistes composés à peu près uniquement de

chefs ou soi-disant tels, qui prétendent être maîtres
du vote des ouvriers étrangers et cherchent à force de
bruit, soit dans la presse, soit dans quelques réunions, à obtenir des fonctions municipales ou publiques. Ces groupes, qui n'ont pas de racines dans le
pays, disparaîtront probablement lorsque l'ouvrier
étranger, qui souvent ne parle pas la langue du pays,
bien qu'il vote, se sera fondu dans l'élément améri-
cain.

But poursuivi par les Unions ouvrières. — D'une
façon générale les *Trades Unions* américaines cherchent aujourd'hui à établir un prix minimum pour
telle ou telle branche de métier, à protéger les
ouvriers contre une injuste réduction des salaires, à
fixer des règles uniformes et systématiser le travail à
l'avantage du patron comme de l'ouvrier, à limiter le
nombre des apprentis, à aider l'ouvrier lorsqu'il se
trouve dans le besoin.

Différentes Unions ouvrières peuvent s'associer soit
de ville à ville et dans la même profession, soit de
métier à métier dans la même ville. On forme ainsi
ce que l'on appelle les Assemblées de métiers. *Trades assemblies.* Ces diverses assemblées se réunissent
chaque année en un Congrès national ou international, suivant qu'il reste dans les limites du pays ou
s'étend au delà.

Les membres des Unions versent des cotisations
variant de 5 sous à 1 dollar par mois pour les dépenses de l'association.

Les Unions américaines sont loin d'avoir l'importance que les *Trades Unions* ont su acquérir en

Angleterre. Il ne faut pas trop s'en étonner. Les travailleurs des Etats-Unis viennent, en effet, de tous les pays du monde (anglais, irlandais, allemands, suédois, italiens, — ces derniers surtout, depuis quelques années — chinois, etc.). Comment, dès lors, un lien solide peut-il exister entre des hommes qui ne parlent pas la même langue et qui n'ont pas les mêmes mœurs ?

III

Italie.

Les corps de métiers n'ont pas reçu une organisation sérieuse en Italie. C'est à peine si l'on en rencontre quelques-uns dans le Nord de la Péninsule. Les ouvriers apprécient cependant la force de l'association. C'est ainsi qu'ils ont formé de nombreuses Sociétés de secours mutuels. Ces sociétés, réglementées par la loi du 15 avril 1886 (*Ann. lég. étr.*, 1886, p. 401), se proposent « d'assurer aux sociétaires un subside en cas de maladie, d'impuissance à se livrer au travail ou de vieillesse et de venir en aide à la famille des sociétaires défunts ». Elles peuvent également, en vertu de l'article 2, « coopérer à l'éducation des sociétaires et de leur famille ; prêter secours aux sociétaires pour l'achat des outils professionnels et exercer tous autres modes d'assistance, rentrant dans le cadre des institutions de prévoyance. ». Disons, tout de suite, que, sur certains points du

Royaume, on signale de la part de ces sociétés, une tendance à s'écarter de la direction assignée par leurs statuts, pour jouer un rôle politique.

A la fin de 1885, le nombre des Sociétés de secours mutuels s'élève à 4,896, comprenant plus de 800,000 associés, c'est-à-dire plus de la moitié des ouvriers employés dans les industries du Royaume.

A côté des Sociétés de secours mutuels existent des sociétés coopératives. Ces Sociétés comptent en Italie beaucoup de partisans, comme en témoignent les Congrès spéciaux réunis à Milan, en 1886 et 1887, et à Bologne, en 1888. Le nombre en est aujourd'hui considérable, surtout dans le Nord du Royaume. On peut classer les sociétés coopératives italiennes en deux groupes principaux : les Sociétés de production et les Sociétés de consommation.

1º *Sociétés de production.* — On en signale près de cinq cents, parmi lesquelles presque la moitié sont constituées conformément aux prescriptions du Code de commerce et ainsi reconnues légalement.

2º *Sociétés de consommation.* — C'est la forme sous laquelle la coopération s'est le plus développée en Italie. On n'y compte pas moins de 681 magasins de consommation, parmi lesquels 187 sont légalement constitués et reconnus, 205 non reconnus et 289 annexés à des Sociétés de secours mutuels.

Il y a enfin, en Italie, des Institutions de crédit populaire qui, en ces dernières années surtout, ont pris un très rapide développement. On n'en comptait, en 1883, que 250 dans le Royaume. Elles atteignaient, en 1888, le nombre de 692. L'ensemble de leur patrimoine, qui n'atteignait pas 65 millions de francs en 1883, s'élevait à 110 millions, cinq années plus tard.

A ces institutions de crédit populaire, il convient d'ajouter les Caisses d'épargne et quelques centaines de petites caisses de crédit personnel (prêt sur l'honneur) annexées aux Sociétés de secours mutuels.

Conflits entre patrons et ouvriers. — Les grèves sont très rares en Italie. C'est ainsi que, depuis huit ans, on n'a vu se produire à Gênes que trois ou quatre grèves sans importance. En Piémont, on en cite cinq tentatives, depuis 1885. Aucune d'elles ne s'est prolongée plus de vingt-quatre heures. Dans les provinces du Sud et en Sicile, aucun exemple de conflit sérieux n'est signalé.

Cet état de choses est dû en grande partie au caractère discipliné et au bon esprit des ouvriers. D'autres causes, d'ailleurs, concourent à entretenir la concorde. Comme, en effet, les ouvriers italiens ne sont pas en général groupés en associations professionnelles, comme ils sont, par conséquent, sans avances et sans crédit, ils se trouvent dans l'impossibilité presque absolue d'entamer la lutte.

IV

Belgique.

L'organisation ouvrière présente, en Belgique, des analogies sérieuses avec la nôtre. C'est ainsi que la liberté d'association est proclamée par l'article 20 de

la Constitution : « Les Belges ont le droit de s'associer ; ce droit ne peut être soumis à aucune mesure
préventive ». Mais ces associations, librement formées, ne jouissent pas de la personnalité civile ; pour
devenir personnes morales, elles doivent être l'objet
d'une reconnaissance ; l'intervention de l'Etat est
alors nécessaire.

Un projet de loi, présenté le 17 mai 1890, a pour
but de favoriser, autant que possible, le développement des Associations professionnelles et de leur
accorder, comme dans notre pays, une liberté aussi
grande que possible. Le législateur belge, tout en
s'inspirant de notre loi de 1884, n'oublie pas, cependant, les critiques dont elle a été l'objet, et il fait tous
ses efforts pour ne pas mériter les mêmes reproches.
D'après le projet, à la dissolution d'un Syndicat,
l'actif ne peut être partagé, il va à une œuvre similaire ou connexe. Les Syndicats et même les Fédérations de syndicats jouissent de la capacité civile,
à condition de faire enregistrer leurs statuts. Ils ne
peuvent posséder que les immeubles nécessaires à
leur fonctionnement. Ils peuvent recevoir à titre gratuit. Tout membre d'un Syndicat a le droit de s'en
retirer à son gré ; on ne peut exiger de lui que la
cotisation de l'année échue et celle de l'année courante ; au cas d'exclusion, il peut demander une
indemnité s'il a effectué des versements à une caisse
de retraites.

Toute Association professionnelle qui commet des
infractions à la loi peut se voir retirer la personnalité
civile. Les administrateurs ne peuvent être frappés
que d'une seule peine : l'amende de 16 à 500 francs.

Enfin, un dernier article punit de huit jours à trois mois d'emprisonnement et de 100 à 1,000 francs d'amende « quiconque aura par violences, voies de fait, menaces de perte d'emploi ou de travail, renvoi isolé ou collectif d'ouvriers ou employés à raison de leur qualité de syndiqués, entravé ou troublé la liberté des Syndicats professionnels ou des Fédérations de syndicats. »

Le projet du gouvernement voudrait aussi que les membres des Syndicats s'engageassent par les statuts « à soumettre à l'arbitrage, pourvu que leur partie adverse s'y prête, toute contestation relative aux conditions du travail ». Puisse cette disposition rendre plus efficace cette pratique si désirable de l'arbitrage, qui a jusqu'ici fort peu réussi en Belgique. (Brants, *Journ. des Ec.*, 1891, p. 126).

DEUXIÈME GROUPE

I

Autriche.

Les corporations, avec un régime analogue à celui de nos anciens corps et métiers, ont subsisté légalement en Autriche, jusqu'en 1859. Elles étaient déjà en désuétude lorsque le législateur se décida à les abolir. Nous n'avons pas l'intention de retracer ici tous les vices de cette organisation ancienne, disons

seulement que les nécessités de la civilisation moderne, en développant la grande industrie, en créant
de vastes usines qui sortaient du cadre trop étroit des
anciennes corporations, avaient déjà abrogé en fait
ces institutions et détruit les garanties qui y étaient
attachées. C'est ce qui explique qu'un observateur
éminent, M. Leplay, ait pu, dans sa monographie de
l'ouvrier de Vienne, annoncer la ruine prochaine des
corporations, plus de vingt ans avant qu'elle fût
consommée par mesure législative.

Ainsi, les corporations sont tombées, en Autriche,
par la force même des choses, et le législateur de 1859
n'a guère fait en les supprimant que constater et
conclure, pour ainsi dire, ce qui existait déjà.

Les corporations, toutefois, à la grande différence
du régime inauguré en France en 1791, ne furent pas
complètement détruites. Elles demeurèrent, à l'état
de corps constitués, comme Sociétés de secours mutuels et comme intermédiaires entre l'administration et
les artisans, chargées de faire observer les règlements
relatifs à la police du travail. Leurs biens et la personnalité civile leur furent laissés. Les chefs, élus par
les patrons seuls, eurent pour mission de gérer le
patrimoine corporatif, de surveiller l'exécution des
contrats, de juger les différends entre patrons et
ouvriers et de faire parvenir au pouvoir les réclamations du commerce et de l'industrie.

Le patrimoine corporatif se composait des anciens
biens des corporations. A défaut de revenus suffisants, ou pour accroître ces revenus, la corporation
pouvait lever des cotisations sur ses membres et leur
infliger des amendes qui ne devaient pas excéder

cependant un certain maximum. Amendes et cotisations pouvaient être recouvrées en justice. L'ancienne hiérarchie était de plus conservée; il y avait
toujours des apprentis, des compagnons et des
maîtres.

Les maîtres seuls avaient part à l'administration de
la corporation (sous la surveillance, d'ailleurs, de
l'autorité). Ils étaient seuls électeurs et éligibles. Les
compagnons n'avaient droit qu'aux secours de la
Genossenschaft en échange de leurs cotisations.

Quant aux apprentis, la corporation devait veiller
avec sollicitude à ce que les obligations contractées
envers eux, par les patrons, fussent strictement exé-
cutées.

Ce régime était, on le voit, assez libéral et on
pouvait croire qu'il servirait de transition heureuse
entre l'ancien état de choses et la liberté complète; il
n'en fut rien cependant. Les partisans des anciennes
corporations étaient restés nombreux et, en 1882, un
Congrès réunissant un assez grand nombre de délégués des corporations libres, émit des vœux pour le
rétablissement des corporations obligatoires.

Une loi du 15 mars 1883, votée à une forte majorité,
est venue les satisfaire en rétablissant les corporations
fermées et obligatoires pour la petite industrie. La
grande industrie, au contraire, est restée libre sauf
quelques restrictions.

Voici, fort brièvement, l'économie de cette nouvelle
loi. Elle distingue tout d'abord trois sortes de professions : Les professions libres, les professions de la
catégorie des métiers et les professions autorisées.

En principe, les professions sont libres. C'est ce

que déclare l'article 1er de la loi de 1883. « Sont libres, toutes les professions qui ne sont ni autorisées, ni de la catégorie des métiers ». Le même article décide que les professions commerciales, au sens strict du mot, et les exploitations en fabrique, ne sont pas rangées dans la catégorie des métiers. Toute industrie domestique, en est également exclue en principe.

Le législateur autrichien établit ensuite minutieusement, dans les articles de 2 à 10, les conditions générales et spéciales, auxquelles doivent satisfaire ceux qui veulent exercer une profession pour leur propre compte. Les condamnés sont exclus de ce droit (articles 5 et 6). Les femmes et les étrangers, au contraire, ont cette faculté (article 2, paragraphe 3, et article 8). Ceux qui n'ont pas la libre administration de leurs biens (art. 2) et les personnes civiles (art. 3) peuvent également exercer les professions industrielles, mais elles doivent préalablement constituer un représentant spécial et capable. Pour exercer une profession libre (articles 11-13), il suffit, outre les conditions ci-dessus indiquées, de faire une déclaration, contenant l'âge, le domicile, la nationalité du demandeur, la nature de la profession et l'endroit où le requérant prétend l'exercer. Le Tribunal civil ou le Conseil provincial, suivant les cas, délivre le permis de concession. En cas de refus, un appel est ouvert devant les autorités supérieures.

Les professions dites de la catégorie des métiers, doivent être limitativement déterminées par les Ministres du Commerce et de l'Intérieur, jusqu'à ce qu'une loi soit venue définitivement réglementer la matière (article 1er, paragraphe 2).

Pour les exercer, il faut satisfaire aux conditions exigées par les articles 2-13 et, en plus, justifier de sa capacité. Cette preuve est établie par la présentation d'un certificat constatant un certain temps d'apprentissage et approuvé par le Président de la corporation. Ce certificat peut être, d'ailleurs, remplacé par un diplôme constatant qu'on a suivi avec succès les cours d'un établissement professionnel. L'autorité peut cependant, en certains cas, accorder des dispenses.

Quant aux professions autorisées, elles sont, en attendant une nouvelle loi, énumérées par les articles 15 à 17. (Les conditions requises pour les exercer sont les mêmes que les précédentes, il faut, de plus, une autorisation spéciale).

Les professions autorisées sont celles, en général, qui présentent un certain danger, soit au point de vue moral et politique, soit au point de vue physique. Exemples : les professions d'aubergiste, d'imprimeur, de libraire, ou bien celles de fabricant d'armes, de machines à vapeur, etc. L'autorisation n'est accordée qu'après enquête faite sur la moralité de l'impétrant. Il doit de plus, être tenu compte dans l'octroi de concession par l'autorité, des besoins de la population, de l'aménagement du local où doit s'exercer la profession, de la situation de ce local sur la voie publique, rue ou place, et des facilités offertes à la surveillance de la police.

La loi décrète ensuite diverses règles pour l'exercice de certaines professions dangereuses et insalubres (articles 25-35). La sanction civile des dispositions légales relatives à ces établissements, est inscrite dans la loi sur la responsabilité des patrons dont nous

aurons à parler ci-dessous. Quant à la sanction pénale,
elle est contenue dans l'article 413 du Code pénal,
ainsi conçu : « Tout acte, toute négligence, dont l'in-
culpé a pu connaître les suites par sa situation, son
emploi, son industrie, sa profession, sont punis d'une
amende pouvant s'élever à 500 florins ou d'un emprisonnement de trois mois au plus ».

Dans une section intitulée : « Étendue et exercice
des droits industriels », la loi de 1883 établit toute une
série de prescriptions ; tout changement de domicile
ne peut être effectué qu'après autorisation, s'il s'agit
d'une industrie concédée (articles 39 et suivants). Ceux
qui exploitent une industrie répondant à un intérêt
général, ont des obligations spéciales (article 53). Nul
ne peut sous-louer son exploitation, il peut seulement
prendre un représentant ou fermier. Celui-ci doit,
d'ailleurs, offrir les mêmes conditions de garantie et
accomplir les mêmes formalités que s'il devait exploiter en son nom et pour son propre compte (articles 54-55).

Enfin, la section VII, est consacrée aux corporations. « Entre ceux qui exercent des métiers semblables ou similaires, dans une même commune ou dans
des communes limitrophes, y compris tous les auxiliaires qui y sont employés (ouvriers, compagnons,
apprentis), le lien corporatif existant doit être maintenu là où il existe et s'il n'existe pas encore, l'autorité
doit chercher à l'établir, autant que les circonstances
locales peuvent s'y prêter ». (Article 106).

Les chefs de métier ou d'industrie sont membres
proprement dits de la corporation ; les ouvriers sont
appelés les adhérents.

Quiconque exerce en maître un métier là où il existe une corporation, est obligé d'en faire partie (article 107).

Les corporations existantes doivent réformer leurs statuts et les mettre d'accord avec les dispositions de la présente loi (article 110). Quant aux corporations nouvellement formées, elles sont organisées par l'administration. L'article 111 indique les bases de cette organisation. L'autorité provinciale formera des circonscriptions suivant qu'elle le jugera convenable. Dans chacune de ces circonscriptions, les artisans appartenant aux divers métiers seront réunis en un ou plusieurs groupes. Ces groupes eux-mêmes pourront s'unir ou se subdiviser, avec l'autorisation de l'autorité.

L'assemblée corporative est formée exclusivement des patrons qui satisfont à certaines conditions exigées par l'article 118. Cette assemblée doit se réunir au moins une fois par an. Elle décide des intérêts de la corporation. On y admet de deux à six délégués de l'assemblée ouvrière. La corporation est représentée par le président, le vice-président et la commission corporative ; tous les membres du bureau sont nommés par l'assemblée et à son défaut par l'autorité. Les ouvriers se réunissent également en une assemblée où sont discutés les intérêts généraux de la corporation. Ils délèguent, comme nous venons de le dire, de deux à six d'entre eux à l'assemblée corporative. Ils nomment leurs représentants pour le fonctionnement des caisses de secours et choisissent les membres ouvriers de la commission arbitrale. Cette assemblée des ouvriers ne peut avoir lieu qu'avec l'autorisation de l'autorité.

Les dépenses de la corporation (et elles sont nombreuses) sont couvertes par les revenus des biens qui
constituent son patrimoine, et si ces revenus ne suffisent pas, par les cotisations obligatoires des patrons,
qui peuvent être recouvrées par voie administrative.
(Article 115.)

Le conseil de direction de la corporation est investi
du droit de prononcer contre les membres et adhérents de la corporation qui auraient contrevenu aux
prescriptions qui la régissent, des peines discipli-
naires proportionnées à la gravité de l'infraction,
telles que la censure et l'amende, jusqu'à concurrence
de 10 florins. (Article 125.)

Le but de la corporation est nettement défini par
l'article 114. Il consiste dans la prédominance de
l'esprit de communauté, dans la consécration et le
relèvement de la dignité professionnelle, et enfin,
dans le développement des intérêts professionnels,
par tous les moyens possibles.

La corporation est tenue d'établir un système
d'apprentissage, bien ordonné par un ensemble de
règles qui, avant de devenir obligatoires, sont soumises au contrôle de l'autorité.

Ces précautions sont prises en raison de l'âge, de
l'inexpérience des apprentis, de l'autorité abusive que
les patrons pourraient prendre sur eux, en raison
aussi de ce fait que l'apprentissage est considéré par
le législateur autrichien, comme la condition essentielle du développement progressif de l'industrie.

C'est ainsi que le temps de l'apprentissage est fixé
par les lois et règlements (ordonnance du Ministre

31

du Commerce du 17 septembre 1883. Manuel de Weigelsberg, n° 112). Il ne peut être inférieur à deux, ni supérieur à quatre ans. Si, dans ces limites, les conditions en sont réglées verbalement, l'engagement doit avoir pour témoins les représentants de la corporation ou les autorités municipales. Si le contrat est passé par écrit, il doit être inséré sur un registre *ad hoc*. Le patron doit veiller comme un père sur l'apprenti confié à ses soins. Il doit tenir la main à ce qu'il remplisse ses devoirs professionnels et ses devoirs religieux, à ce qu'il fréquente l'école communale, s'il a moins de 14 ans, et l'école professionnelle s'il est plus âgé, le soigner s'il est malade, tenir ses parents au courant de sa conduite et de ses progrès, proportionner à ses forces physiques, le travail qu'il lui commande. Le patron qui manquerait à ses devoirs de surveillance et de protection, s'exposerait à des peines sévères. L'apprentissage terminé, l'apprenti recevra un certificat constatant le temps passé chez son patron et le degré de perfectionnement où il sera parvenu.

La corporation doit s'efforcer de maintenir l'entente entre employeurs et employés. Dans le cas où un conflit viendrait à s'élever entre patrons et ouvriers à l'occasion du contrat de travail établi entre eux et contradictoirement interprété, des juridictions spéciales instituées par la loi autrichienne, ont pour but d'en faciliter la solution. Ces juridictions, qui sont au nombre de trois, sont d'ailleurs purement facultatives, les patrons et ouvriers ayant toujours le droit de porter leurs contestations devant les tribunaux ordinaires. Les juridictions spéciales que nous venons d'indiquer, ont même objet, mêmes principes, mais non même forme et même compétence. Ce sont :

1° *Tribunaux industriels organisés par la loi du 14 mai 1869 (Bulletin des Lois de l'Empire, n° 63, manuel Weigelsberg, page 375).* — Ils jouent à peu près le même rôle et ont à peu près la même compétence que nos Conseils des Prud'hommes. C'est devant eux que sont portées les contestations entre patrons et ouvriers relativement aux contrats de travail, aux indemnités dues à l'ouvrier remercié, aux dommages-intérêts réclamés pour bris d'outils, etc. Ils ont juridiction sur les exploitations industrielles, fabriques, usines qui dépendent de leur ressort. Ils ne sont créés et installés, par le Ministre de la Justice, que si les établissements similaires ou analogues d'une région en font la demande, que si les Diètes provinciales y consentent et, enfin, que s'ils ne coûtent rien à l'Etat. Les principaux tribunaux industriels sont ceux de Vienne (machines et métallurgie), de Reichenberg (tissanderie), de Brünn (tissage), de Bolyitz (textiles et fabrications qui s'y rattachent). Ils se composent d'un nombre de membres qui varie entre un minimum de douze et un maximum de vingt-quatre dont une partie se recrute parmi les ouvriers et l'autre parmi les patrons des établissements du ressort. Ils sont élus séparément par des collèges d'ouvriers et des collèges de patrons. Leur mission, nous l'avons dit, est de chercher à concilier les parties et de trancher les différends qu'ils n'auront pas pu arranger.

2° *Les commissions d'arbitres instituées par la loi du 15 mars 1883 (articles 122 à 124).* — Comme les

tribunaux industriels, ces commissions sont destinées
à régler les conflits qui s'élèvent entre patrons et
ouvriers. Seulement, leurs justiciables font partie, non
d'une fabrique, d'un établissement industriel, mais
d'une corporation, d'un corps de métier. Chaque
corporation peut avoir sa commission arbitrale. Il
suffit d'en faire la demande à l'autorité politique de
la province et de soumettre à son approbation, le
statut organique de la commission projetée. Les commissions arbitrales se composent d'un nombre égal de
patrons et d'ouvriers élus séparément par les collèges
de patrons et les collèges d'ouvriers.

Ces commissions arbitrales, qui sont de véritables
tribunaux de famille pour les corps de métiers, ont
produit de si bons résultats, que, depuis 1883, 1,649
corporations ont organisé à chacune la leur : 457 en
Autriche-Hongrie, 365 en Bohême, 265 en Galicie,
184 en Basse-Autriche, 110 en Styrie, etc.

3° *Les collèges d'arbitres.* — Ceux-ci se rapprochent, quant à leur organisation et leur fonctionnement, des commissions arbitrales. Ils en diffèrent en
ce sens, qu'ils ont été établis dans l'intérêt des fabriques, des usines, qui ne sont pas situées dans le
ressort d'un tribunal industriel.

Telles sont les institutions auxquelles a été confiée
la mission d'aplanir les difficultés quand elles sont
nées ; le législateur autrichien a également songé aux
moyens les plus propres à les prévenir et à les empêcher de naître. Dans cet ordre d'idées, il a créé les
inspecteurs d'industrie. Ces inspecteurs, munis d'une
carte de légitimation, délivrée par les autorités politi-

ques du district, ont le droit de pénétrer partout, dans
les usines ou manufactures, comme dans les plus
petits ateliers. Ils sont chargés, d'une façon générale,
d'écouter les doléances des patrons ou ouvriers, de
veiller sur l'exécution des lois, des règlements et des
contrats.

La loi du 17 juin 1883 (*Bulletin des Lois de l'Empire*, n° 117 ; Weigelsberg, page 354) et des règlements
ultérieurs, ont divisé en 15 districts, placés chacun
sous la surveillance d'un inspecteur, les pays repré-
sentés au Reichsrath. L'inspection centrale a son siège
à Vienne qui forme un de ces districts. Par ordonnance du 1er novembre 1889, huit sous-inspecteurs
ont été nommés et placés sous les ordres des inspecteurs qu'ils sont chargés d'assister.

Cette institution, qui est devenue très populaire en
Autriche, a produit les plus heureux résultats.

Nous venons d'examiner les mesures prises par le
législateur autrichien pour faire cesser le désaccord
survenu entre patrons et ouvriers, au sujet de l'interprétation du contrat de travail. Reste, maintenant, à
examiner ce qu'il a fait, en vue de prévenir les grèves,
c'est-à-dire, les conflits entre patrons et ouvriers, au
sujet du contrat qui doit déterminer leurs obligations
respectives et fixer les conditions du travail.

Ici encore, nous retrouvons les inspecteurs d'industrie. Leur intervention, leur arbitrage, requis d'un
commun accord, ont plus d'une fois rétabli l'entente
et empêché la suspension du travail. Les rapports de
1888 parlent de soixante-cinq grèves et ceux de 1889
de cent trente-cinq que leur intervention spontanée
ou requise aurait ainsi écartées.

Toutefois, ce ne sont pas les inspecteurs d'industrie qui, dans les grandes crises, jouent le rôle principal. Ce sont les autorités politiques, municipales, industrielles, les Chambres de commerce, la police, l'armée, investies par les lois de pouvoirs exceptionnels. L'autorité politique, par exemple, a le droit d'interdire les Assemblées et de dissoudre les associations illégales (loi du 15 novembre 1867 : *Bulletin des Lois*, n° 135 ; manuel Weigelsberg, page 154), d'expulser du territoire où sa présence est suspecte, le vagabond, l'ouvrier paresseux, l'individu sans feu ni lieu (loi du 27 juillet 1871 : *Bulletin des Lois*, n° 88), lesquels peuvent d'ailleurs être frappés de peines correctionnelles variant de huit jours à trois mois de prison (loi du 24 mai 1885 : *Bulletin des Lois*, n° 89), d'arrêter et d'interner par mesure de sûreté générale, les agitateurs dangereux.

Les Chambres de commerce et d'industrie, en raison de leur autorité morale et de leur haute compétence sont également appelées à s'interposer entre les parties en lutte. C'est grâce à l'intervention de la Chambre de commerce de Brünn que la grande grève qui avait éclaté dans cette ville en 1889, dans l'industrie textile, a pu être arrêtée.

Si aucun de ces moyens ne réussit, on a alors recours à la force représentée par la gendarmerie, l'armée, la *landwehr*. Mais la troupe ne peut faire usage de ses armes que dans les deux cas suivants :

1° Si le fonctionnaire civil déclare qu'il est impuissant à maintenir l'ordre ;

2° Si elle-même est attaquée et l'objet de voies de fait. (Ordonnance du 27 août 1844.)

Nous avons dit que la corporation devait chercher par tous les moyens possibles, à développer les intérêts professionnels communs à tous les membres. Elle doit, dans ce but, créer des entrepôts de matières premières, des salles de vente, elle doit également fonder des caisses de secours. « La caisse de secours, dispose l'article 121, est alimentée par les cotisations forcées des ouvriers, fixées par les statuts (maximum 3 o/o des salaires), et les cotisations obligatoires des patrons qui doivent atteindre la moitié de celles exigées des ouvriers. Toutes ces cotisations sont payées directement par les patrons qui en sont responsables ; elles peuvent être recouvrées par voie administrative [1]. »

Quel jugement devons-nous porter sur ce système adopté par le législateur autrichien et qui a pour but, nous le savons, de réglementer le commerce et l'industrie ?

C'est tout simplement le socialisme d'Etat appliqué à la petite industrie, une ingérence abusive de l'autorité dans toutes les questions industrielles. Il suffit, pour s'en rendre compte, de lire l'article 127. Les

---

[1]. Deux lois organiques sont venues régler toutes les questions qui se rattachent à l'assurance des ouvriers en cas de maladie et d'accident. L'une est du 28 décembre 1887 (*Bulletin des Lois de l'Empire*, 1888, n° 1); l'autre du 30 mars 1888 (*Bulletin des Lois de l'Empire*, 1888, n° 34). Sans vouloir analyser ces deux lois dans le détail, nous pouvons dire que le principe dont s'est inspiré le législateur autrichien, diffère absolument de celui qui sert de base à nos lois ; tandis qu'en effet, chez nous, le droit de l'ouvrier, en cas d'accident est, d'une façon générale subordonné à la faute réelle ou supposée du patron, il en est, en Autriche, absolument indépendant. On a voulu ainsi éviter la recherche des responsabilités et toutes les contestations qui peuvent s'en suivre. En cas de maladie, au contraire, le contrôle est absolument minutieux.

corporations sont placées sous la surveillance de l'autorité; on ne peut exercer une profession, sans son autorisation ; même dans les professions dites professions libres, l'industriel est soumis à une masse de restrictions. De plus, dans les corporations qu'elle oblige les patrons à former, elle est maîtresse absolue. L'autorité limite le nombre des apprentis, assure un avancement hiérarchique à l'ouvrier, le rend membre malgré lui, d'une société de secours; elle s'immisce dans les affaires de la corporation et ne lui permet pas d'agir sans son autorisation.

On a prétendu que le régime corporatif permettait à la petite industrie de lutter contre la grande, à cause de l'excellence de ses produits, puisque seuls, peuvent travailler ceux qui connaissent bien le métier, et puisque le nombre des ouvriers étant limité, la concurrence est moindre. Mais, s'imagine-t-on que le consommateur ne préférera pas toujours le bon marché à la qualité, et qu'il n'achètera pas les produits manufacturés qui lui reviennent à très bon compte, plutôt que ceux de la petite industrie qui coûtent beaucoup plus cher ? D'ailleurs, si l'on veut éviter la concurrence, il faudra réglementer aussi la grande industrie, tuer par cela même le commerce d'exportation, et tenir l'Empire en dehors de l'Europe, par crainte du commerce d'importation.

La vérité, c'est que le régime corporatif tel qu'il est organisé en Autriche n'a pas répondu aux espérances qu'il avait fait naître. « Assurément, dit M. Hubert Valleroux, si l'on considère les résultats probables de cette loi, si l'on tient compte seulement de ceux obtenus jusqu'ici, on peut dire, qu'ils sont loin d'être

en faveur de la cause, si chère à quelques-uns, du
rétablissement des corporations fermées et obligatoires. » C'est ce que constate également un conservateur autrichien, membre du parti qui a voté la loi
de 1883. Nous voulons parler du docteur Kempfe qui,
dans un article paru en 1885 dans l'*Association
catholique,* s'exprime en ces termes : « En résumé,
les développements du régime corporatif restauré en
Autriche par la loi de 1883, ne sont pas jusqu'ici bien
brillants ; nous en avons plusieurs fois exposé les
raisons : manque de dévouement et apathie de la
classe dirigeante, libéralisme et irréligion de la bour-
geoisie industrielle, de la presse, de la grande majorité
des fonctionnaires et d'une partie des artisans, surtout
dans les villes », et, dans une autre lettre, intitulée
« Application des lois de réformes ; difficultés, mauvais esprit des classes travailleuses, défectuosité des
nouvelles lois », le docteur Kempfe déplore « l'invasion des doctrines maçonniques et sectaires dans des
associations qui jadis ont prospéré et ont exercé une
admirable influence aux époques qui avaient conservé
les traditions de foi et de piété. »

Quoi qu'il en soit, le régime corporatif est toujours
en vigueur en Autriche. On comptait, en 1891,
4,030 associations obligatoires de petits patrons ; ces
associations, toutefois, ne se montrent pas satisfaites
de la loi de 1883 et, tous les jours, leurs prétentions
deviennent plus extravagantes. Dans leur Congrès,
tenu à Vienne les 7 et 8 septembre 1890, elles demandaient, qu'il fut interdit aux patrons, d'occuper des
compagnons en dehors de leurs ateliers, de faire
exécuter des travaux, pour lesquels ils n'ont pas

obtenu de brevet de capacité ! Cet esprit d'exclusivisme éclate partout ; l'Union des corporations obligatoires de Vienne approuverait les magasins de vente
en commun, si les fabricants en gros en étaient exclus.
Les bottiers émettent le vœu que les manufacturiers
de chaussures ne puissent travailler que pour l'exportation. Tous, attendent la réglementation de la vie
économique de la part de l'Etat.

Le gouvernement s'est ému de cet état de choses
et dans un projet de loi, présenté au Parlement le
17 juin 1891, il ne tend à rien moins qu'à organiser
à son tour la grande industrie. Nous ne savons pas
ce qu'il adviendra de ce projet. Nous croyons, toutefois, que l'initiative privée rendrait plus facilement la
prospérité aux travailleurs que les meilleurs règlements et l'ingérence permanente de l'Etat dans leurs
affaires.

En dehors des corporations proprement dites, il
existe, en Autriche, des associations productives et
économiques, réglementées par la loi du 9 avril 1873
(*Ann. lég.* etc., 1873, page 221). Pour être membre
de ces Sociétés, il faut ordinairement appartenir à
une corporation industrielle déterminée. En 1889, on
comptait 1,916 associations de ce genre, à savoir :
1,464 sociétés de prêt, 239 de consommation, 213 diverses; pendant l'année 1889, 174 se sont créées, soit :
126 sociétés de prêt, 19 de consommation, 29 diverses, et 51 se sont dissoutes.

II

Allemagne.

L'Allemagne, qui possède à peu près les mêmes mœurs que l'Autriche, ne tend rien moins qu'au rétablissement des corporations obligatoires. Les lois du 18 juillet 1881 et du 25 juin 1884, votées sur la proposition du centre et grâce à l'appui de M. de Bismarck, qui, pour mieux étouffer le socialisme d'Etat, feignait d'en être partisan, organisent des corporations qui offrent de très grandes ressemblances avec les corporations autrichiennes.

Avant d'analyser ces deux lois dans le détail, rappelons, en quelques mots, à la suite de quelles circonstances elles ont été votées.

Le droit d'association n'a jamais été contesté aux ouvriers allemands, qui se groupaient dans leurs Ghildes ; elles tombaient en désuétude, lorsqu'une loi du 25 mars 1869 *(Gewerbe Ordnung für den Norddeutschen Bund)*, proclama la liberté industrielle et commerciale et supprima les corporations. Toutefois, la loi allemande de 1869, applicable à toute la confédération du Nord, ne prétendait point, comme l'ordonnance de Louis XVI et la loi de 1791, détruire toute trace des corporations anciennes et prohiber toute association professionnelle. Elle les abolissait comme sociétés privilégiées, mais elle les laissait subsister comme sociétés libres, ayant pour but l'assistance mutuelle, l'enseignement professionnel,

l'étude et la défense des intérêts communs. Ces
Sociétés gardaient la qualité de personnes morales,
pouvant acquérir et posséder, mais sous le contrôle
direct de l'autorité. Elles n'étaient libres que de nom.
Les contestations entre ouvriers et patrons, relatives
à leurs engagements ou au contrat d'apprentissage,
étaient tranchées par des autorités spéciales et, à leur
défaut, par les autorités municipales. Des règlements
locaux pouvaient donner le droit de statuer, à des
tribunaux arbitraux, composés moitié de patrons et
moitié d'ouvriers.

Cependant, ces associations prétendues libres, ne
tardèrent pas à péricliter. « Dépouillées de leur
ancienne autorité et de leur prestige, dit M. R. Lavollée, discréditées par le parti alors au pouvoir et par
les représentants de la puissance gouvernementale,
les Ghildes, auxquelles personne n'était plus tenu
d'appartenir, furent de plus en plus délaissées. L'action modératrice qu'elles avaient sur les ouvriers et
les patrons, pour le plus grand avantage des uns et
des autres, cessa de s'exercer; toute hiérarchie disparut, l'esprit de solidarité et d'union fraternelle qui
préservait les membres, en cas d'abandon et d'infor-
tune, fit place à l'égoïsme et à l'indifférence[1]. »

Qu'arriva-t-il? Le rétablissement des sociétés privilégiées et obligatoires fut réclamé par les catholiques
et les conservateurs qui prétendaient que le principe
de la liberté était mauvais, que tous les maux prove-
naient de la concurrence, qu'il n'y avait plus d'esprit
de corps, que les ouvriers restaient isolés, etc., etc.

---

1. *Classes ouvrières en Europe*, par R. LAVOLLÉE, t. I, p. 90.

En réalité, on espérait combattre le socialisme qui commençait à pénétrer les classes ouvrières et « c'est pourquoi, dit M. Cherbuliez, le chancelier fait profession de vouloir beaucoup de bien aux mains calleuses, aux pieds poudreux et crottés, aux prolétaires, à tous les déshérités de la fortune, et depuis quelques années, il s'est voué tout entier à ce qu'on appelle en Allemagne *die Politik des armen Manns* (la politique du pauvre homme).

C'est ainsi, que fut votée la loi du 18 juillet 1881 (*Gesetz betreffend die Abänderung der Gewerbeordnung*). Cette loi, qui remplace les articles 97 à 104 de la loi de 1869, a pour but d'organiser la petite industrie. Elle vise seulement (art. 100) les corporations (*Innungen*) de patrons et contremaîtres. Voici les principales dispositions de cette loi.

L'admission d'un membre dans la corporation, n'est subordonnée à aucune épreuve, sauf décision contraire des statuts; tout patron ou contremaître qui remplit les conditions exigées par la loi, a le droit d'entrer dans l'association. Il peut en sortir à son gré.

En principe, les compagnons n'ont dans les *Innungen*, qu'une situation effacée. Ils ne prennent part aux assemblées et à l'administration, qu'autant que les statuts l'ont prévu. Mais ils doivent participer au jugement des épreuves de compagnonnage (ces épreuves sont nécessaires en certains cas, pour être admis dans la corporation), ainsi qu'à l'établissement et à la gestion de toutes les institutions pour lesquelles ils payent des cotisations ou fournissent un travail particulier, ou encore, qui sont destinées à les assister.

Le but de la corporation (art. 97 et 98), est d'entretenir l'esprit de corps, ainsi que d'exciter et de fortifier le sentiment de l'honneur professionnel, de développer des relations profitables entre maîtres et compagnons, ainsi que de pourvoir à l'entretien des compagnons et à leur placement; de régler les questions de l'apprentissage et d'assurer l'éducation technique, professionnelle et morale des apprentis; de statuer sur les différends entre les membres de la corporation et leurs apprentis dans les cas prévus et aux lieu et place des autorités communales. En outre, les corporations sont autorisées à étendre leur action à tous autres intérêts professionnels communs à leurs membres; en particulier, il leur appartient d'établir et de créer des écoles professionnelles pour les apprentis; de créer des institutions propres à développer l'instruction pratique et technique des maîtres et des compagnons; d'instituer des épreuves pour les compagnons et les maîtres et de délivrer des certificats à la suite de ces épreuves; d'organiser pour le développement de leur industrie un travail en commun, d'organiser des caisses de secours et de retraites, etc.

Ces *Innungen* jouissent de la personnalité civile; elles peuvent donc posséder et ester en justice. Elles peuvent former des Unions, mais elles sont surveillées et approuvées par l'administration qui peut même les supprimer.

Les corporations, d'après la loi de 1881, ne sont point obligatoires en droit, si ce n'est, cependant, pour certains points déterminés. C'est ainsi, par exemple, que les corporations existantes et toutes celles qui viendront à se créer, doivent suivre les prescriptions de la loi de 1881.

Ensuite, et c'est là une grave innovation introduite
par l'article 100, dans le ressort d'une corporation
qui aura justifié de son autorité en matière d'apprentissage, l'autorité administrative supérieure peut
décider :

1º Que les différends relatifs à l'apprentissage
seront, sur la demande de l'une des parties, soumis à
la décision de la corporation, le patron n'en ferait-il
pas partie.

2º Que ce dernier peut être tenu d'observer les
règlements, en ce qui concerne l'apprentissage ainsi
que l'éducation des apprentis.

Sauf ces deux restrictions, une liberté complète est
laissée par la loi de 1881 aux artisans, qui peuvent
faire partie ou non de la corporation. Mais la loi du
25 juin 1884, ajoutant à l'article 100, sur la proposition de M. Akermann, un paragraphe additionnel,
est venue détruire cette liberté, et rendre en pratique
la corporation obligatoire. « Les patrons qui n'appartiennent pas à une corporation, dispose cet article,
ne pourront plus avoir d'apprentis. » Tout patron a
besoin d'apprentis, cela est évident ; il sera donc
forcé d'entrer dans une corporation et le but indirect
de ce paragraphe qui est de rendre la corporation
obligatoire, sera ainsi atteint.

En dehors de ces deux lois qui ne visent, comme
nous l'avons déjà dit, que les seuls patrons et contre-
maîtres, on ne trouve, en Allemagne, aucune loi générale sur les Associations ouvrières. Cependant, à
défaut d'une loi générale, venant organiser et réglementer les Associations ouvrières, des lois particulières cherchent à améliorer les conditions des travail-

leurs, soit en organisant l'assurance obligatoire, soit
en instituant les Sociétés de crédit et les Sociétés
coopératives.

Passons rapidement en revue, ces différentes institutions.

Assurances et secours. — Les lois qui régissent
actuellement les assurances sont les suivantes :

« Loi impériale du 15 juin 1883, instituant l'assurance obligatoire contre les maladies et concernant
principalement les ouvriers de l'industrie[1].

« Loi impériale du 6 juillet 1884, instituant l'assurance obligatoire contre les accidents, applicable à
l'industrie privée[2].

« Loi impériale du 28 mai 1885, étendant l'assurance
contre les maladies et les accidents, aux exploitations
de l'Etat, ainsi qu'à un certain nombre d'industries
privées[3].

« Loi impériale du 5 mai 1886, qui soumet les personnes employées dans les exploitations agricoles et
forestières à l'assurance obligatoire contre les accidents et contre les maladies[4]. »

Le régime dont ces diverses lois ont étendu successivement l'application, peut se résumer ainsi :

Les ouvriers des catégories visées par ces lois,
doivent s'assurer contre les maladies et contre les
accidents. Dans ce but, ils doivent payer des cotisations que les patrons sont chargés de verser eux-

1. *Bulletin de Statistique*, juillet 1883.
2. *Id.*, août 1884.
3. *Id.*, juillet 1885.
4. *Id.*, juillet 1886.

mêmes, et dont ils sont responsables ; de plus, ces derniers ajoutent à leurs frais une somme égale à la moitié des sommes payées par les ouvriers.

La loi fixe le chiffre de ces cotisations et le tarif des indemnités à payer en cas de maladies ou d'accidents, soit aux ouvriers, soit aux veuves et orphelins. Ce tarif doit même servir de base pour la liquidation des pensions de l'Etat[1].

L'assurance est garantie par une mutualité de patrons, réunis à cet effet en corporations professionnelles[2]. Ces corporations sont des personnes morales, elles peuvent acquérir, s'obliger et ester en justice.

Elles sont responsables du recouvrement des cotisations qui peuvent être réclamées par voie administrative. Elles doivent avoir un fonds de réserve. Elles peuvent former des corporations séparées ou se confondre avec les corporations de la loi de 1881 (*Innungen*). Enfin les patrons et ouvriers peuvent fonder des sociétés libres de secours mutuels.

Les Associations professionnelles d'assurance contre les accidents étaient, d'après les publications officielles qui font connaître les résultats de l'exercice 1887, au nombre de 62, d'importance diverse. La plus considérable par le nombre des sociétaires patrons est celle des meuniers : 39,267 membres. La moins nombreuse est celle des chemins de fer particuliers : 105 membres.

1. *Bulletin de Statistique,* avril 1886.
2. Les accidents sont jugés par un Tribunal composé de deux patrons et de deux ouvriers, sous la présidence d'un fonctionnaire. Un appel est ouvert devant une Commission composée de trois délégués de l'empereur, de deux délégués des patrons et deux délégués des ouvriers.

Si l'on considère le nombre des ouvriers assurés, le maximum est atteint par l'Association des mineurs *(Knappschaft)* avec 346,166 ouvriers, et le minimum par les ramoneurs avec 5,648 ouvriers.

Enfin, au point de vue des versements annuels, le plus élevé a été fait par les brasseurs, 17^m 80^{pf} par ouvrier, et le plus faible par les propriétaires des manufactures de tabac, 0^m 62^{pf} [1].

Outre les institutions d'assurances, il existe encore en Allemagne, un certain nombre d'autres sociétés techniques : Sociétés de crédit, banques populaires, sociétés coopératives, etc., etc.

Ces Sociétés et autres institutions du même genre, ont été réglementées par la loi du 1er mai 1889 dont l'article premier est ainsi conçu : « Les droits d'une association inscrite seront acquis, dans la mesure prévue par la présente loi, aux sociétés comptant un nombre d'adhérents illimité, qui ont pour but la satisfaction des intérêts industriels et économiques de leurs membres, notamment : 1° aux Sociétés de prêt et de crédit ; 2° aux Sociétés pour l'approvisionnement des matières premières ; 3° aux Sociétés pour la vente en commun des produits agricoles ou industriels ; 4° aux Sociétés pour la production et la vente d'objets au profit de la société (Associations coopératives de

---

1. Voir pour plus de détails, le rapport adressé par M. HERBETTE, ambassadeur de France à Berlin, au Ministre des Affaires étrangères, 1890, pp. 112 et suiv.

Le Tribunal qui juge les accidents est composé de deux patrons et de deux ouvriers, sous la présidence d'un fonctionnaire avec appel à une commission supérieure composée d'un président et trois membres nommés à vie par l'empereur, de deux membres nommés par les corporations et de deux membres nommés par les ouvriers assurés.

production); 5° aux Sociétés pour l'achat en gros en commun et la vente en détail d'objets nécessaires à la vie et à l'économie domestique (Associations coopératives de consommation); 6° aux Sociétés pour l'acquisition et l'usage au profit de la Société, d'objets servant à l'exploitation agricole ou industrielle; 7° aux Sociétés pour la construction d'habitation[1]. Quelques mots sur chacune de ces sociétés.

1° *Sociétés de prêt ou de crédit.* — L'objet des sociétés de prêt ou de crédit n'est pas indiqué dans la loi de 1889, parce qu'il est supposé être assez connu. Ce sont des sociétés pour l'exploitation d'une banque, servant à procurer mutuellement aux membres, les fonds nécessaires à leur industrie où à leur commerce, à crédit commun. Il y avait, en 1888, 2,988 de ces sociétés, mais leur nombre s'accroît toujours davantage, surtout dans les campagnes où elles sont connues sous le nom de *Raiffeisen's Darlehnskassen* où Caisses Raiffeisen[2].

2° *Sociétés de matières premières.* — La loi de 1889 ne les a pas non plus définies autrement. Il y a lieu de distinguer entre les sociétés industrielles et les sociétés agricoles. Schulze-Delitzsch indiquait comme objet des premières : achat en commun des matières premières, outils et appareils nécessaires à l'industrie,

1. *Ann. législ. étrangère*, pp. 167 et suiv.
2. Les caisses Schulze-Delitzsch sont, au contraire, urbaines. Les associations agricoles ou caisses de prêt, système Raiffeisen, se distinguent encore des associations Schulze-Delitzsch, en ce qu'elles prêtent à longue échéance et sur hypothèque; l'emprunteur doit rembourser par versements annuels et dans dix ans au plus, la somme empruntée.

et vente de ces matières aux membres de la Société. Pour les sociétés agricoles : acquisition à frais communs de matières premières ou auxiliaires nécessaires à l'exploitation agricole, principalement de fumiers artificiels, de semences, d'outils, d'appareils, et vente de ces objets aux membres. Bien que le mouvement soit parti des associations industrielles et que les associations agricoles n'aient pris naissance que vingt ans plus tard, ces dernières ont depuis longtemps dépassé les associations industrielles.

Pour 113 sociétés de matières premières industrielles, on comptait en 1888, 843 Sociétés agricoles.

3° *Sociétés pour la vente en commun de produits agricoles ou industriels (Associations de débit, sociétés de magasins).* — Ces Sociétés ont pour but de vendre les divers objets apportés par les associés, non pas au compte de la collectivité, mais à celui du livreur lui-même qui expose ses produits dans les magasins de la Société. Ce mode de vente est facile dans certaines industries, celles des tailleurs et des marchands de meubles par exemple. Pour les Associations de débit agricoles, au contraire, la séparation de la marchandise, d'après le livreur, n'est pas toujours possible et l'association se rapproche davantage ici, d'une Société de production. En 1888, on comptait 8 Sociétés agricoles de la catégorie que nous étudions. Il y avait, en même temps, 59 Associations industrielles de magasins.

4° *Sociétés pour la production de certains objets et leur vente à compte commun (Sociétés de production).* — Ici encore, il faut distinguer entre les Associations industrielles ou agricoles. Les premières ne comprennent souvent qu'un petit nombre d'artisans ou d'ouvriers comme membres et se rapprochent des sociétés de commerce ouvertes ; quelques-unes, ont même expressément choisi cette forme. Lorsque l'existence économique des membres dépend exclusivement de l'association, une société de ce genre offre moins de résistance aux crises que lorsque les membres peuvent lui venir en aide par des produits tirés d'une autre branche d'industrie. Déjà, en 1865, Schulze-Delitzsch conseillait aux Associations de production de s'adjoindre comme membre des personnes d'une autre profession, mais ce conseil a été peu suivi et beaucoup de sociétés de ce genre ont sombré. Pour les Associations de productions agricoles, qui n'existent guère que depuis dix ans, la situation était plus favorable en ce que l'entreprise ne comprend pas toute l'exploitation agricole, mais seulement quelques-unes de ses branches, notamment le profit à retirer du lait. Aussi ces dernières ont-elles prospéré. En 1888, il y avait 689 Associations de production agricole, contre 138 Associations industrielles.

5° *Sociétés coopératives de consommation.* — Ces sociétés ne se confondent nullement avec les Sociétés de matières premières dont nous avons précédemment parlé. Elles n'ont pas pour but de procurer à une industrie spéciale une matière première, meilleure et moins chère, mais simplement, de procurer aux membres qui les composent, quelle que soit leur profession, des subsistances, des objets nécessaires à la vie et à l'économie domestique, meilleurs et à meilleur compte. Il y avait, en 1888, environ 760 de ces sociétés, mais depuis la promulgation de la présente loi, il s'en est beaucoup fondé.

6º *Sociétés pour l'achat d'objets nécessaires à l'exploitation agricole ou industrielle et pour leur emploi en commun.* — Ces sociétés dites « d'ouvrage » n'ont guère été utilisées jusqu'à présent que par l'agriculture. Jusqu'en 1888, les agriculteurs en ont formé 237 dont un grand nombre ont pour but l'achat et l'entretien des animaux reproducteurs de gros bétail. Généralement ces associations se rattachent à des Sociétés agricoles de matières premières.

7º *Sociétés pour la construction de logements.* — Ces sociétés n'ont pas réussi. On en comptait seulement 28, en 1888.

Telles sont, en résumé, l'origine et l'historique des Associations, depuis 1850 jusqu'à nos jours.

Voici les résultats qu'elles ont produits :

En 1887, il y avait en tout 4,821 Associations. L'année 1888 en accuse 5,950. Elles sont ainsi réparties :

2,988 Associations de crédit contre 2,200 à la fin de 1887 ;

2,714 Associations pour diverses branches d'industrie contre 1874 à la fin de 1887 ;

760 Sociétés de consommation contre 712 à la fin de 1887 ;

28 Associations de construction contre 712 à la fin de 1887.

Ces diverses institutions, améliorées à plusieurs points de vue par la loi du 1er mai 1889, sont évidem-

ment appelées à rendre de grands services aux travailleurs. Nous ne croyons pas cependant qu'elles
réussissent à enrayer les immenses progrès que le
socialisme d'Etat fait chaque jour dans la classe
ouvrière.

III

Russie.

Le principe d'Association, qui est cependant inné
dans le peuple russe, n'est représenté que par les
Corporations des artisans et par les Artèles.

1° *Corporations d'artisans.* — Ces corporations ou
tsecks comprennent les artisans d'un même métier
(remeslemki). Par artisans, la loi russe entend tous ceux
qui exercent un travail manuel ; ils sont aussi distin-
gués des ouvriers qui travaillent dans les fabriques.
Les *remeslemki* se divisent en maîtres, sous-maîtres
et apprentis. Ils constituent une classe particulière,
parfaitement organisée, ayant ses intérêts propres et
des institutions spéciales. Ils forment des centres
nombreux dans les villes. A Saint-Pétersbourg, par
exemple, leur chiffre s'élève à 60,000 et représente le
onzième de toute la population.

Autrefois, toute catégorie d'artisans comprenant
5 membres, formait une maîtrise ou *tseck*. En 1846,
ces corps étaient au nombre de 70, mais les artisans
ayant remarqué les inconvénients qui résultaient, au

point de vue de la représentation, d'un trop grand
nombre de catégories, ont fusionné les métiers analogues. Il ne reste plus aujourd'hui que 8 catégories,
dont chacune comprend 25 métiers.

Chaque corporation s'administre elle-même, au
moyen d'un bureau composé : d'un doyen, de deux
adjoints et d'un secrétaire nommés à l'élection. Ce
bureau, forme l'*ouprava* de la corporation. C'est un
comité d'administration chargé de tenir la liste des
membres de la maîtrise, de juger leurs différends, de
percevoir les impositions, d'administrer la caisse commune, de contrôler le travail dans les ateliers, de
visiter les écoles professionnelles fondées par la corporation, de distribuer des secours aux malades ou
indigents, de régler l'avancement des sous-maîtres et
des apprentis, de s'occuper, en un mot, de tout ce
qui intéresse la corporation.

Les membres de chaque corps de métiers, se réunissent tous les ans, sur la convocation de leur bureau,
et chaque fois que celui-ci le juge nécessaire. Ils
élisent le comité d'administration, règlent leurs impositions, établissent leur budget, décident qu'il sera
créé telle ou telle institution dans l'intérêt de la maîtrise. Ils distribuent enfin des secours aux malades et
aux indigents.

Les différentes corporations se réunissent à leur
tour en assemblée plénière et traitent des affaires
générales intéressant toute la classe des artisans.
L'assemblée procède ensuite à l'élection d'un comité
central (*remeslennaïa ouprava*). Ce comité, composé
du président des métiers, des doyens de toutes les
maîtrises et de deux délégués de chacune d'elles, a

des attributions très étendues. Il contrôle l'action des doyens, les charge de l'exécution des ordres de la municipalité ; il visite les ateliers, assure l'ordre, veille à ce que les apprentis ne soient pas maltraités, pourvoit aux besoins des invalides, des veuves, des orphelins. Il s'occupe enfin des intérêts généraux des corps de métiers.

Les corporations comprennent des membres permanents et des membres provisoires. Ces derniers, qui peuvent appartenir à toutes les classes de la société, ne sont admis que sur le consentement des autorités de la maîtrise.

On retrouve, dans les corporations russes, la même hiérarchie que dans nos corporations du moyen âge. Les *remeslemki* se divisent en maîtres, sous-maîtres et apprentis.

L'apprentissage doit durer au moins trois ans et ne peut dépasser le délai de cinq ans. La loi du 10 avril 1890 impose aux maîtres le devoir de veiller à ce que les apprentis fréquentent les écoles primaires municipales ou les écoles entretenues par les corporations. Les apprentis ne touchent pas de salaires, mais ils sont logés, nourris et blanchis chez les maîtres qui leur fournissent également quelquefois, les vêtements et les chaussures.

Lorsque le novice a terminé son apprentissage, le maître est tenu de lui délivrer un certificat d'habileté et de bonne conduite et l'apprenti devient sous-maître.

Le sous-maître qui aspire à la maîtrise doit accomplir un nouveau stage de trois ans chez un patron. A l'expiration de ce terme, il lui faut justifier de son habileté par la production d'un travail ou chef-d'œuvre qui est soumis à l'examen des membres de la corporation et d'experts. Le sous-maître peut porter plainte contre les décisions de la maîtrise à l'administration générale des artisans, en premier ressort, et à l'administration municipale en dernier ressort.

La journée de travail des adultes commence à 5 heures du matin et finit à 6 heures du soir, y compris une demi-heure d'intervalle pour le déjeuner et une heure et demie pour le dîner et le repos, ce qui réduit à onze heures la durée du travail effectif.

Le salaire des artisans est calculé, selon la nature du travail, par pièce, par jour ou par mois. En moyenne, un maître ou sous-maître gagne de 35 roubles jusqu'à 100 roubles par mois.

Toute corporation d'artisans possède une caisse qui est alimentée :

1º Par les amendes perçues pour les contraventions aux règlements professionnels ; 2º par les revenus des biens appartenant à la corporation ; 3º par les impositions dont sont frappés les artisans dans les proportions fixées par les Assemblées générales.

Le tableau ci-dessous indique la situation de la caisse des corporations de Saint-Pétersbourg, en 1889.

CAPITAL EN CAISSE :

Appartenant à la corporation :

En argent en caisse....................	9,406ʳ 92 1/2ᶜ
En dépôt à la Banque de l'Etat :	
En compte courant....................	15,972ʳ 85
En effets à intérêts....................	50,500ʳ »
TOTAL........	75,879ʳ 77 1/2ᶜ

Si, à ce total, on ajoute la valeur des immeubles (écoles et asiles) et du mobilier de la corporation, on trouve que l'avoir de la corporation des artisans, à Saint-Pétersbourg, est d'environ 1 million de roubles (3 millions de francs). Cet avoir est exclusivement destiné à pourvoir aux besoins de la corporation.

La corporation possède, de plus, une Société de secours qui fonctionne depuis 22 ans, en vertu de statuts sanctionnés par l'empereur. Son but est de fournir aux artisans des secours permanents ou temporaires, et d'entretenir les ouvriers indigents ; chaque année, elle distribue de 10 à 12,000 roubles de secours. Le capital de la Société est de 50,000 roubles.

Telle est, à grands traits, le caractère que présentent les corporations d'artisans en Russie. Elles s'administrent librement et sont à peu près indépendantes ; elles sont toutefois obligatoires, en ce sens que tout sujet russe qui exerce un métier doit en faire partie. Quant aux ouvriers de fabrique, nous avons déjà dit qu'ils étaient en dehors de cette organisation ; ils sont en général nourris et logés dans l'usine. La grève leur est interdite, mais ils sont protégés par diverses lois, notamment par celle du 29 avril 1890.

2° *Artèles*. — Ce sont des Associations pour la production en commun d'un travail quelconque. Il y a des artèles pour les travaux des champs, le transport des marchandises ; d'autres unissent des bateliers, des charpentiers, des maçons, etc. Ces Associations sont tantôt temporaires, tantôt perpétuelles. C'est toujours le chef de l'artèle qui traite avec ceux qui ont besoin d'ouvriers, et c'est lui qui reçoit les salaires et les répartit ensuite entre les membres de l'Association. L'artèle, qu'aucune loi ne règlemente, diffère du Syndicat qui est plutôt un instrument de défense, tandis qu'elle constitue, surtout, un instrument de production.

CONCLUSION

De cette revue rapide des législations étrangères, qui représentent les diverses tendances de l'idée corporative en Europe, il ressort que partout où l'organisation professionnelle est conçue en dehors de la liberté, les Associations ne produisent que de médiocres résultats. Considérons, par exemple, l'Allemagne et l'Autriche. Rien de vivant, de jeune, de spontané dans les Corporations que nous avons rencontrées dans ces deux pays ; bien au contraire, tous les signes habituels de la décrépitude et de la mort. Où l'on cherche la libre manifestation épanouie et débordante de cet éternel besoin de s'associer qui tourmente la nature humaine, on ne trouve qu'une institution sans sève, sans enthousiasme et sans grandeur. Au lieu de la nature, l'artifice ; au lieu de l'homme libre, des automates ; au lieu d'un corps vivant, une véritable machine légale.

Si, au contraire, nous regardons ce qui se passe en Angleterre, pays où la liberté individuelle sert de base aux Associations professionnelles, le spectacle est tout à fait différent. Les Associations sont ici fortes et vivaces, et combien nombreuses. Partout, elles fermentent et pullulent comme de bonnes plantes en un terrain fécond. Voilà ce qu'a produit la liberté en Angleterre. Elle a donné de merveilleux résultats au point de vue du groupement des travailleurs ; elle a amené aussi, les plus heureuses modifications dans les questions sociales.

Après cela, il est facile de prévoir notre conclusion. L'Etat, selon nous, doit se contenter de protéger l'artisan et de lui fournir toute la sécurité qui lui est due, mais il doit bien se garder d'intervenir dans la vie corporative. Qu'il n'aspire point à tout diriger, à tout régler à tout conduire, même les choses les plus étrangères à sa compétence, même les intérêts de métiers, même les détails professionnels, il ferait en cela mauvaise besogne. Chaque organisme, en effet, a sa fonction en ce monde. L'Etat est un vaste organisme qui a sa fonction générale ; les Associations professionnelles sont de petits organismes qui ont leur fonction spéciale. Si le grand corps veut remplir, outre sa tâche propre, la tâche de ces petits corps, sûrement, il la remplira mal, parce qu'un instrument construit en vue d'une fin, ne peut agir utilement, en vue d'une fin différente.

Notre législateur de 1884 a parfaitement reconnu l'exactitude de ce principe. Instruit par les enseignements du passé, il a compris que l'association ne pouvait être prospère qu'en dehors de l'État ; aussi a-t-il permis aux Syndicats de s'organiser librement et laissé aux travailleurs le soin de défendre comme ils l'entendent, leurs intérêts professionnels. Nous ne pouvons qu'applaudir à ces tendances nouvelles et encourager notre législateur à persister dans une voie où il est si sagement entré. Encore une fois, l'Angleterre nous offre le frappant spectacle de ce que peuvent devenir des Associations professionnelles sur une terre de liberté. Que ce spectacle nous serve d'enseignement.

Peut-être notre législateur fera-t-il bien d'accorder quelque attention au système allemand, en ce qui concerne du moins, ses institutions d'assurance, mais qu'il se garde par-dessus tout du système autrichien, dont les principes oppressifs nous feraient reculer d'au moins un siècle.

Cela dit, il nous reste en terminant notre étude sur les Syndicats professionnels, à indiquer quels ont été les résultats pratiques de la loi de 1884 et à rechercher s'ils ont répondu aux espérances du législateur. Il nous faut, tout d'abord, distinguer trois catégories de Syndicats : Les Syndicats de patrons, les Syndicats ouvriers, et tout particulièrement les Syndicats agricoles.

I. *Syndicats de patrons.* — En 1884, lors du vote de la loi sur les Syndicats, les Chambres patronales étaient, à Paris, au nombre d'environ cent cinquante. Elles constituaient trois grands groupes :

1º L'ancien groupe de la Sainte-Chapelle, qui portait alors le nom de Chambres syndicales de la Ville de Paris et du département de la Seine (industrie et bâtiment) comprenant dix-huit chambres. Il siégeait, 3, rue de Lutèce, et avait pour journal, l'*Echo des Chambres syndicales.*

2º Le Comité central des Chambres syndicales, comprenant une trentaine de chambres, siégeant aussi, 3, rue de Lutèce, et publiant tous les mois le recueil des procès-verbaux du Comité central.

3º L'Union nationale du Commerce et de l'Industrie

comprenant soixante-dix chambres, siègeant 10, rue
de Lancry et publiant un journal hebdomadaire,
l'*Union nationale.*

Ces différents Syndicats étaient d'une très grande
utilité pour le commerce et l'industrie; le gouvernement le comprenait si bien, qu'il s'adressait sans
cesse aux Chambres syndicales, de préférence même
aux Chambres de commerce qui, elles, cependant,
étaient légales. Il faut reconnaître que depuis plus de
trente ans, aucun Syndicat n'avait été inquiété; ils
avaient toujours trouvé aide et protection près des
pouvoirs publics. Mais leur existence était précaire;
ils ne vivaient que par la tolérance administrative.
Aussi était-il nécessaire de leur accorder une existence
légale, c'est ce qu'a fait la loi de 1884. Inutile de dire
que ces Syndicats, florissants avant la loi de 1884, se
sont maintenus et développés après la loi.

L'Union de la rue de Lancry, en particulier, a conservé toute son importance : c'est aujourd'hui la reine
des Associations patronales. Quant aux Syndicats
indépendants, après être restés longtemps station-
naires, ils ont pris dans ces dernières années un
assez grand développement. Voici les chiffres officiels
de ces associations, au 1er juillet de chaque année.

1884	101
1885	285
1886	359
1887	598
1888	859
1889	877
1890	1,004
1891	1,127

II. *Syndicats ouvriers*. — Des Syndicats ouvriers existaient aussi en 1884, mais il faut reconnaître qu'ils étaient loin d'avoir autant d'importance que les Syndicats de patrons. Bien peu d'ouvriers en faisaient partie. Le *Moniteur des Syndicats ouvriers* du 4 décembre 1884 avouait que le Syndicat des scieurs de pierre ne comprenait que trente membres sur cinq mille de la profession ; les Syndicats des serruriers en bâtiment et des menuisiers ne comprenaient aussi qu'une trentaine de membres et il serait facile de multiplier les exemples.

Cependant, ce fut surtout dans l'intérêt des ouvriers que la loi de 1884 fut proposée et votée. On pensa que les ouvriers, organisés en Syndicats, pourraient fonder des Sociétés de secours mutuels, des caisses de retraite, des sociétés de production, de consommation, qu'ils s'empresseraient de suivre l'exemple des *Trades Unions* et que peut être on parviendrait à diminuer les grèves en constituant, comme en Angleterre, des comités d'arbitrage. Aussi, la loi de 1884 fut-elle réclamée en même temps par les Syndicats de patrons et d'ouvriers.

Voilà bientôt onze ans que cette loi fonctionne ; a-t-elle donné les résultats qu'on en espérait ? A ne voir que le nombre des Syndicats ouvriers, on pourrait être tenté de répondre par l'affirmative. Ces Syndicats dépassent aujourd'hui le nombre de 1,200[1]. Mais si l'on va un peu au fond des choses,

---

1. Au 1ᵉʳ juillet 1884, il existait 68 Syndicats ouvriers, il y en avait 221 en 1885 ; 280 en 1886; 501 en 1887 ; 725 en 1888; 819 en 1889 ; 1,006 en 1890; 1,250 en 1891.

on s'aperçoit qu'il n'en est rien. En effet, parmi les nombreux Syndicats qui s'organisent tous les jours avec tapage, combien y a-t-il de Sociétés politiques n'ayant du Syndicat que le nom ? Ces différentes sociétés, politiques, anarchistes, collectivistes, etc., réunies sous le nom de Fédération du parti des travailleurs socialistes de France, n'ont qu'un but : c'est d'arriver le plus tôt possible et par tous les moyens à la Révolution sociale. En attendant elles élèvent la voix contre la loi de 1884 qu'elles qualifient volontiers de loi maudite, de loi infâme, de loi policière (à cause du dépôt des statuts), etc. La vérité c'est que la loi de 1884 ne leur permet pas de bouleverser l'ordre social : c'est là leur véritable grief.

A côté de ces Syndicats ou plutôt de ces Sociétés révolutionnaires, qui sont une plaie pour les ouvriers; il y a heureusement des véritables Syndicats ouvriers s'occupant sérieusement des intérêts professionnels et rendant de nombreux services aux travailleurs. Ces Syndicats travaillent silencieusement et s'organisent à l'abri de la loi de 1884. Déjà, les œuvres dues à leur initiative sont assez nombreuses. Citons-en quelques-unes que nous trouvons indiquées dans l'Annuaire des Syndicats de 1891.

La loi de 1884 permet, nous l'avons vu, aux Syndicats d'avoir des bibliothèques, d'établir des cours professionnels, de fonder des écoles et toutes autres institutions que l'intérêt de la profession exige. Plusieurs Syndicats ouvriers ont entrepris l'exécution de ce programme, en fondant des cours du soir et des écoles professionnelles, en instituant des concours de travaux, etc. Les patrons eux-mêmes encouragent ces tentatives et prêtent, le plus souvent, leur concours aux ouvriers.

Au 1er juillet 1891, parmi les œuvres se rapportant à l'enseignement professionnel, on comptait :

	SYNDICATS	
	Patronaux.	Ouvriers.
Bibliothèques............................	58	300
Cours professionnels et conférences.......	34	47
Ecoles professionnelles...................	12	3
Concours professionnels..................	2	1
Musées et collections d'échantillons........	5	»

D'autres institutions ont pour but de tenir l'ouvrier au courant des nouvelles inventions, des procédés perfectionnés ; en un mot, de lui fournir tous les renseignements dont il a besoin, tant au point de vue professionnel qu'au point de vue de la défense de ses droits. Quelques Syndicats ouvriers sont entrés dans cette voie, et publient des bulletins, journaux et annuaires dans lesquels ils donnent tous les détails désirables sur la profession.

A ces œuvres, qui se rapportent surtout à l'intelligence et à l'esprit, s'ajoutent des institutions concernant la position matérielle des ouvriers. Nous voulons parler des institutions de prévoyance, des sociétés de secours, des sociétés de crédit mutuel, des sociétés coopératives de consommation, de production, etc. Voici le tableau des diverses institutions de ce genre, dues à l'initiative des Syndicats ouvriers :

Sociétés ou caisses de secours mutuels..............	240
Caisses de prévoyance ou d'épargne................	31
Caisses de chômage................................	63

Caisses de retraite... 25
Sociétés d'assurance mutuelle, contre les accidents du
    travail... 3
Bureaux de placements..................................... 444
Services médicaux... 2
Sociétés coopératives de consommation.............. 17
Sociétés coopératives de production................. 13

Comme on le voit par cette statistique, les œuvres
diverses dues à l'initiative des Syndicats sont déjà
assez nombreuses. Sans doute, les institutions de prévoyance n'ont pas chez nous la même importance que
dans certaines nations précédemment étudiées, mais
il ne faut pas trop s'en étonner. Il ne faut pas oublier,
en effet, que nos Syndicats sont encore dans la période d'organisation et il faut tout espérer de l'avenir.

III. *Syndicats agricoles*. — Ces Syndicats qui, pri-
mitivement n'avaient pas été visés par le projet de loi,
sont certainement ceux qui ont le plus profité de la
loi nouvelle. Devant la crise qui sévit sur notre agriculture, ils ont compris qu'il n'y avait qu'un salut
pour eux : l'association. « Comment parviendrons-
nous, s'écriait M. Densy, à la Société des agriculteurs,
à atténuer et à détruire les conséquences de cet isolement funeste? Le procédé est bien simple et d'une
exécution facile. Nous avons aujourd'hui à notre disposition un moyen légal de nous associer, de nous
unir et de nous faire entendre dans les conseils du
gouvernement. Ce moyen que vous pouvez aisément
mettre en usage dans les campagnes, c'est le Syndicat
professionnel. »

Un autre agriculteur, M. Ménard, montrant tout ce
que l'on peut tirer de l'institution, s'exprime ainsi :

« Les Syndicats sont appelés à exercer une grande influence sur l'amélioration des procédés et de l'outillage et sur les conditions intimes du travail agricole. Ils peuvent efficacement contribuer à réaliser un résultat auquel tendent plus que jamais les efforts des agriculteurs : produire le plus possible, tout en réduisant les frais généraux. Le relèvement des droits de douane, que les agriculteurs réclament, entraîne pour eux l'obligation d'entrer résolument dans la voie des perfectionnements agricoles, voie dans laquelle des nations moins favorisées par la nature que la France, l'ont devancée depuis plusieurs années. Les Syndicats locaux, par des renseignements communiqués aux intéressés directement, ou par la voie d'un bulletin, par leurs exemples et leurs expériences, favorisent l'amélioration des cultures, provoquent le choix des semences et des engrais suivant la nature du sol, recommandent l'introduction d'instruments et de machines agricoles, en rapport avec les besoins des cultures. En un mot, ils cherchent à développer, par tous les moyens, les connaissances techniques, et se proposent, jusqu'à ce que l'enseignement agricole soit organisé suivant les conditions pratiques, de vulgariser la science agricole par ce que nous appellerons un enseignement mutuel. Ils interviennent comme mandataires gratuits dans l'achat des matières premières utiles à l'agriculture, et dans la vente des produits agricoles. En centralisant les demandes et les offres, ils obtiennent des fournisseurs, des remises, et réalisent des économies sur les frais de vente dont les associés bénéficient. Ils tiennent à la disposition des syndiqués des avis de toute nature, techniques,

commerciaux, des avis sur la jurisprudence et les
usages locaux, servent, dans les contestations, d'arbitres ou d'experts amiables et peuvent même, si un
Tribunal les en requiert, présenter des avis motivés
afin d'éclairer l'opinion du juge sur les points litigieux.
Ils ont la faculté de créer entre leurs membres et de
subventionner sur leurs cotisations, des caisses spéciales de secours mutuels, des caisses de retraites, des
Sociétés de crédit, des Sociétés spéciales d'assurances
mutuelles contre le chômage, les maladies, la grêle,
la mortalité des bestiaux. Ils peuvent encore créer et
organiser sous le patronage des agences, des magasins de vente d'instruments, d'engrais, de semences,
en général des sociétés coopératives de consommation
ou de production, suivant les formes de Sociétés à
capital variable[1] ».

Telles sont, très exactement énumérées, les différentes opérations auxquelles peuvent se livrer les
Syndicats agricoles. Voici, maintenant, le tableau des
diverses créations dues à l'initiative de ces Syndicats :

Sociétés de secours mutuels........................... 14
Caisses de crédit mutuel 2
Caisses d'assurances contre la mortalité des bestiaux.. 13
Sociétés d'assurances contre la grêle................. 2
Sociétés coopératives de consommation............... 7
Société coopérative de production 1
Cours et conférences................................. 17
Expositions.. 1
Bibliothèques.. 16
Offices de placement................................. 6

1. De l'Association professionnelle et de son application aux
agriculteurs, par MÉNARD fils.

Laboratoires d'analyses 6
Services de contentieux 1
Conseil d'arbitrage 1
Service vétérinaire 1
Champs d'expériences 24
Pépinières 8
Publications diverses 52

Après avoir passé en revue les diverses catégories des Syndicats, réunissons-les en un seul faisceau et voyons maintenant les résultats généraux.

Les Syndicats réunis, qui étaient en juillet 1884 au nombre de 175, ont atteint le nombre de 2,755 en juillet 1890 et de 3,253 en juillet 1891[1]. Le personnel des divers Syndicats est, par rapport à l'effectif total des patrons et ouvriers des différentes professions et des agriculteurs chefs d'exploitation existant en France, dans la proportion suivante :

	En 1890.	En 1891.
Patrons syndiqués	4,7 0/0	5,3 0/0
Ouvriers et employés syndiqués	4,2 0/0	6,2 0/0
Agriculteurs syndiqués	7,5 0/0	8,7 0/0
Moyenne	5,7 0/0	7 0/0

Comme on peut en juger par cette statistique, les progrès de l'Association professionnelle ont été considérables en France, depuis quelques années. Espérons que la loi de 1884 finira par conquérir le monde économique tout entier. Ce n'est pas, disons-le en terminant, que cette loi soit à l'abri de toute critique et

1. Dans ce nombre, nous comprenons les Syndicats mixtes. Ces Syndicats sur lesquels certains économistes fondaient les plus belles espérances se sont peu multipliés. Il y en avait seulement 126 en 1891.

ne contienne sur certains points, des imperfections où des obscurités. Son principe, toutefois, est excellent. On lui reproche de n'avoir pas produit immédiatement les résultats qu'on espérait ; sans doute, mais est-ce une raison pour la condamner ? Le législateur a donné l'institution, c'est aux ouvriers comme aux patrons d'apprendre à s'en servir ; les uns et les autres finiront par comprendre qu'il est plus utile. et moins difficile de s'entendre, que de vouloir s'anéantir mutuellement dans une lutte funeste pour tous. Que les patrons comme les ouvriers se mettent donc sérieusement et paisiblement à la besogne. Que ces derniers surtout cessent de se laisser entraîner par les déclamations vides de quelques politiciens ambitieux ; ils comprendront alors que les patrons ne sont point leurs ennemis, comme on le leur répète trop souvent, et l'entente si désirable entre le capital et le travail se produira d'elle-même.

Laissons donc la loi de 1884, cette loi de liberté, accomplir son œuvre. Laissons faire le temps.

Avec l'éducation des classes ouvrières, les Syndicats professionnels, nous en avons la conviction, deviendront des gages sérieux de concorde et de paix, comme les *Trades Unions* qui, après avoir eu des débuts malheureux, ont sû conquérir l'estime universelle et sont considérées aujourd'hui comme le moyen le plus sûr de conjurer tout péril social.

INDEX BIBLIOGRAPHIQUE

BOULLAIRE : Manuel des Syndicats professionnels agricoles, 1888.

BOULLAY : Code des Syndicats professionnels, 1886.

BRUNOT : Commentaire de la loi sur les Syndicats professionnels.

GAIN : Les Syndicats professionnels agricoles et la loi du 21 mars 1884. — Paris, 1886.

LEDRU et WORMS : Commentaire de la loi sur les Syndicats professionnels, 1885.

HUBERT-VALLEROUX : Les Corporations d'arts et métiers et les Syndicats professionnels en France et à l'Étranger. — Paris, 1885, et dans *Revue des sociétés*, avril 1886.

PAUL MASSON : Les Syndicats professionnels, Paris, 1888.

REVON : Les Syndicats professionnels et la Loi du 21 mars 1884. — Paris, 1891.

VEYAN : La Loi sur les Syndicats professionnels, 1886.

ALFRED LECHOPIÉ : La Liberté d'association et les Professions libérales, 1885.

RENÉ LAVOLLÉE : Les Classes ouvrières en Europe.

PAUL LEROY-BEAULIEU : La Question ouvrière au XIXᵉ siècle.

MARCEL MONGIN : Dans Lois nouvelles, 1884, 1ʳᵉ partie, et Etude sur la Situation juridique des Sociétés dénuées de personnalité. (*Revue critique*, décembre 1890.)

PIEBOURG : Questions sur les personnes civiles. Revue de législation, 1876.

MARC SAUZET : De la nature de la personnalité civile des Syndicats professionnels. (Extrait de la *Revue critique* de 1888.)

JAY : La Personnalité civile des Syndicats professionnels, 1888. L'article 419 du Code pénal et les Syndicats professionnels dans : *Annales de l'Enseignement supérieur*, de Grenoble, 1889, n° 1.

DUC DE NOAILLES : Les Retraites ouvrières et les Syndicats. (*Revue des Deux-Mondes*, 1ᵉʳ octobre 1891.)

V. DU BLED : Les Syndicats professionnels et agricoles; le Crédit agricole. (*Revue des Deux-Mondes*, septembre 1887.)

F. Bernard : Les Syndicats agricoles. — Montpellier, 1890.

D'Haussonville : Les Corporations et les Syndicats mixtes. (*Revue des Deux-Mondes*, 15 mars 1885.)

Constant : Les Syndicats professionnels et le Contrat de louage. (*France judiciaire*, 1891.)

Didier : Mémoire sur les Syndicats agricoles. (*Bulletin du Comité des travaux historiques et scientifiques ;* section des Sciences économiques et sociales, 1888.)

Van den Heüvel : De la situation légale des Associations sans but lucratif.

Sénart : Rapport à la Société des Agriculteurs de France, 1885.

W. Serment : Associations et Corporations ; Essai sur la situation légale, au point de vue des biens, des Associations privées autres que les Sociétés civiles et commerciales. — Genève, 1877.

Laurent : Principes de Droit civil.

Lyon Caen et Renault : Précis de Droit commercial.

Ernest Roguin : La Règle de Droit. — Lausanne, 1889.

Sainctelette : Des personnes morales, dans *Revue critique* de 1885.

Maurice Vauthier : Etudes sur les personnes morales dans le Droit Romain et dans le Droit Français. — Bruxelles, 1887.

Turquam : Grèves pendant les onze dernières années en France. (*Bulletin du Comité des travaux historiques et scientifiques*, section des Sciences économiques et sociales, 1889.

Plus divers ouvrages spéciaux, cités à propos de questions particulières, et un grand nombre d'articles disséminés dans les Annuaires et Bulletins de la Société de Législation comparée : La *Revue critique*, l'*Economiste français*, la *Réforme sociale*, l'*Association catholique*, la *Revue d'économie politique*, le *Monde économique*, la *Revue socialiste*, etc.

LÉGISLATION ÉTRANGÈRE

Annuaire de Législation étrangère, 1872, 1877, 1882, 1884.

Brants : Communication sur l'arbitrage en Belgique. (*Journal des Économistes*, 1891.)

Comte de Paris : Les Associations ouvrières en Angleterre.

Edwardes : La Législation sur les Trusts. (*Revue d'Économie politique*, 1891.)

Castelot : Les Unions ouvrières anglaises. (*Journal des Économistes*, 1891.)

Farnam : Die Amerikanische Gewerkvereine.

LOUIGUININE : Les Artèles et le Mouvement coopératif en Russie. — Paris, 1886.

NINAUVE et VANDERWELDE : Rapport sur le projet de loi accordant la personnification civile aux Unions professionnelles. — Bruxelles, 1889.

VANDERWELDE : Les Associations professionnelles d'artisans et ouvriers en Belgique. — Bruxelles, 1891.

SARTORIUS : Die Nordamerikanischen Gewerkschaften unter dein Einfluss der fortschreitenden Productionstecknick. — Berlin, Bahr. 1886.

SCHWIEDLAND : Die Einführung obligatorischer Abeiterausschüsse und der Versuch einer Organiesierung der Industrie in Oesterreich-Leipsig, 1891.

BRENTANO : Une Nouvelle phase de l'Organisation des ouvriers en Angleterre. (*Revue d'Économie politique*, 1891.)

TABLE DES MATIÈRES

DROIT ROMAIN

INTRODUCTION

CHAPITRE Ier. — *Historique des Corporations d'artisans à Rome.*
   I. — Origine des Corporations.   I
   II. — Les Corporations d'artisans sous la Royauté . . .   4
   III.   8

CHAPITRE II. — *Les Corporations d'artisans sous la Répu-*
   blique.   13

CHAPITRE III. — *Les Collèges d'artisans sous l'Empire.* . .   19

CHAPITRE IV. — *Les Collèges d'artisans au Bas-Empire.* .   25

DE L'ORGANISATION DU TRAVAIL AU BAS-EMPIRE
D'APRÈS LE CODE THÉODOSIEN

HISTOIRE INTERNE DES COLLÈGES D'ARTISANS
AU BAS-EMPIRE

CHAPITRE Ier.   29
   Organisation du service de l'Annone : Son origine, son
   développement   32

CHAPITRE II. — *Collèges des Naviculaires au Bas-Empire.*
   I. — Comment se recrutaient les naviculaires   39
   II. — Construction des navires chargés d'effectuer les
   transports publics   44
   III. — Navigation   45

CHAPITRE III. — *De la Corporation des boulangers au Bas-Empire* 61
    I. — Recrutement des boulangers. 62
    II. — Moyens employés par la loi pour maintenir les boulangers dans leurs collèges 65
Du régime des biens : Distinction entre le patrimoine de la corporation et les biens propres aux boulangers. . 68
    I. — Patrimoine de la corporation ; biens de fondation ou biens dotaux. 70
    II. — Biens propres aux boulangers. 72
Rôle et fonctionnement de la Corporation des boulangers . 73

CHAPITRE IV. — *Des porteurs de pain ou catabolenses.* . . 79

CHAPITRE V. — *Corporation des bouchers-charcutiers* . . . 81
    I. — Comment on maintient les marchands de porcs dans leurs collèges 83
    II. — Rôle et fonctionnement de la corporation 85

CHAPITRE VI. — *Des chaufourniers.* — *De calcis coctoribus urbis Romæ et Constantinopolitanæ.* 89

CHAPITRE VII. — *Des chauffeurs de bains.* 91

CHAPITRE VIII. — *Des centonaires.* 93

CHAPITRE IV. — *Des dendrophores* 97
Les Fabri. 99

MANUFACTURES IMPÉRIALES

CHAPITRE X.— *Des fabricants d'armes. De fabricensibus* . . 101
Comment s'opérait le recrutement des *fabricenses* ? . . . 103

CHAPITRE XI. — *Mines.* 109

CHAPITRE XII. — *Des employés à la pourpre et aux autres Ateliers impériaux.* — *Murilelugi, Gynœciarii, Monetarii, Bastagarii.*
    I. — Ateliers de pourpre 113
    II. — Gynæceia 116
    III. — Ateliers des monnaies 117
    IV. — Bastagarii. 118
Caractère des Manufactures impériales 119

ORGANISATION DES COLLÈGES LIBRES AU BAS-EMPIRE

CHAPITRE Ier. — *Des corporations libres*   125

CHAPITRE II. — *Des différents chefs du collège et de leurs
attributions*   137
   I. — Patrons des corporations   144
   II. — Nomination des magistrats.   147

CHAPITRE III. — *Du recrutement des Corporations de métiers libres au Bas-Empire.* — Recrutement des corporations libres   149

CHAPITRE IV. — *Comment l'Etat maintient les collegiati
dans leurs collèges*   155

CHAPITRE V. — *Des privilèges et immunités accordés aux
membres des Corporations.* — I.   161
   II. — Service militaire.   162
   III. — Exemption des charges municipales   163

CHAPITRE VI. — *Des charges qui pesaient sur les artisans
au Bas-Empire. — Du Chrysargyre.*   167
   Quelles personnes étaient soumises à cet impôt.   169

CHAPITRE VII. — *Condition économique des ouvriers au
Bas-Empire.*   175
   Salaires   179

CONCLUSION.   183

CHAPITRE Ier. — *Développement des Collèges au Bas-Empire.*
   I. — Extension des travaux publics.   187
   II. — Institution des secours publics   189
   III. — Politique des Empereurs   190

CHAPITRE II. — *Réforme de Sévère. Son caractère économique.*   193

DROIT FRANÇAIS

DES ASSOCIATIONS PROFESSIONNELLES

D'APRÈS LA LOI DU 21 MARS 1884

Introduction.   1

CHAPITRE 1er. — *Abrogation et inapplicabilité aux Syndicats professionnels de lois antérieures.*
Section I.   5
Section II. — Textes déclarés inapplicables aux Syndicats professionnels. 32
Loi du 10 avril 1834 sur les associations. 33

CHAPITRE II. — *Composition des Syndicats professionnels.* 37

CHAPITRE III. — *Objet des Syndicats professionnels.* . . . 65

CHAPITRE IV. — *Formalités imposées aux Syndicats professionnels.*
Section I. — Rédaction des statuts 97
Section II. — Nomination des directeurs et administrateurs. 98
Section III. — Dépôt des statuts et des noms des directeurs ou administrateurs 105

CHAPITRE V. — *Capacité juridique des Syndicats professionnels.*
Section I. — Principe de la personnalité civile. 115
Section II. — Nature de la personnalité civile accordée aux Syndicats professionnels 124
Section III. — Actions en justice des Syndicats professionnels. 134
Section IV. — Acquisitions à titre onéreux. 136
Section V. — Acquisitions à titre gratuit 143

CHAPITRE VI. — *Actes que les Syndicats peuvent accomplir en dehors de la personnalité civile* 153
Section I. — Sociétés de secours mutuels et Caisses de retraites. 154
Section II. — Créations de Caisses de retraites 161
Section III. — Création d'offices de renseignements, pour les offres et les demandes de travail. 162

Section IV. — Renseignements et avis demandés par les
Tribunaux. 168
Section V. — Actes divers qui peuvent être accomplis par
les Syndicats 174

CHAPITRE VII. — *Unions de Syndicats.* 177

CHAPITRE VIII. — *Rapports du Syndicat avec ses membres.* 183

CHAPITRE IX. — *Dissolution des Syndicats professionnels.* 197

CHAPITRE X. — *Sanctions.*
Section I. — Sanctions civiles. 201
Section II. — Procédure 206

CHAPITRE XI. — *Sanctions pénales de la loi du 21 mars 1884.* 209
Section II. — Peines édictées 210
Section III. — Quelles personnes peuvent être poursuivies.
Section IV. — Combinaisons de la loi de 1884 avec les dis-
positions pénales antérieures. 213

CHAPITRE XII. — *Dispositions spéciales prévues par l'art. 10.* 215

CHAPITRE XIII. — *Des Associations professionnelles à
l'étranger* 217
Premier groupe. — I. — Angleterre 218
II. — Etats-Unis. 243
III. — Italie. 246
IV. — Belgique. 248

Deuxième groupe. — I. — Autriche 250
II. — Allemagne 267
III. — Russie. 279

CONCLUSION. 285

Blaye. — Imprimerie André SIMON, cours du Port, 10.

POSITIONS

I. La *consumptio actionis* par la *plus petitio tempore* n'est pas encourue par le créancier, qui agit *pendente conditione*.

II. La *condictio*, introduite par la loi Silia dans la législation romaine, a eu pour but, non pas de combler une lacune qui n'existait pas dans le système des actions de la loi, mais de perfectionner ce qui existait, de simplifier les formes de la procédure, et de l'adoucir au fond.

III. Dans les actions arbitraires, l'ordre du juge pouvait être exécuté *manu militari*. Il en fut tout au moins ainsi à la fin de l'époque classique.

IV. Sous la procédure formulaire, la condamnation n'était jamais *ad ipsam rem*.

DROIT CIVIL

I. L'inaliénabilité de la dot mobilière n'empêche pas l'aliénation des meubles dotaux par le mari.

II. Les libéralités faites par avancement d'hoirie, à l'héritier réservataire renonçant, doivent s'imputer sur la quotité disponible et non pas sur la réserve.

III. Les héritiers dont parle l'article 1595 du Code civil sont seulement les héritiers réservataires.

IV. L'emphytéose doit-elle être considérée, dans notre droit actuel, comme un droit réel immobilier ?

DROIT PÉNAL

I. Le jour de l'infraction ne doit pas être compté dans le délai de la prescription de l'action publique.

II. La tentative n'est pas punissable, pour cause d'impossibilité du délit tenté, alors seulement que le délit est impossible en lui-même.

III. Le droit de punir est une conséquence du droit de commander.

DROIT CONSTITUTIONNEL

Le vote antérieur des deux Chambres limite les droits du Congrès.

Vu par le président de la thèse :
SAINT-MARC.   Vu : Le Doyen,
BAUDRY-LACANTINERIE.

Vu et permis d'imprimer :
Bordeaux, le 22 mars 1895,
Le Recteur,
A. COUAT.

Les visas exigés par les règlements ne sont donnés qu'au point de vue de l'ordre public et des bonnes mœurs. (Délibération de la Faculté du 12 août 1879).

Blaye. — Imprimerie André SIMON, cours du Port, 10.

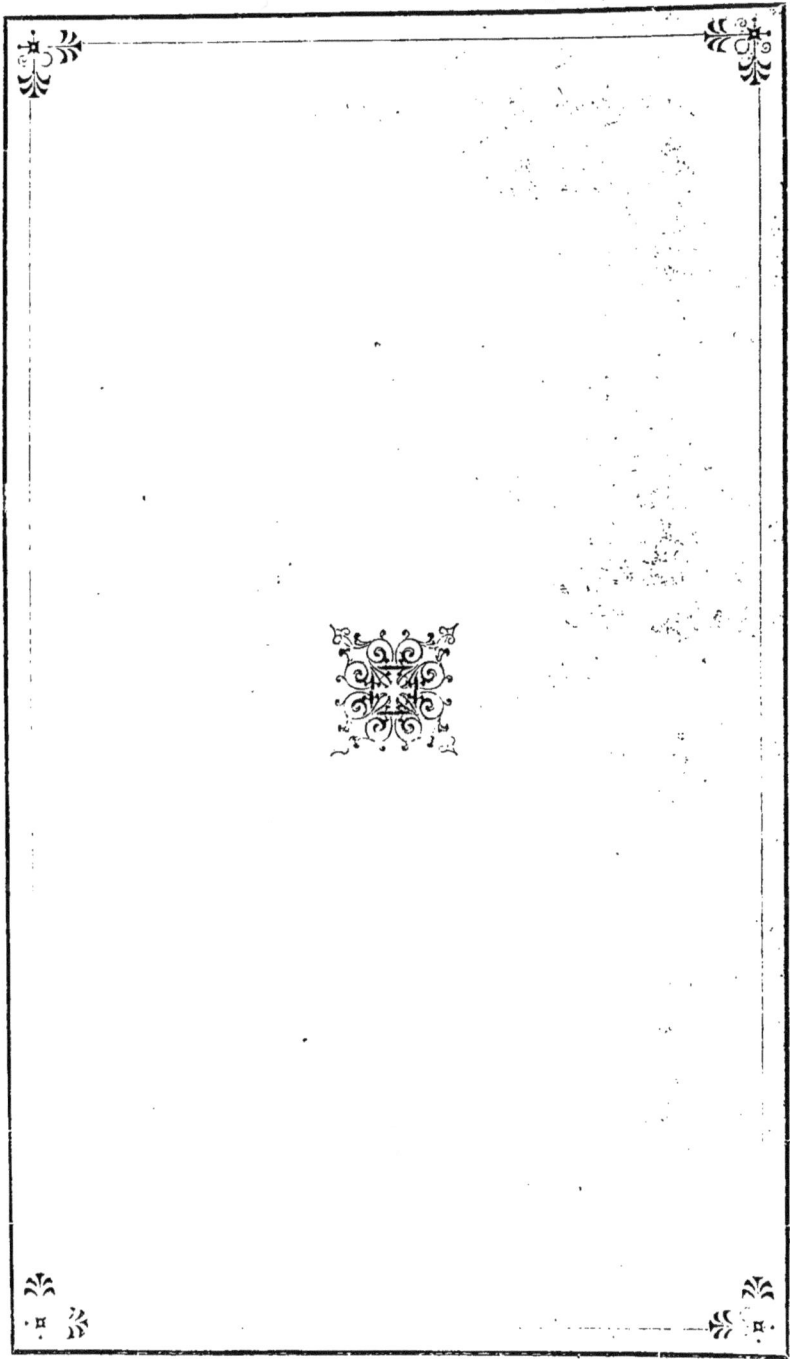

www.ingramcontent.com/pod-product-compliance
Lightning Source LLC
Chambersburg PA
CBHW060908220326
41599CB00020B/2891